10大地产领军人的管理智慧和经营战术

中国地产巅峰管理

决策资源集团房地产研究中心　编著

中国建筑工业出版社

图书在版编目（CIP）数据

中国地产巅峰管理／决策资源集团房地产研究中心编著.—北京：中国建筑工业出版社，2008

ISBN 978-7-112-09342-7

Ⅰ.中… Ⅱ.决… Ⅲ.房地产业－企业管理－研究－中国 Ⅳ.F299.233

中国版本图书馆CIP数据核字（2008）第005674号

本书以地产界10大领袖和他们所领导的标杆企业为研究核心，清晰刻画他们的业界形象、经营价值观、个人擅长、个人营销艺术、地产领先概念，也全面透析他们所经营企业的经营理念、产品策略、人力资源等方面的战略模式。“他山之石可以攻玉”，通过借鉴中国地产巅峰管理者的经营管理套路，从而指导自身企业的运行模式，使其能够发展壮大，成为下一个地产标杆。为了避免阅读枯燥，本书设有配合相关内容回顾的“本节思考”、“管理休闲吧”、“管理看板”、“精华回顾”、“商业领袖会客厅”以及“董事长必修课”。本书生动有趣，能让读者在最短时间内获得几本书的知识能量。

责任编辑：封 毅
责任校对：关 健 陈晶晶

10大地产领军人的管理智慧和经营战术
中国地产巅峰管理
决策资源集团房地产研究中心 编著
*
中国建筑工业出版社出版、发行（北京西郊百万庄）
各地新华书店、建筑书店经销
北京嘉泰利德公司制版
北京云浩印刷有限责任公司印刷
*
开本：787×1092毫米 1/16 印张：34¼ 插页：1 字数：713千字
2008年5月第一版 2008年5月第一次印刷
定价：68.00元
ISBN 978-7-112-09342-7
(16006)

编委会

序言 1 宇文成都和王石是谁？

宇文成都是谁？

作为《隋唐演义》里排名第二的猛将，他是20世纪80年代青少年文化快餐中重要的组成部分。我对此仅有的一点文字启蒙，来自幼时放学途中为伙伴们复述的前日中午所听到的30分钟隋唐演义的评书。

这些源自民间的街头文化，比福布斯更早懂得塑造“权力排行榜”。那时我们热衷于探讨排名第三的裴元庆，若与宇文成都联手，能否干掉排名第一的李元霸。

很遗憾，野史里的英雄，最终都被时间无情地淹没了。历史更多时候属于“夹着尾巴逃跑”的“奸臣”。

我们沿用评书里“在30分钟内必须制造数次高潮与悬念”的光荣传统，来定义一个人“power”的层级构成。

power [p'auə:] [中文释义]

– power**名词**:
1. 力，力量；能力；体力，精力；（生理）机能；才能；
2. 势力，权力，权限；威力；政权；权能；
3. 有力人物，有势力者；有影响的机构；
4. 兵力；军事力量；大国，强国；
5. 【数学】幂，乘方；

– power**及物动词**:
〔美国〕给…装发动机，赋予…以动力；用动力发动。

“Power”的第一个层级，就是评书英雄里的个人英雄。我们身边或者听闻中总会有这样的“超级玛莉”，精力无穷，不达目的誓不罢休。他们将自身的能量发挥得淋漓尽致，然而却不会有更大的成就，甚至于每每以悲剧收场。如单田芳那独特的声音说到的：再大的英雄，钢板上能碾几颗钉?

“power”的第二个层级，是那种能够将自己的力量复制到团队中的人。好比孙悟空关键时刻拔下毫毛变出一群小猴子帮自己打群架。不过，尽管大圣满身是毛，但他似乎很吝惜，西游途中甚少用此招，惟恐变出的小伙子貌似小大圣，容易以假乱真，可见“power”不宜简单复制。

“power”的第三个层级，往往是个人能量平平者。恰因领会了个体的无力感，他们更懂得在缝隙里扮演“power”聚合者角色的重要性，或者，他们的“power”，正是“power”之上的“power”。

终于该回到和《中国地产巅峰管理》有关的话题了。

如何定义中国地产巅峰管理者的“power”呢？

老板说了算的决策模式有其先天缘由。地产是一个资金密集型的产业，它需要这样一个集权者具有敏锐直觉、快速决断。此间的弊端要小于由此而提升的效率。所以，几乎地产行业的每个管理者，都首先是一个力大无穷的个人英雄。

然而，很多人到此为止，做完几个项目，过下“本地虎”的瘾后就草草说再见。其实更高一层级的管理者应该是扩张冲动下的“过江龙”。做完一个项目，再做第二个，然后杀出本土，布局全国。这时候，不具有三头六臂的管理者只好拔毫毛来应付更多的项目。

我们不得不说一下孙宏斌，他当年的疯狂扩张事后被证明为先知先觉。可是，他撒出去的20岁出头的小猴子们，并不能复制顺驰在天津的能量，孙错误地认为那些年轻人可以用激情来弥补他们所不具备的天分，但不是每个人都能如他般在20多岁即成为联想权力的威胁者。

万科或许是顺驰事件的最大受益方，尽管王石在公开场合直接批评了孙的狂妄，但老练的他随即在公司内部检讨了战略步调。在那一年，我们看到的有趣场景是，万科和顺驰分别提出了与自身气质截然相反的下一年战略主题：万科要激情，顺驰要稳健。

基于现实主义的合生与富力，得益于广东悠久的老板文化，在全国扩张中保持了强大的控制力。但是这种文化同样抑制了“控制半径”。广东的地产企业在中央管理方面做了很多努力，可一切却仍然离不开老板。

万科最接近于“power”的第三个层级吗？这家公司最宝贵的财富就是在经历过“power”的前两个层级之后，依然同时保有“自省”与“野心”。王石在不断挑战自我极限的险境，意识到承认个体的无力感，更有助于一个组织的强大。

王石没打算做一个不断拔毫毛的齐天大圣。他有更大的图谋。在早些时候经历过扩张的失败后，万科终于意识到，一个企业的自我成长，必须如人体般实现基于基因的自我复制，方能突破。

未来，将不会再有评书去缅怀我们这个年代的孤胆英雄。地产大鳄们在财富榜上的数字，不用多久就会像当年的万元户般被时间遗忘。我们的孩子将在第N代互联网上，搜索到在2008年，有一本叫《中国地产巅峰管理》的书，试图讲述那轮游走于掠夺与梦想边缘的财富冒险。

他们会发出那个类似于宇文成都的疑问：

王石是谁？

决策资源集团董事长　喻颖正

序言②

不可小视的一人之力

在现今社会，商业越来越发达，有钱的人越来越多，企业也就越来越多，但企业平均寿命却越来越短了。据统计，美国每天企业注册的数目高达10万家，而每天宣布倒闭或破产的企业却高达10多万家，这似乎告诉人们一个问题：有钱未必可以做老板，还必须具备作为老板的相当多的素质。

大老板的现代称呼便是董事长，是一个公司（企业）董事会里起决定权的人。他是企业的大股东，是企业文化的源头，企业内一切文化、行动及观念均系来自于董事长的思想，他的个人素质和能力也在很大程度上影响着企业的成败。

在房地产业较成功的品牌企业背后，总有一名或一群有作为和极具凝聚力的优秀企业家的支撑。他们是一批具有特殊素质的现代管理者，是德才兼备的经营专家。虽然不能说他们用个人力量在地产江湖上杀出一条阳光大道，但他们毕竟依靠其巅峰管理占得市场的重要一席。

十多年来，万科的人马换了一拨又一拨，惟有王石，这位自称为职业经理人的创业者，由始至终没有离开过万科一步。作为万科旗帜下的灵魂人物，王石带领着万科打了一场又一场近乎惊险而漂亮的战役，然而比那些精彩案例更难得的，是万科连续23年的成长。

中国企业从不缺“漂亮仗”，也不缺“高成长”，但保持10年以上的持续成长，则仿佛马拉松长跑，需要坚强的意志、长远的筹划、平和的心态和理性的节奏，而这却是那些只善于以一仗定乾坤的企业和企业领导者所望尘莫及的。

王石经常说，当领导要做三件事：一是决定做不做，也就是决策；二是决定谁去做，也就是用人；三是做出成绩，享受荣誉，当然出了事情也应承担责任。他深知对企业而言，“无为而治”是一个成熟的管理境界。在“无为”的前期，“有为”是一个必须的行为过程，通过“有为”来挖掘河道，完善管理架构，其后水流则循渠道而行，无使出其左右，则“无为”可待矣。

市场在发展，竞争越来越激烈，每个行业都充满了竞争对手，这对企业的管理者的要求也越来越高，所以，管理者需要变，变成一个懂得企业管理的人，懂得市场发展趋势的人，求知、上进的人，要从山野走下来，靠知识和技能、靠拥有知识和技能的团队，打造一片属于自己的天地。

主编

2007年12月12日

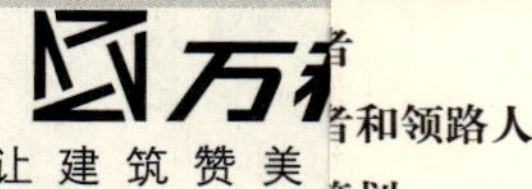

业地产先行者——万达

者
者和领路人
策划

万达集团
WANDA GROUP

金地
Gemdale 科 学

造精品的中海

讲的低调地产人
品牌
策划

中海地产
CHINA OVERSEAS PROPERTY

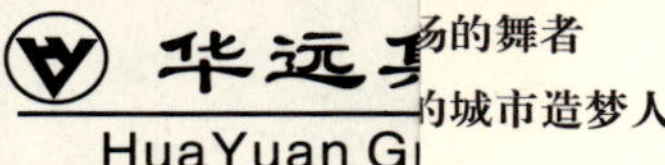

市造梦者——世茂

场的舞者
的城市造梦人

SHIMAO
GROUP
世茂集团

利润做到极致的富力

产品设计

遵循市场规则的绿地

人的上海人
府干事
文案

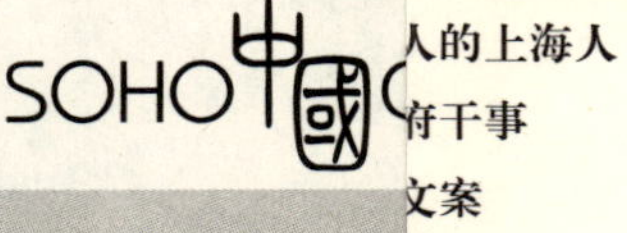

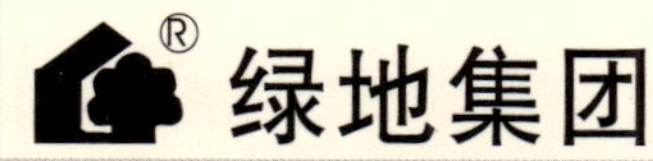

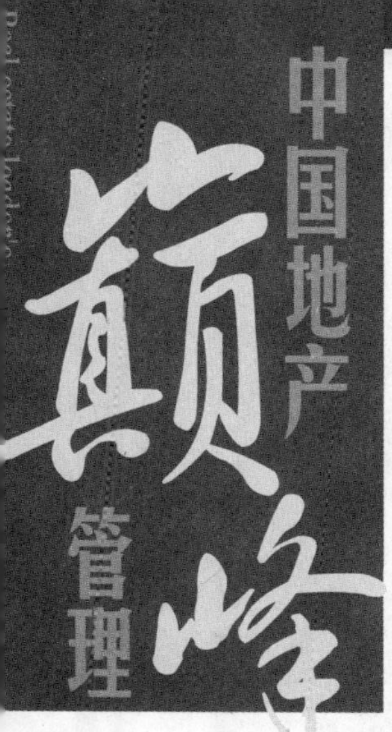

本书源起 source 1

地产高层管理者，要具有练达的世界观而不只是全球的世界观。

全球性的世界观	练达的世界观
重视的是市场、价值和管理实践的普遍性	对具体情况做出具体反应
局部结果不如总体经济业绩重并不对局部结果负责	局部结果是衡量业绩的重要指标，它不仅应该增加经济价值，还应该增加社会价值。公司要对自己的行动所起到的局部后果负责
在世界各地，我们看到差别并不明显	在不同的地方，我们融入各种不同的世界观
世界正在趋向一种共同的文化	这个世界存在各种边界，就像一件百衲衣

本书源起 source 2

“我这样认为，所以你要这样做”是英雄式管理者的格言。对于参与式管理者来说，他们的管理格言是：我们这样梦想，所以我们这样做。

英雄式管理 （建立在自我的基础上）	参与式管理 （建立在合作的基础上）
管理者是远离产品开发者和服务提供者的大人物	管理者之所以重要，是因为管理者帮助其他人做开发产品和提供服务等重要工作
管理者职位越高，越是重要，在最高层，首席执行官就是公司	组织是个互动的网络，而不是一个垂直的等级体系。有效的领导人参与各个环节的工作，而不是坐在最高层
明确、周密和大胆的战略发自“头儿”并向下传递，“头儿”干的都是大事情，其他人只要实施就行了	战略是在网络中产生的，随着参与者去着手解决小的问题，这些小问题逐步演变为宏大的计划
实施是问题，因为虽然公司高管要改革，但大多数人会抵制。这就是为什么必须欢迎局外人的原因	实施存在问题，是因为它与制定战略是不可分的。这就是重要改革必须要尽心尽力的内部人参与的原因
管理就是做决定和分配资源，包括人力资源。因此管理意味着根据报告中的事实进行分析，常常涉及计算	管理就是发挥人们自然就有的积极性。因此管理意味着依据根植于情景的判断进行鼓励并且身体力行
业绩改善要归功于领导人。关乎业绩指标（特别是股东价值）的事，才是重要的事	组织的改善归功于每个人。人文价值，尽管很多时候无法衡量，也是重要的
领导力就是驱使那些能把自己的意愿强加给别人的人	领导力就是通过别人的尊重而获得的信任

目录

目录

目录

目 录

目录

第九章 张力和他的能将利润做到极致的富力 /453

目 录

1

第一章 Chapter One

王石和他的标准化经营的万科

第一节 王石：中国阳光式企业家群体的领袖

王石用他的个人魅力征服了一个企业，也赢得了社会各界对万科的高度认可。

第二节 万科：走专业化、精细化发展之路

万科用人性化和创新意识激励员工潜质，用专业化、规范化和透明化的体制打造经典地产企业的领跑力量。

第三节 案例：产品设计及营销策略

广州“万科城”秉承万科建造绿色生态住宅的住居开发理念，针对中产阶级目标客户，营造一种平衡城市生活的居住模式。

“万科第五园”沿袭了广东“岭南四园”的建筑风格，打造成中国传统的徽派建筑，并精准地把握目标客户，设计出相应的营销策略。

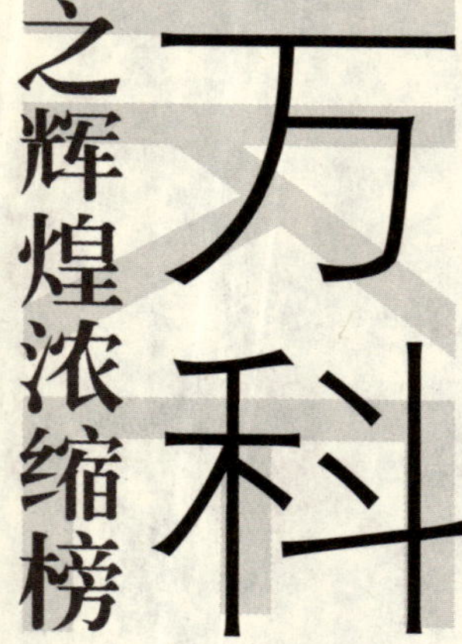

| 万科领导人：王石 |

王石用他的人格魅力征服了一个企业，也赢得了社会各界对万科的广泛关注和高度认可。

| 万科综述 |

万科共为九万多户中国家庭提供了住宅

万科企业股份有限公司成立于1984年5月，是目前中国最大的专业住宅开发企业。万科于1988年进入住宅行业，在1993年将大众住宅开发确定为公司核心业务，2006年业务覆盖到以珠三角、长三角、环渤海三大城市经济圈为重点的二十多个城市。

2006年公司完成新开工面积500.6万平方米，竣工面积327.5万平方米，实现销售收入212.3亿元。至2006年末，公司总资产485.1亿元，净资产 148.8亿元。

| 万科特色 |

坚守道德底线、专注企业文化

工作理念：以理念奠基、视道德伦理重于商业利益；

职业操守：坚守价值底线、拒绝利益诱惑，坚持以专业能力从市场获取公平回报；

努力方向：公司致力于通过规范、透明的企业文化和稳健、专注的发展模式，成为最受客户、投资者、员工欢迎，最受社会尊重的企业。

| 万科成长业绩 |

万科确立了在住宅行业的竞争优势

万科成为行业第一个全国驰名商标，旗下“四季花城”、“城市花园”、“金色家园”等品牌得到各地消费者的接受和喜爱；

公司研发的情景花园洋房是中国住宅行业第一个专利产品和第一项发明专利；

公司创立的“万客会”是住宅行业的第一个客户关系组织；

公司物业服务通过全国首批ISO9002质量体系认证。

| 万科经典项目 |

风格日趋细致，多是不能重复的精品

（1）第一代产品

起步阶段：从最早的“天景花园”，到荣获“鲁班奖”的“荔景大厦”。

（2）第二代产品

成长阶段：从围合式、人车分流的“城市花园”，到“四季花城”、“金色家园”。

（3）第三代产品

创造阶段：从“金域蓝湾”、“17英里”，到“万科城”、“第五园”等产品更为成熟，风格日趋细致。

01

第一节

王石 中国阳光式企业家群体的领袖

□ **江湖大哥** 王石

□ **性别** 男

□ **就职公司** 深圳万科企业股份有限公司

□ **职务** 董事长

□ **个人简介** 王石是万科创始人。1984年组建万科前身深圳现代科技仪器展销中心，任总经理，1988年起，任经股份化改组的深圳万科企业股份有限公司董事长兼总经理、公司法人代表。1999年2月8日，王石不再兼任万科总经理职务。1999年6月再次当选万科董事长

□ **个性** 率性认真，大胆直言，追求个性，张扬生命和智慧

□ **处事形象** 深陷红尘的游方僧

□ **公众印象** 不务正业的经商人

□ **语言习惯** GDP八股论点

□ **本色性情** 中国地产界最勤奋的董事长

□ **业内感觉** 天天登山还能把公司经营得井井有条

□ **公众权力影响** ★★★★★

□ **业界权力影响** ★★★★

Chapter One 第一章 王石和他的标准化经营的万科

一提到王石，
总会给人一种智慧、稳健的印象，
他游刃有余地转换着身份和角色，
他留给业界的最大价值在于他的管理实践和登山行为。

王石 · 业界形象 THE IMAGE IN FIELD

稳健、思索、自省、智慧四位一体

1. 一个勤奋好学的人文主义写作者

尼采说，一个人知道自己为什么而活，他就能够忍受任何一种生活。青年王石早早明白了这个道理，直到在33岁，这个已经不算“青”的年龄开始实践自己的梦想。在20世纪80年代成功的企业家有一大批，很多人问王石成功的企业家有什么不一样，为什么很多失败了，也有很多退休了，但王石仍然存在？王石的回答很简单，第一我比他们年轻，第二我比他们好学。阅读令王石独立，赋予他独立探索价值的力量。放弃对自己创立公司的股权控制，放弃财富对自我的束缚，王石比其他企业家更加懂得，人最大的快乐来自于被认同，被记忆。

2. 具有游牧血统的军人

异于汉人的圆滑，王石所具有的少数民族不妥协的性格与军人经历，让万科的管理体制井然有序，王石对科学、系统与制度的尊重，更使得万科在随后的规模化扩张赛跑中，以独有的稳健作风，保持了强大的控制力和执行力。

3. 反省间行进的登山家

即使没有种种原因，王石早晚要去登山，登山仿佛是一次次可以反复体验生死的企业仿真游戏。在一个焦躁的大环境中自省并非易事，登山令王石有机会审视自我，令万科有机会进行“非王石思考”，令员工有荣耀感，令社会用独特的视角去定义万科。

在行贿与不行贿之间，别人看到人性的贪欲，而王石却看到人性的另一面：希望追求清廉的名声。

4. 透明的铁腕企业家

长途跋涉的企业缺不了铁腕人物的引领和指挥，王石不能例外。于是，上天赐予他有别于众人的能力和智慧。如果看过2007年4月美国《连线》杂志上登出的《Get Naked and Ruled the World》封面故事所大谈的“透明的溢价”，那么不难理解多年前就坚定地以透明化经营企业的王石所具有的智慧。

王石的这种经营上的智慧可以分作两个层面：第一， 在一个刚刚步入市场化的国家，在一个充满权钱交易的产业，万科号称阳光操作。这种逆势的远见成为今天的万科广泛合作、整合资源的独特标识。第二， 在毫不留情地更新企业高层血液的同时，不压制管理者，甚至将自己张狂的性格融为企业基因的一部分，令万科拥有一批独立人格与自我追求的精英。

5. 积极果敢智慧的管理思想家

创业家有一个重要的特征———打破传统。而企业家却要在既定的游戏规则下，在一个有秩序的环境下工作。这个区别非常大，一个要打破秩序，一个要遵守现有秩序。所以新兴企业家面临着两难的选择，就是看企业是否能转换好角色。

(1) 没有必要再去摸着石头过河

很多企业家认为万科作为中国现代企业的管理典范和标杆，一定在管理上有特别之处，学习了大量外国的先进经验，建立了很多国内企业没尝试过的管理模式，其实不是这样。

当有人问王石“万科”的管理经验是什么？他反而答出：“是国营大中型企业那一套。”

别人以为王石是开玩笑，其实万科真是那么做的。新兴企业很大的一个问题是管理不成熟，因为发展太快。因此王石倡导要学习国营企业的管理经验。虽然目前国营企业处于比较困难的时刻，他们也在自我否定。但王石却看到国营企业，特别是一些大型国营企业成熟的管理方式。

（2）一个能在5秒钟限度内说清定位的企业

王石有一次去哈佛讲演，很多老外教授不知道万科是干什么的，他用5秒钟来介绍万科，就是城市住宅开发商。第一，万科的专业是房地产，但在房地产当中只是搞住宅。第二，万科是一个上市蓝筹股，是上市公司，而且是权重股。第三，万科是受尊敬企业。5秒钟的介绍，就把万科是做什么的、社会地位以及在社会上的责任确定下来了。

（3）爱惜自己的团队

王石曾经谈及对中层管理者的管理。万科干部过去有每年20天的休假，如果你不休假，就有一个月的补贴。后来觉得这样不对，为了鼓励休假，如果你不休假，把补贴去掉，不鼓励你不休假。现在到了第三步，强迫你休假。这也是企业的文化，对中层的爱护更大，显得他的价值更大一些。

在行贿与不行贿之间，王石看到了人性的另一面：希望追求清廉的名声。

王石关注社会责任，
引领业界风尚，
努力塑造一个被社会肯定的万科。

王石·经营价值观 THE MANAGEMENT OPERATION VALUES

站在社会角度思考民生和企业

1. 加强“企业公民责任”

近几年来，全国房地产市场价格一路走涨。对于中央政府而言，房地产价格已不仅仅是经济问题，更是政治问题。房价一路高涨，民怨日益沸腾。作为卖方市场的把控者，多数房地产商一向看涨不看跌，联手造势挑战政府政策走向。

在这种政商对峙的敏感时刻，王石却向外宣布，万科要用自身的资源及住宅方面财力、人力的优势，解决工薪阶层、中低收入者住房困难的问题，并着力推行三件体现“企业公民责任”的工作——推广廉租房建设、设立专门用于居民旧村落保护的基金、推进节能环保运动。第一期、第二期的廉租房建设已经在深圳、广州等地开始。万科此举不仅得到政府的高度认可，更受到民众的支持，万科的美誉度再度提升。

万科的发展原动力，正是来自于王石对社会发展趋势的深刻洞察。在王石眼中，万科不应该只是赚钱的机器，更应该是一家富有影响力的企业，拥有足够的社会力量也赢得了足够的尊重，而这正是一家企业在任何复杂环境都能立于不败之地的真正力量。

2. 凭“不行贿”理念力保万科稳健发展

房地产行业涉及的产业链非常长，而且必须与多个政府部门打交道，这其中“涉水之深”是外界所不知晓的。可以说，在房地产企业发展过程中，几乎没有一家房地产商的老总敢公开说自己没有拜过山头、没有行过贿，但王石敢。

王石不仅将“不行贿”这个理念在内部讲，也在外部讲，在媒体专访时讲，在行业高峰论坛上讲。许多同行都觉得王石疯了，如此高调地去宣扬自己的“不行贿”理念，不是明显去挑衅现有的潜规则吗？许多人都在看王石和万科将如何被某些坚持“收贿”的官员收拾得体无完肤。但出乎他们意料的是，万科不仅在全国开疆辟野势如破竹，而且王石还成为许多政府官员的座上宾，“不行贿”理念丝毫没有影响到万科的发展。

在王石看来，任何贪官都有两方面的需求：一是钱财的需求，二是名声的需求。行贿者满足的是其钱财的需求，而万科则可以满足其赢得清廉名声的需求。当外界都知道王石是一家绝对不行贿的公司时，“不行贿”就成了万科最显著的标志。官员虽然知道与万科打交道得不到钱财的满足，但可以得到清廉名声的威望，这也是许多官员所追求的。正是深刻把握住这种人性的特点，王石凭着“不行贿”理念力保万科在复杂的政商环境中稳稳地发展着。

登山是王石个人的事，
却也是万科的事，
于是也就成了地产界的事，
再然后就被全民关注。

王石·个人营销艺术 **THE MARKETING METHOD OF INDIVIDUALS**

将个人娱乐与工作完美结合

1. 具备品牌意识，使自己频繁走进公众视野

作为企业的最高决策者，企业家自然成为与公众进行交流沟通的主要渠道。当然，企业可以制定发言人制度以减轻企业家身上的负担。但是另外一方面，高层领导直接和媒体进行沟通和采取行动所具备的权威性、真实性是无可替代的，所以更为媒体所关注和重视。在产品获得消费者的认可，企业获得公众知晓、了解、好奇的基础上，企业家既然作为企业的代表，其个人的抱负、人格、风范、爱好、个性等因素也将与媒体和公众发生互动。如果一名企业家具备品牌意识，并且发现自己已经进入公众视野的时候，他可以考虑如何利用这一点为企业创造价值。这种工作，如果做得比较过火，可能就容易被公众称之

王石答网友问

网友：您能谈谈，您的性格与事业之间的关系吗？您是怎么处理这之间的关系的？

王石：我没有认真地从这个角度来看，性格和事业有什么样的关系。确实，在人与人之间的沟通当中，一个人的性格是非常非常重要的，而沟通又是成全事业非常重要的一部分。我这个人的性格应该说是不大适合和人沟通的。比如说我这个人是属于“酒逢知己千杯少，话不投机半句多”这种的。这么一个性格，要喜欢了就夸夸其谈，就像水龙头打开了，停不住了。不喜欢就一句话不说，我这个人的表情比较严肃，拒人于千里之外，这样的性格对事业很不利。另外我的脾气比较大，性格是非常容易发火的。应该说得罪了很多人，也引起了很多人的误解。好在无论是在万科的人还是离开万科的人都对王石评价不错。

人家之所以肯定我，我想主要还在于我做事全力以赴，而且有一定的工作能力，有一定的判断能力，这是一方面。另一个更重要的方面是，尽管我脾气不好，但是我是出于公心来对待别人。

比如说作为管理者来讲，我把握三个原则。第一，决策，就是事做不做，这是王石来决定的，否则当董事长、总经理就是失职。第二，要做谁去做，就是用人的问题。第三，他一旦做错了，你承担责任，无论他是什么原因做错的，你都要承担责任。这是我管理者的原则。很简单，你重用他，他做错了，他已经诚惶诚恐了。我的态度是你做错了，不是你的责任，是我的责任。因为首先他不适合做的事情，你信任他让他去做，这是你用人的问题，责任在于你，而不在于他。

为“作秀”，如果操作得法，就能够提升企业的公众形象，为企业增添人格魅力，获得免费的宣传机会。

“王石”的价值就是这样被创造了出来：一位知名成功企业的掌门人同时热爱高难度的极限运动，这本身就是极好的公关素材。对于“王石”的相关传播收到了正面的回报，王石本人的个性、特点、爱好和企业紧密相连，强化了万科，提升了万科，也造就了“王石”这个品牌。

2. 创造一种给自己和别人启示的娱乐方式

王石的登山与房地产行业和企业经营没有直接的联系。但毕竟他是一名成功的企业家，是上市公司的董事长，是用自己的作为为社会作出重大贡献的社会公众人士，所以他的登山行为就和他作为企业家的这种个人素质有着密不可分的联系。他的登山给予更多企业家的启示主要有三方面：

（1）启示一：做企业家要有永攀高峰的决心

王石所领导的万科公司，从小到大，从弱到强，是他一手办起来的。从作为第一批上市公司在深圳发行股票，变成公众公司，到万科寻找到房地产这个主业，再到房地产主业不断开拓业绩，他创造出很多新的经营方式和新的经营理念，成为房地产企业学习的榜样。 这些都是和他的永攀高峰的精神联系在一起的。

正是由于有了这种精神，他领导的万科公司在事业上不断成功，目前很多企业都面临着激烈的市场竞争，没有王石的这种精神，企业就将会在市场中被淘汰。王石对于其他企业家来说，应该是表率。

（2）启示二：企业家有他的个性，企业发展才能有它的特色

万科是一个很有特色的企业，这正是因为王石把他的性格注入到企业的缘故。所谓企业文化就是企业家的文化，就是企业家个人的性格、素质、人生追求在企业中的综合反映。王石是一个很有个性、有棱角的人，正是这种性格造就了万科，也对房地产界其他企

业的发展产生了影响。

只有不流俗，不平庸，开发的房子才不会千人一面，千楼一面，创造的楼宇才能够经得起百年的考验，才能够传之久远。

（3）启示三：创造一种使领导者闲不下来的现代化管理机制

王石能够拿出几个月时间去训练、去登山，而企业却能照常运转。一些人会有疑问：一个大公司的一把手、法定代表人，怎么能够离开公司，特别是上市公司，这个企业需要开会，需要签字，找不到人怎么行？王石敢于放开工作去登山，是因为公司已经建立了一个可以按照董事会所确定的发展目标自行运行的机制，所以王石可以放开工作去登山。

这种机制对于企业，特别是对于一个长远经营的企业来说，是十分重要的。这也是符合现代企业制度对董事长要求的一种机制。国外的一些成功企业家，时间分配是三分之一用来搞调研和学习；三分之一用于搞社交，为企业创造生存空间；三分之一用于处理日常工作。这是一个成功的经验，这样的企业已经进入到管理的高层次，即战略管理的层次。通过王石的登山可以看出，王石所管理的企业已经进入到这样一种战略层次，他为现今的企业建立现代企业制度提供了榜样。

作为万科的创始人、掌舵人，王石的很多带有创建性的工作其实已不仅属于万科，而属于整个地产界。他的一系列社会和商业活动，又使得王石的影响远远超出地产界。

3. 领导者的独特个性引导企业树立良好的企业形象

万科在业界传播多半是起于王石个人热衷在媒体宣传和他所树立的良好的企业家形象而引发的。

（1）王石用率真的个性行事

王石是个很率真的人，他天生就显得特别，而这种特别极容易感染媒体，于是这就成为王石在媒体上宣传的最大本钱。

借用陆新之写的《我自求我道的王石》这篇文章来评价王石是极为贴切的。

“与其说率直的王石管不住自己的嘴巴，不如说王石见不得人云亦云没有创意，好像《天下无贼》中黎叔看不惯没有技术含量的抢劫一般，王石醉心地想传播自己的人本心得，所以，他也总同主流传播思想格格不入。”

“做企业的人多，搞花样作秀的也不少，但是做到像王石那样，不断有新东西来刺激媒体，还能够自圆其说的就少了。张瑞敏说企业做加法，王石就总结说万科成功在减法，房地产都说暴利，王石又说高于25%的利润不做，人家介绍成功经验，王石就说万科主要是讲教训。”

（2）王石用健康的形象展示自我

除了扮演一个成功老道的商人角色外，他又是极限运动的爱好者，登山成就有目共睹。他也酷爱滑翔伞运动，是内地第一个在台湾玉山飞滑翔伞的人，他还是外国品牌手机在内地的形象代言人，出席《财富》论坛，在哈佛演讲。他的业余生活和职业生涯同样动人。而且，王石不是富豪，不是资本家，他本身只是拿工薪加奖金的职业经理人。王石奉公守法、积极纳税、私生活检点、从无绯闻，他用健康的个人形象展示自我。

（3）王石用理想化个性寻找企业生存方式

他爱好人文，关注人性，喜欢在人文和专业之间寻找一种自我的和谐。但他特别追求品质，容不得杂音和无特色思想的理想化个性，使得他在处理小事时显得不够中庸和圆滑。

在他的指导下，在业界颇有声名的《万科周刊》出人意料地跳出企业内刊的角色定位，而成为中国中产阶级的思想发布阵地。

王石对外宣传的本领来自于他的个性魅力、他的自信以及他做事和思考问题的方式。

曾几何时，王石在万科有着“暴躁硬汉”之称，也不乏有雷霆大怒的故事，但在另外一方面，20世纪80年代起就用国际惯例来作为公司准则的王石又很开放，比起一般人豁达得多。

王石是一个会创造概念的领导者，
他总是提出一些惊世骇俗的概念，
用以标榜一个与众不同的万科。

王石·地产领先概念 THE LEADING CONCEPTS IN REAL ESTATE

用概念展示万科的标杆风范

1. 利润高于25%不做

在1992年，当时整个行业的平均利润很高，市场上流传着“房地产的利润低于40%就不做”的说法，而万科提出的是：利润高于25%就不做。因为万科通过早年做贸易积累的经验明白，任何容易得到的都容易失去，一个行业只有赚社会平均利润才能有长期发展的机会。

2. 用做减法的方式做加法

万科无疑是成功的，成功的原因各有不同，有些企业是做加法取得的成功，而万科则是做减法取得成功的。进入1995年后，万科进行了长达10年的减法，卖掉其他当时非常赚钱的产业，专注地产开发。如今，万科已经成为中国地产领跑者和城市主流的住宅开发商。其减法的传奇一直受到众人的学习和研究。

3. 担起“关注普通人”的企业责任

他提倡关注不享有政治、经济和文化特权的白领、蓝领、自由职业者和中小工商业主。认为这个群体是现在、未来住宅市场的主流消费群体，商品住宅应该从面向少数群体的奢侈消费转向普通人的大众消费，并且让其成为不可逆转的趋势。历年来，万科也因一直致力于“关注普通人”，而成为中国地产第一品牌。

Profound reflection

本节思考

王石是通过怎样的个人营销方式保持地产大哥地位和形象的?

The leaders' sayings

管理休闲吧

王石语录

1. 不培养接班人

我从来不培养接班人，我是培养团队，我是建立制度，我是树立品牌。这个团队怎么建立？我觉得团队是综合性的。团队建设当中，需要把握的第一点是制度；第二，透明不黑箱；第三，规范不权谋；第四，要讲责任。

2. 直面死亡

第一次登山时，特别担心自己一但睡觉了就醒不过来……这时候你就开始考虑家庭、公司的事情，人生的终极目的到底是什么。考虑的结果就是你会发现自己慢慢地把过去不能直接面对的东西现在直接面对，而且你会发现一个很有意思的事情，你面对了并不是说你不怕死，而是你更珍惜，即“我思故我在”，我怎么样来好好地度过我存在的现在。回来之后，你会更加珍惜你原来所忽略的东西。

第二节

万科走专业化精细化发展之路

一、经营理念：用人性化和创新意识激发员工潜质

万科的成功在很大程度上得益于公司的经营理念。这些理念支撑着企业发展的每一步。

1. 人才是万科的资本

人才是万科的资本。尊重人，为优秀的人才创造一个和谐、富有激情的环境，是万科成功的首要因素。

公司致力于培养职业经理阶层，将教育和训练作为公司管理的重要组成部分。职业经理队伍是万科人才理念的具体体现，是公司最宝贵的资源。经理的职责是为公司的发展创造机会，同时还要创造一个适合人才成长的环境，把公司的目标、职员的理想，落实到日常工作中。

万科希望其职员要在社会上与众不同，并能够把工作和家庭、健康、物质、精神生活协调一致，所以万科倡导健康丰盛的人生。

2. 尊重客户，让客户满意

衡量企业成功与否的最重要的标准，就是看客户的满意程度。表面上看，职员的薪酬由公司支付，事实上，这一切来自于客户。

万科不断提供超出客户期望的服务，企业品牌的附加值就会因职员优秀的表现而日益增加。对待100名客户的服务里，只有一位客户不满意，看来只有1%的不合格，但对于该客户而言，他得到的却是100%的不满意。一朝对客户服务不善，公司需要十倍甚至更多的努力去补救。在客户眼中，每一个万科员工都代表万科。

3. 专业化+规范化+透明度=万科化

万科从成立以来十几年的实践中摸索出：企业要搞专业化，不要分散资源。企业对自身的专业化方向明确得越早，资源就越容易集中，建立在专业化基础之上的规模化便越容易形成，从而更能确立自己在相应领域的领导地位。

讲究规范化，就需要冲破传统思维中对个人英雄主义的崇尚，要按照现代企业制度的原则，将企业的行为规范化，通过建立一支优秀的职业经理队伍来实现企业的策略和计划。良好的制度也是产生利润的生产要素。

万科反对暗箱操作，提倡信息资源共享，鼓励相互之间坦诚地交流，友善地沟通。并且万科对内平等，对外开放，一直不懈地致力于建设阳光照亮体制。

4. 学习是一种生活方式

万科致力于成为学习型组织。在学习型组织中，职员全身心投入，体验到工作中的生命意义，通过学习创造自我，积聚创造未来的能量。

万科的管理者认为：竞争优势是由个人和集体的不断学习促成的。一方面学习型组织倾向于对组织内部的知识加以拓展；另一方面倾向于汲取组织外部业已发展成熟的知识。其中，反省是个人学习以及组织学习过程中的一个重要因素，学习能力是个人和企业成功的重要因素。

5. 创新是生命之源

从1984年的蹒跚起步，到1988年的股份化改造；从多元化的四处扩张，到专业化的主动收缩，创新精神就像一台强劲的发动机，引领着万科稳健地前进。正是凭借不断创新的精神，万科才得以积极地拓展，万科品牌才能够得到社会各界越来越多的认同。

万科将在未来的发展中致力于逐步扩大领先优势，既要面对来自其他优秀行业成员的挑战，也要面对来自迅速扩大经营规模的挑战。这一目标的实现，更有赖于充满激情的创新精神。

二、战略规划：多元化、专业化与精细化

第一阶段：万科发展战略前十年——多元化

万科发展战略前十年

多元化历程	具体内容
时　间	1984~1992年
市场特点	① 市场经济处于起步阶段； ② 市场充满商业机会，有很多空白急需填补； ③ 新行业的商机体现为暴利； ④ 行业竞争少，处于初级阶段
发展战略	万科在这一阶段完成了资本积累，战略体现为向多元化发展。什么赚钱做什么，公司的业务不断做多。到1991年底，已包括进出口、零售、房地产、投资、影视、广告、饮料、印刷、机加工、电气工程等13大类

第二阶段：万科发展战略后十年——专业化

万科发展战略后十年

多元化历程	具体内容
时　间	1992~2001年
市场特点	① 市场经济向规范化发展； ② 空白基本被填补，以暴利为特征的商业机会越来越少； ③ 行业竞争越来越多
发展战略	万科在这一阶段完成了战略转型，选准了一个行业，成功培育了核心竞争力。战略体现为向专业化发展。万科从1992年开始全线收缩，卖掉了所有虽然盈利但是与房地产业毫无关联的企业，由多业共同发展转为只做房地产，再到只做中档住宅房地产，开发项目城市也由13个回缩到4个城市，成功地实现了企业的“减法战略”

（1）执行诺基亚战略从多元化转向专业化

1992年前后，是万科多元化发展的鼎盛时期。由于万科坚守规范化操作，坚持不行贿，所以在深圳拿地不太顺利，又适逢全国开放，万科开始向多元化发展。

专业化是万科经过近十年调整的结果，也可以说是万科运营战略转变的结果。发展中的万科很快认识到搞多元化虽然可以做到“东方不亮西方亮”，但也直接导致资金、人力等各种资源无法集中，每一个行业都没有稳固的根基，所担风险巨大，毕竟现代企业的标准是做强而不是做多。于是王石带领万科开始做减法，实行诺基亚战略，走专业化道路。

ATTENTION

+关注

专业化是万科经过近十年调整的结果，也可以说是万科运营战略转变的结果。规范化则被万科称为企业的生命线，它是万科发展壮大的基石。

……

（2）执行诺基亚战略从综合商社到专营房地产

① 从多元化经营向专营房地产集中

万科发展战略后十年

执行策略	实施内容
向综合业务发展	万科1991年向综合业务发展，跨地域的经营方式发展迅速，到了1993年，共有五大类业务，55家联营公司和附属公司，遍布全国12个主要城市
重组企业业务	① 1996年，卖掉了其下属的几家与房地产主业毫无关联的企业； ② 1997年，协议转让出扬声器厂
转让怡宝蒸馏水	“怡宝”的买和卖，完整地体现了万科经营思路的前后变化
转让万佳百货	万科真正完成收缩是在2001年转让万佳，万科转出所持万佳百货72%股份，增加净利润17150万元

至此，万科彻底退出了与房地产无关的行业，历经多年的专业化战略调整已全部完成，开始进入专业化的快速发展轨道。

② 从多品种经营转向住宅产品集中

万科把深圳的写字楼也改成了住宅。产业结构调整的结果是：房地产占60%，其他占40%。地区划分深圳占50%弱，其他地区50%强。利润深圳占75%，其他地区占25%，1997年中期与1996年同期相比，房地产增长60%，利润增长95%，销售面积增加13万平方米。

专业化路线的相关措施

采取措施	具体动作
投资区域由分散转向集中	地域上从12个城市收窄至1999年的5个城市，集中力量在上海、北京、天津、深圳、沈阳等经济发达、人口众多的地域经济中心
转让早期投资股权	从1994年起，万科开始转让在全国30多家企业持有的股份，收回投资，集中资金，并入地产发展
超过25%的利润不做	王石明确表示：万科地产将重点开发面向城市居民、利润不高于25%的中档民居。万科放弃商业上的“利润最大化”

③ 以优势产品复制实现“沃尔玛”式扩张

当品牌、人才、管理等核心资源整合在一起时，万科典型的“沃尔玛”式开发模式便发挥出了它现实的威力。

2000年，万科的投资开发已经开始扩张到10个城市，在国内10个城市开发面对白领的住房，它的收益模式是“当年投资，当年销售，把所有前期的成本都透明化”。

它解决了房地产企业异地开发中的三个问题：产品的标准化、异地控制、异地管理。这种开发模式使万科目标顾客定位精准，优势品牌得以完全彰显，高质量的人才资源和严谨高效的管理制度，使得万科能够以最小的开发成本最快地占领异地市场。

④ 区域化战略扩张

万科的区域扩张将百万人口以上城市作为选择目标。基本上以三个经济圈和几个内陆核心城市为重点发展区域，力求在一个特定的区域内而不是一个城市里实现各种资源的集约化经营。三个经济圈包括珠江三角洲、长江三角洲、以北京和天津为核心的环渤海经济带。

万科实现了由多元化向专业化的转变，成功完成主流产品线。打造了城市白领住宅，树立了全国性住宅品牌，当年确立了中国房地产行业的领跑地位。在万科2005年年报上显示，当年实现销售面积231.8万平方米，实现销售收入139.5亿元，占全国市场份额约1%，实现净利润13.5亿元，资产总值105亿元，净资产收益率超过16%。

第三阶段：万科发展战略下十年——精细化

万科发展战略下十年

多元化历程	具体内容
时　间	2002年至今
市场特点	① 市场经济逐步走向成熟； ② 暴利基本消失； ③ 商业机会体现为行业内的竞争优势； ④ 行业竞争越来越激烈
发展战略	万科在这一阶段的任务是保持行业竞争优势，战略体现为向精细化发展，万科继续在以深圳和广州为中心的珠江三角洲地区、以上海为龙头的长江三角洲地区、以京津为核心的环渤海湾地区开发住宅，并将成都、武汉等腹地区域经济中心城市作为发展目标，进一步扩大集团在各地的市场份额

精细化战略是万科在顺境中求突破的一个重要战略行动。当企业面对外部环境的变化感觉到了压力，内部的诸多细节需要突破、改进时，靠的就是适时、适用的企业战略。

箴言 MAXIM

万科作为地产企业的标杆，一直给自己的定位是“领跑者”，要不断创新，要一直走在时代的前沿。

（1）重视投资回报拓宽融资平台

2004年下半年，万科发行了19.9亿元可转换公司债券。在制定有关发行方案时，万科从维护中小股东利益的角度出发，对原方案中的发行规模、转股溢价幅度、向下修正条款、回售条款和提前购回条款都进行了重新修改，使董事会最后通过了被认为是“迄今为止市场上最有利于中小股东的发行方案”。

（2）重视市场细分超越客户需求

人的需求是立体化的，从生存需求到情感需求再到精神需求，只有经过充分的市场调研，不断细分市场，才能挖掘客户由浅层次到深层次的需求，并在细分市场的基础上，创造超越客户需求的产品。

（3）重视客户忠诚度提升

根据独立第三方所作调查，目前万科客户的重复购买意向为63%，30%左右的业主由老客户推荐，70%以上则靠市场口碑吸引。在新阶段，万科以美国最大房地产公司——Pulte Homes公司作为学习榜样，从数据上看，Pulte Homes公司全美市场占有率高达4%，仍然能达到40%以上的客户实际重复购买率，而万科市场占有率为1%，表明在提高客户忠诚度方面，万科还有巨大的空间。

（4）重视品牌强化竞争优势

万科在研究国外先进的房地产公司时发现：越是成熟的市场，目标市场分得越细，诸如出现了首次置业、二次置业、多次置业等分类市场，万科集团要求在各细分市场上加强品牌建设，持续品牌竞争力，保持核心竞争优势。

万科成立了建筑研究中心，专门研究客户未来的生活需求，其中最主要的是对未来十年人们生活的研究。重视研究消费者的心态，在各细分市场保持竞争优势，在竞争优势的基础上强化品牌形象与竞争力。

（5）重视社会责任建立企业诚信

房地产是一个关联性的集成行业，企业应该承担起社会使命，加强与政府、金融单位合作，重建企业社会诚信，房子不是普通消费品，开发商应以改善中国居住文化为己任，这是万科一直坚持的观点。

（6）树立标杆企业实现持续增长

万科通过锁定标杆企业，发现Pulte Homes公司在客户忠诚度、对待投资者、股东及开发经验方面远胜于自己。

在不断变化的市场环境中，万科确立Pulte Homes公司这一新标杆，进行全方位的研究和学习，这将为万科提供一个有助于提高企业效率与效益，并在此基础上实现规模增长的理想化参照系。

三、产品策略：万科提供的是一种生活方式

1. 用产品质量优势赢得市场竞争力

以客户理念锁定市场需求，以专业标准规范生产流程，以零缺陷质量文化保证产品品质。这是以优质承载市场竞争力的三件法宝。

（1）深度研究客户需求

万科这一项目开发策略具有很强的时代背景，这一开发策略的瓶颈在于拿地的难易程度。以具体的市场研究为导向的开发策略，一方面可以规避开发风险，另一方面可给予产品恰当的定位，利于提升产品品质；再者，可以节约很大的营销成本。但在“后地产时代”，随着一级土地市场的逐步完善，未来万科将在开发策略上进行调整，由从客户到土地的定向开发策略转向为一线区域由土地到客户和二、三线区域由客户到土地的组合开发策略。

（2）以专业集成优化房地产开发流程

① 专业集成提高工程管理能力

为保证项目质量，确保在规划、设计、施工、交付等一系列环节的高质量运作，万科对房地产开发流程进行优化重组，力求进一步提高工程管理能力。

② 专业集成计划控制提高组织效率

专业集成对于评价一线公司组织效率提供了评估标准，并使开发计划更加合理。

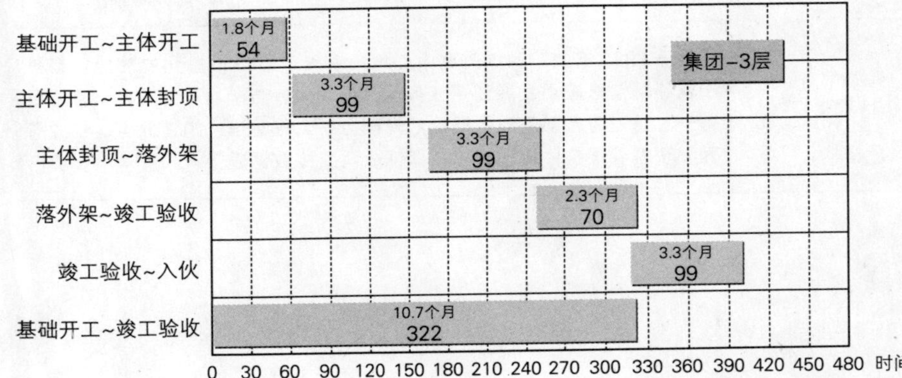

（3）零缺陷质量文化与成本控制

万科通过重组、优化项目发展各环节业务流程，充分利用公司内外的专业资源，建立工程管理信息系统，通过专业化培训、业务考察、案例教学、专题研究等方式，建立一支有集体尊严和荣誉感的工程管理队伍，使产品品质成为企业品牌的有力支撑和保障。

万科是如何在成本差异基础上，有效控制成本，建造优质产品，化劣势为优势赢得客户与市场的呢？以下四个层面可以用来解析万科成本控制模式：

① 成立成本管理中心

成本管理中心

采取措施	具体内容
引入目标成本管理	万科将与成本有关的职责理顺为三点： ① 第一点是：成本管理部负责对成本进行管理； ② 第二点是：财务管理部负责对利润状况进行管理； ③ 第三点是：销售部负责对销售状况进行管理等。 在大的框架基本成型之后，再结合设计、工程等专业技术支持部门，整个系统就可以有机地结合起来
运用IT技术管理	组建于1998年的万科IT信息中心担负着统一管理信息化的功能，当基于网络的信息应用发展到了业务运作的阶段，万科将IT信息中心移至财务部。通过财务部门对数据的汇聚能力将工程管理、销售业务、物业管理和资金管理整体协调起来，保证公司整体数据通畅

② 建立统一的采购模式

2001年3月，万科出台了《材料设备采购规定》，推出了新的采购模式。新模式以“统一采购”为原则，引入“战略供应商”概念。

建立采购模式

具体举措	相关动作
统一采购的电子商务平台	2000年5月，万科独资联动电子商务有限公司成立，www.a-housing.com，该网站成为万科建材采购的电子商务平台。同年10月，该网站试运行，12月正式投入使用
加强与战略联盟合作	采购并不仅仅是招标，最关键的还是要达成交易，购买到适用的、价廉物美的东西，获得优质的售后服务。所以选择产品、选择合作伙伴等传统流程不可忽略

③ 设立专门的规划设计部门

为了加强前期控制成本，万科设立了一个新的部门：万创设计研究中心。万创担负着项目初步规划、工艺改进、材料把关、样板间装修和装饰等多方面工作。同时，它还担负着更重要的一个使命——为万科培养优秀的职业经理人。房地产企业未来领袖既要有规划设计经验，也能把控全程跟踪，这样才能有效控制成本，获取更多利润。

④ 加强客户关系管理

万科地产率先在中国地产企业中建立了自己的会员俱乐部——“万客会”，倡导在“让万科理解客户、让客户了解万科”的基础上建立理性、对等、双赢的供求交流方式。通过“万客会”，万科建立起与客户的良好关系，并获得大量最直接的消费者资料。通过“万客会”，万科了解了客户需求，明确了市场动向，从而间接降低了成本。

2. 以产品线为轴心构建管理架构

万科产品管理架构源于产品线管理。产品线管理主要负责从产品的客户分析、规划设计到工程管理、营销的全过程。围绕产品线，万科内部建立起了创新研究部、产品品类部和项目管理部等三个部门。

（1）产品线——创新管理架构

产品线管理架构

管理架构	工作职能
创新研究部	主管公司产品的研究和创新
产品品类部	① 工作内容：专门研究客户的需求，工作目标是按照客户的需求来确定公司的产品； ② 工作方式：产品品类部通过市场调查等方式了解客户对公司产品的意见，从而使万科的房地产产品从户型、结构、环境规划乃至物业管理不断从细节上改进
项目管理部	项目管理部有三部分职责：tat计划信息管理、制度管理和专业管理

（2）以规范化、标准化保证品质

① 产品设计规范

1994年，万科设立了一个与设计单位密切沟通的平台——万创建筑设计顾问有限公司，开始从规划设计上提炼更高的产品竞争力。1998年，万科成立了建筑研究中心，专职研究与建筑、住宅密切相关的前瞻性课题。

万科从2001年开始启动“合金计划”，把各地公司各个阶段比较优秀的开发操作经验融合在一起，提取出一套性能稳定、广泛覆盖的执行规范，提出“要做没有质量问题的房子”的目标。从2002年3月起，《项目设计流程》、《项目设计成果标准》等一系列设计规范文件陆续出台，为建造优质住宅产品打下了基础。

② 产品开发标准

与其他房地产公司产品因地而异不同的是，万科现有的几个项目品牌已形成了成熟的产品开发模式，每一个项目产品走的都是标准化路线，形成了产品异地复制、大规模生产的能力。

产品标准化保证了产品品质和持续创新能力：建立《万科住宅标准》；建造标准化住宅样品；引领行业的结构形式、施工工艺、制作流程标准。

（3）以品牌识别系统严把产品质量关

① 品牌管理的机构职责

品牌管理的机构职责

机构划分	职责
集团高层品牌领导小组	① 根据公司业务和项目营运状况，制定公司品牌发展战略； ② 对品牌实行统筹管理； ③ 对企业品牌负责，并督促各品牌相关部门的工作开展
集团企划部	① 负责企业品牌研究工作； ② 制定企业品牌总体运作方案； ③ 及时就企业品牌的市场反应进行策略的调整； ④ 对企业品牌负责，并实时监控品牌发展的市场动态
各区域公司营销品牌策划部	① 通过项目品牌的推广来提升企业品牌形象； ② 负责执行项目品牌方案的策划及市场推广； ③ 及时就项目品牌的市场反应进行监控，并把结果反馈到集团企划部品牌小组； ④ 对项目品牌的建设和维护负责

②品牌管理的内容

品牌管理的内容

品牌管理要素	品牌识别系统	品牌宣传品使用规范	品牌传播管理
品牌管理	严格按照VI手册的规定监督执行	严格按照《品牌管理手册》的规定监督执行	严格按照《品牌管理手册》以及每年的品牌计划执行
所管理内容	行政事务用品系统、商业环境空间系统（售楼处、公司接待处）、招牌指示系统、服饰配件类、交通运输系统、对外广告传播版式、LOGO及品牌口号应用等	企业广告片、品牌海报、品牌展板、导旗、围板、宣传画册等所有有关企业宣传品的制作、使用场合、内容、色彩规范	① 项目传播中品牌策略与个性体现不违背原则； ② 执行每年集团制定的品牌传播计划； ③ 根据一线公司需求开展合作传播； ④ 执行新城市进入的推荐性传播规范

③ 品牌管理的操作

品牌管理的操作

操作步骤	具体内容
建立品牌识别系统（VI）	万科的品牌识别系统实质上包括万科企业及项目的视觉规范和万科项目命名规范。其运作严格按照VI手册的规定监督执行，在一些公共场合及显而易见之处运用相关品牌传播的LOGO图片及文字加以标识
制定品牌整合推广系统	万科以“全国性思维、本土化运作”为总体方向，通过品牌理念的执行对品牌理念的诠释进行了很好的市场渗透
产品创新及全程品质管理体系	① 创新产品开发：到目前为止，以多层住宅为主的大规模项目占万科总开发规模的80%左右。顺应规模化发展的趋势，万科正从流程和成果两个方面，建立跨地域设计工作的统一标准。 ② 全程品质管理：万科在产品品质方面一直获得权威机构的肯定。目前，万科正进一步完善质量管理体系，并建立高素质的住宅建设合作网络和团队

3. 以概念营销推广产品，铸造企业形象

万科在营销中擅长把社会上提倡的最新生活理念与产品的某一点进行结合，引发相关的社会话题讨论，在推广中注重从面上展开，制造有利于自己的话语权，吸引全社会关注。

由于万科的营销策略是先找市场，再找地块，所以，面对新市场，就要采用新的概念营销。在建楼前，万科习惯于先寻找灵感，构思一个新的概念，让目标客户先接受自己提出的产品概念，再接受产品。与其说万科在做营销，不如说是在做一场针对产品营销的社会意识形态的反思运动。

（1）营销管理的三大重点

万科在营销管理上是以策略为先导，项目产品为核心，整合推广为辅助手段进行的。

品牌管理的要点

管理要点	具体内容
策略先导	万科在市场营销的策略上走的是先找市场，再建楼盘的策略，这为中后期营销的开展节约了很大的成本
产品为核心	万科的产品创新能力是其核心竞争力构成的一部分，万科进行产品推广时都会对产品进行新的包装，给其导入一个具体的生活模式概念
整合推广为手段	万科在项目的市场整合推广中一般都植入企业品牌理念，以企业品牌带动项目品牌，并整合起各种媒体或非媒体进行品牌传播

（2）面向新经济、关注普通人

万科一直不能从政府手上拿到廉价的协议出让土地，只能从市场公开拍卖或别人手中拿到二、三手的高价地。巨大的土地成本压力，使得他们只能去关注和开发普通人住得起的市场，把目光投向了别人看不上的廉价土地——城郊结合区。

为吸引社会各界对这一目标客户的关注，王石率先在业界发起了一场声势浩大的“新住宅运动”，提出“面向新经济，关注普通人”的口号，为万科在全国各地的“造城运动”推波助澜，也为万科的品牌形象市场推广注入了一股很强的力量。

（3）快速销售的市场操作手段

快速销售的市场操作手段

操作手段	相关动作
快速铺市方式	利用客户对高价格的心理预期，实施略低定价手法，快速形成热销，然后再逐渐水涨船高，最终实现每平方米高出周边楼盘一千多元的销售目标
捆绑销售方式	设计私家花园、小泳池、独享后街、区别于高层的景观，再配上一个动听的名字，就把本应卖几千元的产品卖到上万元的价格
形象定位	楼盘形象包装中，色调、用品风格、销售资料和售楼处、环境都是一致的，让人感觉进入了万科营造的世界

（4）营销媒体整合

营销媒体整合

媒体	发布内容
电视广告	主要在电视台投放企业形象广告片
网络广告	在新浪、搜狐等网站投放网络广告
户外广告	在项目城市投放户外广告
报刊软文广告	在各大报纸、杂志投放产品广告
企业宣传海报	在平面媒体投放
环境媒体	如在垃圾桶等公共产品上制作公益广告，对企业进行宣传

（5）赢得客户忠诚的销售模式

万科通过独创的“万客会”形式，把公司对业主的承诺，转化为业主的亲身体验，再通过各种激励方式把客户的无意识体验，转化为一种有意识的传播。

2003年，万科的产品客户重复购买和推荐购买的比例分别达到了63%和75%，创造了中国地产一种全新的营销模式。

万科在营销方面很注重意识的强化和概念的产品植入。这种意识来源于万科对消费者的一种解读，由此得出企业该做什么，并把此演变为企业的一种责任，通过媒体在业内和市场上进行放大和传播。这一举措使万科的企业文化意识无论是在企业内部还是外部都得到了强化，不仅使万科的企业品牌得到了认同，还使万科在进行营销工作之前就完成了市场取势。不管万科“50万网上征集城市中低收入群居住解决方案”结果如何，但它加深了消费者对万科的企业品牌认同，确实是事实。

在营销的实质性操作阶段，万科把一种生活模式概念植入产品之中，并在营销中通过全方位包装配合进行推广。这种方式实质上是走一条营销方式回归之路：消费者真正需要的是一种生活模式，而不是纯粹的产品本身。而万科在这方面给消费者进行了引导，其结果是消费者在万科产品中找到了理想的生活模式，万科也演绎为生活的创造者。

四、企业管理：创建领先的管理模式

1. 新的管理组织架构：四大主线管理体系

万科在原有的集团九大中心基础上进行整合，形成了新的管理组织架构——四大主线管理体系。这四大主线分别是：产品线、运营线、管理线、监控线。

四大主线管理体系

主线类型	产品线	运营线	管理线	监控线
工作职能	主要负责从产品的客户分析、规划设计到工程管理营销全过程等几个层面的工作。万科在原有的基础上围绕产品线新成立了创新研究部、产品品类部两个新部门	负责融资、财务安排、运营管理、企业发展战略规划。在运营线上，资金管理中心的职责是对外负责集团间接融资，对内进行项目资金管理与监控	包括人力资源管理、物业管理、客户服务、总经理办公室、董事会办公室等。董事会办公室负责投资者关系、媒体关系的协调工作	负责公司的内部审计、风险防范以及党务工作。监控部门的职责不仅是风险控制，更要把自己的角色定位于一个挑剔的业主，从这个视角考察公司的楼盘

四大主线管理体系一方面挖掘了公司现有的各部门资源，把这些零散的资源整合在同一操作平台之上，进行协同化运作，实现企业资源效用最大化；另一方面优化了企业业务运作流程，更明确了各部门的职能定位，实现企业运营高效化。更让人瞩目的是万科这一次管理组织架构的变革是对房地产企业旧有管理体系的一次颠覆，在经历了业务多样化、品牌全国化发展之后，万科开始了内部手术，这次手术是万科贯彻全方位打造行业标准的一种体现。

+关注 ATTENTION

建设四大主线管理体系是万科2005年主题年的一大核心举措，它对促进万科企业管理的有序进行起到了非常重要的作用。

……

2. 运营模式

（1）业务机构工作流程

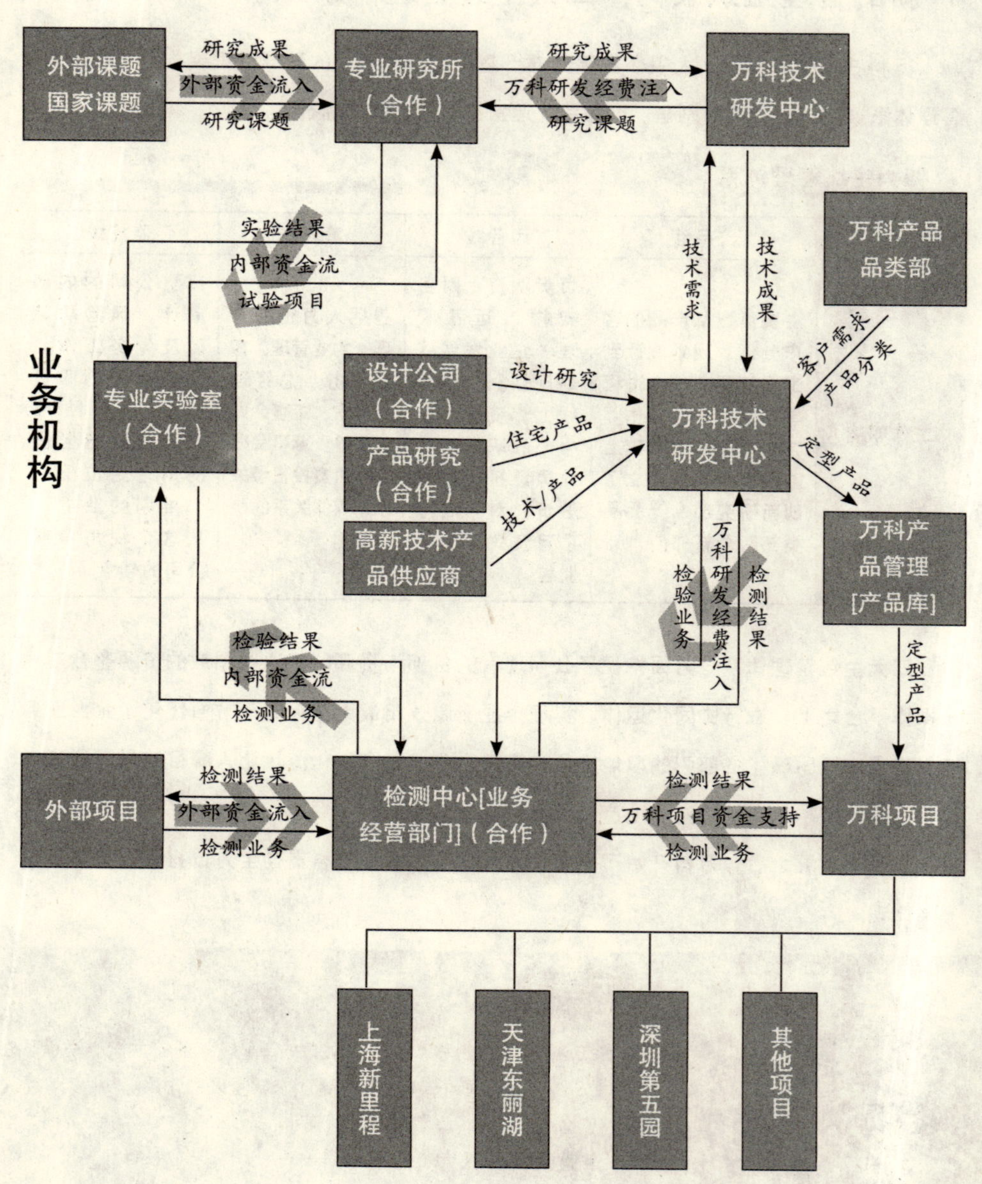

（2）非业务机构工作范畴

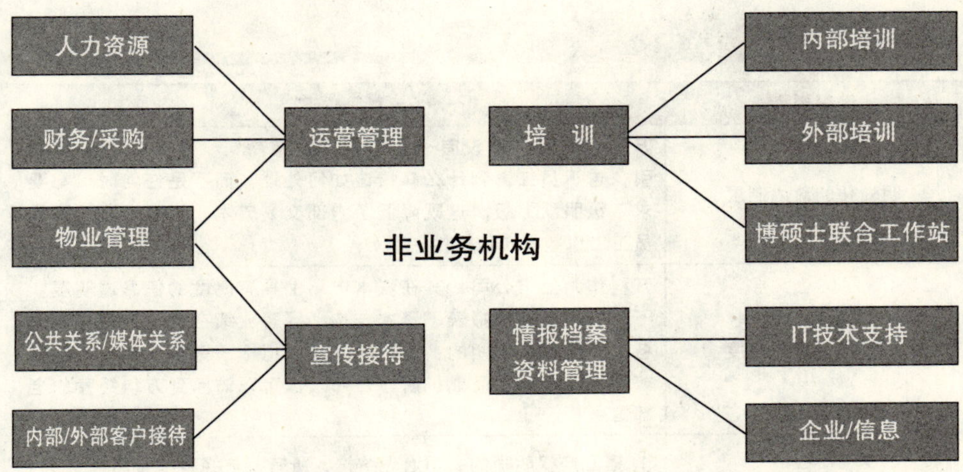

3. 万科投资管理体系明晰化

投资风险是企业经营中最主要的风险，万科在公司治理结构构成的基础上，利用“增量—存量”投资决策管理模式，有效地控制了投资决策风险。

投资决策管理模式

投资决策管理模式	具体内容
增量管理	指的是万科对新增投资、新设业务的管理，进入新的行业、投资新的项目、新设公司及增资扩股等业务必须经过公司常设联席机构“项目论证委员会”论证，通过后再提交给公司董事会审议，必要时提请股东大会审议批准
存量管理	指预算内控制，也就是公司日常经营管理，其中包括调整业务结构、控制经营节奏、成本和质量控制、制定并实施经营计划等职责
增量—存量	明确了委托人（股东）和代理人（经理层）之间的责权分界线，避免了出现项目重复审议或规避董事会审议等操作问题，同时也为万科设定了最低的风险警戒线

4. 万科制度管理体系明晰化

万科制度管理体系

管理类型	管理内容
明晰化的对内制度	万科内部网站上设有一个"制度规范库"，主要负责工作指引，告诉员工遇到什么事情该如何处理，而不是任何时候都要求下级服从上级。这既降低了内部交易成本，又可以充分发挥员工工作能力和积极性
明晰化的对外制度	万科作为上市公司，其在资本市场上具有高度的信息透明度。不仅每年的财务报表、资本结构、经营业绩在网上公布，而且各项业务也是透明的：通过网站进行招标、采购，并公布协议签订情况。除了商业机密，外部人员可以访问到万科经营的全部信息
明晰化的制度管理体系	① 建立产权明晰的公司治理结构，所有权与经营权分离； ② 建立"阳光照亮的体制"，实行公开、公平、公正的规范化运作

五、人力资源：万科打造房地产商学院

1. 万科后现代管理思想的运用

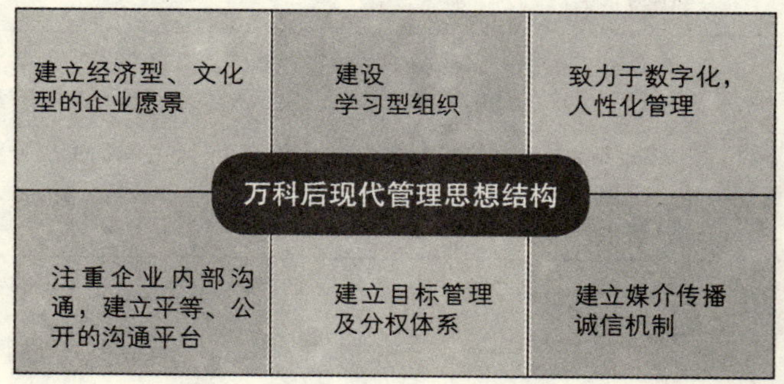

（1）建立经济型、文化型的企业愿景

万科致力于中国住宅产品建筑，为了改善中国人居住文化，企业在创造物质财富的同时推动精神财富建设，主要体现在四个层面：客户、人才、阳光体制、持续增长。持续提供超越客户期望值的产品和服务，努力提高客户忠诚度；重视投资者利益，尊重人才，为员工提供发展空间；注重建筑质量与文化高品质的产品，从建筑材质到住宅环境崇尚环保、自然，倡导建筑无限生活理念。

（2）建设学习型组织

历经20多年的发展，万科一直致力于建设学习型组织。在这一学习型组织中，倡导全体职员全身心投入，体验到工作中的生命意义，通过学习创造自我，扩展创造未来的能量。

（3）致力于数字化、人性化管理

万科认为在网络时代，企业经营运作和IT应该是联合的而不是独自发展的，两个行业具有密切的相关性。所以万科在这方面做了尝试并得到初步可观效益，如，建立网络采购联盟、中国首度行业网络联盟——《中城网》、BBS式扁平化数字管理、网络投诉机制、导入SPA人力资源管理等等，数字化管理增强了企业持续竞争能力，提升了客户忠诚度，使企业效益持续、稳定地增长。

（4）注重企业内部沟通，建立平等、公开的沟通平台

在万科，企业的领导和员工之间的沟通是非常活跃的，随着企业的发展，这一模式逐渐地形成了一种机制，树立了先让员工满意才能让客户满意的理念，从自身做起，尊重员工，重视员工发展，客观地接受高、低层员工离职现象，建立内部网络沟通平台，实现一对一式的对话沟通。通过这样的方式拉近了领导与员工的距离，也增进了相互间的感情。

（5）建立目标管理及分权体系

万科打造网络采购联盟，形成行业战略联盟，实现虚拟运营效益。在分权机制上推行企业核心价值观，分支机构的经营宗旨与总部始终一致，在实施目标管理上，持续集团优

势，并不断创新优化，实现本土化，达到分权与目标管理的统一。

（6）建立媒介传播诚信机制

万科很早就注重文化和经济的密切关系，借助文化宣传树立企业社会公众形象。建立媒介传播诚信机制，既保证了企业对媒介的诚信，更保证了企业对公众的诚信。

2. 铸造万科优质团队

（1）万科用人原则

万科在用人上对个性有着特有的宽容心态，并且把能言善辩作为培养经理人的一项基本条件。万科把重用文人落实到实际行动上，其每一任月刊主编下到子公司都被大胆地提拔为副总经理、总经理。总结起来，万科用人的特点体现在四方面：

特点一：尊重个性、重视才华；

特点二：不求最好，只求最佳；

特点三：重文不轻理；

特点四：举贤要避亲。

（2）培养人才构建体系

① 探索职员专业发展之路

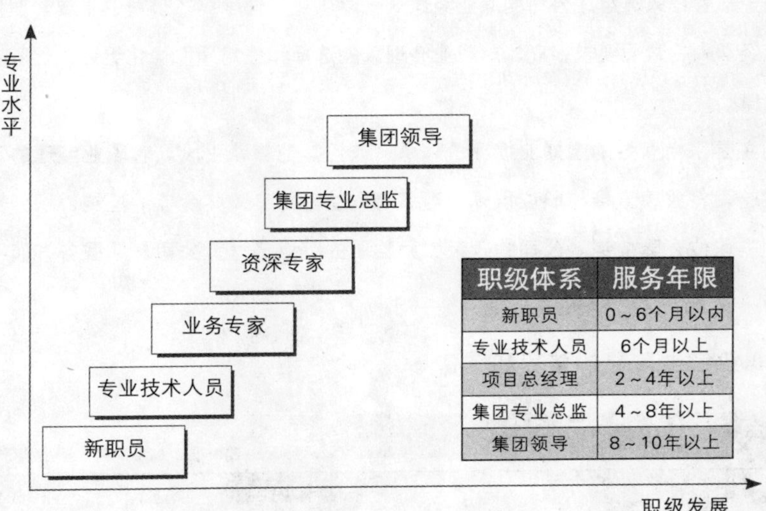

职级体系	服务年限
新职员	0～6个月以内
专业技术人员	6个月以上
项目总经理	2～4年以上
集团专业总监	4～8年以上
集团领导	8～10年以上

② 剖析万科阶梯培训体系

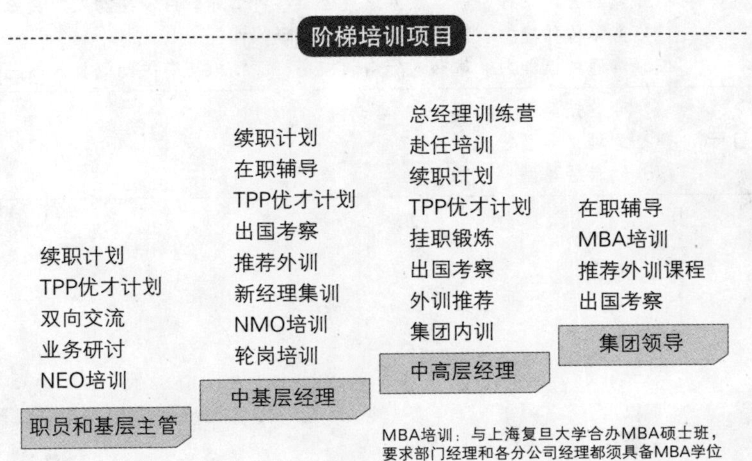

（3）万科的职业经理人制度

万科建立了完善的以职业经理人制度为主体的人力资源管理体系，从初级管理层到决策管理层的全部管理人员组成公司的职业经理队伍，职业经理承担了公司的主要管理任务。万科对职业经理人的素质要求很高，对职业经理人的选择和任用采取优化组合、优胜劣汰、能上能下的原则。

公司主要采用有效的定期业绩评价体系，兼用其他辅助手段，对职业经理的工作和能力进行检验，将业绩直接与职位积分和当事者利益（工资、奖金等）挂钩，积分也直接与职业经理的职位升降挂钩。公司的政策鼓励称职的职业经理为公司长期服务，而不合格的职业经理将被淘汰。

① 职业经理阶层的培养和储备

职业经理阶层的培养和储备

构成要素	具体内容
培养的基础条件	① 职业道德：职位所要求的职业操守 ② 专业能力：熟练运用专业知识的能力 ③ 熟悉公司管理资源：熟练掌握公司各种管理软件及熟悉人力资源 ④ 实际操作能力：熟悉具体业务的实际操作 ⑤ 沟通协调能力：掌握人际沟通技巧，顺畅地与有关部门及人员进行沟通
培训的目标	① 专业技能型 ② 管理常务型 ③ 创新经营型

② 职业经理人基本素养

职业经理人基本素养

工作观念	管理技能	专业技能
① 勇于承担工作责任，有进取精神； ② 集团利益至上，具有全局观念； ③ 以积极的态度对待困难和遗留问题； ④ 接纳差异，具有用人所长的心胸； ⑤ 善待客户，一切从服务出发； ⑥ 尊重规范，一切从市场出发； ⑦ 具开放心态，善于整合资源，善于创新； ⑧ 有突破精神，有能力找到解决问题的办法； ⑨ 不回避矛盾，大胆管理； ⑩ 思维谨慎，工作计划性强； ⑪ 客观敏感把握，控制到位	① 善于激励，有号召力； ② 能营造有效沟通的氛围，让沟通成为习惯； ③ 有效授权，控制得当； ④ 培养、指导下属，鼓励下属学习； ⑤ 科学决策； ⑥ 压力管理； ⑦ 组织管理； ⑧ 时间和会议管理	① 精通本行业的专业技能； ② 知道如何应用这些技能； ③ 有系统的理解能力； ④ 具有专业创造力

③ 职业经理人培训制度

万科为中层管理人员设计职业生涯规划，除了让他们参加公司组织的各种培训外，还安排他们到有声望的专业院校进行高级培训或专业研修，以提高他们在管理和专业技能方面的水平。与此同时，还为经理人培训建立了一套完善的制度：

《个人进修资格规定》

《培训积分管理办法》

《双向交流管理规定》

《后备干部培养办法》

《第一负责人赴任培训规定》

《公司派遣外出学习管理规定》

《培训知识产权保护管理办法》

④ 职业经理人资质模型

这个模型是2001年顾问公司对万科作了全方位权衡后，在以前对人才选择标准框架的基础上，用科学的方法汇总设计而成的。

职业经理人资质模型

资质模型	关键因素	操作定义
管理自己	职业精神	能对自己的行为方式进行调整，以适应企业迅速发展所带来的变化和个体差异，能够承担压力
	学习能力	寻求、汲取和企业或自身相关的知识或信息，提高自己的工作能力
	适应能力	热爱自己的岗位和工作，主动，敬业，有责任心，诚信，愿意把时间和精力投入到工作中来
管理他人和团队	激励式领导	通过树立榜样影响下属，注重下属的发展需要，鼓励下属并帮助其制定计划，指出不足使其能采取合理的方式获得提高
	人际沟通	通过多种途径有效地沟通、交流、表达、倾听信息，与客户建立信任关系，有效地开展工作
	团队意识	能与本部门或其他部门的同事协同合作，实现共同的目标，并能在团队中担任领导角色
	企业意识	理解公司的核心理念和目标，将公司目标与本部门工作和企业发展联系起来，并具有客户意识
	解决问题	意识到问题，并从多角度进行分析，寻求创新方式解决问题
	成就导向	关注工作目标，追求卓越，适度冒险，争取成功
	组织执行	有效地计划、组织、安排、执行上级的指示，确保本部门的工作正常、有序地运行
	专业胜任程度	完成各职能领域工作所需要的主要知识和技能

名企的用人之道

SOHO中国
运用成熟型人才代替需要经过培养的一般人才

潘石屹一直以来在企业用人上都比较狠：用高于市场平均薪酬15%~25%的待遇来用人，严格的约束机制迫使员工高速工作，但如果觉得没有多少潜能，很快就会裁掉，丝毫没有商量的余地。此外，他在用人机制上实行比较严厉的绩效考核制度——末位淘汰制，让员工永远有压力。

在用人特色上，众所周知的SOHO的“99朵玫瑰”足以代表潘石屹的用人风格。总结来说，他用人，尤其是任用高管方面人才，更愿意用成熟型人才来代替需要经过时间培养的一般人才，以达到节省成本与降低风险的目的。与之相类似的企业有珠江地产、中海地产、合生创展等企业。

万科集团
从零开始培养直至成为有能力、有潜质的人才

万科无论从哪个角度来说都是地产业的老大，所以在用人机制上万科自有大家风范，从对大学生的招聘及培养直至万科的管理岗位，万科作的成绩都是有目共睹的。在行业中来讲，许多地产企业中各种岗位的一些优秀人才都来自于万科，这就说明一个问题：把大学生从零培养到成为一个优秀人才，而企业最后却没有留住人才，这就说明企业在激励体系中有所缺陷。当然，这与大学生的盲目流动也有很大的关系。但无论从哪种角度来讲，万科在用人上都是值得褒奖的企业，它对于整个行业作出了巨大的贡献。

VANKE 万科
建筑无限生活

金地集团
倡导员工发展的“双轨制”

金地集团始终坚持“员工和企业共同发展”的人力资源理念。公司不仅关注员工的业绩表现，而且关注员工在工作过程中的个人能力提升。公司提倡员工发展的“双轨制”，即发展的“专业系列”和“管理系列”。“专业系列”是指员工在自己所热爱和擅长的专业领域内向深度发展，成为该专业领域的专家或权威；“管理系列”是指热爱管理工作并具有管理才能的员工，将结合自己的专业方向和专长，向企业管理者方向发展。

首创集团
运用高学历、高素质的复合型人才

首创集团作为业界的标杆，有较深的政府背景，是国字头的企业，在用人机制上还存在着一些带有政府特色的痕迹：重学历、重素质、重经验，对人才的考察期相对要长一些。它希望自己的员工在岗位上要发挥个人的特长。绩效考核不单单是对业绩的考核，更对人际关系、组织协调等方面都有很强的要求。与之相类似的企业有北京城建集团等国字头的企业。

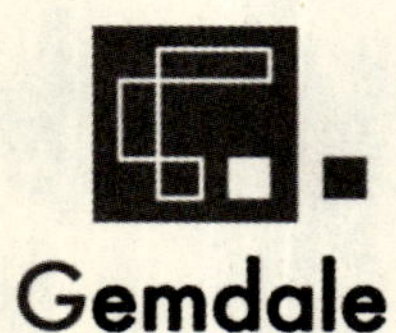

华远集团
运用三流的人才做一流的事情

任志强的用人特色为：要执行力强且能及时帮老总造局的人才。不过，对华远集团来讲，他们也比较愿意培养大学生，他们觉得大学生是一张白纸，你怎么描绘他让他按照什么方向走，他会按照你描绘的方向走，比较容易培养其忠诚度。

万通实业
选用具有创新能力和执行能力的高效能人才

万通实业是一家强强联合的民营企业，有着很强的整合资源的能力，其董事长冯仑是一个善于玩资本和选人才的高手，同时也是一个崇尚《道德经》理论的思想家。万通实业有很强的企业文化与内涵，这使得公司选择的人才是有创新能力、思路开阔、较强的执行能力、能不断学习并与企业一起成长的员工。

富力地产
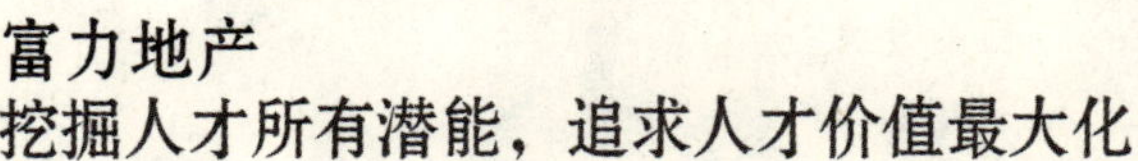

挖掘人才所有潜能，追求人才价值最大化

富力地产比其他地产企业更加注重时间效率，以此来追求人力资源创造价值的最大化。他们比较注重对大学生的培养，而且每个大学生都由老总亲自面试。他们招了很多清华、北大、中大、华南理工等大学的学生。近几年招人，首要条件是要本科毕业，其次是要名牌大学。富力近三年招的员工中，80%都是名牌大学毕业的。

珠江地产
将最合适的人才放在最合适的岗位

珠江地产人力资源的核心任务就是围绕董事会的意图，围绕公司的发展和文化需要，将最合适的人才放在最合适的岗位，发挥其最大的能量。公司的用人理念为“注重人才资源，尊重人才，相互理解”。此外，公司老总亲自参与招聘，同时也从不少的地产企业里挖走成熟的高级人才。

今典集团
ANTAEUS GROUP

lenovo联想

Microsoft

今典集团
用有想法、有激情、有创意、有才能的人才

张宝全是一个特具有中国韵味的人，比较注重理念、文化、艺术、娱乐等，属于业内的才子。所以，企业在用人上偏重于一些有激情、有创意、有才能的人才。今典集团也比较注重对员工的企业文化、理念的培养。由于企业尽可能追求员工的唯美性，致使企业的人才流动高于其他的地产企业。

联想集团
在赛马中识别好马

联想启用年轻人采取的策略是“在赛马中识别好马”。这包括三个方面的含义：

第一，要有“赛场”，即为人才提供合适的岗位；

第二，要有“跑道”划分，不能乱哄哄挤作一团，必须引导他们有秩序地竞争；

第三，要制定“比赛规则”，即建立一套较为科学的绩效考核和奖励评估系统。

媒体评论说联想“爱折腾”。从1994年开始，每到新年度的3～4月间都会进行组织机构、业务结构的调整。在这些调整中，管理模式、人员变动都极大。通过“折腾”，联想给员工提供尽可能多的竞争机会，在工作中崭露头角的年轻人脱颖而出，而那些固步自封，跟不上时代变化的人就会被淘汰，这就是“在赛马中识别好马”。

微软
用言传身教的方式培养出聪明的新雇员

比尔·盖茨认为：“聪明人”能迅速地、有创见地理解并深入研究复杂问题。具体地说，就是善于接受新事物，反应敏捷；能迅速进入一个新领域，并对其作出头头是道的解释；提出的问题往往一针见血，正中要害；能及时掌握所学

知识，并且博闻强记；能把原来认为互不相干的领域联系在一起并使问题得到解决。这就要求员工具有很强的自学能力，因此，微软并不在培训上大量投资，他们提倡以边干边学和言传身教的方式培训新雇员，而新雇员则通过观察有经验员工的工作和“试错法”来学习。

IBM
不录用恭顺的和言听计从的员工

IBM第二代领导人沃森说：“最容易使人上当受骗的是言听计从、唯唯诺诺的人；我宁愿要那种虽然脾气不好，但敢于讲真话的人。作为领导者，你身边这样的人越多，成功的几率就越大。”IBM很重视员工培训，注重人才培养和技能提升，企业为员工准备了最完备的条件以及广大的空间来帮助他们实现自己的理想。

西门子
注重员工的可塑性以及动手能力

西门子设定17种能力作为考查员工的标准，其中，考查应届大学生更注重以下的能力：学习能力、沟通能力、关注客户的能力、结果导向能力、战略能力、指导和帮助下属的能力、环境适应能力、动手能力、团队能力。西门子人力资源部门的人强调，想被聘用，最起码要有扎实的基础知识、有很强的可塑性以及动手能力。

SIEMENS

3. 万科绩效管理系统

万科不断地对员工的绩效进行评价和反馈，通过对目标实现过程管理从而帮助员工改善个人绩效。

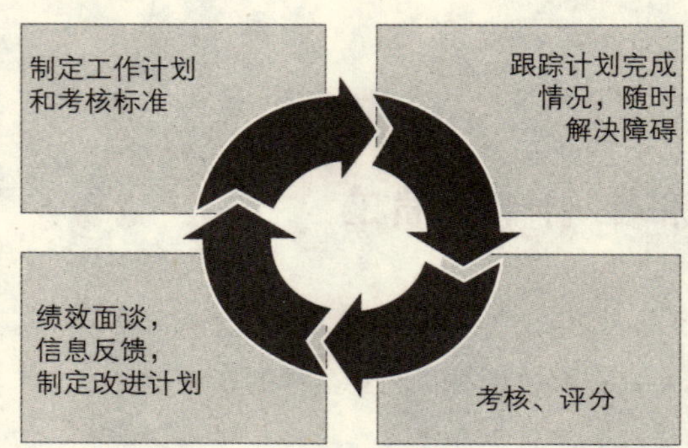

（1）绩效考核文化

万科把考评制度与考前培训紧密地结合起来，每次考核前，上至老总、下至员工都经过考核管理培训。考核主要包括以下四点注意事项：

第一，考核注重职员的职业生涯规划；

第二，考核的是职员的工作业绩，而不是考核人；

第三，精心制作考核评议书；

第四，在考核通知单中列出职员拥有的权利。

上级与员工直接面对面谈话，肯定成绩，指出不足，被考评者在接受考核过程中发现自己的优点、缺点，制定下一年度改正计划。

（2）绩效考评体系

① 考评小组构成及权限

考评小组由总经理、分管副总经理、客户部门、行政督察办公室、部门经理、员工代表组成，并轮流参加考核；总经理为副总经理、总经理助理打分；副总、总经理助理为分管部门经理打分；考评小组成员按照各自权限为各部门量化打分。

② 统一考评原则

公开（形式、方法、过程）

公正（标准、内容、人员）

公平（结果、分配、任用）

③ 万科集团职员绩效考评内容

万科在日常绩效考评上一般分为三种形式：个别单位月度考核，季度考核，年度考核。万科会根据考核情况给员工一个相应的排序，这个排序会影响到他未来的竞争以及未来获得资源的可能性。

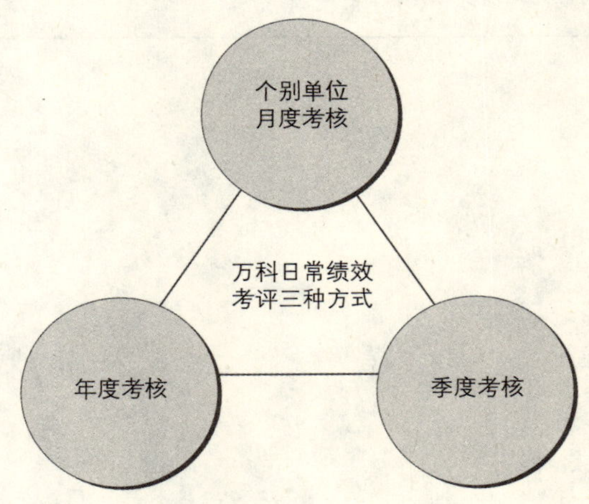

万科绩效体系采用平衡计分法，这是在2000年引进的一种战略绩效考核与管理的方法，包括4个维度：财务、客户、内部流程、学习和发展，从这四个方面中间取得均衡，万科特别强调对一线公司用这套方法进行考核。

万科通过引进平衡计分法绩效管理系统，使企业在绩效管理上从关注结果过渡到关注实现结果的各个细微环节上。万科这一举措使得对员工的绩效考核更为具体、全面和公正，更有利于企业对员工的认识，也更为精确地让员工认识到哪些方面需要提高。平衡计分法绩效管理系统的运用使企业各部门的职责更为明确，对协同运作的项目有了更为科学的考核，提高了企业内部运营的效率。

并且万科引进惠普的POM（管理流程）目标分解的方法，让员工参与讨论，把目标分解到个人，形成个人与上司之间的承诺，从而最终建立个人今后一年的考核指标。

④绩效考评标准

平衡计分法

业绩指标	营业收入	利润指标	投资回报率
客户满意度	客户投诉率	客户满意率	客户回头率(重复购买和推荐购买)
员工满意度	领导价值认同度	工作条件满意度	工作回报满足感
可持续发展	团队建设稳定性(关键岗位人才流失率)	项目发展储备(是否按集团战略储备了相应资源)	对集团品牌形象贡献率

ATTENTION

关注

万科根据职员工作业绩，将考核结果鉴定为几个等级：杰出、优秀、基本称职、需改进。

……

万科通过引进平衡计分法绩效管理系统后，在绩效管理上更加关注实现结果的各个细节。

⑤ 万科绩效考评程序

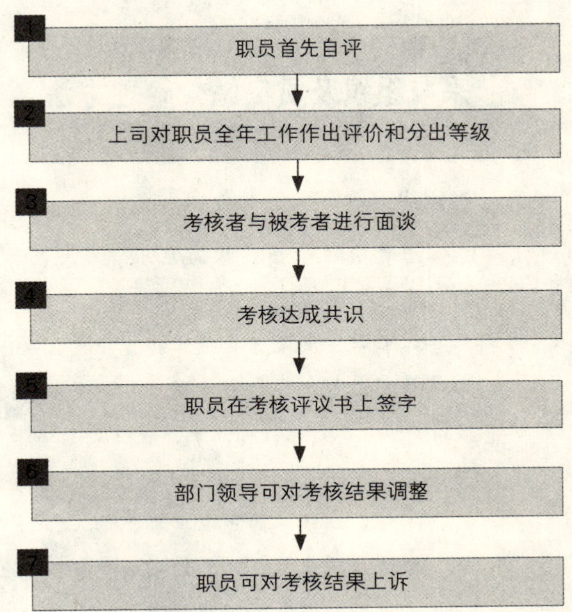

⑥ 考核结果

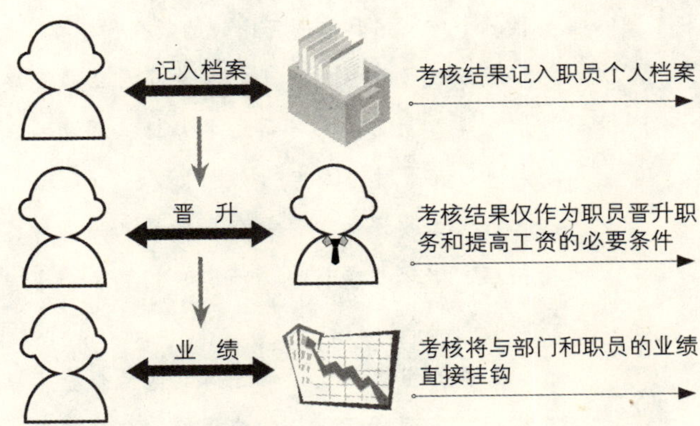

名企的绩效管理

惠普
采取组织及员工绩效管理方法

1. 组织绩效管理

惠普用四个指标来衡量组织绩效管理，分别是员工指标、流程指标、财务指标和客户指标。

员工满意度调查是员工指标中的重要一项。在总结各种影响员工工作表现的因素以后，惠普提出了一个待遇适配度（OFI—Offer Fit Index）、满意度（SAT—Satisfactory）和重要性（IMT—Importance）并重的员工满意度分析方法。薪资并不是员工惟一的需求，员工的工作行为还取决于老板素质、岗位的适配性、能力的增长性、工作的挑战性和休假长度及质量等其他因素。问题的关键是怎样来衡量这些指标，惠普的方法是，对每一项指标，都要从适配度、满意度和重要性三个方面用具体的可比较的数据作出衡量。

组织绩效评估的员工指标除了员工满意度以外，还有优才流失率和员工生产率等因素，这些因素看起来无法衡量，但却可以在平时的工作中做出记录。

组织绩效评估中另一个指标是客户指标，其中又包括市场份额、老客户挽留率、新客户拓展率、客户满意度和客户忠诚度等几个因素。

惠普的组织业绩评估还有其他两个指标：流程指标和财务指标。流程指标包括响应周期、总缺陷率、成本改进率和产品开发周期四个因素，而财务指标则包括销售收入、经营利润和经济附加值三个因素。

2. 员工绩效管理

惠普的员工绩效管理框架包括四个步骤，通过这四个步骤的测评，惠普员工绩效管理最后要达到的目标是：造氛围（培养绩效文化）、定计划（运筹制胜业绩）、带团队（建设高效团队）、促先进（保持激发先进）、创优绩（追求卓越成果）。

微软
用股票激励员工

微软是第一家用股票奖励普通员工的企业。微软员工可以拥有公司股份，并享有15%优惠，高级专业人员还可以享受更大幅度优惠。因此，微软员工主要经济来源并非薪水，而是股票的升值。有了员工拥有股票的比例比其他任何上市公司都高的优势后，微软得以把员工薪水压得比竞争对手都低。这种将员工个人利益同公司效益、管理和员工自身努力等因素结合起来的做法，具有明显的激励功效。

IBM
根据成绩确定薪酬

IBM的薪酬制度不同于微软。IBM首先主张论功行赏。所有职员按照技能、贡献、领导能力以及对业务的影响力、负责范畴等客观条件，分为10个职能类别，不但把职衔和责任重新规划，更强调了技能对业务运作的重要性。其次是“加薪并非必然”的思路。薪资调整幅度取决于员工过去3年成绩的记录以及是否拥有重要技能并应用于工作当中、员工对部门的贡献和影响力等因素。

Profound reflection
本节思考

万科的绩效考核制度有何利弊，是否适合于您公司的管理？

The leaders' sayings
管理休闲吧 +02

王石语录

学会妥协

从前我的字典里面是没有“妥协”这两个字的，但在现今这样的一个网络时代，资源整合不是说听谁的，或谁对谁错，它就是一个互相妥协的场合，如果万科学不会妥协，这种整合能力是不具备的。

大丈夫志在四方

作为我来讲，我一直是属于不安分守己的，我现在已经56岁了，还是激情四射，还是拥有理想主义的激情，很想做一番事业。

但我们这个社会一直是强调抑制个性的，强调的是集体主义，完全抹杀个人主义的，而我的个人表现愿望是极强的。我想如果我有一个天地，我能作主的话，我一定要实现我少年时代所追求的理想。

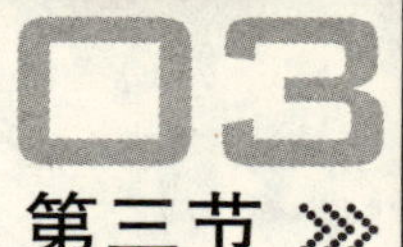

第三节

案例 产品设计及营销策略

一、产品设计：广州万科城——长在山里的房子

1. 广州万科城项目概况

广州万科城项目档案

项目概况	具体内容
物业类型	别墅
建筑类别	联体别墅、山地 Townhouse、情景洋房、小高层精品公寓
装修状况	毛坯
占地面积	22万m^2
建筑面积	15万m^2
容积率	0.68
价格	8000～9000元/m^2（情景洋房） 10000～16000元/m^2（联排别墅）
开盘时间	2006年10月底
项目位置	萝岗区科学城中心区东侧，广汕路以南与开创大道交会处
开发商	广州市万科房地产有限公司

“广州万科城”位于科学城中心区域东侧，广汕路以南与开创大道交会处（南行300米）。一期分为A、B、C、D四个组团：A组团为联排别墅，通风及采光极佳，在有良好私密性的同时，还极具观赏性；B组团为独立别墅，户型面积均为250平方米，此组团每户别墅均有2个停车位；C组团属情景洋房系列，一、二层均有独立的地下室及车位，三楼是复式，并有天台花园；D组团属精品别墅，山上的别墅主人房为下沉式，同山下的别墅相比，入户方式则有不同。

2. 项目开发背景分析

随着“东进”战略的实施，东部板块区位价值日益显现。萝岗区作为广州“东进”的承载体，最先受益。万科与广州东进的步伐保持一致，在萝岗区的核心区域科学城内打造了“万科城”项目。因此，一个广州东部标志性的国际化高档生活城从此诞生了。

（1）东部区位价值日益明显

① 东部板块资源丰富

作为广州城市新政的“桥头堡”区域，东部板块土地储备充足，自然资源丰富，区域经济发展实力强劲，周边市场需求旺盛，吸引了大量国内外知名企业进驻。

② “东进”战略促使东部升温

随着“东进”战略实施，将为“广州—东莞—深圳—香港”这一黄金经济走廊的形成奠定坚实基础，通过东部的启动，打通穗港经济带，促使广州城市功能实现与珠三角城市的对接，并有效提升广州城市辐射质量，进一步巩固广州作为华南地区中心城市的战略地位。

③ 广州东部区域定位

作为华南大中心城市和现代化区域中心城市，广州东部定位为“最适宜投资创业和生活居住的绿色生态新城”。

（2）政府加大萝岗区建设

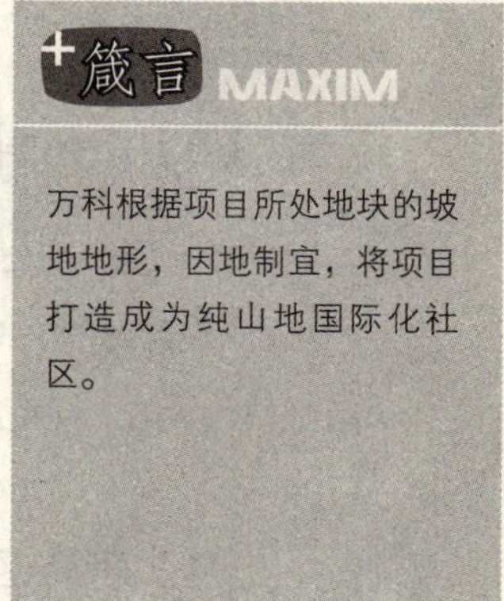

箴言 MAXIM

万科根据项目所处地块的坡地地形，因地制宜，将项目打造成为纯山地国际化社区。

①"东进"承载体——萝岗区

作为广州"东进"承载体的萝岗区，是广州于2005年5月设立的一个新区。设立萝岗区是加快推进广州现代化大都市建设的重大战略举措，萝岗区将把握发展新机遇，贯彻实施广州城市发展"东进"战略，构建广州东部"副中心"。

② 萝岗区发展目标

作为广州市重点建设项目，近年内，萝岗区计划投资过百亿，将该区打造成集办公、科研、金融、商贸、博览、文化、娱乐、休闲等多项功能于一体的"副中心"区域。

③ 萝岗区区域价值日见增长

巨额的政府投资，为萝岗区提供了强有力的资金保障，完善的教育、医疗、交通等配套，让萝岗迈进发展快车道，区域价值日见增长。广州"东进"战略和多项市政利好拉动了萝岗板块价值直线升温，同时，也引起了多家地产商待势而动。而地产业巨子——万科则联袂世界级建筑大师严迅奇先生，在萝岗区的核心区域科学城内打造了"万科城"项目。

深圳"万科城"是在深圳城市化发展，深圳地产市场重心逐渐移向关外时开发的。它是建立在其对深圳城市发展战略层面上进行了深入判断后开发的。

小结：广州"万科城"是在东进战略的影响下开发的，而深圳"万科城"是在城市中心逐渐移向关外的情况下开发的。由此可见，广州与深圳的"万科城"都是在城市发展战略转移的情况下产生的。并且两者都是在郊区，具有土地开发成本低、规模大等优势，不足之处都在于交通、配套等方面尚未发展成熟。不同点是前者是往东，后者是往关外。

（3）广州科学城欲打造为东方“欧洲城”

“万科城”所处的广州科学城，位于萝岗新城区核心位置，是广州高新区核心园区，于1998年12月28日正式奠基启动。该区域生态开发建设起点高，是未来广州最适宜创业发展和生活居住的现代化生态园林样板区，该区正致力于打造成为东方的“欧洲城”。

（4）萝岗区楼市现状

① 知名地产企业相继进驻

受“东进”战略的影响，再加上科学城的自身优势及高科技定位，致使大量知名地产企业相继来此开发。万科集团、碧桂园集团、新世界中国地产以及香江集团等地产大鳄的相继进驻，对该区域房地产发展起到了强大的推动作用。

② 目前独立别墅价格居高不下

由于地产新政停止别墅类用地的审批，限制大户型和豪宅类产品的开发，因此，别墅和豪宅产品成为人们追捧的对象。

近年来该区域内楼盘销售价格一直稳步上涨。该区域内前两年每平方米仅售6000～8000元的独立别墅，如今每平方米售价已高达1万多元。

③ 目前萝岗区及周边开发的楼盘多为高档别墅

目前在萝岗及其相邻区域内已开发的房地产项目很多，有总占地面积为37万平方米的“保利林语山庄”，有占地规模达500多万平方米的别墅新城市——“碧桂园凤凰城”，有开发总面积为200万平方米的首创泊岸别墅——"翡翠绿洲"，还有占地面积为200万平方米的"甲天下别墅园"等。由于拥有独特的生态自然环境优势，因此目前在萝岗及其周边开发的楼盘基本上是定位于高档次的别墅盘。

④ 萝岗区房地产市场发展潜力

随着萝岗行政区的设立，将会有更多人入驻其间工作，这显然也就需要更多的住宅供应给市场。市场消费潜力巨大、环境优美、交通便捷的萝岗楼市，将会随着萝岗行政区的设立而酝酿新一轮的腾飞。

3. 项目总体开发策略

项目在充分了解当地市场环境后，遵循"3+X"发展战略，以"多元区域中心"为开发模式，通过精确的选址与定位以及自身精益求精的设计，拉开了与周边项目的差距，为项目在市场竞争中能够取得胜利奠定了良好的基础。

(1) 项目总体开发理念：建造绿色生态住宅

绿色生态住宅，是运用生态原理、遵循生态平衡及可持续发展的原则，对住宅建筑室内外空间中的各种物质因素进行设计和组织，构建无污染、生态平衡的建筑环境。

(2)"多元区域中心"的开发模式

响应广州的"东进"策略，广州万科将自己的战略叠加在大广州城市开发的版图中，并携万科在中国大城市的城区开发经验和专业资源，提出了"3+X"战略："3"是三个中心圈层，即城市中心区、广州城市东部、城区北部白云板块；"X"是四个辅助圈层即广佛交汇处、南部的番禺和南沙、北部的花都和从化、东部的增城。

小结：广州万科提出的"3+X"发展战略，具体表现在选取广州几个主要区域的中心进行项目建设，从而达到城系开发的目的。广州"万科城"把自己作为这一发展战略中的一部分，其开发模式与深圳"万科城"的开发模式是相同的。

（3）项目选址策略：与广州东进的步伐保持一致

与广州“东进”的步伐保持一致，东部理所当然地成为了万科的战略重地。目前，万科在东部已有在售楼盘——“万科城市花园”，为东部板块的房地产市场注入生机与活力。另外，按照“多元区域中心”的开发模式进行选址、开发，“万科城”则是万科在东部这个城市战略制高点上落下的又一处重笔。

深圳“万科城”选择坂雪岗，是因为坂雪岗的地理位置正在深圳城市发展的中轴线上，且土地储备充足。随着深圳地产市场重心逐渐移向关外，坂雪岗的区位价值将进一步显现。

小结：从项目的选址策略上可以看出，广州“万科城”与深圳“万科城”在项目选址时都受到了城市发展战略的影响。另一方面，广州的科学城与深圳的坂雪岗同样具有极大的升值潜力。

（4）项目发展定位：目标客户定位为国内外企业精英及高薪人士

① 目标客户群定位

由于开发区科学城的高科技定位，导致萝岗区域内人员素质普遍较高，而且收入相对更为丰厚，购房消费力也极强。目前，科学城内已有8家世界500强企业进驻。随着新行政区的设立，相关配套设施的完善，市场需求也将加大，从而为广州“万科城”提供了大规模的高素质、高修养、高学识的置业群体。因此项目的客户群定位上主要以科学城内以及附近大型国内外企业的精英为主，其次为周边的高科技高薪人士，还有部分开发区、萝岗区和邻近区域上班的白领人士。客户群主要为城市的中产阶级。深圳“万科城”的客户群定位为具有较高知识水平，且收入较高的中产阶级。

小结：由此可见，广州“万科城”与深圳“万科城”的目标客户都是“高知阶层”，且在经济上，都属于中产阶级。

② 产品定位

广州“万科城”根据项目地块的特征及客户群的特性，将城市动向与人居方向结合起来，从建筑与城市的关系、生态与居住的关系出发，为居者提供一种充满情趣和理想的空间平台，提供一种平衡城市生活的居住模式。

广州"万科城"产品定位为高档次的纯山地国际化社区，其产品包括"优尚HOUSE"、"趋优HOUSE"、"情景HOUSE"和少量的小高层精品公寓。该定位突出了万科城是一个具有良好生活环境和多种文化的社区。

深圳"万科城"诠释的是一种低楼层、低容积率、低密度的"三低"生活。其产品定位为田园牧歌式的亲地社区。具体产品包括：联排、合院别墅、坡地情景洋房、退台花园洋房、透天小高层。深圳"万科城"更多的是Townhouse和类Townhouse，这一户型在"万科城"中占有很大比例，达到 50％以上。

小结：在产品定位上，广州"万科城"和深圳"万科城"存在着相同点与不同点。相同点主要体现在三方面：一是两个项目的产品设计都体现了一种亲地性；二是产品类型都包括联排别墅、情景洋房、小高层；三是主力产品都是Townhouse。不同点主要体现在："广州万科城"定位为纯山地国际社区，而"深圳万科城"则定位为田园牧歌式的亲地社区。在风格上略有不同，前者更注重现代性与前卫性，而后者更为注重的是一种随意的休闲性。

（5）项目核心竞争策略：提高产品附加值，打造高档生活城

目前广州科学城内在售的高档楼盘有"保利林语山庄"、"帝景山庄"、"华悦山庄"、"万科城"。"万科城"作为科学城内新开发的一个高档生态住宅项目，在市场竞争中必然占有一定的优势，同时，由于项目尚未全部开发，因此在配套等方面还有不足之处。

① 项目优劣势分析

项目优劣势

项目优势	细节分析	项目劣势	细节分析
项目具有极大的居住价值和升值潜力	项目位于广州科学城内，而广州科学城凭借自身良好的生态环境和“东进”战略的影响以及东方“欧洲城”的定位，势必成为高新技术生态社区样板	配套设施尚未完善	虽然项目内部规划建有休闲商业街等商业配套设施，但是目前尚未动工，因此优势显示不出来
产品设计创新点多	项目在规划、建筑、景观、新技术等方面均有创新突破，如利用冷巷、天井结构设计，形成穿堂风等手法进行降温；采用中水处理系统、太阳能照明灯、空气源热泵高科技产品，既降低业主居住成本，同时也符合环保型住宅的国际住宅潮流，体现“以人为本”居住理念，全面提升住宅品质	交通便捷性不高	目前规划建设的地铁四号线，可由科学城直接通往市中心，但是在2010年亚运会前才能建成，而且公交车较少，因此交通便捷性并不高
开发商实力雄厚，经验丰富	开发商广州市万科房地产有限公司是万科集团的子公司，资金实力雄厚，开发经验丰富，且知名度较高，为项目的顺利开发以及推广提供了保障	价格偏高	与本项目一墙之隔的“保利林语山庄”，同样属于高档楼盘，也建有洋房与别墅。其均价为6500元/m^2（联体别墅）、4800元/m^2（洋房）。本项目的价格为：8000～9000元/m^2（情景洋房）、10000～16000元/m^2（联排别墅），且不带装修。仅从价格上看，“保利林语山庄”与本项目的差距较大

② 项目核心竞争策略解析

广州“万科城”利用山体原生态资源，推出创新产品，提高产品附加值，而从深层次赋予社区浓厚的文化内涵，营建浓郁的社区文化氛围，塑造社区的独特个性。建成后的“万科城”将是一个原味现代风格与原生自然共生的亲地山体社区，一个广州东部标志性的国际化高档生活城。

项目核心竞争策略解析

竞争元素	具体内容
产品核心理念	打造纯山地国际化社区
规划设计	项目在整体规划设计上，依托自然山体走势，让建筑与山体之间巧妙融合起来
园林设计	项目在园林设计上，通过有意识地将数百株百年原生树木保留下来，从而创造动态的、立体的美学价值
建筑设计	项目在建筑设计上，采用纯现代设计风格，以明快流畅的几何线条，在天际山廓间，构筑了刚性空间
户型设计	项目在户型设计上，采用前瞻理念现代风格，同时每种产品有多种户型，为不同的人群创造出个性化居住空间

4. 项目建筑设计

采用纯现代设计坡地的建筑风格，最大限度地保留原生态，让建筑与自然巧妙融合在一起。为了使建筑环保节能，在建筑材料的选取中，非常注重节能性。

（1）以"山里长出的房子"为设计理念

广州"万科城"在整体布局上，依托自然山体走势，让建筑与山体之间形成联动空间，创造出建筑与环境相契合的"山里长出来的房子"的设计亮点。

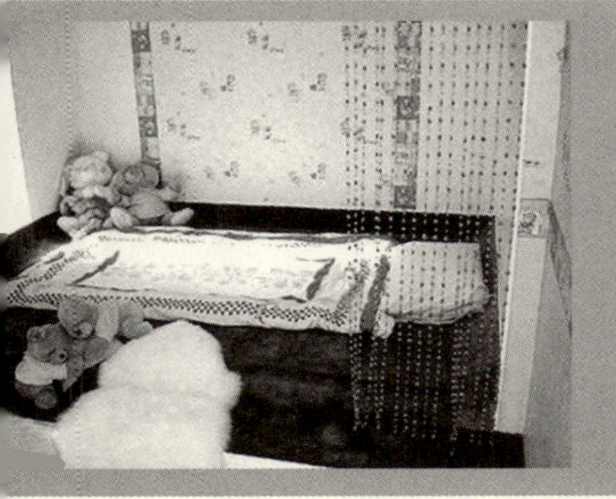

+关注

项目的建筑设计由世界级建筑大师严迅奇主笔，以"山里长出来的房子"为设计理念，开启了中国山居别墅设计的新时代。

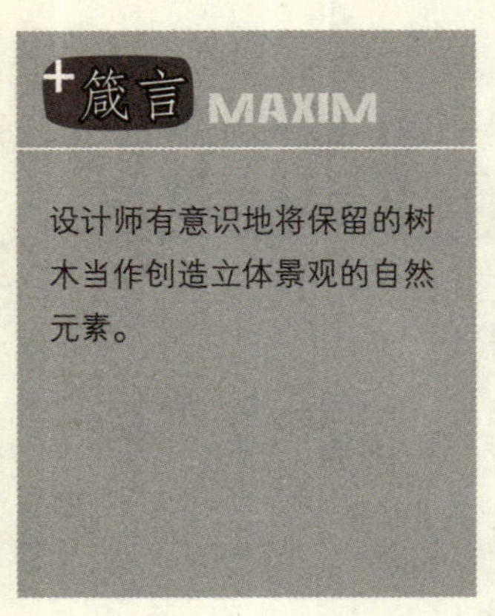

（2）建筑与自然完美融合

让项目中的联排别墅和叠加式别墅建在原生树林的两侧，或建在原生树林中。“广州万科城”的规划，是在保留百余棵百年原生树木基础上完成的。用规划迁就树木，如售楼部有一块凹进去的建筑设计，即为了迁就该位置上的一棵大树而产生。

另外，在建设过程中，建筑师为了保留植被的原始面貌，调整了道路标高，从而更好地保护了原生自然风貌，真正做到了建筑与自然、生活的完美融合。

（3）“纯现代设计”坡地建筑风格

广州”万科城”设计上采用“纯现代设计”的建筑风格，以明快流畅的几何线条，在天际山廓间，构筑了刚性空间，实现建筑空间与自然环境相容，使刚性的现代建筑透露出质朴的自然气息。设计师利用山体落差，将山体Townhouse格局分开，实现户户有天地的格局。

（4）个性化户型设计

广州“万科城”提供的户型为目前市场上最受瞩目以及最畅销的“V-HOUSE系列”，包括“情景HOUSE”、“优尚HOUSE”、“趋优HOUSE”等，户型设计现代而时尚，同时舒适性较高，类型丰富，可为不同的人群提供个性化的居住空间。

① 情景 HOUSE

情景 HOUSE

户型特点	户型说明
① 每户均为复式，都拥有彼此不同的露台和花园； ② "情景HOUSE"围成的院落空间，这种半开放、半封闭的"灰空间"使各户的联系变得紧密起来； ③ "情景HOUSE"营造了不一样的回家感觉，也寻回了久违的院落背景	① 首层：多功能厅—私人空间 体现出复式生活的魅力，同时可营造个性的私密空间。 ② 复式花园 是地下多功能室的入户花园，同时带来充足的自然采光通风。 ③ 二层：多功能厅—私人会所 情景HOUSE二层革命性地设计有地下多功能厅，利用自然采光享受复式乐趣。 ④ 露台花园 不仅给室内更大的采光面，更可全方位通透观赏景观。 ⑤ 三层复式：露台花园 在建筑中欣赏自然风景。中空客厅约6m层高设计，室内拥有透光玻璃顶棚，独具特色的观雨观星窗。 ⑥ 天台花园 视野开阔，有足够空间开一场星空派对

② 优尚 HOUSE

优尚 HOUSE

户型特点	户型说明
"优尚HOUSE"缔造了不同的生活层次空间，然后又有机地组合在一起，为居者营造精致而缓慢的生活质感和更为丰富的细节体验	① 多功能厅 拥有私人会所和花园，并配有可自然采光通风的半地下室。 ② 前后花园 对于城市多数人来说，这是奢华的空间享受。 ③ 中庭院落 以天井形式将阳光清风引入内部空间，扩展了采光面。 ④ 屋顶露台花园 最高级景观层次，永无遮挡的空间。 ⑤ 亲水平台 部分产品提供与水相遇的平台，可以欣赏山景的刚性表情，也可以感受水边的柔软阳光。 ⑥ 双车位 宽阔车位设计，为爱车提供一个双倍宽敞的空间

③ 趋优 HOUSE

趋优 HOUSE

户型特点	户型说明
依山而建，“趋优HOUSE”不但能够与自然环境完美相融，而且它的视线更为开阔，私密性更加完好	① 多层复式花园 坡地式入户花园设计，创造出层次丰富的自然入户方式。前庭为室内带来融合的绿意，室内视野自然伸展到庭院中，后庭用幽雅花草小品创造一个休憩之地。 ② 中庭院落 以中庭天井形式撷取阳光、清风，用光、影集合私家院落。 ③ 屋顶露台花园 与首层花园形成互动景观。 ④ 地下多功能厅—私人会所 独具创意的附加空间，带花园，自然采光通风。

二、营销策略："万科第五园"的中式文化营销

1. 项目推售情况：开盘当天人山人海

"万科第五园"于2005年7月23日在深圳开盘。开盘当天，售楼现场就人山人海，据统计，当天到场车辆达1700余次，到场人数达5000余人。一期52套庭院别墅，84套叠院别墅，210套合院阳房，共346套单位一天之内全部售罄，其中庭院别墅均价为11000元/平方米，叠院别墅均价为7000元/平方米，合院阳房均价为5500元/平方米。

① 认筹客户到场率高达70%

开盘之前已认筹的客户约有3200多人(除去虚筹)，受"禁筹令"的影响，退了一部分筹，但当天到场的认筹客户仍然达2300余人，认筹客户到场率高达70%。

② 7家客户争1间房源

所推出的房源仅为346套，有效客户与房源的比例高达7：1，创下了深圳之最。

③ 相当部分成交客户是老业主

"第五园"的成交业主相当部分是"万科四季花城"的老业主，说明万科业主体验过了"四季花城"的升值，期待万科物业的再次升值。

2. 定位策略：打造文化地产

（1）产品定位：中国传统的徽派建筑

"万科城"的定位为欧式建筑，为了区别于万科城、也为了避免与万科城直接竞争，"第五园"就定位为中式风格。它沿袭了广东"岭南四园"的风格，打造成中国传统的徽派建筑。

（2）客户定位：带浓郁中国情结的高收入者

客户消费基本情况

客户特征	消费动机	消费方式
① 目标客户有着很深的中国情结，他们喜欢中国的传统建筑； ② 由于生活在城市里太长时间，对“村”的生活形态有着强烈的渴望，但是对于家庭内部的生活用品则更偏好于先进的设备	① 目标客户对西式建筑已经产生审美疲劳； ② 是万科地产的忠实客户； ③ 想体验万科的优质物管； ④ 期待“第五园”的升值	目标客户基本都是高收入者，他们对价格不是特别敏感

（3）形象定位：骨子里的中国情结

尽管万科地产没有在电视媒体和报纸广告上做大幅宣传，可是“万科·第五园”还是被越来越多的人知道。原因有两个：第一是万科地产的品牌知名度；第二是因为王受之的《骨子里的中国情结》。万科地产的顾问同时也是美国洛杉矶艺术中心设计学院终身教授的王受之为第五园写了一本《骨子里的中国情结》，首创中式别墅文本营销。

借助《骨子里的中国情结》一书，万科传达着一个强烈的信号，一贯坚持文化地产的万科，将在文化地产上有大的动作。万科地产一直是深圳乃至全国房地产市场的风向标，市场已经习惯关注于万科的一言一行。与关注普通房地产商炒作概念有别的是，市场相信万科是在“做功课”而不是“搞噱头”。其实在积累多年的市场运作经验后，万科也习惯了挑战市场和挑战自己。很多人喜欢万科，就是万科能时常发出与市场不同的声音；很多人购买万科的房子，就是因为万科造出的房子不随大流，具有独创性。

ATTENTION

+关注

“万科第五园”定位为中式风格，打造成了中国传统的徽派建筑，其营销手段采取了中式别墅的文本营销，借助《骨子里的中国情结》传达文化理念。

3. 包装策略："老房子"再现文化内涵

（1）样板房包装

万科不惜重金花了500万元打造了9套样板房，分别是TA(庭院别墅)、TB(庭院别墅)、TC(庭院别墅)、TD(庭院别墅)、GA(叠院HOUSE)、GB(叠院HOUSE)、GC(叠院HOUSE)、MC(合院阳房)和MD(合院阳房)。2005年7月16日，9套样板房同时对外开放；7月23日，8套样板房(除在老房子里的TB外)同时对外开放。样板房的成功塑造，对"第五园"产生一天售罄的结果起到了非常重要的作用。

（2）"老房子"包装

万科花3000万元从相隔两千多公里远的北京把"老房子"移到了"第五园"，以增加"第五园"的中国传统文化含量。"老房子"在"第五园"的文化内涵中起到了画龙点睛的作用。

4. 促销策略：增加附加值

（1）领导者定价策略

从"万科城"、"万科17英里"和"第五园"的定价可以看出，万科楼盘的定价参考了深圳关内楼盘，基本上比区域内楼盘的价格都要高一大截，所以万科的进驻在很大程度上能提升一个片区的价格，因此也不难想象万科为何当时以9.7亿的"天价"拿下"万科城"的一块用地。

（2）送地下室

现在楼盘的赠送面积多在地上，如落地凸窗、露台、入户花园等，而"第五园"更多的是在送地下室(第五园地下室都是送的)。地下室的私密性很强(只是通风、采光差点)，也很实用，受到很多客户的欢迎。

（3）认筹手段

万科之前的认筹手段可谓棋高一着，最大限度地挖掘了潜在客户，并造成开盘当日的“市场饥饿感”，获得了开门红。

（4）样板房开放日的活动策划

2005年7月16日，在“万科第五园”的“老房子”里举办了“骨子里的中国”主题论坛、“第五园”新产品发布会及李玉祥“老房子照片展”，邀请了美籍华人学者王受之教授参与论坛，还邀请了著名古琴大师陈金龙先生现场弹奏“高山流水”与“梅花三弄”。

小结：“万科第五园”打造的现代中式别墅的居住文明是一个探索成果，它实现了深圳城市移民在“桃花源”中享受“乌托邦”的居住梦想，它也担当了在众多中式别墅大汇演中的“花旦”的角色，每每会让人产生新的思考和领悟。

Profound reflection
本节思考

“万科第五园”与“万科城”设计上最大的区别在哪里？

The leaders' sayings
管理休闲吧

王石谈万科管理团队

王石坦言：“在公司创业初期，企业家个人魅力当然起着很重要的作用，靠威信就能维持企业正常运作。但是自己必须清楚地意识到成熟企业强调的是企业文化和管理制度。随着制度的建立和职业经理的形成，如果个人的魅力仍然很大的话，反而是一种危险。如果说过去支持万科发展的更多是理想，那么今后支持万科发展的应该是理想之下的制度。万科成功不成功，不在我王石在的时候，而在我王石不在的时候。”

王石又说：“对万科来讲，我个人的魅力虽然在媒体面前显现得比较明显，但是实际上主要是一个优秀的团队在起作用，我现在不过是万科的一个符号，王石个人的魅力作用越来越小,这是好事。在我五次登山中，前四次我登山前后，万科股价都出现了波动曲线，但第五次登最危险的珠峰时，发现万科的股票不但没有跌，反而长了点儿，这说明公众已经认可了我的权力交接，股民对我在不在万科已经习惯了。”

第一课：董事长需警惕的五大误区

误区一：把地位看得比结果更重要

做领导时间长了，往往会自然而然地生出一些优越感来。

处理事情时，对个人面子或地位问题的顾虑常常使人减少对事件本身后果的注意。对付这种错误的办法就是要公开明确自己的业务目标。一旦董事长身边的人都能具体准确地明白老总的目标或任务，那就很难用一些主观或表面上的理由来搪塞自己和别人。

误区二：比起员工的责任感，更注意自己受欢迎的程度

在许多组织部门里，特别是一些小公司里，员工成为董事长社会交往的首要渠道。你是董事长，会雇用自己喜欢的人，但自己有一摊管理工作，所以实际上并没有多少机会与外界接触，你的雇员成为你的朋友，而当你需要他们负起责任时，便会发现碍于友情，很难开口。所以说要解决这个问题，董事长必须发展自己的关系网络，这对公司和个人来讲都是有益的。

误区三：总是在等待进一步的信息来作决策

分析型的主管常常会这样做。每次要作一个选择时，他们都会说："看看还有其他的调查结果没有。"事实上，失去决策的机会比决策失误更糟糕。要使自己不犯错误，可以给自己定一个明确的最后时间界限，以强迫自己在最后期限前作出决定。

误区四：强调一致，不欢迎争议

有许多董事长不喜欢看到手下的人为某件事情争执，其实没有恶意的争执对产生建设性的结果非常重要。如果你想让人们像关心自己的家庭一样来关心公司，就要允许他们有争议。当他们意见相左开始激动时，不要总是压制他们。

误区五：只想赢得信任，尽力掩饰自己的弱点

董事长们经常会认为，如果员工能轻而易举地向自己提出挑战，那自己就失去拥戴。但经过认真细致的调查后，结果正相反：绝大多数公司中最成功的领导之所以受人拥戴，原因就是人们曾看到过他最虚弱的时候。董事长要敢于参加自己不擅长的活动，在那些场合，你可能不是专家或权威人士，但这丝毫不会减少人们对你的信任。另外，董事长还要有意识地多参加一些自己不是主角的聚会或组织，这可以让人更全面地认识和了解你。

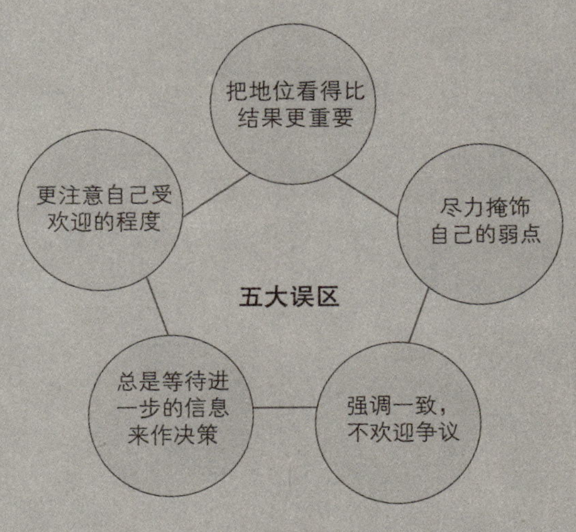

Commercial and famous sayings

商业领袖会客厅

一个企业领导要吸取的教训是什么呢？

教训是知识作为生产力的同时还具有数量和质量两个层面的涵义，虽然对此我们仍然知之甚少，但是一个企业领导人对于知识的掌握必须既博大又精深。这对于害怕知识精英的传统经理以及自视清高的知识分子同样不可忽视。

——彼得·F·德鲁克

Chapter One

第一章

本章精华回顾

1."不行贿"成为万科最显著的标志

在王石看来，任何贪官都有两方面的需求：一是钱财的需求，二是名声的需求。行贿者满足的是其钱财的需求，而万科则可以满足其赢得清廉名声的需求，当外界都知道万科是一家绝对不行贿的公司时，"不行贿"就成了万科最显著的标志。

2.王石有棱角的性格造就了万科

万科是一个很有特色的企业，这正是因为王石把他的性格注入到了企业之中。王石是一个很有个性的人、有棱角的人，正是这种性格造就了万科，也对房地产界其他企业发生了影响。

3.专业化+规范化+透明度=万科化

万科搞专业化，不分散资源；讲究规范化，按照现代企业制度的原则；通过建立一支优秀的职业经理队伍来实现企业的策略和计划；万科反对黑箱操作，提倡信息资源共享，沟通顺畅，鼓励相互之间坦诚地交流，友善地沟通。

4.万科提升市场竞争力的三件法宝

以客户理念锁定市场需求，以专业标准规范生产流程，以零缺陷质量文化保证产品品质。这是万科以优质承载市场竞争力的三件法宝。

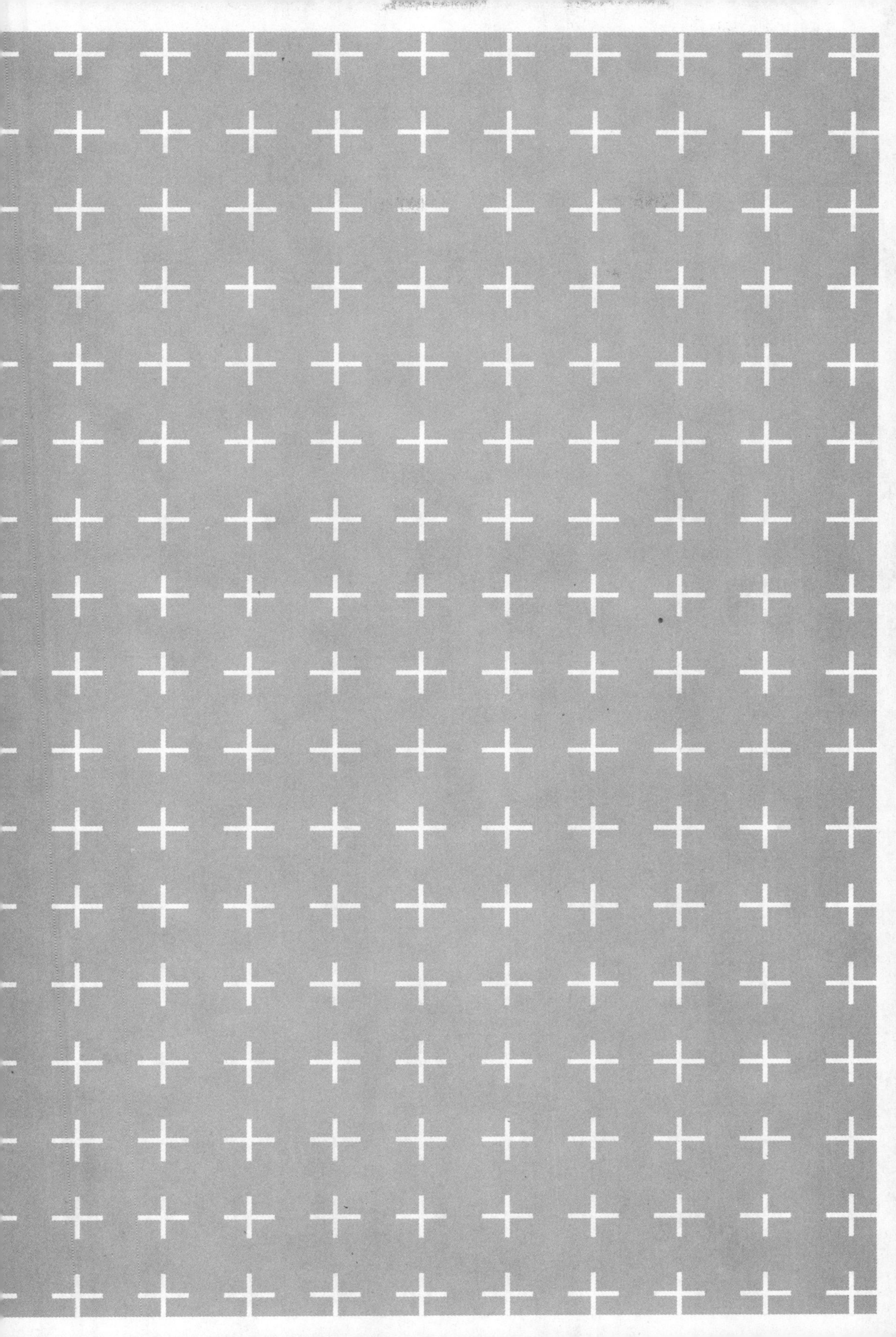

2

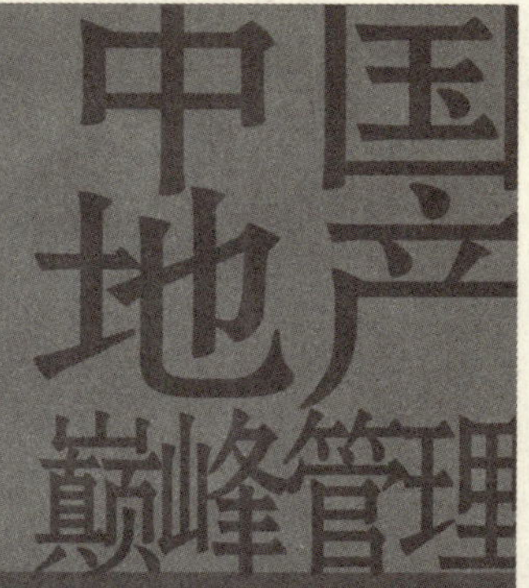

第二章 Chapter Two

凌克和他的创新道路上的金地

第一节 凌克：温和外表下的倔强与刚强

凌克一直是一个低调的学者型企业家，快速成长并强大起来的金地证明了他超人的速度、胆识和智慧。他通过产品创新和服务诚信赢得了业界和社会的一致认可。

第二节 金地：用创新的理念打造品牌

金地始终坚持扎扎实实铸造精品的“产品主义”观点，强调楼盘品质第一，品质是产品的根基和命脉。

第三节 案例：产品设计及营销策划

金地一改往日打造高尚豪宅的一贯手法，对目标客户进行产品上的量身定制，把“金地·梅陇镇”定位为超大型城市主流社区，作为中高档产品。

“金地·香蜜山”的项目品牌建立在其社会价值的基础上，由其社会价值引领其产品价值，利用金地开发战略，在“新产品主义”理念的支持下，形成“金地·香蜜山”城市山地住宅典范形象。

金地领导人：凌克

凌克用他冷静而理智的性格塑造出一个实力派的金地。

金地综述

全面拓展业务，巩固全国性战略格局

金地集团初创于1988年，1993年开始正式经营房地产。2001年4月，金地（集团）股份有限公司在上海证券交易所正式挂牌上市。截至2005年12月，集团已拥有多家控股子公司，总资产达66.07亿元，净资产达27.44亿元，形成了以房地产为主营业务，物业服务、地产中介同步发展的综合产业结构。

金地特色

诚信为本，打造国际品牌工作理念

企业精神："用心做事，诚信为人"、"以人为本，创新为魂"

企业愿景：做中国最有价值的国际化地产企业

企业使命：科学筑家

金地成长业绩

信誉、业绩、品牌不断提升

在企业信誉和业绩的基础上，金地品牌不断提升，连续获得"中国最具投资价值蓝筹地产公司"、"中国最具发展力上市公司"、"最佳企业公众形象—最佳雇主"等称号，金地不断开拓着新的里程。

金地经典项目

风格日趋细致，多是不能重复的精品

深圳："金地名津"、"金地梅陇镇"

武汉："金地格林小城"

西安："金地曲江尚林苑"

宁波："金地国际花园"

上海："金地未来域"

01 第一节 》》

凌克 温和外表下的倔强与刚强

□ **山林隐士** 凌克

□ **性别** 男

□ **就职公司** 金地集团

□ **职务** 董事长

□ **个人简介** 1959年12月出生，华中理工大学无线电专业工学学士，浙江大学管理工程硕士，高级经济师。曾任深圳市富田外贸公司经营部部长，深圳市金地商贸发展有限公司总经理，金地（集团）股份有限公司常务副总经理、总经理，现任该公司董事长、党总支书记。先后主持开发了“金地花园”、“金地海景花园”、“金地翠园”、“金海湾花园”等畅销楼盘

□ **处事形象** 标准理科生

□ **公众形象** 温文尔雅的儒商

□ **本色性情** 内敛的外表下，不缺乏冲劲和激情

□ **语言习惯** 他不是一个喜欢讲故事的人，也不喜欢引经据典

□ **座右铭** 人才是金，胸怀是地

□ **公众权力影响** ★★★

□ **业界权力影响** ★★★★

凌克一直是一个低调的学者型企业家，
快速成长并强大起来的金地
证明了他超人的胆识和智慧。

凌克·业界形象 THE IMAGE IN FIELD

以速度见长的“快客”

1. 凌克具有金戈铁马之气

见过凌克的人会觉得其学者味很浓，样貌安详，但这只是假象，当面对激烈竞争的市场时，其立刻换上一副金戈铁马的模样。在其主持下开发了“金地花园”、“金地海景花园”、“金地翠园”、“金海湾花园”等一系列广为同行称道的畅销楼盘，并对中国房地产企业提出了很多超前的思想理念，在行业内产生较大影响。

2. 一匹地产界黑马的驾驭者

在深圳地产界，有这么一句流传甚广的话：文科万科，理科金地。如同张扬王石之于万科一样，内敛凌克是理科金地的真实剖面。金地集团如一匹市场黑马，从一个名不见经传的区域性品牌脱颖而出，成为跨区域的“中国房地产上市公司10强”。

3. 是地产界上“大侠”级风云球手

凌克是房地产足球场上“大侠”级风云人物，他内敛、低调、务实、理性，是用脑而不是用腿在踢足球，善于在不经意之间发现契机并及时打破僵局，经常会为比赛进程带来一脚定乾坤的惊喜结局。

凌克通过产品创新和服务诚信
赢得了业界对他个人威望的肯定，
也赢得了社会对金地的一致认可。

凌克·经营价值观 THE MANAGEMENT OPERATION VALUES

讲求责任和创新

1. 追求客户满意度最大化

凌克一直遵循“用心做事、诚信为人”的信条。凌克说，为人、为事、为企之道，就是用诚信的愿望和行为用心做事，“用心做事”就是比过去做得更好，比别人做得更好。“诚信为人”即真诚、正直、守信待人，它是立身立企之本。

金地从来都把客户当做自己的好朋友，正是因为金地追求客户满意度的最大化，才使得它努力在房地产全过程中，从选址、设计、施工到服务，每一个细节都精益求精，努力做到最好。

2. 把创新定为企业的灵魂

在对企业的创新方面，凌克以一个开放的心态，广纳良言，把“以人为本”、“创新为魂”作为企业的文化指标。金地的成长历程，正是这样一种由初级到高级，由物质到精神的过程。从“金地海景花园”、“金地翠园”、“金海湾花园”、“翠堤湾”，再到北京的“金地格林小镇”，金地创新的内容一直在变，而创新的精神却始终没有变。金地用心做事的方式在变，而用心做事的意识却一直没有变。

凌克明确地将金地的使命定位于“创造生活新空间”，并明确自己“以品质提升价值，做中国最受信赖的地产企业”的目标。通过提供高品质、高附加值的产品、高质量的服务，为顾客创造新的生活空间。如今，创新已成为了金地的核心竞争力，而且成为金地走向全国性发展，实现自已战略目标的重要理念基础。

3. 根据个人工作要求测评能力

金地对员工的要求中，为什么房地产方面的专业能力没有排在第一而排在最后面呢？那是因为凌克认为对每个人工作要求的排序是不一样的。

比如对董事长的要求和对技术总监的要求是不一样的，但是对董事长和分公司总经理的第一要求肯定都是职业操守，职业操守考核有很重要的一个要素是诚信，诚信是怎么考核的呢？金地用的是11项指标。

技术总监的第一要求是专业能力和学习能力。根据能力进行打分，分数出来，就可看到他在哪些方面表现好，哪些方面表现不好，测评之后，再给他一个总评报告。凡是进入金地公司的人都要接受这个模型的考评，每年一次。这种定量化的管理方式在中国地产企业中并不多见。

凌克低调和沉稳的个性
为他的金地带来了理性的工作基调，
使金地能够稳健、快速地发展。

凌克 · 领导智慧 THE LEADERS'WISDOM

用理性和智慧决胜地产

1. 凌克的内敛和理性塑造了金地的低调和稳健

当凌克作为一个公司符号标志出现时，处处强调超然冷静的一面。执掌金地集团以来，凌克带领金地实现了全国性的扩张，已初步完成在全国的战略布局。在地产金融领域，凌克带领金地成功实现上市，使得公司的资本实力获得了迅速的扩张。

理性凌克谈金地绩效管理体系

在很多公司，员工可能会抱怨做了很多事情，但奖励分配时不公平，或该提拔我的时候不提拔我，提拔了别人，或者上下级交流不畅通。有抱怨在一个企业里是非常正常的，但是怎样减少这样的抱怨呢？用最少的人力物力使产出最大化，这就要求你做出比较好的绩效考评体系。通过十几年的时间，金地公司已经制定出了比较好的从定量到定性的考评方法，既可以考评团队的业绩，也可以考评一个人的业绩；既可以考评一个人的业绩，也可以考评一个人的能力。后来我们也创造了自己一套独特的甲A、甲B的末位淘汰制度体系，还有业绩考评和薪酬的体系。在我们的管理中，已经发挥了比较大的作用，抱怨在减少，大家自身的能力在提高，这样的考评体系更加的人性化、科学化。

金地公司今后会怎样走？现在金地公司完全是产品生产商，今后会不会做成一个投资商？作为地产资金的管理商人，规模可以做得很大很大，所以可能会从现在的生产商，变为一个投资商，这是我们的一个发展方向。具体一点，就是希望三五年的时间，净资产从现在的十几个亿到三十几个亿，利润从一个亿到三个亿。

今后我们会继续注重管理与人力的提升。我们曾做了品牌战略、绩效管理、文化建设等工作，现在，我们希望做能力的提升，主要注重战略的管理能力、文化的管理能力、文化资源的管理能力等几个方面。

关注

ATTENTION

他将创新、负责、理性的儒商风范传给了金地，使金地始终坚持“产品主义”，并不断创造精品。

2. 凌克善于进行资本运营

其实在2003年，凌克和金地集团就已充分显示了资本运营商的锋芒。上市两年后，金地公司从开发商，逐渐向资本运营商转变。2004~2005年，凌克的资本运作能力得到充分地展现，不仅以信托、增发等形式成功实现融资，更与境外实力投资机构合作，大胆介入不良资产处置业务，而其与境外其他基金机构的接触也从未停止过。金地集团还公布了增发1亿元A股的再融资计划，用以支持北京、上海、深圳、武汉、东莞等地十几个项目的运作。

3. 将产品做成一种“主义”

多年来，金地始终坚持“产品主义”的精品追求。2001年《财经时报》的“中国房地产上市公司10强”排名中金地名列前茅，2002年金地集团又获得“中国发展最快的品牌房地产企业”称号，同时也是“中国建设系统企业信誉AAA单位”、“房地产开发企业国家一级资质单位”，凌克主持开发的一系列贯彻“产品主义”理念的畅销楼盘在行业内产生深远影响。

凌克不善言辞，
不爱显山露水，
但他却闪现出金子般的领导光芒。

凌克·个人营销艺术 THE MARKETING METHOD OF INDIVIDUALS

是金子总会发光

凌克是一个不太喜欢议论“地产江湖”的人，包括他自己的精彩故事。他宁愿跟别人谈金地文化，谈企业管理心得、市场走势，谈金地打造的地产项目，这与他理性的性格有关系。

尽管凌克如此低调，但他已站在风云之端——作为解禁以来首家上市的地产企业金地集团的董事长，他的声音和他的作品一样，影响着地产气候、业界生态，这种影响不仅初成于地产界，更通过股市风云回荡，放大在地产界。昂然上市、进军京沪、再造精品、卓越管理，使人们看到他领军的金地蓦然跃入新境界。

凌克所提概念大多是对企业内部进行管理之用的，
通过一套完整的理论形成一套系统化的运作模式。

凌克·地产领先概念 THE LEADING CONCEPTS IN REAL ESTATE

用变革的思维经营企业

1. 科学筑家

金地“科学筑家”的理念提出于2004年6月，在传统的注重“建筑”、“家园”、“生活”的理念之外，金地将“科学”作为一种理念、态度和工具引入房地产领域。

金地所倡导的“科学筑家”有着三个层面上的内涵：在产品上，以科学的方法创造产品价值，实现居住的本质，使产品竞争从功能上提升到性能上，真正贴近人性的需要；在企业管理上，强调科学的现代企业管理，尊重商业逻辑，使企业在协调、理性中获得持续发展；在企业文化上，强调科学的发展观，守正出奇，平衡发展，以此作为企业生命力的保证。三个层面是一个完整而又相互渗透的体系，它囊括了企业一切从实际出发的发展理念，引领生活前行的价值指向，科学建筑企业的治理哲学，尊重生活梦想的人性关爱和构筑人本家园的终极使命。

在此理念指引下，金地集团将坚持在规划、设计等方面的持续创新，对高科技和新型材料的大胆应用，以及对于标准化、集成化生产的初步研究，以先进的建筑理念打造产品，科学演绎人居生活。

2. “提升年”系列

凌克将2002年确定为“管理提升年”，目的是通过集团化管理，确定跨地域经营中的“母子公司管理模式”，以此保证企业在运作过程中的安全与效率。公司确立2003年为“能力提升年”，重点加强战略管理能力、战略执行能力、知识管理能力、文化管理能力和人力资源管理能力。金地将2005年度定为“效率提升年”，专注于加强内部管理。

3.“公司再造”工程

2002年，金地启动宏大的“公司再造”工程，以改善企业运营基准为目标，这是根本性的流程再造。敢于再造，不惧在变革中混乱和迷失，在于金地秉承了《金地之道》这样一个坚硬的内核。

4. 集团化管理模式

金地舍弃了企业通常采用的“产品先行理论”，而是建立了“管理先行理论”。金地独特的集团化管理模式，既充分发挥了子公司的积极性和能动性，减少了管理层级，提高了工作效率，同时也保证了集团决策的安全性以及品牌的统一性、同质性。

金地在集团化构建与运营过程中，建立了母子公司管理模式，为异地市场扩张提供决策及后勤支援。探索集团化运作的关键，金地把它概括为“安全、高效的管理模式”。金地推行集团化管理模式的目的，一是为了充分发挥子公司的积极性和能动性，通过调整组织架构，减少管理层级，提高工作效率；二是为了保证决策的安全性和品牌的统一性、同质性，使集团本部成为投资决策中心、管理调控中心、资源配置中心、信息整合中心、品牌与文化输出中心。

5.“金地模式”

凌克解释说，金地的产品模式主要是中档住宅为主，高档住宅为辅，同时也会开发一些商业物业。“如何解决本地化的问题是我们一直在思考的问题。”所以，金地来到任何一个城市，总会首先考虑是适应环境还是改变环境。凌克举例说，金地在北京的采购全部采用公开招标，但很多供应商都不知道。“我们现在采用的市场化运作对本土化的环境可能有些不适应，但通过几次招标，效果开始出现了，我们改变了别人的认识。”

“我们最初到北京做品牌拓展的时候，正好许多北上的发展商都遭遇滑铁卢，我们那时候底气也不是很足，‘战战兢兢，如履薄冰’。现在看来，我们有了新的增长点，品牌有所扩张，但是在营销和本土化方面做得还是不够。”

凌克透露，金地在跨区域发展中，强调了几个统一：管理的统一性，依靠股权关系来控制，对于跨地域投资的项目，金地公司都要做到控股；文化的统一，品牌的一致性，即公司定位或产品定位的一致性，金地公司提供的是中高档的住宅小区，在深圳、北京、上海是这样，到了其他城市也会这样做。“因此，我们在产品的核心要点上做到符合金地公司的要求，终端市场和政府关系的运作方面倾向本地化运作。”

凌克表示，当金地的规模扩大到一定程度，其经营模式将从开发的模式转到开发和投资相结合的模式。“比如，我们可能会选择资本运营的模式。会把房子当做股票来买卖，从原来的买地、造房子和卖房子的模式转为买房子卖房子。”

Profound reflection

本节思考

凌克的哪种个性成为金地快速成功的动因?

The leaders' sayings

管理休闲吧

凌克谈集团化管理

金地公司的集团化管理模式，或称母子公司模式，我们认为母公司或者叫集团公司主要扮演的角色，应该有几个中心：投资决策的中心、管理调控的中心、资源配置的中心、信息整合的中心和品牌文化输出的中心。

建立一个总体发展战略，是非常重要的。要做好集团整个发展战略，有赖于整个集团也就是母公司和子公司一起达成共识，只有达成了这样的共识，才能够做到母子公司远景是一致的，大家朝着一个共同的目标发展，如果没有这种共识，可能容易造成母公司和子公司之间远景、目标不一致，造成矛盾和冲突，也会影响到资源的分配和管理的效率。

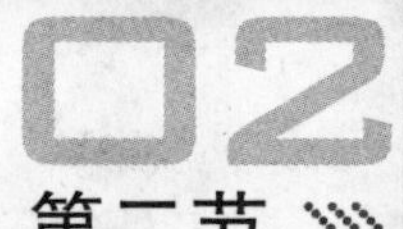

第二节

金地用创新的理念打造品牌

金地集团1993年开始正式进入房地产领域，企业坚持以产品为核心，在行业内表现出明显的“专业之道，惟精惟一”的特质，经过多年的不断探索与品牌提升，目前已成为地产行业内极富特色与竞争力的全国化房地产品牌公司。

各时期金地代表项目

时间（年）	重要节点	代表项目
1994	是金地品牌发展“专业化”起点	金地花园
1996	是金地掘出房地产发展扩张的“第一桶金”	海景花园
1998	是金地实施房地产发展战略的里程碑	金海湾花园
2000	是金地发展“规模化”的桥头堡	格林小镇
2003至今	是金地实施异地发展战略的重头戏	格林春岸、格林春晓、格林风范、未来域

一、开发理念：讲求“产品主义”与创新思想

1. 坚持扎扎实实铸造精品的“产品主义”

产品力是金地最根本的实力，金地始终坚持扎扎实实造精品的“产品主义”观点，尊重客户并精心打造作品，金地在进行全国性思考、本土化运作的发展模式中都将“产品主义”贯穿始终。 金地人认为，一流的楼盘质量是在市场上取胜的关键。

作为一个致力于在上海进行本土化运作的公司，产品力是金地进入上海并能迅速打开局面的根本原因。金地上海以客户和社会责任为导向，在充分尊重客户真实需求的基础上，进行产品策划和规划设计，从产品诞生之始就保证了产品的高品质和畅销。

金地在开发项目上，开发楼盘像生产产品一样，它将楼盘的各个部分进行“因素分解”，从主题策划、方案论证、产品策划到规划设计、工程施工、物业管理，各个部分都追求技术创新，直至每个细节趋于完美，这样做的结果是使楼盘开发水平占尽天时地利，磨练了攻占全国市场的利器。

2. 产品的核心要点与品牌战略相符合

如深圳金地“以产品提升价值”的精品路线，受到了市场的追捧。其在北京开发的“金地格林小镇”、“金地国际花园”屡获殊荣，引起北京市场的轰动。在上海开发的“格林春岸”、“格林春晓”、“格林风范”、“浦东三林”4个项目中的“金地格林春晓”和“金地格林春岸”的样板环境和样板建筑，使上海购房者提前领略到了一种新的生活模式，预先为消费者展示了真实的入住环境，从而引起市场和消费者的良好反响，在当

地业界树立起了专业之道的旗舰风范。因而“格林春晓”一期于2003年12月6日创造了开盘当天198套房源3小时全部售罄的奇迹，同时也创下了上海联排别墅项目当日内销售一空的纪录。

业内人士评价：“金地创造了一个楼盘，一种生活空间，一种生活方式！”；特别是“格林春晓”和“格林春岸”更是勾画出了现代都市人的两种生活态度。

金地的产品模式主要以中档住宅为主，高档住宅为辅，同时也会开发一些商业物业。这种模式首要是如何解决本地化的问题。所以，金地到任何一个城市，总会首先考虑是适应环境还是改变环境。在跨区域发展中，强调管理、文化与品牌的统一性。如品牌的一致性，强调金地形象定位或产品定位的一致性，金地提供的是中高档的住宅小区，在深圳、北京、上海是这样，到了其他城市也会这样做。

因此，金地在产品的核心要点上，做到了符合金地品牌战略的要求。多年来，金地在开发中逐渐总结出许多的开发经验和管理模式。从策划、设计、施工到营销，实现全程的创新过程，并以专业的手法，去把握产品的每个环节。

3. 坚持规范化、体系化、目标化的管理思想

金地的地产管理思想主要体现在以下三方面：

一是在全国同行业率先导入ISO9001质量保证体系。地产开发实现了程序化、标准化、规范化，确保了工程质量，金地的地产工程优良率达到100%，多项工程被评为深圳市乃至广东省的“样板工程”。

二是三位一体的规划设计体系。规划设计是保证楼盘高品质的第一关，起着决定性作用。为倾力提高规划设计水平，专门建立了三位一体的规划设计体系。这一体系包括金地建筑设计中心、外部专家顾问团队、国际一流的合作伙伴。

三是全员目标计划管理体系。这是对项目开发各环节进度进行控制的体系。金地使用先进的运筹学网络图控制进度，根据工程计划，每个人的工作目标严格落实到每天，计划完成率达97%以上。

4. 在国际化背景下整合资源和规模

就房地产企业而言，国际化的最高层次首先是股东的国际化，也可叫做产权国际化。目前，金地的大股东里已有了在纳斯达克上市的美国UT斯达康公司，今后，金地还将会在产权国际化领域，不断寻求更高更大的突破。国际化的第二个层次，是资源配置的国际化，包括融资来源的国际化，还包括开发合作伙伴的国际化和人力资源配置的国际化等等，金地一直以来十分重视与国外优秀的专业公司进行合作，像在深圳开发过程中与美国泛亚易道、澳大利亚柏涛的合作，在北京项目开发中与世界顶尖级的S.O.M公司合作等等。今后，金地的国际化方向将主要体现在国际化融资以及在国际背景下进行人力资源配置等工作。国际化的第三个层次，是经营方式与管理规范的国际化。几年前，金地的质量管理已与TUV国际质量管理体系接轨，现在又聘请了国际著名会计师事务所及跨国银行机构为金地的审计与投资顾问等等。与世界著名的国际性房地产公司比，金地的国际化只是刚刚开始，但今后，金地必定会在国际化进程中继续不断地迈出坚实的步伐。

5. 为客户、为社会高度负责成为金地未来的阶段性发展思路

金地集团的战略定位就是：禀承股东价值最大化的原则，向客户提供优质的产品和周到的服务，在自身发展的同时，积极回馈社会，实现客户、企业、员工、社会的多赢。

在经营定位上，企业坚持以股权为纽带，以产品经营为基础，以资本经营为发展方向，充分重视人力资源的裂变因素，实现创新兴企、品质领路、成本制胜、规模扩张、集约开发的发展策略，成为一个对股东、对客户、对社会高度负责任的现代化企业。

企业未来几年的发展战略是：在全国五大主要城市发展，成为具有全国性知名地产品牌的优秀地产公司，金地集团在全国的战略布局、经营结构、土地储备、产品结构、人才

结构均达到了更合理的配置。金地为此制定了集团四大发展策略：产品发展策略、区域发展策略、物业发展策略、合作发展策略，来确保未来企业发展规划的战略展开。

二、企业文化：理科金地逐步张扬个性

金地从草创初期便有自己的企业文化风格，只是最初致力于快速发展而没能提炼整理，这种现状直到2001年末有所改变：领导者认为金地文化已经较为稳定，并且随着金地的高速发展，更需要用文化和制度去管理人，因此是时候对金地文化进行提炼总结了，通过系统和框架整理，将隐性文化以显性文字进行表达，从而让优秀的、有益的企业文化得到更好的传承和推广。

1.《金地之道》开创金地的文化之道

金地物业企业文化建设目标：建立一支“意志统一，实事求是，不断创新，爱业敬业，团结协作，快速反应，服务到位，争创第一”的企业团队。

在这样的出发点下，金地开始了企业文化的提炼整合工作，并于2002年顺利结束，这就是后来广为人知的《金地之道》。《金地之道》总结出来后，在金地做了大量和大力的推广，也得到了员工和公众的接受和认可。在员工和公众看来，金地是一家理性、专业、严谨、低调、稳健、务实的房地产公司，专注于房地产领域，用科学的精神打造住宅。“文科万科，理科金地”在某种程度上体现了中国房地产界两大企业迥然不同的文化，虽然“理科金地”的归纳有一定的局限性和片面性，但至少它说明，金地的企业文化在大众的眼里已经有了自己的形象。

2. 金地又开始企业文化变革新战略

（1）原有文化不适于企业未来发展

2006年是金地新一轮战略的启动元年，金地需要更积极、更高效、更强调竞争、更注重结果。不过，金地以往的企业文化却似乎与此有所背离。长期以来，由于金地追求理性的思考和判断，凡事过于强调谋定而后动，在瞬息万变的市场环境中难免减慢速度，也容易错失一些机遇；而员工又偏向于低调、内敛，企业在这个已经越来越强调个性的时代很容易失声，也有效率降低、执行力、创造力和激情缺失的危险。这些都缘于企业文化与新战略不相适宜。

（2）倡导和塑造一些适应新战略的文化元素

金地有必要发起一场企业文化变革，要有意识地去倡导和塑造一些适应新战略的文化元素，并且努力让其被员工接受，成为行为做事的准则。新的企业文化，通过向员工宣导一种精神，进而让员工形成行为文化，这种行为文化久而久之又对精神起到巩固和强化作用，如此相互作用，企业文化便可深植人心，成为强大的“气场”，其目的是潜移默化地改变员工行为。

（3）文化的变革方向就是精简而突出个性

金地企业文化的变革方向就是精简而突出个性，通过这次变革，向公众展示一个充满激情、有不息的创新冲动、强调执行和效率、为着目标的实现而努力探索、同时又讲究诚信和社会责任的企业和员工形象。金地不再做理科金地，而是要做国际化的、个性张扬和充满活力的金地。

三、人力资源：解开金地人才流失率超低之谜

谜底一：科学的人才机制

金地非常重视人才，将人才摆在第一重要的位置上。按照《金地之道》的说法就是，“人才是金地的第一资本”。落实在人才资源管理机制上，就是通过对人才的选、留、育、用四个环节的把握，以保证金地的人才既能满足企业经营和发展的需要，又能实现自身能力和价值的提升。

（1）选：选择有“金地相”之人

金地集团董事长凌克形容挑选人才的重要性时说：“找人重于找地。”金地采用的公文筐测试加笔试、面谈等一套科学的招聘模式，从多方位保证了所选人才与公司需求的吻合。而在录用的所有条件中，对金地公司的认可、对金地价值观的认同是首要的。金地选人，不苛求卓越，不唯以往的工作业绩和经验，而是要求他能完全地融入金地的企业文化，在一个共存共荣的组织体里，分门别类而踏踏实实地为金地的发展服务。金地人把这一点概括为“金地相”，即认同金地的价值观。因为，对自己所服务的公司不认同的员工，其心情不会愉悦，工作就无法充满激情，更说不上调动自身潜能为公司创造价值了。这样对个人和公司都是不利的，即使勉强来了，离开也是迟早的事。这种极其慎重的选才观，奠定了人才在金地的贡献和成长基础。

（2）留：用最合适的岗位配置留住人才

金地所倡导的用人观是：既要用人之所长，又要容人之所短。一个提倡包容的企业，其工作环境一定是宽松的，自然有利于人才留下。但要长久地留住人才，单靠宽容还是不够的，关键还在于能让人才充分发挥其才能。在金地，这是通过集团内部的人才流动来实现的。通过集团内部的人才流动，达到人力资源的最佳配置，让员工能找到他合适也最能胜任的岗位，工作满意了，自然就能专心致志，不再去想找新的工作了。形象地说，金地

的人才配置方式可以称之为一种“计划指导下的市场经济”方式：提拔制（类似于计划经济）与竞选制（类似于市场经济）相结合。

（3）育：提供良好的培训条件

金地给员工成长创造了良好的培训条件和环境，让员工既能在工作中发挥才能，还能接受各种正规和非正规的培训，不断提高能力，提升价值，并在工作中体味到成功的快乐。几乎每个到金地工作的员工都有过接受培训的体验，尤其是新员工。

事实上，金地已经构建起了一整套完备的人才培训系统，针对各个层次的人都有相应的培训计划。2003年，金地还与全球最大的人力资源咨询顾问公司之一的美国翰威特咨询有限公司合作设计了适合金地的评估体系，集中对中层以上干部进行了能力测评，并在评估的基础上结合个人实际情况制定了个人职业发展规划。目前，拥有这种管理人员胜任能力评估体系的房地产企业，在全国是比较罕见的。通过评估、培训和绩效沟通，员工对自己的现状及未来都有了一个准确的认识和明确的预期，心里有了希望，自然也不会想着要寻找其他的出路了。另外，金地实行的是专业与管理“双轨制”的员工发展路线，并有相应的培训计划与之配套，让不同性格和能力的员工都有发展空间，而不是像大多数企业一样死挤在管理一条路上。

（4）用：讲求用人之道

金地十分注重用好人才，其对人的任用有以下四个特色：

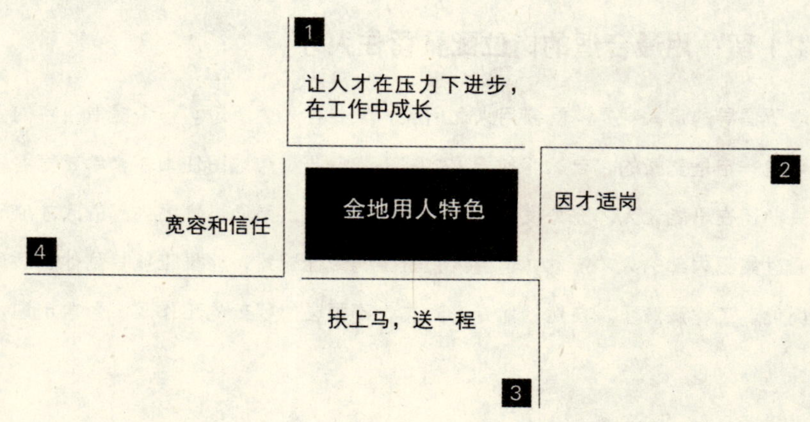

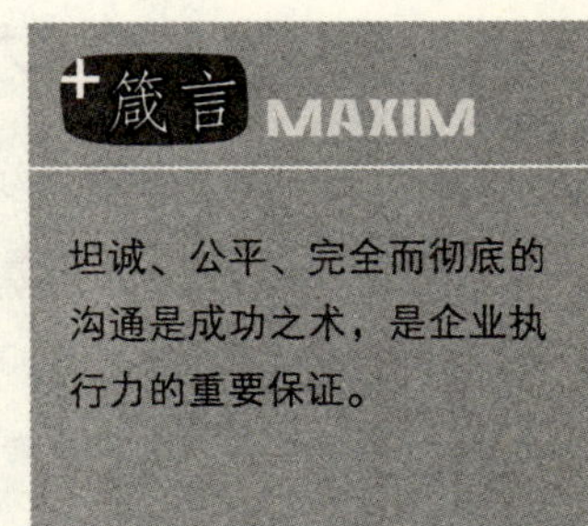

一是让人才在压力下进步，在工作中成长。给有80分能力的员工挑100分的担子，在工作中发现知识、经验和能力等方面的欠缺，确立提高的目标和方向，在认识不足和不断学习中提升能力和价值。

二是因才适岗。金地实行轮岗制度，新员工入司后，会被安排到相关的多个岗位上去尝试，最终寻找到最适合个人能力和兴趣的成长岗位。

三是扶上马，送一程。在传、帮、带中传授技术和传递价值观。新员工上岗后，公司会专门指定导师来辅导，通过绩效沟通来传授技术、经验，传输金地文化，传递金地价值观。

四是宽容和信任。疑人不用，用人不疑。金地充分信任员工，放心任用人才，并对许可范围内的错误给予宽容。

谜底二：前瞻性的管理工具

金地的习惯是把什么事先研究清楚，再去做，而不去打无准备之仗，因为金地的秉性不允许自己犯错误。

除上述的选、留、育、用四个环节方面的科学性外，在人才储备方面的未雨绸缪和管理工具方面的前瞻性，也是金地在快速扩张时期仍能满足大量人才需求的重要原因。

（1）注重人才储备

为满足金地近几年来快速扩张对人才的需求，除空降人才外，金地每年要到国内多所名牌大学招聘应届毕业生。这些新生来了以后，并不马上就安排上岗位去工作，而是先要经过半个月左右的入职培训，然后轮流在各个岗位跟着“师傅”学，以从实践中理解金地的文化，寻找自己努力的方向。这些新生力量，是作为人才储备为五年甚至更多年以后的金地发展服务的。

（2）加强人力资源管理

凌克要求要把人力资源管理的问题考虑得全面些，要想到在公司更大规模时的管理规则。这些管理工具的建立和改进，在当年是见不到效果的，但当企业扩张来临时，就显出它的重要性来了。在2001年金地公司集团化管理前，正是由于集团总部及各分公司根据企业从地域性向区域化转化的需要，提前做好了相应的人力资源方面的准备工作，使得集团化后人力资源能顺利地完成各分公司与总部之间有效的分权管理，从而能够更集中、高效地调配人员。

谜底三：真正到位的沟通

（1）多渠道、公平、完全的沟通

再好的机制，如果只是摆设，或者虽然执行，但不彻底，那效果也不会好。金地之所以能成功地开发人力资源，进而发展到人力资本价值工程，一个重要的手段就是多渠道、平等、公平、完全而彻底的沟通。金地强调沟通，并将沟通真正做到位。金地对沟通的要求是强制性的，一级领导若不主动与其下属沟通是要被扣分的。

（2）举办了各种旨在加强沟通的活动

为了做好沟通，金地还举办了各种旨在加强沟通的活动，如2000年的“沟通•超越”金地文化节，就是为加强公司内部、公司与业主、公司与社会的沟通；2001年的“全员满意计划”是为听取员工的意见，解决不同层面的实际问题；2003年的“高管沟通日”关注的是团队之间的信息沟通和经验共享。为了使公司内部沟通畅通无阻、安全有效，金地构建了10条涵盖了各个层面的高效沟通渠道，员工可以选用其中的任何一条来了解公司动态和反映问题、表达意见。

（3）沟通发挥了金地的人才机制的效用

沟通不是金地独有的手段，但金地成功的秘诀就在于将沟通真正做到位，成为传输企业文化、资源共享、传递上层决策、了解员工意见、保证执行力的有效手段。金地的人才机制的效用，正是在充分沟通的基础上才发挥得淋漓尽致的。金地的沟通是全方位的，而最重要的是员工与其直属上级之间定期的绩效面谈，这让员工明白上级对自己的期望是什么，自己还有哪些做得不够，通过交流将员工与上级的相互认知拉到同一个平面上。正是通过面对面的沟通，上级才能获得下层真实的信息，实现合适的岗位匹配，得到准确的能力测评结果，设计出准确的培训计划，完成了有效的业绩评估。

谜底四：将个人职业需求与组织劳动力需求相联系

员工职业发展计划如同职业生涯开发、职业规划、管理开发等术语一样，表述的意思大同小异，简而言之，就是将个人职业需求与组织劳动力需要相联系而做出的有计划的安排。金地一直对员工的职业生涯规划非常重视，并专门下发了《关于实施员工职业发展计划的通知》。

金地计划通过员工职业发展计划的实施，达到公司的人力资源供给与公司业务和规模发展同步的目标，解决因为人才不足制约公司规模扩大和业务增长的瓶颈。

金地与翰威特人力资源咨询顾问公司合作，在保留原来绩效考核体系优质内容的基础上，引入平衡计分的思想，设计了适合金地战略和核心能力的业绩管理体系。

（1）业绩考评内容

业绩考评内容

内　容	公司计划	部门计划	个人计划
年　度	年度工作计划	年度工作计划	年度工作计划
季　度	季度工作计划	季度工作计划	季度工作计划
月　度	月度工作计划	月度工作计划	月度工作计划

（2）业绩考评程序

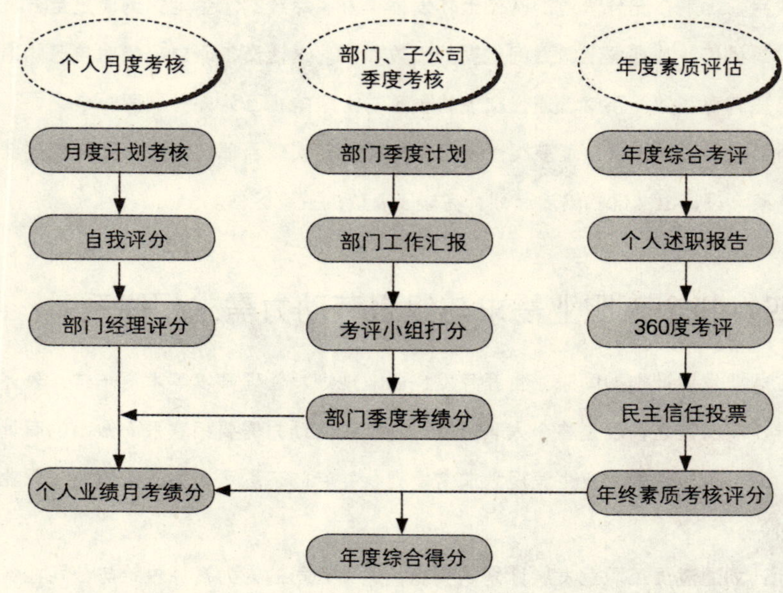

（3）业绩考评结果

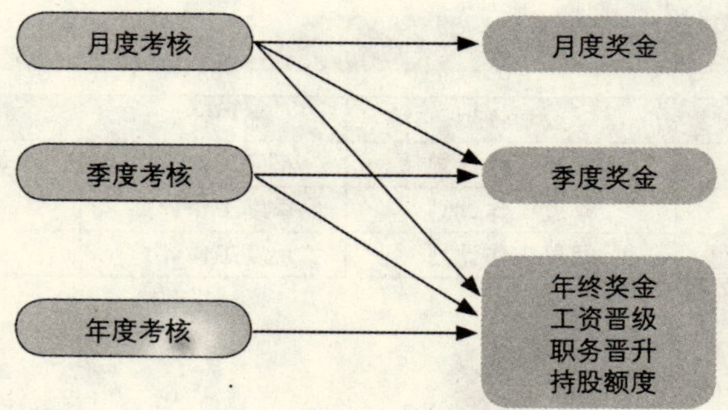

四、品牌战略：“科学筑家”的品牌再铸之路

金地作为一个全国型大规模地产品牌开发公司，除一如既往地注重产品打造和规范科学的企业内部管理外，还十分重视企业品牌的建设、维护和再造。

金地的品牌规划主要从两个方面考虑：一，通过准确定位，与竞争对手形成品牌差异；二，借助品牌建立与目标客户的关联。

1. 企业品牌定位：做品质与价值认可度高的地产品牌

金地企业品牌定位是做品质与价值认可度最高的中国地产品牌。与金地一向理性的企业文化相对应的是，金地在企业品牌定位上也是以市场为导向进行综合理性分析和客观定位。金地不但有目标客户的精准测定，还有产品的清晰定位，可以说金地的品牌定位是一个完全理性化的市场操作，并且始终贯穿了“科学筑家”的理念。

（1）目标受众：通过定性、定量调研结果获得

根据对目标群体需求进行的定性、定量调研的结果显示，金地的目标群体定位为：中等偏高收入阶层，但他们是追求生活硬件和软件完美结合的消费群。

（2）“科学筑家”理念：以人性作为惟一价值判断

针对目标客户的需求特性，金地提出“科学筑家”的建筑理念，要求金地建筑的家园，不仅是安全所在、尊严所在，更是希望所在。“实现完满的人性，崇尚有价值的人生”，这是金地“科学筑家”的重要信念，也是金地人本思想的深化。金地“科学筑家”，以人性作为惟一的价值判断，既是对当前金地核心竞争力的提炼，也是对未来金地的期许。

（3）企业品牌内涵及延展：是在品牌核心价值上形成个性

品牌核心价值是品牌资产的主体部分，它让消费者明确、清晰地识别并记住品牌的利

益点与个性。品牌个性是品牌核心价值的集中体现，金地“科学筑家”在品牌核心价值上也形成了金地独特的品牌个性。

金地品牌核心：用心做事，诚信为人

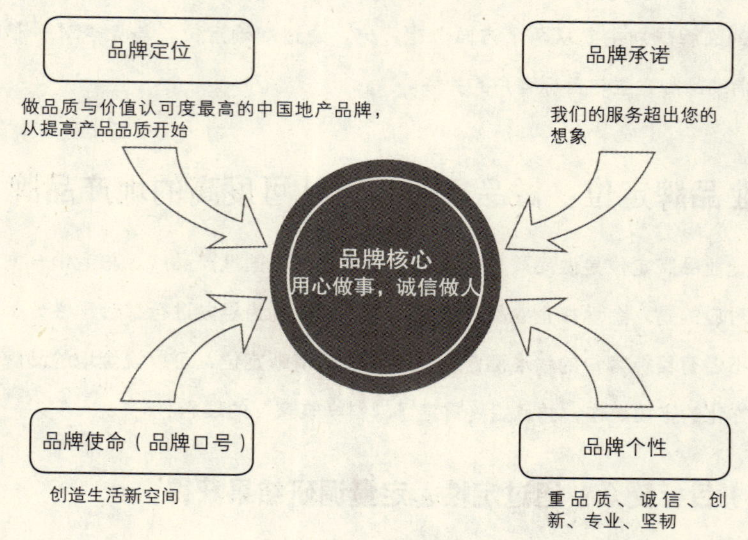

金地品牌检验360度扫描

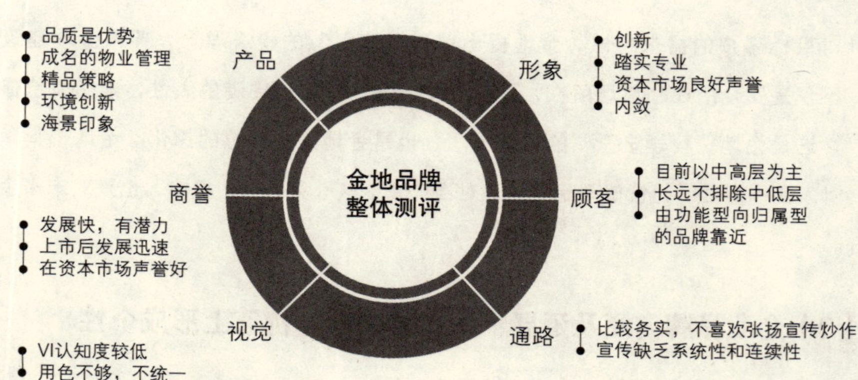

金地品牌权威性

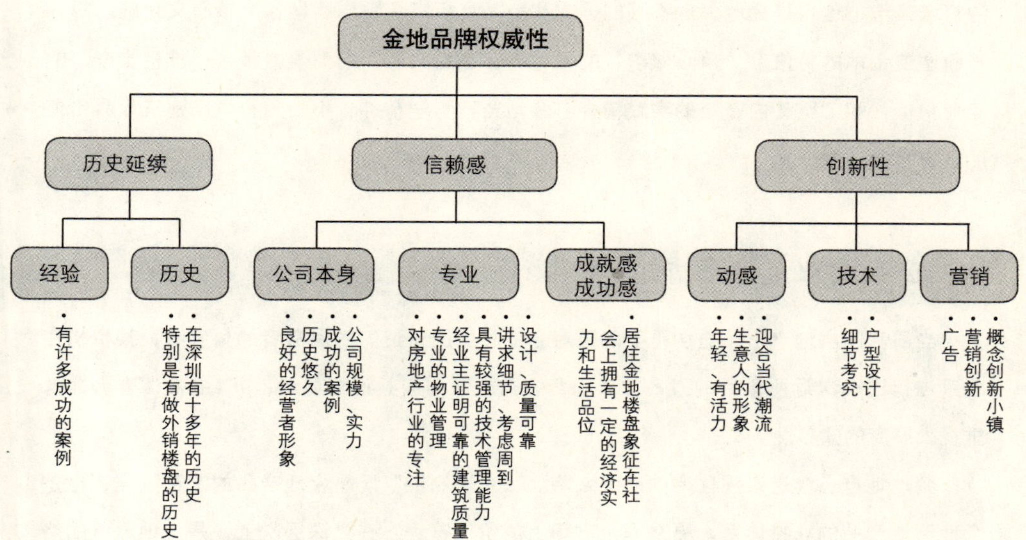

2. 品牌战略目标定位：在继承优秀的基础上品牌再造

由于金地过于稳妥的作风，令较多的消费者认为金地不够人性，难以亲近。在《金地之道》以及金地一贯提倡的“新产品主义”等优秀品牌文化积淀的基础上，金地集团决定进行品牌再造，并邀请了扬特品牌识别公司规划了整体的品牌体系。

（1）金地新品牌核心：“科学筑家”

2005年4月11日，金地集团启动新品牌战略，以“科学筑家”为核心和品牌区隔点，通过新标识的图形、线条、创意和色彩来展现金地独特的企业经营理念和企业精神。

（2）金地品牌发展目标：建筑最具价值的常青基业

金地基于“诚信、科学、思想、人本”的核心价值体系，使企业品牌成为房地产行业的灯塔品牌，这也是金地矢志不移的理想和战略目标。金地以科学作为核心文化的前提，不断塑造金地的特性：“用心做事”的修养，“创新为魂”的竞争力量，“惟精惟一”的专业价值，和“坚韧内省”的实践精神。金地坚守科学精神，不断用科学来建筑最具价值的常青基业。

3. 金地企业品牌发展战略

当前我国房地产市场迫切需要加强对企业品牌的塑造。从消费者的角度看，某机构在北京进行过一次近两个月的万名住房消费者需求倾向问卷调查显示，96%的被调查者非常重视发展商的知名度。

金地地产一向走景观住宅的品牌之路。“金地制造”既是金地产品的制造过程，也是金地制造产品的独特体系，更是一个市场上的价值符号，在更深层次上，是金地思维的烙印，也是对金地企业品牌最有力、最直接的动力。

（1）金地产品系列的特色

房地产企业只有拥有独特魅力，才有可能吸引顾客并获之青睐，这种魅力体现在产品设计、质量管理、成本控制、项目宣传、物业服务等整条价值链的每一环节上，金地成功的关键在于使价值链上的各个环节有机地、科学地结合，实现了客户价值最大化。

金地产品具有三大区别于其他地产企业项目的特色，即产品精致，环境优异，引领潮流。

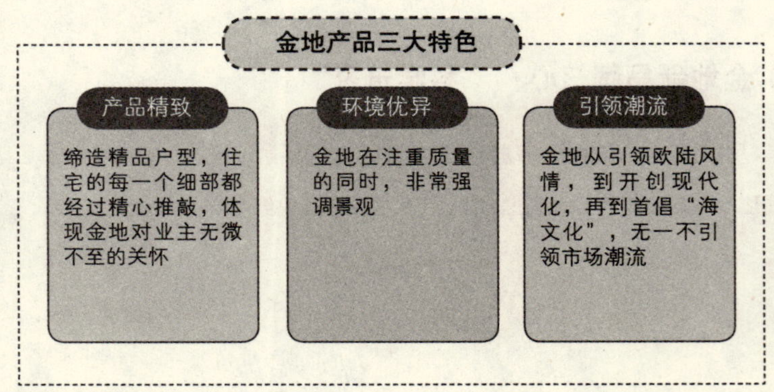

金地通过产品的策略组合来实现其快销目的。

产品组合策略

两级产品	策略
高端产品市场	以高端产品带动形象
中端产品市场	以中端产品服务大众

金地产品主要包括如下几个系列：

金地主要产品系列

产品线	特点	目标客户群	代表楼盘
城市海景系列	市区高档、 中密度住宅、 欧陆风情	二次置业者、 金领、香港人	金地海景花园 金海湾花园 金地翠堤湾
金地格林系列	大规模中档、 郊区住宅、 欧州风情	向往郊区生活的 白领阶层等	北京“格林小镇” 上海“格林春晓” 东莞“格林小城”
特色精品系列	特色地块、 特色风格	白领阶层、 城市中产阶级、 驻京商务代表	深圳“金地翠园” 深圳“金地香蜜山” 北京“金地国际花园”

（2）金地产品系列的转型

好的地产公司品牌定位，可以给旗下所有的项目以价值支持。金地正从专家型企业迈向通才型企业，并通过品牌经营使公司增值，“金地制造”面临新的价值演化。

+关注

房地产的特点是每个项目都有其特殊性，金地项目品牌定位与公司品牌形成一定联系，从而积累和传承集团品牌认知度。

ATTENTION

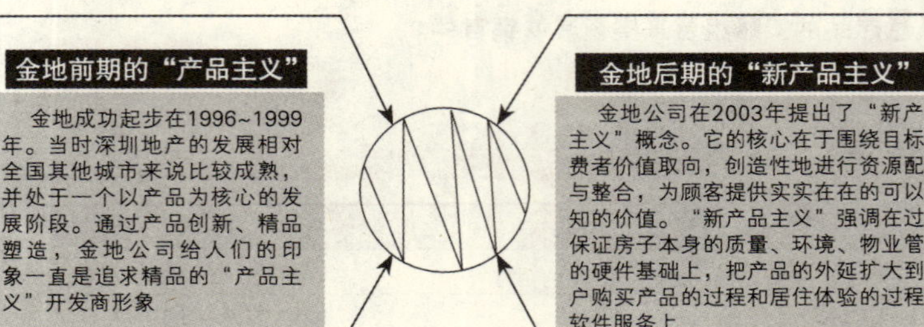

（3）金地产品系列品牌的客观评价

目前金地已经形成了产品系列，并设计了一系列的项目LOGO，为产品品牌的形成奠定了一定基础。

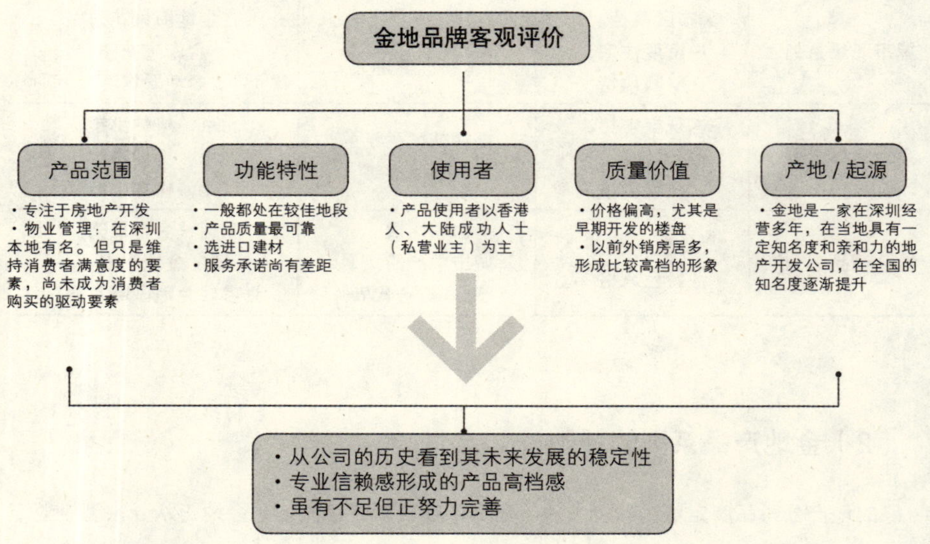

（4）金地产品系列品牌的发展战略

金地的产品发展一直坚持“专业之道、惟精惟一”，秉持专业精神，专注核心优势、精益求精、一以贯之的经营理念。

从产品定位到规划设计、从工程设计到环境营造、从市场营销到物业管理，金地一切都以满足客户人性化的需求为目标，把客户的表象需求、潜在需求都琢磨透，进而转化为专业的细节设计，体现出突出的专业能力。

母子公司职责边界的划定，为流程整合优化提供了依据。

多项目管理制度：由经验管理转向流程管理

多项目管理制度

项目管理制	具体内容
组织架构	由过去职能制管理变为直线制
管理宽度	由过去公司总经理直接管理一个项目，变为公司总经理授权几个项目中心经理分别管理几个项目
项目数量	由过去一个公司集中所有资源去完成一个项目，变成现在分配资源同时完成几个项目
流程分段	将产品研发与产品生产制造分开，但通过下派设计师担任基地经理、营销策划师担任销售经理保持产品的连续性

客户研究体系：深入研究客户需求

客户研究体系

客户研究体系	具体内容
一般客户研究	搞清楚一般客户对住宅功能特点、共性的需求
目标客户研究	调查目标客户的特殊需求和生活情趣、个人爱好等背景资料
老客户动态跟踪调查	收集老客户对过去公司产品的优劣势评价以及对产品需求变化的新特点

产品设计：规范产品设计标准的六大准则

六大准则

六大准则	具体内容
准则一	朝向以坐北朝南为主，使业主搬进新屋能长时间享受冬暖夏凉的自然环境
准则二	采光要突出重点、兼顾一般，客厅、卧室自然通透，厨房及卫生间尽可能以自然光采光，注重节能
准则三	通风使自然风自由流动，保持室内空气清新
准则四	房内结构以方正好用为落脚点，给业主以物有所值之感
准则五	各项设施要科学合理，水电气供给应畅通，处理生活垃圾和排放生活污水应无阻
准则六	阳台设置不是简单的装饰物，而应是业主茶余饭后观赏外景和乘凉休息的好去处

四大管理措施保障工程质量

四大管理措施

四大管理措施	具体内容
把好“进门关”	通过竞投的方式，选好工程质量监理单位，不仅要考察参与竞投者的资质，更要了解参与竞投者以前的业绩
把好“分工关”	排除干扰，坚持原则，支持监理单位独立自主的履行职责，及时发现和制止承建商违规操作、违规用料等不良现象发生
把好“监督关”	抽调熟悉业务的骨干力量，配合工程监理人员，深入施工现场，切实加强巡查，一旦发现问题，立即加以解决，使工程隐患解决于萌芽状态之中
把好“奖惩关”	如工程质量做得好，则从预备工程总款中按比例兑现奖金；如果发现工程监理人员与承建商联手不负责任，只顾工程进度，不顾工程质量，必须限期整改，如敷衍了事，则要通过法律途径或予以经济处罚、或予以终止合同，以确保工程质量达标

五、企业管理：构建清晰的母子公司管理体系

金地集团的超常规成长是与其重视战略管理分不开的。公司每年滚动制定五年战略发展规划，以指导公司经营和管理的全局。金地集团意识到，制定金地集团母子公司管控体系，明确集团的使命、愿景、经营和管理的战略目标以及企业的市场、产品、拓展方向、

ATTENTION

+关注

在“聚集能力，集中突破”的战略思想指导下，金地集团提出通过母子公司管控体系的设计使“母公司做精，子公司做强”。

竞争战略是非常重要的，这是制定金地集团母子公司管控体系的DNA，是母子公司管控体系设计的出发点和最终归宿。

母子公司管控体系的战略导向

战略做法	战略思想	对母子公司管控的指引
聚焦区域化	实现有效的跨区域多项目管理	改变母公司直接参与项目开发环节的状况
核心竞争力培育	品牌、营销、设计上进行强化管理	工作重点放在强化投资决策、营销策划和规划设计的核心能力上
实现战略、管理、效率、成本管理、效益的提升，把好“奖惩关”	集团聚焦于管理职能和关键业务节点的控制上	所谓“母公司做精”，就是母公司应该减少人员规模，强化业务（设计、工程、营销）指导和监控能力，减少对子公司具体事务的干涉，管理和业务监控聚焦于核心管理问题和关键业务流程的重大节点上，聚焦于公司的经营安全和战略发展上
	子公司聚焦于项目的研发和执行上	所谓“子公司做强”，是子公司应该强化培养设计管理、营销策划、工程质量、进度管理和成本控制等运营能力，实现项目运营的快速、灵活和高效，保持和母公司的战略协同

金地集团参照国内常见的集团母子公司管控模式，结合金地地产所处的阶段以及业务状况，制定与金地地产发展战略相适应的集团管控体系。这个体系是一种支持企业发展的企业管理系统平台，是一种母子公司战略协同的工作方式，通过这个管理体系，完成资源分配、战略规划、产品研发、运营管理。

到2006年初，经过2005年10月组织结构的再次调整和高层人事变动，金地的母子公司管控基本上以战略型管控为主流。对于新开拓地区，如西安项目，由于区域公司尚未成熟，还是以操作型为主的管控模式。

1. 金地集团母子公司权限划分

金地集团母子公司权限划分的原则有四条，即实现企业安全高效运作；有利于完成企业的经营管理目标；有利于培育企业的核心竞争力；有利于实现企业发展战略。

（1）母子公司职责边界定义

母公司和子公司的职责边界定义的是“母公司和各区域子公司的权责边界、子公司在经营活动中需要母公司进行审批或报备的节点、母公司对区域子公司的管理、业务监控范围”；这些节点基本明确了母子公司权限划分的基本方面，也基本列出了母公司管控的全部内容。

（2）明确母子公司职责边界的意义

为推动母子公司管控体系和权责制的研究，进一步明确了金地集团母公司和各地产子公司之间的管理，梳理房地产开发管理和业务流程，集团就集团母公司和各地产子公司的职能边界，各自承担的权利、义务和责任进行说明，集团母公司和各地产子公司将严格遵守执行，不超越工作边界和权限去开展工作，这将为流程整合优化提供依据，提高公司的效率。

母公司管控职能

职能	母子公司权限划分
战略规划	各地子公司的战略发展规划及实施必须依照集团的总体战略规划
经营指标	各地子公司年度KPI指标和年度经营指标由母公司制定并负责实施考核
地产投资	各子公司的股权变更、股权投资、地产项目公司的注册必须经过母公司审批
投资决策	地产项目投资评价由母公司负责组织
年度经营计划	各子公司的经营计划必须报母公司审批
项目开发计划	各子公司的项目开发计划必须报母公司审批
土地储备	① 母公司负责集团所有土地发展项目的评价、决策及各地子公司所在城市之外的城市土地发展项目的拓展； ② 对于各地子公司所在城市的邻近城市，母公司可以根据具体情况委托子公司代为进行土地发展项目的拓展工作
可行性论证	各子公司负责组织和制定各自拓展投资项目的投资可行性论证

2. 金地集团母子公司组织结构优化

（1）提炼集团的管理职能

在理清母子公司的工作权限后，金地集团着手确定集团和子公司的组织架构。金地集团在明确自身的组织结构时，首先提炼集团的管理职能，并按照“总裁议事规则线”、“产品线”、“监察线”、“管理线”梳理企业的职能体系。并在建立企业的组织结构时，预设企业的“玻璃墙”、“四条线”、“四个组织”。

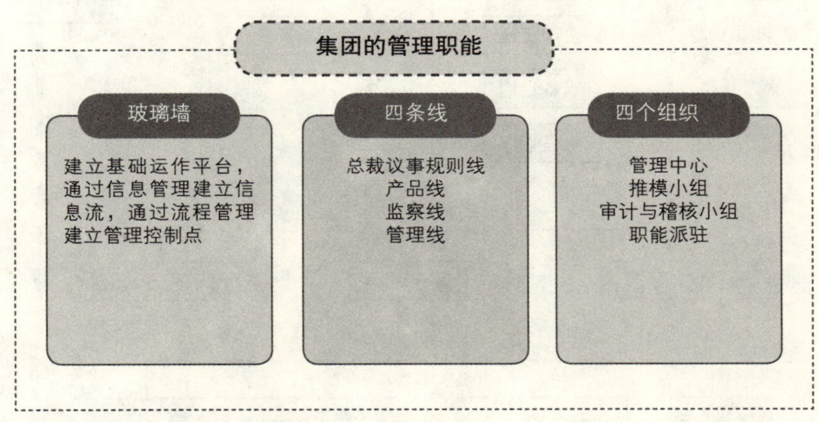

（2）明确金地集团母子管控的实现方式

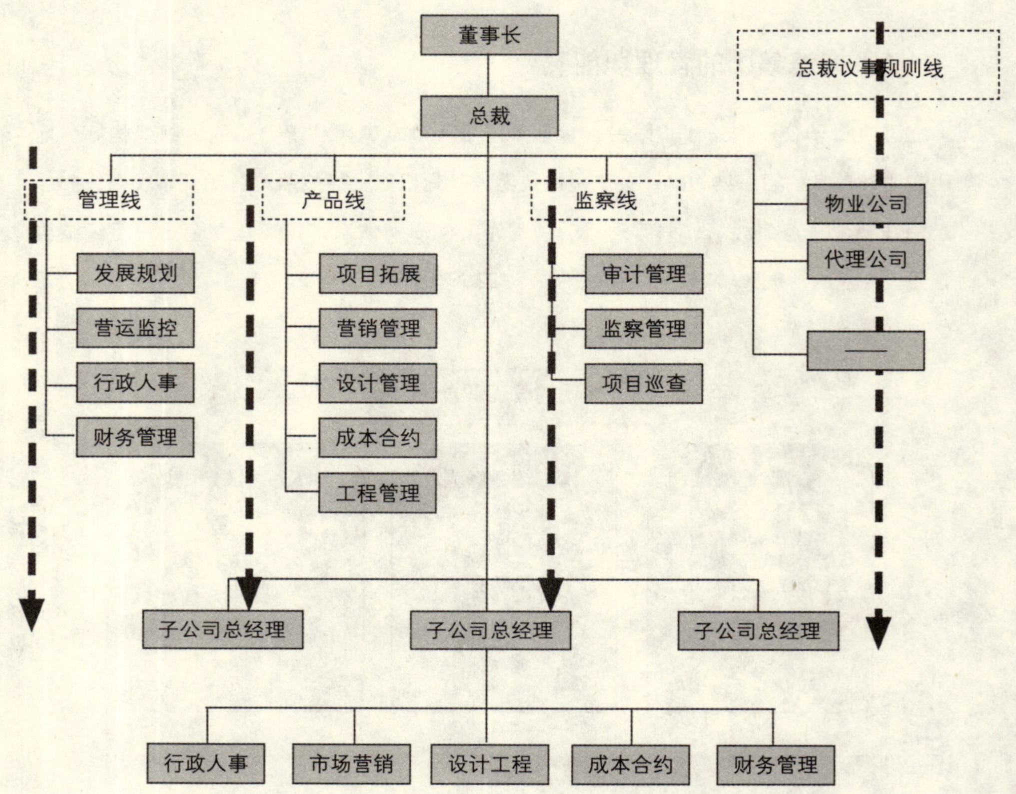

母子公司职责边界的划定，为流程整合优化提供了依据。

（3）确定母子公司组织结构

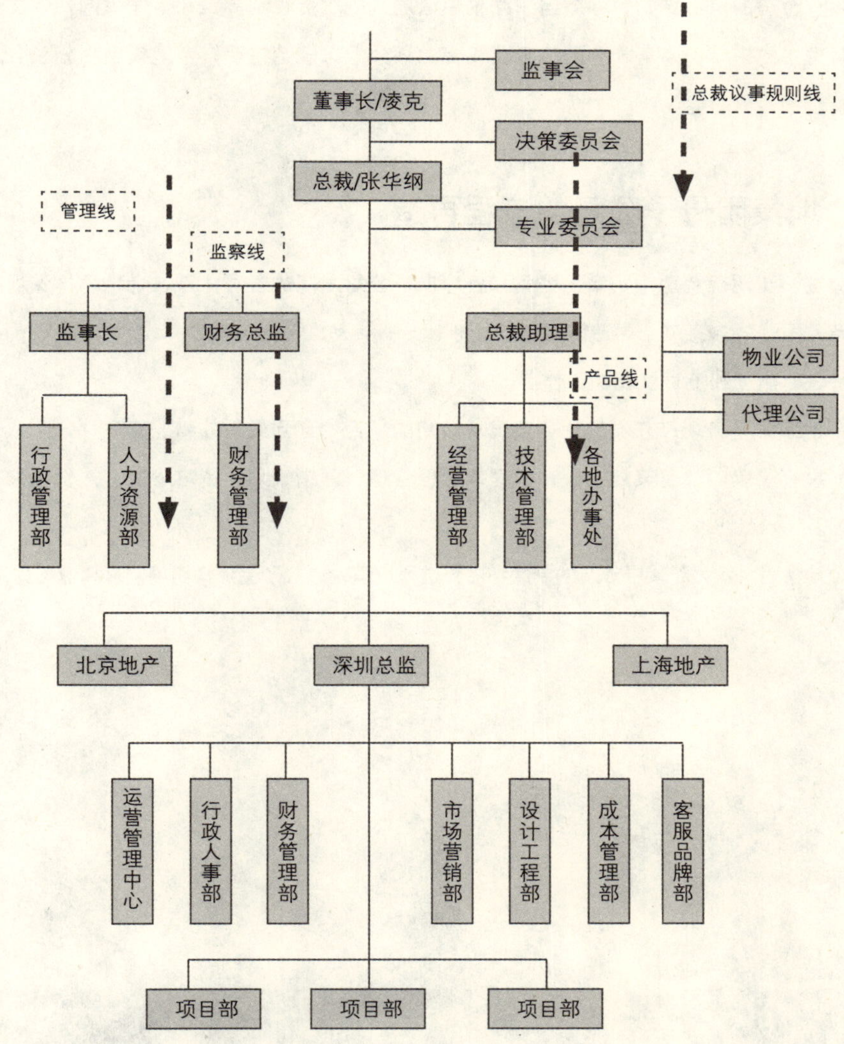

3. 金地集团母子公司部门职责和边界职能确定

按照“高起点、规范化”的原则，广泛借鉴国内的成熟经验与做法，打造金地集团未来高效、合理的组织结构，并就组织结构中诸层次的职责权利界定和运作机制，以及企业经营管理中的人事、财务、分配等重要权责的划分做出规范说明，金地集团划分了自身的部门职责和边界职能。

4. 金地集团母子公司的流程再造

为进一步明确金地集团集团公司和各地产子公司之间的管理体系，金地聘请深圳某管理顾问公司，对自身流程再造问题进行诊断、分析，从2005年3~12月，金地对全国的子公司开始进行制度和流程优化的工作。

金地集团将房地产开发的业务流程从最初的项目论证到最后的物业管理，分为八个阶段，即投资决策、项目策划、设计管理、工程管理、营销策划、销售管理、入伙保修、物业管理。

金地集团将八大阶段中涉及的制度和流程进行梳理，形成了金地集团的制度和流程体系。

ATTENTION

+关注

金地集团明确了全国统一的组织结构标准，借以形成集团统一的企业文化、产品标准、制度和流程。2006年2月，金地集团最终确定了母子公司的组织结构。

(1) 金地集团一级流程

一级流程

管理模块	一级流程（母公司）	对应部门
战略流程	战略规划制度和程序	集团总裁办公室
	经营计划制度和程序	
	运营管理制度和程序	
管理流程	行政人事制度和程序	集团行政管理部、人力资源部
	财务管理制度和程序	财务管理部
业务流程	营销管理制度和程序	经营管理部
	工程管理制度和程序	技术管理部
	成本合约制度和程序	财务管理部
监察流程	监察审计制度和程序	财务管理部

(2) 金地集团二级流程

二级流程

一级流程（母公司）	二级流程（子公司）
营销管理制度和程序	投资决策制度和程序
	项目策划制度和程序
	营销策划制度和程序
	销售管理制度和程序
	入伙管理制度和程序
	物业管理制度和程序
工程管理制度和程序	项目策划制度和程序
	设计管理制度和程序
	施工管理制度和程序
成本合约制度和程序	招标管理制度和程序
	战略采购制度和程序

母公司与子公司的财务管理

随着经济的迅速发展，中国加入WTO脚步的加快，建立适应现代企业特点的财务会计管理体制势在必行。由于现代企业集团化、跨地区经营的特点，集团公司成为经济运行中的重要角色，集团企业按产权特征划分为母公司和子公司，母公司必须妥善处理好与下属子公司之间的财务管理关系，要适当划分各级管理权限、目标、责任。由于现代企业的经营范围广、下属子公司多、物资流量和资金流量大，作为企业管理的重要组成部分，加强对子公司的财务控制成为母公司加强管理的首选。财务控制的主要方法有以下几种：

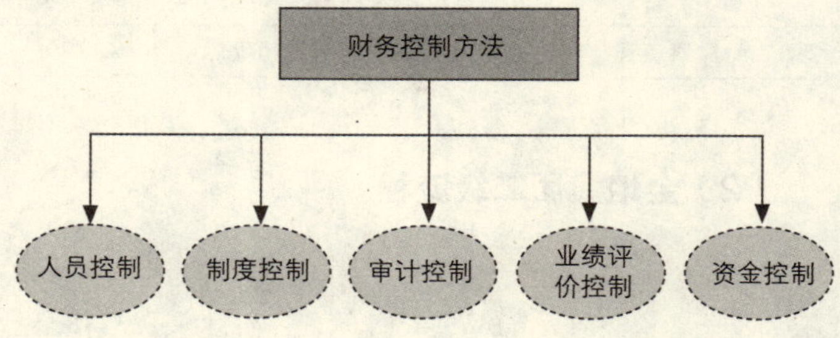

1. 人员控制

人员控制是指母公司有权确定子公司的财务人员的人选，通过财务人员及时将子公司的财务信息反馈给母公司，以实现对子公司财务活动的事前、事中、事后的全程监督。财务控制应坚持“以人为本”，把好进人用人关。进什么人，在什么岗位上用什么人，这是极其重要的问题。按照母公司对子公司财务人员控制方法的不同，人员控制可分为两种：

（1）直接委派制

直接委派制	
作用	在这种方法下，母公司对下属公司的财务人员实行统一委派，财务人员的劳资、人事关系均由母公司直接管理
优点	① 能避免由于利益受制于他人而产生的对集团整体利益的损害； ② 母公司对财务人员的调配和岗位轮换有决定权； ③ 有利于实现人力资源的最佳配置，同时能避免财务人员因长期共同工作而形成的某种不利于集团的默契； ④ 选择标准统一，有利于财务人员整体素质的提高
缺点	① 财务人员仿佛游离于子公司之外，影响企业的效率，不利于集团整体的发展； ② 当子公司出现问题时，经营者可能会以此作为推脱责任的借口

（2）资格审批制

资格审批制	
作用	是母公司规定子公司人员任职的资格条件，由子公司自行选择其财务人员，向母公司报请批准，所报人员必须符合母公司对财务人员的资格规定，母公司根据所报人员的资格并结合实际业务水平确定其能否上岗工作
优点	① 公司可以根据企业自身的实际情况选择所需的财务人员，有利于财务人员和经营者之间的协调配合； ② 资格审查制度可以确保所选财务人员的基本素质； ③ 母公司对财务人员资格的最终审查有一定的震慑作用
缺点	① 对子公司的控制力度不如直接委派制； ② 由于公司自行推荐财务人员，容易产生任人唯亲的现象； ③ 财务人员的利益不独立于子公司，容易受制于人

2. 制度控制

制度控制是母公司通过制定系列的财务规章制度，要求子公司严格执行，以实现对子公司财务活动的控制。对于一些容易造成损失和资产流失的重要方面要做出明确的规定，如对外投资的审批；向外单位担保的限制；购置大额资产的报批；对子公司资金拆借的约束等等。同时，母公司应督促子公司结合实际情况制定各自具体的内部财务制度，这些制度应从属于集团整体的财务制度。财务控制制度主要包含以下三个方面：第一，岗位分离制度；第二，审批权限控制制度；第三，会计系统控制制度。

优点：能保证子公司的内部财务运行有章可循，从事前入手加以控制，从根源上防止子公司财务活动失控。

缺点：此方法的有效性受子公司执行财务制度力度大小的影响，一旦子公司有意隐瞒或不贯彻执行，各种制度不过成为一纸空文。因此，母公司要经常检查子公司对财务制度的执行情况，确保此方法的有效性。

3. 审计控制

审计控制是指母公司定期或不定期地对子公司的财务活动进行审计，通过审计来了解子公司的财务状况，对不符合财务制度的行为予以处罚，以达到财务控制的目的。

优点：具有权威性和可靠性，对于具体问题的查处和发现最直接有效，对于子公司有一定的震慑作用。

缺点：审计控制大多数情况下属于事后监督，通过审计查处问题时，不合规的行为往往已经发生，虽然对当事人要进行处罚，但造成的损失往往难以挽回。过多的审计活动也会干扰子公司经营活动和财务活动的正常有序进行。

4. 业绩评价控制

业绩评价控制是母公司建立一套行之有效的业绩评价体系，据此对子公司的业绩进行衡量，并根据衡量结果采取奖罚措施，以此来加强对子公司的财务控制。

优点：衡量依据标准化，有利于财务控制制度化，不但能反映子公司的财务状况，还能促进子公司完成母公司下达的任务，实现集团公司的整体目标。

缺点：建立一套客观的业绩评价系统并不容易，需要母公司不断完善考核办法和具体的操作程序。对于一些非子公司所能控制的突发事件造成财务指标的非正常变化缺乏灵活性；容易诱使子公司的经营者和财务人员为实现某些财务指标而弄虚作假，如费用损失挂账、做假账等。

5. 资金控制

资金控制是母公司通过各种方法了解子公司的资金状况，对子公司资金的运动次序：筹资、投资、用资、分配等环节加以控制，使子公司的资金流按母公司的要求进行流动，实现对子公司财务活动的控制。企业的财务活动以资金运动为中心，控制子公司的资金流就等于控制了子公司的经营活动。资金的控制可从两方面入手，一是财务预算控制，二是建立内部资金结算中心。

财务预算模式可分为多种：资本预算、以销售为起点的预算管理模式、以成本控制为起点的预算管理模式、以现金流为起点的预算管理模式、以目标资本利润为起点的预算管理模式。任何一种预算管理模式都有其优点和使用范围，企业可以根据所处的市场环境、产业生命周期自行选择。母公司制定财务预算，并要求子公司严格执行，可以将子公司的资金流纳入集团公司的整体资金流，使两者的价值趋向趋于一致。

Profound reflection
本节思考

金地集团的母子公司管理体系在管理运营上有哪些值得借鉴的地方？

The leaders' sayings
管理休闲吧 +02

凌克谈信息共享及中央服务

信息共享对于一个大公司来说，非常重要。如果信息共享做不好，会出现管理效率低的情况，同时也会使公司在经营上比较迟钝，或者说灵敏度不够。一个公司大了之后，需要控制的关键点会非常多，可能要控制30~40个关键点。对地产行业而言，关键点发生控制指标的变异之后，对整个系统的影响有时是非常隐性的，需要比较长的时间才会暴露出来。要较好地解决这些问题，都要求做到信息共享。我们有非常强大的信息平台，对整个集团来说，可以时时监控下面资金调配的情况及生产进度、销售进度情况。

第三节 »»

案例 产品设计及营销策划

一、产品设计：金地·梅陇镇——都市未来城

1."金地·梅陇镇"项目概况

项目概况	
物业类型	普通住宅
建筑类别	小高层、高层
装修状况	毛坯
占地面积	13.6万m^2
建筑面积	42万m^2
容积率	3.09
均　价	7500元/m^2
栋　数	18
总户数	3676
停车位	900
开盘时间	2006.5.27
物业管理费	2.38元/m^2·月
建筑设计	德国WSP建筑设计公司
项目位置	宝安龙华镇梅龙大道与布龙公路交汇处
开发商	深圳市金地住宅开发有限公司
物业公司	深圳市金地物业管理有限公司

项目“金地·梅陇镇”北临布龙路，与“锦绣江南”相望，西靠梅龙路，南接“世纪春城”。项目占地面积为13.6万平方米，总建筑面积约42万平方米，由11~18层小高层和24~33层高层建筑组成，分四期开发。

项目一期占地面积约为5万平方米，建筑面积近15万平方米，由7栋南北朝向的11~24层的小高层、高层组成，总户数约1280户，主力户型为100~122平方米的三房和71~78平方米的两房，此外，还有部分140平方米左右的四房和少量的复式、大平面单位。全部为一梯两户或一梯三户的板式结构，南北通透，户型方正实用，主力户型均设置入户花园、双层挑高大露台、超大凸窗等。

2. 项目开发背景分析

（1）区域概况

“金地·梅陇镇”位于深圳市龙华二线拓展区东北侧，北临布龙路，西靠梅龙路，属于龙华片区的中心地带。

区域概况

龙华概况	具体内容
龙华区域情况	龙华位于宝安区东部，东与龙岗区相邻，南与深圳市新中心区对接，距深圳皇岗口岸仅8km，处在中部组团的中轴线上，是深圳市的次中心区。龙华先后被省、市政府定位为“广东省中心镇”、“深圳市次中心区”、“深圳卫星城”、“深圳市物流中心”
龙华二线拓展区概况	龙华二线拓展区位于梅林关口西侧，东起梅龙路，西至和平南路，北邻布龙公路，南临大脑壳山，规划用地面积为19万m^2，城市建设用地面积为11万m^2。作为福田中心区发展的后备用地，二线拓展区被拔高定位成为“福田中心区”配套服务的高尚生活居住服务基地和部分文化、体育、教育设施的配套区

(2) 龙华片区房地产市场现状

① 房地产市场概况

近年来，龙华地产市场借多种利好发展迅速。龙华也成为深圳最具活力的地产区域，深圳白领置业安居首选的"后花园"。

龙华片区房地产市场大致分为三个区域，一是梅林关口，二是沿民治大道两边，三是龙华中心区。而以龙华中心区为代表的区域地产则代表了龙华地产的主流。主要体现为：在"圣莫丽斯别墅"的带动下，龙华楼盘均价大幅上涨，"城市明珠花园"、"锦绣江南"、"世纪春城"三期等楼盘均价在6000元/平方米以上，且区域内楼盘呈现出了高档次的特性。

② 在售楼盘分析

近几年，龙华楼盘呈现出一种气势夺人的大盘形象，区域内集中了"美丽365"、"锦绣江南"、"丰泽湖山庄"、"世纪春城"、"书香门弟"、"风和日丽"、"世纪春城"等一批大盘。2006年，"金地·梅陇镇"、"圣·莫丽斯"一期、"星河丹堤"、"城市明珠"三期、"潜龙华庭"、"碧水龙庭"、"春华四季园"、"世纪春城"三期、"卓能雅居"、"城投七里香榭"、"城色"等十多个楼盘在市场上推出。其中在售的代表性楼盘有"金地·梅陇镇"、"春华四季园"、"圣·莫丽斯"、"星河丹堤"、"世纪春城三期"、"碧水龙庭"。

龙华片区在售代表性楼盘概况

项目名称	春华四季园	圣・莫丽斯	星河丹堤	世纪春城三期	碧水龙庭
项目位置	宝安区万科"四季花城"旁，永香路与华南路交汇处	宝安区二线拓展区内，塘朗山旁	福田区彩田路北、银湖西	宝安区龙华街道梅龙南路东侧	宝安区民治大道与民康路交汇处
规模（m^2）	占地面积：199239.49 建筑面积：442520	占地面积：276164.72 建筑面积：331984	占地面积：360000 建筑面积：200000	占地面积：32932.80 建筑面积：50650	占地面积：69507.9总建筑面积：194500
主力户型（m^2）	90以上	230~300	200～270	37～85	二房：75 三房：90～110
均价(元/m^2)	6200	28000(别墅)	32000(别墅)	6700	6500
项目定位	43万m^2水岸坡地社区	世界500强的社会塔尖人物居住地	大型低密度、低容积率的高档社区	低密度、高绿化的大型情感社区	东南亚水景风情园林社区
开发商	深圳市金光华实业有限公司	深圳市华来利实业有限公司	深圳市星河房地产开发有限公司	深圳恒安房地产开发有限公司	深圳市榕江房地产开发有限公司
开盘时间	2006.2.25	2006.1.1	2006.7.30	2006.6.24	2006.6.24

③ 高档楼盘成为市场主流

"圣・莫丽斯"、"星河丹堤"的面市提升了龙华片区的居住档次，此外，位于二线拓展区的"龙一号"、信托地产项目、城投龙华项目也已处于运作阶段，且均走高档路线。

从目前龙华各项目进展情况看，近几年内龙华有250万平方米左右的推盘量，其中只有面积不到80万平方米的住宅属于普通住宅（户型面积低于144平方米），其余的均为豪宅。

④ 客户群划分

从市政情况和城市区域规划发展情况来看，龙华房地产市场将会拥有以下几类客户群：

龙华客户群分类

部分大众阶层	中等偏高收入阶层	公务员和年轻白领	老板级人物、港商及500强企业外籍员工
① 部分大众阶层是龙华近几年普通楼盘客户的主力军之一； ② 2006年普通楼盘均价不断上扬，对大众阶层的吸引力则会大幅下降	① 随着龙华住宅物业档次的提高，地铁物业将以高层为主（容积率在3.5～4之间），甚至可能出现超高层住宅物业； ② 目标客户群集中于中等偏高收入阶层	二线拓展区楼盘的目标瞄准了福田中心区的置业人群。其中相当一部分置业者会是收入较高的政府公务员和年轻白领。而在特区内土地资源日渐稀缺、市中心楼价居高不下的背景下，龙华将吸引越来越多来自市区的白领阶层	① 随着二线拓展区内的一批高端项目开工，吸引了大批老板级人物、港商及500强企业外籍员工来此置业； ② 由于地铁四号线从皇岗口岸直抵龙华，一些香港客户也会选择二线拓展区高端物业

从区域位置来看，其客户群具有以下特征：

各片区客户群特征

龙华镇老片区	关口片区	二线拓展区片区
该片区的客户层结构主要表现为本地化，基本是当地人购买的多。用途主要是改善生活以及投资	该片区客户层次与龙华镇老片区的客户层次截然相反，龙华本地人较少，特区内比例最高，有超过50%的业主来自特区内的福田和罗湖。主要是关内客户群因为距离的问题，比较喜欢的一个片区	该片区目前推出的项目较少，其客户群体主要来自关内

3. 龙华片区房地产市场发展前景

① 龙华的定位促进了龙华房地产市场的发展

龙华在深圳市的定位是深圳市次中心区、深圳市的物流中心、深圳市的后备发展基地、深圳中心区的延伸。随着龙华在深圳市的地位日益突出以及各项市政建设的加速发展，未来的龙华房地产会向高品质、高素质社区建设发展，二线拓展区将是深圳优秀的住宅区域之一。

② 市储备用地的用途决定龙华的房地产业发展进程

由于龙华的土地储备少，今后龙华的城市发展取决于市政府1900万平方米储备用地的用途，该片区域的发展定位将直接影响龙华房地产业、物流业的速度及档次。

③ 交通对房地产业影响巨大

北京到深圳，上海到深圳两条高速铁路的交汇点在龙华，必然对龙华的物流业影响很大。而深圳市的“一横八纵”的市政道路规划使龙华的地理位置更加突出，加上地铁四号线的建设，龙华将成为深圳市的交通枢纽，对龙华的物流业、商业、酒店业、房地产业都会产生重大的影响。

箴言 MAXIM

凌克说，个体都存在这样或那样的局限，而科学可以使每个个体都更加明智，使企业更加健全，保持持续发展，卓越地创造生活价值。金地所提出“科学筑家”的口号，其内涵也正在于此。

④ 龙华住宅在物业品质上与关内的差距在不断缩小

龙华置业者在楼盘细节品质上更加追求精雕细琢，置业理念在升级，生活方式在改变。消费者更满意于良好的规划建设和楼盘品质的升级。

⑤ 中小户型需求加大

近几年，龙华人口结构已经发生了显著变化，特别是富士康、华为等科技企业的进驻，吸引了大量年轻人来此就业，从而加大了对中小户型的需求量。

4. “科学筑家”的新品牌核心理念

2005年4月初，金地正式启动新品牌战略，亮出“科学筑家”的形象宣言。这一形象宣言标志着金地集团从“理科金地”升级为“科学金地”。作为金地启动新品牌战略后深圳的第一个项目，“金地·梅陇镇”的开发要突出“科学筑家”的新品牌核心理念。

（1）项目总体开发理念：打造一个“有理想的梅陇镇”

现今的房地产市场，素以“园”的抒情主义，展示壮美山河风光；或以“城”彰显城市化之后“造城”的壮志豪情。金地却“反其道行之”，以“镇”说话，决心打造一个“有理想的梅陇镇”。

项目总体开发理念

开发理念	具体内容
生活版的“万象城”	深圳金地要把“金地·梅陇镇”项目打造成生活版的“万象城”，其最大的特色是新、奇、特
强调一种城市感	基于龙华是未来城市发展的一个必然方向，龙华提供的不应该是一种郊区式的生活，而应该是一个非常城市化的生活，项目开发强调一种城市感
技术美和人性美的和谐统一	项目开发主张技术美与人性美的和谐统一，在充分体现居住建筑在走向理性的同时，又注重对人性的全面关怀

（2）项目发展定位：打造成深圳主流人士的城市社区

龙华作为深圳白领置业安居首选的“后花园”，区域内聚集了深圳的行政、工商、科技人才，大量的白领阶层为龙华的地产发展提供了广阔的市场。另一方面，鉴于龙华现有的大多数楼盘均以园林规划为主卖点的市场特点，为了避免同质化现象，金地提出新型产品定位，力求将“金地·梅陇镇”打造成为超大型城市主流社区。

① 目标客户群定位：深圳年轻、主流并向上的力量人

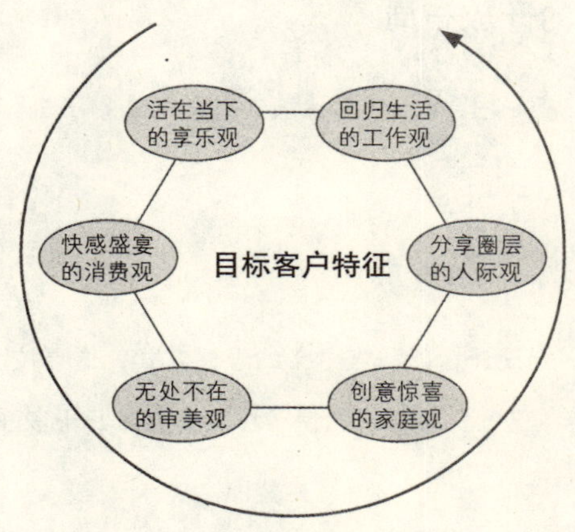

目前龙华的购房主体来自白领和中产阶层及部分投资客。鉴于对龙华市场的精准把握，“金地·梅陇镇”的目标客户群定位为深圳年轻、主流并向上的力量人群——20世纪70年代末、80年代初的城市未来一代。他们为年轻白领，有活力、有品位、有追求、并且对前途充满信心，有比别人长远的眼光。

根据目标客户群的特征以及定位，“金地·梅陇镇”的目标客户群比例为10%的高端客户、50%的中高端客户、40%的中端客户。

② 产品定位：超大型城市主流社区

根据对目标客户群的分析以及受宏观调控政策对户型面积限制的影响，金地一改往日打造高尚豪宅的手法，针对目标客户进行产品的量身定制，把“金地·梅陇镇”定位为超大型城市主流社区，作为中高档产品，项目一期以创新小户型产品为主。

5. 项目规划设计

（1）城市化的规划理念：简于形而精于心

“金地·梅陇镇”将居住与建筑的思考置身于区域发展的大背景之下，挑战常规，从提供城市化的生活角度出发，采取“简于形而精于心”的规划设计理念，大胆突破传统郊区住区设计的谨小慎微，以面向未来都市的姿态展开小区的规划设计。

（2）自由秩序的开放布局

12栋板楼（另有4期住宅1栋）全南北通透，呈闪电状，中央6栋高层单体点缀其中，拒绝了形式主义，形成自由布阵。

（3）德式建筑规划设计

项目采用德式建筑规划设计，以现代主义的理性方式，追寻技术美与人性美的和谐统一，以简约、洗练、纯粹的纯净主义风格，使居住者情感回归于宁静与自然。

（4）"T"台式景观规划设计

"金地·梅陇镇"地块高于周边环境6~8米，用地内也有1~3米的台地高差，是方圆区域的最高点，设计师利用这种地势的错落高差，规划丰富、流动的架空层与园林景观，同时与周边区域形成区隔，也将社区高高托起，形成"T"台式的独特景观。

景观规划设计

景观规划设计	具体细节
园林设计理念	① 尊重原生地貌："金地·梅陇镇"在景观设计中，对原有地形、地貌充分利用，结合地面起伏的台地与坡地进行简洁、流畅的设计，形成空间的趣味性和层次感； ② 以"人景互动"为原则：采用构架、廊道、雕塑小品等元素强调人的参与性、景观的可达性，将人和人的活动纳入景观体系
流动、丰富的园林景观设计	"金地·梅陇镇"的园林景观设计以时尚、前卫、阳光、健康、自然为总体风格。一期的生态园林分为太阳能的院子、纯净水的院子、叶绿素的院子和负离子的院子四大主题园林
园林景观细节	设有中央公园、组团庭院、派对架空层、都市气质的前广场、下沉式庭院、水立方泳池等园林景观

6. 项目建筑设计

项目建筑设计

项目建筑设计	具体细节
德式纯净主义建筑风格	德国wsp建筑设计公司在建筑设计上采用简约、纯粹的德式纯净主义风格，用直线条的造型突出简洁的线条
双外立面设计	① 采用“两层皮”外墙设计，即在常规外墙立面之外，再加上一层非结构要求的着色载体； ② 在功能上，可活动式的装饰类百页具有遮阳、节能、环保、降低噪声等功效，同时起到保护建筑物内部构造的效果，并且能更有效地保证住户的私密性； ③ 在外观上，色彩鲜艳、出挑，富有变化，极具视觉震撼力
样板楼设计	金地集团在“金地·梅陇镇”建造了深圳第二个、龙华第一个样板楼。项目在地块动工之初，预先按1：1比例在地块南侧，靠“世纪春城”一侧建设了样板楼，方便设计师和工程师实地体察和推敲外部形态和内部空间，现场模拟生活实际需求，从而对全面施工开展提前检验与改进

（1）科技建筑元素的运用

“金地·梅陇镇”在产品创新上体现了循环经济的概念，运用新工艺、新材质，采用了节能的无机房及小机房电梯产品、LOW－E低辐射中空玻璃、住宅新风系统，在建筑的节能方面有突出的特色。

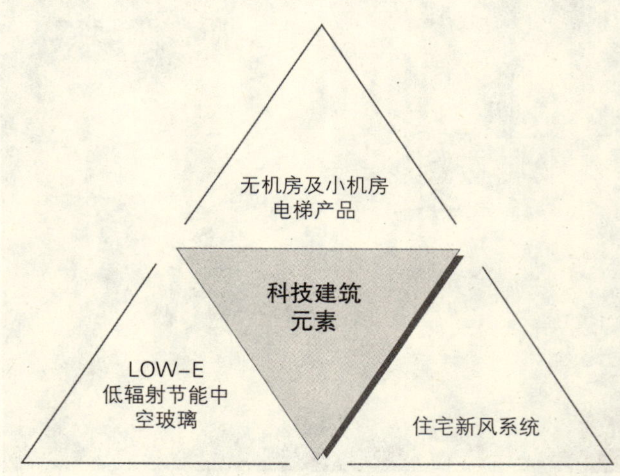

“金地·梅陇镇”采用“简于形而精于心”的规划设计理念，突破传统郊区住区设计的谨小慎微。

（2）建筑技术细节处理

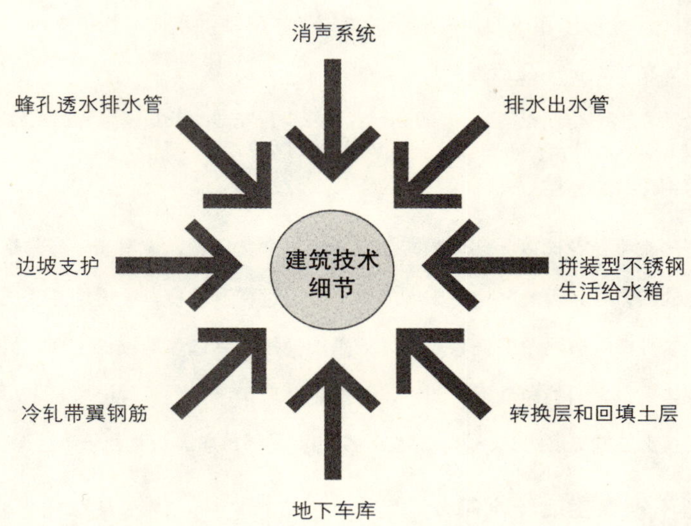

① 边坡支护

由于场地落差大，因此边坡及支护结构较多，其中有重力式挡土墙、土钉墙、岩土锚杆支护等三种。此外，大跨度板都大量采用预应力或非预应力多孔板结构，提供了绝对的精度。

② 冷轧带翼钢筋

康平星萌科技生产的节能新品冷轧带翼钢筋，经过对螺纹钢的改进，增加了附着力、改善了施工便利性、大大提高了抗拉强度。这种产品目前在深圳的小区建设中应用较少，只在体育馆、地铁等场合应用较多。

+关注

项目沿梅龙路和民安路南北布置了1.2万平方米的三大主题时尚街区：时尚、生活、美食分布罗列，形成台阶式沿街商业。

③ 地下车库

每栋楼的地下车库都是连通的，类似于“华侨城”的地下车库。这种做法可以通过地下车库，实现不同楼体之间的交通通畅。

地下车库实现了自然采光和通风，在架空平台以及平台花园处都开了巨大的车库通风孔。

④ 转换层和回填土层

地下车库与架空平台花园以上部分的转换层设计得非常巧妙，没有像一般常规项目那样将其设计成骤变的四方柱，而是将地下车库的大方柱通过梯形转换，缓慢地转变成架空平台上较小的方柱。这种做法有两个好处，一个好处是转换柱不会过多地侵占空间，另外一个好处就是梯形转换与平台之间的角度不是90°，而是超过100°，增强了防渗漏的功能。

架空平台回填土层的高度达1.08米，这个厚度加上局部再增厚，有利于小区绿化。

⑤ 拼装型不锈钢生活给水箱

“金地·梅陇镇”的给水箱没有设计在楼顶而是设计在地下室，因为设计在楼顶水质受污染的面就大。生活和消防水池都在地下室，这一点与“红树西岸”是一样的。

同时与一般小区采用混凝土水池不同的是，“金地·梅陇镇”生活水调节水池由拼装型不锈钢水箱组成，永远也不生锈，保证水质不受二度污染。

同时，两组变频调速泵供给中高楼层饮用水，另外，在变频泵的基础上，辅以减压阀细分区域，保证各楼层压力平衡，供水压力平稳，不会出现各个楼层压力各不相同的情况。

⑥ 排水出水管

“金地·梅陇镇”将所有的排水出户管设置在地下室顶板覆土层内，基本不进入地下车库，未来的车库将是相当整洁的。

⑦ 消声系统

“金地·梅陇镇”的高温排烟风机选用了带消声外壳的风机，在进入机房这一段区域安装了消声器。同时，排烟机房在内墙上也做了吸声处理。各类水泵止回阀均采用消声止回阀、水泵基础加隔振垫等，以减少噪声。

排水管穿过墙板时都加了橡胶套管，即使有所振动也能够降低到最低限度。而已经运到现场的屋顶排气风机，均设置了机房消声、箱式吸声和消声器，并且机房（包括电梯）都采用隔声门，贴有吸声材料。

⑧ 蜂孔透水排水管

经过加工的排水管，表面布满了密集小孔。密集孔保证土中的水能够迅速渗漏到管中然后疏散到雨水系统中，而可渗透式玻璃纤维则避免泥土混入管内发生堵塞。

（3）创意户型设计

户型设计

户型设计	具体内容
创意理念	① 理念一：以客厅为动静分界线； ② 理念二：以生态建筑学为原则
设计亮点	① 亮点一：赠送挑高露台和入户花园； ② 亮点二：赠送大面积凸窗； ③ 亮点三：采光、通风、私密性良好； ④ 亮点四：户型设计均好性强； ⑤ 亮点五：次卧设计舒适性较强

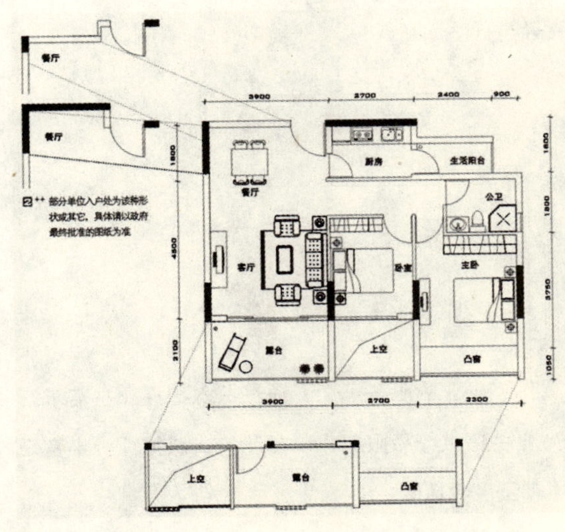

两房特点：

① 客厅、卧室全部朝南，采光通风极佳；
② 2.1米进深双层挑高露台，作室内的情趣大秀场；
③ 厨卫布局合理，方便装修；
④ 户型方正，合理动静分区，布局紧凑

建筑面积：71.17~77.83m^2
套内面积：58.04~64.49m^2

7. 项目配套设施及服务

（1）三大主题时尚街区

主题时尚街区

三大主题时尚街区	细节描述
商业街：T-street	整个商业街总面积4800m²，共66间独立街铺，由三个别具特色的小广场围合而成，体验式商业店铺分布错落有致，商铺具有超高层高，使用率高，店铺面积以28~70m²为主，尺度合宜
凸凹有致的内广场	突破传统的大社区商业手法，采用廊式多“U”形街铺布局，自然形成多个凸凹有致的内广场，增加街区的都市风情
庭院内街	商业街有节奏地设置多处休憩庭院，另外为方便携带孩子的家长们购物，还特别设置“小人国”，并提供儿童托管服务

（2）WI-FI时尚综合性会馆

“金地·梅陇镇”设置深圳首个WI-FI时尚综合性会馆，集运动、休闲、聚会、娱乐多项功能于一体，并且安排有新潮玩家的六大时尚阵势，具体表现如下：

——传讯囊：数码奇幻能量场，WI-FI无线上网；

——时尚主场：攀岩、击剑、斯诺克等多种活动形式；

——创意厨房：营造愉快的厨房心情，这是一门创作的艺术；

——歌房影院：BAND房、HI-FI、影院系统；

——健身瑜珈：定期健身计划，瑜珈全攻略；

——咖啡或酒：时尚的休闲生活方式。

（3）人性化的物管服务

金地物业以“精品服务、真情关爱”作为企业的服务理念，通过深入把握业主需求，将专业化管理和人性化服务有机结合，为业主提供精品服务；以真诚的情感关怀，丰富现代物业管理内涵，为业主打造温馨和美的家园生活环境。

物管服务

物管服务	具体措施
量身定做	金地根据项目特点、业主构成、人文地理、社会环境等特点，将业主群体从服务需求的角度进行细分，为业主量身定做出最符合需求的服务产品，并全力满足部分业主个性化的服务需求
放心家园	以退伍军人为主体并经过职业化培训的保安队伍、网络型岗位布点、24小时不间断巡逻、可视监控及红外报警系统以及友好而严格的来访确认程序保卫小区的安定
干扰极小化	金地最大限度减少对业主工作、生活的干扰，物管服务尽可能避开业主活动的高峰时间，避免业主看到、听到服务过程，却每时每刻都能感受到金地高品质物管服务效果
无间断服务	推行"一周7天工作制"和"24小时值班制度"，并把周末的两天作为重点服务时间，形成系统的"7×24"服务模式，所有的职能一年365天随时都处于运行或待命状态，有效地解决和满足业主全方面需求

8. 项目营销推广策略

（1）特色广告牌——"代言城市未来"

2006年12月，首块入市广告牌——"代言城市未来"在滨河路、梅林关、体育馆等六处深圳主要区段全线问世，该广告牌展示出"金地·梅陇镇"独有的项目形象和主题定位。

（2）开通短信互动平台——探索地产营销新通路

手机短信作为"第五媒体"，以其投入成本低、参与互动性强等优势在媒体推广中占据了越来越重要的地位。特别是对于年轻的目标客户群体来说，他们大多是"拇指一族"，短信互动是他们喜闻乐见的参与形式。为了契合目标客户群的行为习惯，同时在营销渠道上做出新的探索和尝试，金地正式开通了"梅陇镇"项目短信互动平台。这一领行业风气之先的互动平台的使用，在项目的推广、客户积累、客户互动等方面发挥了重要作用。

（3）2006年最新积分奖励计划方案

为了更好地宣传集团在深圳开发的项目，2006年金地集团启动针对“金地·家天下”全体会员的最新积分奖励计划方案。

会员级别和奖励兑付

会员级别	积分数	奖品设置
钻石会员	3000分	① 获赠3000元的礼品； ② 获赠全年《金地月刊》； ③ 获邀作为嘉宾，参加金地新年晚会或其他文化活动
白金会员	2000分	① 获赠价值2000元的礼品； ② 获赠全年《金地月刊》； ③ 获邀作为嘉宾参加金地文化活动
	1500分	① 获赠价值1500元的礼品； ② 获赠全年《金地月刊》； ③ 获邀作为嘉宾参加金地文化活动
	1500分	① 获赠价值1000元的礼品； ② 获赠“金地·家天下”纪念品一份
普通会员	500分	① 获赠价值500元的礼品； ② 获赠“金地·家天下”纪念品一份
	200分	获赠“金地·家天下”纪念品一份

（4）项目营销推广活动

经过长达三个月的前期探讨和筹备，“金地·梅陇镇”作为金地深圳地产公司2006年度开场大戏正式上演，一系列推广活动也就此拉开序幕。

关注

“梅陇镇”一向以“代言城市未来”的特有形象为人们所关注。它所举办的活动旨在培养“梅陇镇”特有的社区文化，形成良好的文化氛围。

二、营销策划：“金地·香蜜山”营销实操档案

1.“金地·香蜜山”项目概况

项目概况

项目名称	金地·香蜜山
占地面积	78679m²
建筑面积	169860m²
产品结构	18层一梯三户板式单位为主，辅以部分24~33层高层单位
建筑密度	15%
项目地址	香蜜路与侨香路交汇处
发 展 商	金地集团深圳地产公司
代 理 商	金地置业顾问有限公司
物业公司	金地物业管理有限公司

“金地·香蜜山”在城市的中央，在香蜜湖高尚居住已成气候的格局下，把香蜜湖居住带入了一个纯粹的山居生活的境界，使居住真正成为舒适的体验。

舒适居住体验首先体现在院落之中，“金地·香蜜山”强调的院落在实质上提倡建筑与人、人与人的沟通、融合。小区园林环境充满自然、山地特色，并建有市政配套的网球中心及体育会馆。

2.“金地·香蜜山”所面对的营销环境

（1）项目区域的优势：属于高尚居住区

“金地·香蜜山”位于深圳市香蜜湖板块，而香蜜湖区经过全面的开发已经形成了城市中心成熟的居住区域，现属于高尚居住区。

从当地政府的规划来看，香蜜湖区属于高定位区域，周边的三大板块分别为城市未来的大型生活区、居住区和旅游区。整片区域大部分都是高尚住宅区，没有零散的民居和厂房，安全、安静的生活环境比较适合居住，而且建于香蜜湖区的住宅区既能享受到城市中心高标准的配套设施，又可以享受本区域独有的山景和湖景资源，其生态居住价值远远高于城市中钢筋水泥式居住价值。

从区域的文化氛围来看，早期进入香蜜湖区的住宅为城市的顶级豪宅，吸引了大量的私营业主、政府高级管理人员、金融行业的中高层管理者，形成了新兴高收入者的集中居住区域，被誉为“城市精英的栖息地”。

(2)项目竞争对手分析：推盘数量不大，更注重品质

① 香蜜湖区总体供应量分析

2003年，香蜜湖区新推楼盘的规模普遍较大，各个项目的总建筑面积都超过10万平方米，甚至有些项目的占地面积超过20万平方米，预示着香蜜湖区的楼盘进入规模化的竞争时代。与市区或者郊区大盘不同，香蜜湖区的推盘量虽然很大，但数量却不是很多，原因是高尚居住区的质量控制比较好，而且开发企业有一个共同点，那就是品牌企业并具有良好的口碑。

香蜜湖区楼盘概况

楼盘名称	占地面积（m^2）	总建筑面积（m^2）	总户数（户）	容积率
翠湖画苑	43000	100000	567	2.3
中旅国际	300000	一期120000	一期548	1.8
水亭苑	250000	350000	1233	1.4
龙垣	120000	140000	735	1.2
梅绿苑	54000	150000	268	3.5
水岸星洲	16000	100000	469	6.3

② 香蜜湖区项目的户型供给情况

大部分楼盘采用板式结构，形成进深小、采光面大、通风好的南北通透格局的大户型住宅，它们具有几个方面的共同点：

——层高都在3米以上，有利于安装中央空调；

——都为二梯二户和二梯三户的设计；

——普遍有超大的观景窗或者观景阳台的设计；

——大户型普遍采取赠送露台的销售方式；

——普遍注重细节的处理，设置工作阳台、花池、一步阳台等功能面积。

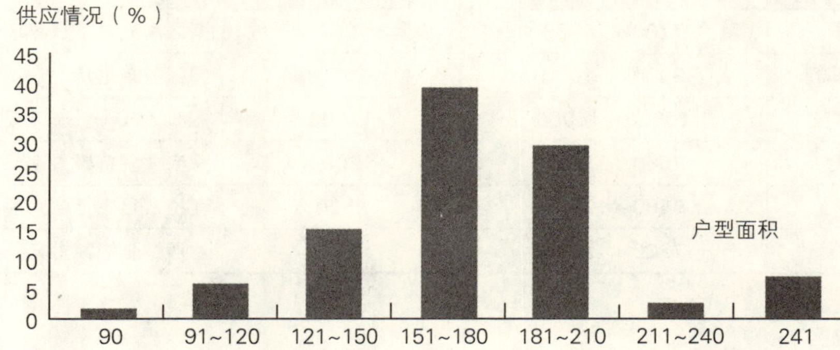

ATTENTION

从香蜜湖区的户型供给情况来看，面积在150~210平方米之间的大户型占了总供应量的60%，形成香蜜湖区高尚社区素质的居住环境。

③ 香蜜湖区项目价格与定位分析

香蜜湖区的销售价格差别较大，最低价格为7500元/平方米，最高价格为15000元/平方米。价格差异的形成有两个方面的原因：

——低价格的项目普遍位于湖区的外围，自然景观资源比较少，交通等生活配套设施也比较少，导致价格没有什么上升空间；

——一些项目为了追求容积率，高层住宅的密度比较大，项目自身的园林景观比较少，其所吸引到的客户购买力有限。

香蜜湖区楼盘价格情况

楼盘名称	售价范围（元/m²）	均价（元/m²）	物业定位
翠湖画苑	7700～14000	7300	湖区高尚生活社区
中旅国际	8000～11000	8200	国际公馆生活
水亭苑	10000～15000	12000	丽质天成、气质天成
龙垣	8500～22000	13000	深宅大院尊崇人家
梅绿苑	7480～12888	8500	优裕富足生活的写照
水岸星洲	7800～12000	7500	生活主张极简主义

（3）项目区位分析：在未来的城市改造中将有很大的升值潜力

——香蜜湖区处于整个城市中心区以及边缘的用地范围中，区位价值比较高；

——“金地·香蜜山”从属于高尚社区，但城市快速路的设置影响了湖区边缘的部分自然景观；

——快速路虽然增加公交的便捷性，增大了项目的辐射范围，但其所带来的噪声、灰尘等都是不利于居住的负面因素，降低了地块的居住价值；

——香蜜湖区配套设施的发展主要依托于发展商的资金投入，而大区域各类型配套设施的发展更依赖于旅游产业的带动；

——项目所在香蜜湖区的高楼住宅形象已经确立，但项目所处板块的市场形象还有待拔高；

——项目所在的片区在将来能够受益于城市中心区高标准的公共配套设施；

——未来的城市立交桥及城市道路的扩建，将缓解交通压力，分散片区的车流。

3.“金地·香蜜山”的定位

由于香蜜湖区建设的相对独立，导致湖区的居住距离比较大，特别是项目与项目之间，没有形成与香蜜湖区高尚形象所搭配的交流共享地带，没有形成与之相对应的高尚的居住氛围和气质，“金地·香蜜山”将改变香蜜湖区的现有劣势。

（1）目标客户群定位：年收入在30万元以上的中产阶级

城市高尚住宅的建立吸引了大量的城市贵族来置业，也同样吸引着城市高薪行业中的中高层管理者，然而，相对的劣势却导致本项目没有十足的竞争力去争夺金字塔尖端客户群，因为“金地·香蜜山”的容积率相对较高，而且没有完全占据一线湖区的景观，所以，项目放弃抢占高端市场的想法，转而定位中偏高项目档次的路线，这是目前整个湖区的一个空白点，本案的目标客户群是那些收入中偏高，向往香蜜湖区生活，却没有找到相应产品的客户。这些客户的进取心比较强，本产品设计中更为注重人本主义关怀，在营销推广阶段将更为注意把握这类型客户的气质和特征。

① 目标客户的外在特征

目标客户的外在特征

外在特征	具体细节
目标客户的年龄构成	实际年龄为30~45岁之间，工作年限在10~25年左右
教育背景	① 一部分人受过良好的教育，教育和阅历的融合让他们对人生、生活和工作的认知都能够不断达到一个新的高度； ② 另一部分人没有受过太多的教育，但是有丰富的人生经历和阅历，他们见多识广，经济地位的提高使他们的社会地位不断提高，沉淀了较高的价值认知和思想
选择的生活方式	① 拥有一个效益较好的企业的中高管理层的职位，过着高贵而相对简单的生活； ② 富有强烈的创业精神，把前期获取的财富当做创业起家的资本，在创业的过程中获取更为丰富的人生阅历或财富； ③ 几经创业的坎坷的中高层管理者，对得失看得很淡，不愿意生活波动过大，进入一个自己比较熟悉的行业获取一份较为稳定的收入
行业分布	① 国家垄断行业的中高层管理者，如海关、通信、民航、银行、水电、政府机关的管理者； ② 国家政策引导行业的中高层管理者，如贸易、金融证券、信息、高科技、房地产行业管理者

② 目标客户的内在特征

目标客户偏好：气质内敛，注重细节，注重健康，注重材质，欣赏纯粹，向往完美，注重生活情趣和内在品位。

对这群客户而言，他们对产品细节的要求是他们保证生活品质的基本需求；但是他们还需要情感上的满足，这虽然不是他们买房的标准，但却是能够打动他们的要素，表现在对住宅的审视上，他们有着一些精神寄托。

这些客户的人生经历非常丰富，不会轻易地被一些细节打动，他们的感动通常是藏在内心的；对居住布景方式，他们会带着丰富的阅历和经验去审视建筑的细节、建筑的色彩、服务的质量、生活的邻居、社区的氛围。

（2）产品定位：找到人工与自然、山体和建筑的平衡点

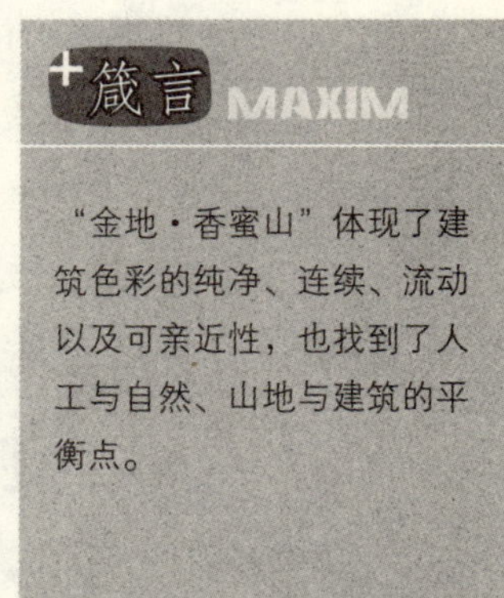

① 总体规划

——营造山地生活感受和独特院落空间，通过建筑形成的人工网络控制山地形成的无序错落空间，以建筑的围合形成丰富的趣味空间和交通组织方式，而地下车库部分作为台地半掩在山腰之中；

——在空间的渗透中关注景观的变化以及人的体验，通过景观塑造的方式，应用私密空间、半私密空间、社区公共空间、城市公共空间中的建筑、空间尺度、景观等元素构建社区；

——力图营造一个纯净的建筑和空间，一个只有自然元素和光影流动的空间，这里强调秩序性、穿透性、连续性以及可识别性、色彩的纯净、建筑的可亲近性；

——良好的东南向建筑保证了良好的通风、采光以及日照；

——网球中心、会所和小区的合理尺度、网球中心公园全部面向城市开放，为湖区居民提供一个广阔的沟通、交流平台；

——人车分流的道路规划，车行系统呈环状内敛、步行系统呈线性枝状分散，互不干扰。

② 建筑规划及特色

——"金地·香蜜山"体现了建筑色彩的纯净、连续、流动以及可亲近性；

——在建筑规划中，内置式的通高庭院式阳台、玻璃砖墙、大面积落地窗等建筑设计可能将室外的自然光影和景致最大限度地引进室内空间；

——建筑中纯净的灰色可以塑造出建筑醇厚的质感；

——良好的户型设计、通高花园、大阳台、入户花园等空间特色是私有景观，而观光电梯、生态大堂等则是项目共有的景观；

——采用微孔多室消声通风降噪窗、LOW-E玻璃等绿色环保建材。

③ 景观设计

从“以人为本”出发，考虑建筑和景观的协调问题，首先要了解居住在室内的人期望的景观是什么样的，注重将室外景观引入室内，达到居住在画中的效果；另外要把建筑设计作为景观的一部分，使它同树木、水景一同构成富有层次的景观效果，相互呼应。

有秩序的建筑在山体不同标高的平面形成错落的空间，组成院落，因为落差不同的台地具有较强的可识别性，从存在主义的观点看，可识别的空间也使得人们对存在感受到确定性。

在造园艺术上体现同一个元素在不同审美层面上的丰富，通过风、光、水、石、色为主体的庭院在造园手法上的不同运用，让人们从不同的角度、不同的审美层面上去感受这些自然原色。

④ 配套设施的建设

在风景优美的公园建设网球中心，包括七个高档的网球场、一个网球中心、相应的网球器具专卖店、高级餐厅、多功能室内运动馆、高档娱乐休闲餐厅等。另外小区内还设有商业会所配套、无边界泳池、瑜珈房、泡汤池、小型商业街等。

（3）销售价格定位：均价为8000元/平方米

香蜜湖区是城市四个高尚住宅区之一，客房群体层面比较接近，价格互相影响，因此，“金地·香蜜山”采用市场比较法，运用平均权重市场定价法和速度权重定价法来制定项目的价格。

根据项目调查研究后可以看出，无论选择什么样的方法，选择什么样的楼盘做比较，用平均权重定价法计算得来的价格都集中在7950元/平方米左右，销售速度为每期36套左右；采用速度权重定价法来计算，楼盘的价格集中在8000元/平方米左右，销售速度为每月45套左右。

从整个市场来看，定价在7800元/平方米以上的楼盘，客房对噪声、景观资源以及容积率都没有优势，但项目本身的品质、配套和企业品牌会对价格提升起到很大的作用，优劣势相互抵消后，项目的总体销售均价定为8000元/平方米。

（4）推广主题定位：山居院落，寻找记忆中的生活

综合产品及目标客户的精神追求，可以看出，场景和策划能够为他们营造一个与自然交流的自由的精神世界。

重点突出部分：将院落的元素放大，使客户形成那样的心境，进入他们的精神世界以及记忆中的生活，所以，主题的精粹是：山居院落，寻找记忆中的生活。

4."金地·香蜜山"营销策略

——市场分析：分析宏观市场、中观市场、微观市场；

——客户群分析：了解客户希望得到怎样的产品、喜欢居住在什么区域、能够承受多高的价格；

——项目资源分析：梳理项目的优势、劣势、机会、威胁；

——风险考虑：如何应对市场风险、项目风险；

——市场定位：制定怎样的产品定位、营销定位；

——总体推广思路：采取怎样的外推产品、内推服务手段；

——具体营销策略：制定品牌策略、媒体策略、资源策略、入市策略、推盘策略、价格策略、销售策略、公关策略。

+关注

项目提出"以产品的宣传奠定项目形象，以网球新闻和活动提升社会价值"作为"金地·香蜜山"的总体推广思路，通过"动静结合，虚实响应"的手法来完成。

（1）卖点整合策略

任何的营销概念和观点必须在其产品上找到强有力的支撑，否则这个概念对项目的作用不是支撑，而是潜在的威胁。对产品卖点的挖掘是工作的一个部分，一旦面对市场推广，必须进行卖点整合，达到以小见大的效果。根据十大主要卖点，按照其对项目的重要性排列：

项目卖点整合

十大卖点	具体内容
卖点一：繁华之中，幽静之地	地处香蜜湖区高尚居住区，居山面水、资源稀缺、交通便捷，出则繁华、入则自然
卖点二：山居生活，天人合一	拥有惟一原生态山野公园的1000m^{2}的无边界泳池，山水错落交融，居山面水，负阴抱阳
卖点三：网球公园，健康PARTY	拥有香蜜湖区惟一的高标准、高配置、大规模的网球运动场馆、主题运动公园、情景餐厅、高雅社交场所
卖点四：低容积率，安于自然	城市中心少有的2.53的低容积率、低密度住宅
卖点五：专业之道，惟精惟一	传承专业地产上市公司的文化，成功实现坡地文化高尚社区的开发战略，打造新产品主义、有机建筑理念和空间的场所精神
卖点六：精英荟萃，文化社区	专业人士、政企白领等中产阶级云集之地
卖点七：上风上水，城市尽揽	独享景观第一高地，远眺现代繁华城市天际线壮丽画卷，上风上水，高华锋芒而不显露
卖点八：变幻空间，情趣领地	完美结合自然与人文优势，顺山而建，户型全部东南向，众多特色情趣户型，带来享受丰富的视觉感受和场景变幻的优雅情趣
卖点九：强强联手，精品制造	整合规划、建筑、结构、景观、开发、营销、物管各大资源，体现对居住文化的独到见解，人性化的空间、高品质的产品性能与设计、全方位的客房服务体系，全面体验居住的品质、享受生活的乐趣
卖点十：个性服务，私人管家	聘请全国著名的物管企业，进行人性化的个性服务和专业化营销

（2）项目推广策略

静态的推广方法是通过媒体，主要以消息、专题、访谈和产品分析等方式，对产品的各个方面进行深入宣传报道。动态的推广办法主要是利用网球新闻、网球比赛和网球推广来吸引社会关注，并由此提高"金地·香蜜山"的社会影响，提升项目的社会价值。

在项目的总体推广策略上，以"外推品质，内推服务"的方式，奠定项目城市山地住宅的典范形象，以专业服务提升项目价值。

① 外推品质：注重有机建筑、场所精神、空间体验

目标——树立城市山地住宅典范形象；

过程——建筑艺术展示，包括设计艺术、空间艺术、建造艺术；

内容——产品的推广不能单说自然、生态，这两个词已经不能成为其独特的概念，而是宣传过渡的词汇，要通过其他方式来达到目的，例如高尔夫社区、骑马社区、航海社区等主题社区。

尊重地块原有生态环境，采用组团方式，留出大面积的原生态空间作为主题活动场所使用，对自然环境有较好的保护。

采用统一规划设计，在建筑户型、色彩、材料、公众形象、标识等方面高度统一。混合使用不同户型的建筑和不同密度的建筑。根据地形采用弯曲的内部街道，增加趣味性和人情味。

② 内推服务：通过服务提高产品附加值

金地集团充分运用香蜜湖区项目本身具备的各种资源，通过内外部资源的整合，拓宽客户服务领域，延伸客户服务的长度，提高服务质量和效率，从购房到生活服务的各个环节，提供全面、专业化的服务，通过服务提高产品附加值。

由开发商牵头，整合销售代理、物业公司、网球俱乐部、品牌装修设计公司、施工公司、品牌供应商、生活便利超市等资源，成立"金地·香蜜山"客户服务中心，通过售后服务专员、置业顾问、家居设计美化顾问、健康服务专员、物业服务专员、生活服务专员六个专业服务窗口对客户采取"一对一"的贴身服务，通过这些窗口再整合更多的资源，形成金字塔形服务体系，为客户提供更广泛和更便利的服务。该服务被称之为"面对面工程"或者"六个一服务工程"。

（3）品牌整合策略：提升项目的社会地位，深化产品的价值

“金地香蜜山”的社会价值（项目对城市建设的贡献）主要体现在发展商的专业开发能力、优秀的产品表现、开发企业积极参与城市公共设施建设的社会责任感上。“金地·香蜜山”的项目品牌建立在其社会价值的基础之上，由其社会价值引领其产品价值，利用金地开发战略，在“新产品主义”理念的支持下，形成“金地·香蜜山”城市山地住宅典范形象，然后通过产品的品质体现客户的价值，即客户在“金地·香蜜山”独特的企业文化价值体验。

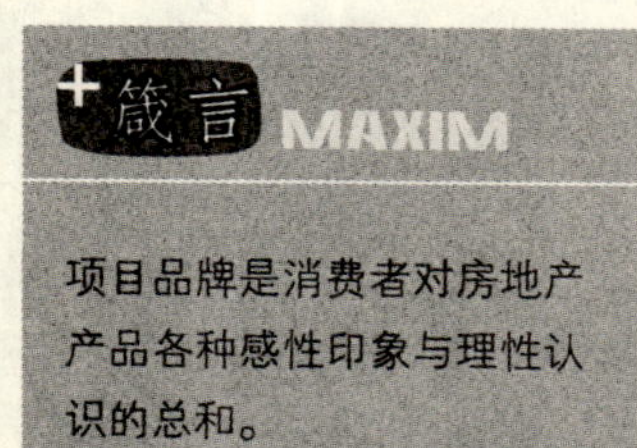

① 企业品牌

企业品牌的社会形象：铸造精品的开发理念，保持诚信服务的商业心态，追求恒久价值的专业技能，心怀高远的发展视野。

企业项目的发展战略转移：从纯“海文化”的高尚住宅社区，成功转向开发“山地复合”住宅，体现企业努力挖掘消费者需求，顺应行业发展趋势的开放性思想。

项目对“新产品主义”的理解：“新产品主义”已经不局限于传统的“产品主义”，即有形的物理产品和无形的服务，它还包括共同的社会行为、观念和思想。以往的产品概念具有不全面的地方，过于强调了发展商的层面。

“金地·香蜜山”的“新产品主义”认为：成熟的房地产产品具有了三种形态：有形的建筑产品、无形的客户服务、发展商和业主共同的社会行为和价值观。而社会行为和价值观则是金地“新产品主义”的特殊贡献，它是由最终的客户群和发展商共同来完成的。从最初发展商对产品的可存在的市场进行细分，准确找到目标客户群，并根据目标客户

群的消费水平、生活方式、口味及修养量身定做，同时在以后的居住中共同营造有品质的社区生活，这是一种独特的企业文化价值体验。

② 企业品牌对项目品牌的支撑

企业品牌是建立在众多项目品牌基础之上的，反过来企业品牌又促使消费者在看项目的时候，在感性的认识上产生先入为主的意识，这是受消费者对品牌的忠诚度影响的。有人说："首次购房选功能，二次置业买品牌"，品牌的认可包括了客户对企业开发能力、服务能力的全面信任。

③ 建立项目的CIS系统

项目的CIS系统

CIS系统	内容诠释
MI系统（理念识别系统）	项目最高的理念识别系统即价值观，包括项目开发理念、规划设计理念、精品制造理念等，它从宏观贯彻到产品细节中
BI系统（行为识别系统）	是为项目定制的客户服务体系，不仅仅是传统的销售服务和客户服务，更是一个全面的客户服务体系，通过整合各方资源，全面针对客户需求，其中最重点的当然还是销售力客户服务
VI系统（视觉识别系统）	是项目视觉识别的一切事物。如统一设计的项目名称、标志、平面和电视广告、现场包装、销售资料、DM及其他各种展示资料等

5. 媒体的整合策略

"金地·香蜜山"注重媒体资源的充分利用，主要通过目标客户群体对媒体的选择喜好来整合本项目的传播媒体，最大限度地展开围绕目标消费群的各种传播手段，强化媒体组合优势，具体体现在：

——紧紧围绕目标消费人群的爱好和行为取向选择媒体；

——注重传播过程实施的准确、到位、新颖；

——整合优势资源，坚持用"一个脑子"说话，即坚持推广思路和主题一以贯之；

——最大限度地展开围绕目标消费者的各种传播，强化媒体组合优势。

媒体传播方式

媒介传播方式	具体操作
平面广告	① 销售期以报纸媒体为主媒体，选择一种主流媒体和两种辅助媒体，做到主次分明、重点突出； ② 热销阶段考虑在《经理人》杂志、《企业家》杂志、《车友》杂志、《时尚》杂志等目标客户比较喜欢阅读的报刊杂志上进行辅助投放； ③ 广告宣传贯穿项目销售的全过程，在形象树立上以软文为主，强销期则以平面广告和软文共行的方式为主
电视广告	① 制作5秒、15秒概念性短片，有故事情节的可以形成系列，以香蜜湖区为背景，融入生活智慧，成为项目的一种标志； ② 项目蓄水期正好处在春节时期，市民以电视作为生活的重要内容，这个期间电视的收视率很高，故在此期间重点利用电视媒体； ③ 利用时段：春节期间重点利用
互联网	① 主要的房地产网站：搜房网、房地产信息网，为增加受众层面，还可以考虑在其他主流网站做广告，如新浪网； ② 利用时段：2003年12月介入推广，全程使用，及时传播项目信息
路牌、候车亭	① 销售前期，在形象建立和蓄水期重点使用； ② 利用时段：路牌广告贯穿于项目全程，随时更换阶段性主题，候车亭只需在项目大规模入市的2~3个月使用
电台广告	利用时段：在入市时和销售中结合促销活动事件来一同用
项目围墙展板	利用时段：项目施工期
DM直邮广告	在销售期间对目标消费群体采取有效的低成本推广手段，传统的DM用于主要投递目标区域，结合本项目目标客户定位，对DM的应用可能更多地用在对目标协会、俱乐部等社会团队的推广中，比如山姆会员店会员、网球协会会员、车会会员等

6.“金地·香蜜山”的价格策略

（1）定价基本原则

采用中开高走，小步隐形调整的整体价格策略：增加开盘的人气和成交率，制造旺销局面。由于工程因素，首批推出的单位位置景观各方面在项目品质上处中上位置，故入市开盘价格不宜过低，后期产品位置较弱的，以性价比为推售手段。

竞争性定价策略及性价比致胜原则：根据市场竞争结合销售状况，实施竞争性定价策略，面对激烈竞争，凭借比较优势制胜市场；结合市场竞争需要配合销售进度进行价格隐形调整。

（2）价格策略的执行部分

充分考虑整体市场价格走势及周边楼盘竞争状况，项目开盘均价定为8000元/平方米；

从聚集人气考虑同时均衡产品质量，内部认购推出单位均价定为7800元/平方米，开盘之后再小幅上调。

（3）付款方式及策略

付款方式

付款方式	具体策略
正常销售期的付款方式	① 公开发售当日签订认购书者享受额外1%的优惠； ② 公开发售一周内签订认购书者，诚意金可作双倍使用； ③ 公开发售半年内签订认购书者，有权参加日后举行的所有抽奖活动； ④ 内部认购落定并购房者，在公开发售一个月内推荐朋友购房成功，除享受品牌企业的积分奖励外，另获赠5000元购物卡； ⑤ 公开发售一个月内落定的客户享有一年的免息贷款
促销期的付款方式	① 公开发售当天当场落定的客户享有与内部认购客户同等待遇； ② 公开发售一个月内落定的客户享受半年免息贷款； ③ 老业主推荐新业主成功购房，老业主送一年管理费，业主送1000元购物卡； ④ 内部员工成功推荐客户购房者，客户享受1%的优惠，员工得1000元购物卡； ⑤ 公开发售一周内落定的所有客户送高尔夫或网球的练习券； ⑥ 所有购房客户的适龄儿童可免费进项目的网球学校学习一年
尾盘期的付款方式	① 买就送，如管理费、装修、家电等； ② 一口价，推出特价单位

7.“金地·香蜜山”的销售分期

箴言 MAXIM

企业品牌是立足于市场对企业各种感性印象和理性认识的总和。

（1）项目面市

时间：2003年11月初；

推广目的：项目形象导入；

推广主题：久违的自然，在城市复兴；

主要推广内容：有个新项目，天星园来了；

品牌宣传期时间：2003年11月~2003年12月30日；

推广目的：稳固公司品牌、开阔发展思路、实现战略转移、树立项目品牌；

主要推广内容：“金地·香蜜山”在主流报纸上以软性文章、企业领导人物专访为主，同时低调参加媒体宣传的片区慈善活动；

配合活动：企业战略研讨会、业主交流会；

主要运用媒体：路牌、报纸、媒体软文。

（2）蓄水期

时间：2004年1月1日~2004年2月29日；

推广目的：建立项目形象，树立品牌，推广价值观；

主要推广内容：媒体炒作“城市山居、网球生活”概念的重要性，介绍开发理念，树立项目价值观，探讨此种生活方式给当地生活模式带来的冲击，宣传其科学性、前瞻性，无论从精神上、生理上都带给业主健康与享受，刺激市场对项目的认同；

配合营销活动：开展健康住宅研讨会、山地建筑研讨会，发布组建网球俱乐部、网球学校信息，组织“家天下”会员活动，开发社区巡展、山姆会员店等商业场所巡展；

主要运用媒体：统一形象全面出击，路牌、报纸、电视、互联网、目标区域高密度候车亭广告。

（3）内部登记期

时间：2004年3月1日~2004年4月7日；

工程配合条件：前广场、会所、网球中心、游泳池完成，具备现场登记和展示条件；

主要推广内容：发布认购信息，全方位深化介绍项目的建筑理念、配套设施、建筑规划、建筑品质、社区文化、物业管理等，形成第一波认购高潮；

配合营销活动：内部认购登记、产品户型发布会、VIP客户预选房、健康住宅授牌、网球中心挂牌、网球学校挂牌、明星邀请赛；

主要运用媒体：报纸、电视、电台、路牌、金地"家天下"、DM、互联网、楼体条幅、路旗。

（4）公开发售期

时间：2004年4月3日、4日（周六、周日）；

工程配合条件：部分样板房、山体环境完成，取得预售许可证；

推广主题：公开发售；

主要推广内容：现场开放、现场展示、现场见证、创造第一个销售高潮，并利用本项目各种综合质素的优势，整合资源，通过种种推广手段组合，形成强大、持久的销售力；

配合营销活动：公开选房活动、网球系列邀请赛；

主要运用媒体：报纸、电视、电台、路牌、DM、金地"家天下"、互联网、路旗、条幅。

（5）强销期

时间：2004年4月5日~2004年5月31日

主要推广内容：强化项目卖点，集中式的强势推广，提升企业品牌，确立项目的市场形象，展开丰富多彩的现场活动，利用几次交易会掀起市场高潮；

主要运用媒体：报纸、电视、路牌、DM、条幅、春交会。

（6）平稳消化期

时间：2004年6月1日~2004年8月30日；

推广内容：根据销售情况，对滞销或保留单位有针对性地放大卖点，采取促销手段和优惠活动针对性地消化滞销或保留单位；

配合活动：网球赛事、销售现场促销活动；

主要运用媒体：报纸、路牌、DM、条幅、网络。

（7）尾盘期(二期铺垫)

时间：2004年9月1日~2005年9月30日；

推广内容：尾盘促销，二期上市铺垫；

主要推广手段：有针对性地促销，尤其加快对与二期产品有重合的产品进行消化；

主要运用媒体：报纸、电视、路牌、DM、条幅、网络。

8.“金地·香蜜山”的销售计划

（1）销售计划

销售计划

项目分期	一期	二期	三期
销售时段	2004年3月~2004年9月	2004年10月~2005年4月	2005年5月~2005年12月
销售周期（月）	7	7	8
主推房源（号）	2、5、6、8、9	1、3、7、10	11、12、13、15
栋数（栋）	5	4	4
推盘量（套）	约418	约389套	约438套
推盘面积（m^2）	约5.7万	约5万	约5.9万
推盘量比例（%）	34	31	35

（2）销售费用的预算

① 销售任务

总建筑面积：169860平方米

其中：住宅可售面积164660平方米（包括网球公寓）

商业配套面积：5200平方米

可租可售面积：2770平方米（其余为网球室内场地）

销售均价：住宅按8000元/平方米计算

商业价格：按20000元/平方米计算

② 市场推广费用参考

市场推广费用参考

项目	营销费（万元）	销售率（%）	销售周期	备　注
中旅国际	约5500	80	9 个月	不包括样板房、售楼处、现场管理费和代理佣金
龙垣	计划5000	50	蓄水一年，开盘5 个月	包括样板房和售楼处
水岸星洲	约5000	89	19 个月	包括售楼处和样板房
泊岸森林	约5000	96	18 个月	售楼处和样板房费用约1000万元
梅绿苑	计划总费用5000，但一期已超过	60	7 个月	纯推广费用

③ 本项目推广费率

考虑市场因素，参照公司自身情况和项目情况，制定如下推广费率：

项目整体营销费率按总销售额的3.5%计算，其中不包括销售中心和样板房费用；

住宅总营销费用为5269万元，其中一期费用为1842万元，二期费用为1400万元，三期费用为2027万元；

商业部分参考售价按3.5%费率计算，则费用约为194万元；

本项目营销费用合计约5463万元。

④ 推广费用范围界定

推广费用范围

费用界定要素	具体内容
媒介广告	报纸、电视、杂志、广播、互联网、DM直邮
广告设施及发布	路牌广告、车站广告、路牌等
现场包装促销活动	专为促销而实施的现场环境工程改造，用彩旗、气球、条幅、花架、花篮、花盆、喷绘等元素布置活动场所
宣传资料	售楼书、宣传单张、项目专刊费用
现场办公设备	饮水机、家具、办公设备等
销售模型	设计与制作费
展销费	展位费、设计费、制作费等
中介费	代理销售佣金
销售现场管理费	现场水电费、保安保洁人工费、售楼处样板房维护费
其他	其他与销售直接相关费用

Profound reflection

本节思考

"金地·香蜜山"产品设计的突出特点是什么？

凌克谈企业文化

我们非常强调核心的价值观，人或企业一定要用心做事、诚信为人，要专精致道，要不断的推广，使我们北京公司的同事也要有这样的思想，所以企业文化的统一是非常重要的。之前我们推出了金地公司或者金地公司员工的行为道德规范，大家应该怎样做人做事，统一企业的基础价值观。我们推出的行为道德规范，金地公司自己取了一个名字叫"金地之道"。

第二课：企业发展的五大挑战

第一大挑战：怎样才能实现企业的长远增长

任何企业家最梦寐以求的事情，就是企业得到长远增长。长远增长是一件非常困难的事情。从企业本身的角度出发，长远增长就意味着现金流越来越大，越来越稳。企业内部的产业之间，构成一个增长的序列，前一个产业的增长将到尽头，另外一个产业的成长期乃至于青春期才刚刚开始，企业的增长就是在这样一连串的波动当中逐渐地走向成熟的。

第二大挑战：如何找准企业发展的方向

这里，涉及在中国争论了很多年的一个问题：专业化还是多元化？

在监管、法律环境、市场秩序等方面还未达到一个高度之前，多元化企业的影响力要大得多，它像八爪鱼一样延伸到经济生活的各个领域，如果企业有足够的组织智商来汇集、理解这些领域里资讯的话，其适应性会远远超出专业化生存空间。

第三大挑战：如何建立竞争优势

长期竞争优势是企业发出一连串攻击波形成的，也包括一些短期优势的叠加。短期的竞争优势，是企业所做的一连串的利于企业发展的零散活动，而这一连串的活动，构成了企业在一个较长时间里的竞争优势。

这种是核心竞争力也可以说是企业的组织智商，即这个企业可以聪明地从周边的商业环境里面汲取能量，构筑它的优势。

第四大挑战：怎样确定企业和外部的最佳实践

怎样把一些最佳的管理实践应用到整个企业里面去，使企业管理呈现出全新的面貌，也是挑战之一。根本意义上讲，企业内部管理并不存在最佳的做法，只存在最适当的做法：这种做法里面含有一种文化的意味。

董事长还要思考这样一些最佳的管理实践，是否存在管理上的象征意义。如果这样一些管理实践里面有某种象征意义的话，那么可以肯定，它一定是企业要推广的最佳管理实践。同时还要思考，这样一些所谓的最佳管理实践传播开来以后，会不会冲击甚至动摇企业原先的管理，如果答案是肯定的话，那么这样一些推广，就要三思而后行。

第五大挑战：如何在既定市场中胜出

现实中，最根本的一个挑战就是如何在既定市场中胜出，如何把现有的产品更好地销售给现有消费者，换回更多的现金，这是企业家面对的最基本挑战。

想从现有市场胜出的话，事实上董事长面临的现实问题是："你的企业执行能力强吗？你的企业能把你的一些想法、一些设想、一些方案执行出来，并可以从执行当中获得现金吗？另外，你的企业可以在把既定目标和计划实施出来的同时，培养内部更好的人力资源吗？如果答案是肯定的，那么董事长就有把握在既定市场胜出。

Commercial and famous sayings
商业领袖会客厅

怎样才能成为一个有创新能力的决策者

首先应该抛弃那些长久以来统治商业领域的原则和教条。另外是应对自身要有更深刻的了解和认识。再者是要了解那些能够被用来改变整个行业现状的机遇。敏锐地发现什么变化已经产生了，并且掌握这些变化继续发展的方向和能力。

——保罗・兢
（雷凯姆公司的创建者）

Chapter Two

第二章

本章精华回顾

1. 坚持扎扎实实铸造精品的“产品主义”

金地始终坚持扎扎实实铸造精品的“产品主义”观点，强调楼盘品质第一，品质是产品的根基和命脉。在规划设计、楼盘质素、营销策划、小区服务诸方面坚持以质取胜，最大限度满足客户物质和精神的需求，注重提升客户生活品位。

2. 倡导和塑造一些适应新战略的文化元素

金地有必要发起一场企业文化变革。要有意识地去倡导和塑造一些适应新战略的文化元素，并且努力让其被员工接受，成为行为做事的准则。

3. 金地企业品牌定位

与金地一向理性的企业文化相对应的是，金地在企业品牌定位上也是以市场为导向的综合理性分析、客观定位。金地的品牌定位是一个完全理性化的市场操作，并始终贯穿“科学筑家”的理念。

3

第三章 Chapter Three

任志强和他要打造为百年企业的华远

第一节 任志强：地产英雄当志强

任志强的思想深处有计划经济的烙印，他追求和向往垄断，所以他做的项目规模都比较大；他有着转轨时期无序竞争的冲动，所以他做的项目又比较杂；另外，他天生又有一种现代市场意识，所以，他又成为众多国有房地产老总中最具魅力、名气最大的人物。

第二节 华远：专走高端路线做百年企业

华远一直秉承着用先进的生活观念引导住宅市场的产品潮流，用第三者承诺和保证共同构筑产品质量保证的基石，用国际标准的服务使客户得到终生的享受，用华远的信誉和服务赢得客户的尊重的经营理念。

第三节 案例：产品设计和规划设计

“华远·首府”通过庭院和花园结合的建筑设计理念，让建筑获得与室外空间最大的交界面，使得建筑可以获得更多室外的空气和阳光。

“华远·静林湾”一个重要的设计理念就是注重对原有自然环境的保护和再利用，并在设计的过程中做到房子与周边环境的协调统一。

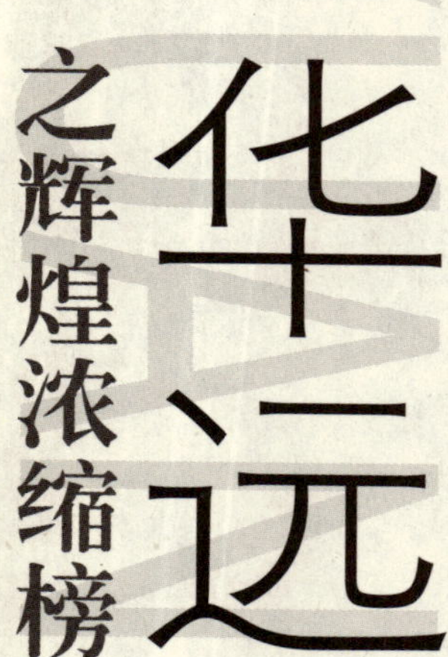

华远领导人：任志强

任志强极富正义感，他用他的正直赢得了地产界对他的尊重，更赢得了社会对华远的高度认可。他是京城房地产圈内的资深人士，在业内被称为“大哥大”。

华远综述

房地产业为主，其他领域均居较强实力

北京市华远集团于1993年8月正式成立，业务经营以房地产业为主，在金融、商业、高科技、国际旅游、物业管理、餐饮诸领域均具较强实力。华远集团公司为华远集团的核心企业，公司的企业性质为国有独资公司，主要担负管理和投资职能，注册资金7.75亿元。集团成员包括国有、股份制、合资、境外、有限责任公司共20家企业。总资产60.5亿元。

华远特色

服务社会、总体最优

华远宗旨：来源于社会，服务于社会；

华远精神：坚韧、团结、探索、奋斗；

华远原则：总体最优。

华远成长业绩

具有国内甚至国际水平的品牌价值

2003年荣获国际住宅与建筑科学技术展览会“二十大品牌企业”奖；

2004年被评为中国值得尊敬的房地产品牌企业；

2005年被中国住交会组委会评选为“2005CIHAF中国房地产名牌企业”。

华远经典项目

主要集中在北京地区

华远地产已开发完成及正在开发的项目主要集中在北京地区，具体包括“西单文化广场”、“华威大厦”、“华南大厦”、“华泽大厦”、“华亭嘉园”、“华清嘉园”、“京通新城”、“凤凰城”、“望海楼”、“海润国际公寓”、“尚都国际中心”A座、“盈都大厦”、“新源国际公寓”一期、“首府大厦”、“百岛园会馆”、“昆仑公寓”、“静林苑”、“裘马都园”等。

01

第一节 »»

任志强
地产英雄当志强

□ **霹雳金刚** 任志强

□ **性别** 男

□ **就职公司** 华远集团

□ **职务** 董事长

□ **个人简介** 1984年任北京市华远经济建设开发总公司建设部经理，当时年仅33岁；1987~1993年，任北京市西城区华远城市建设开发公司总经理；1993年至今，任北京市华远集团总裁兼北京市华远房地产股份有限公司董事长。1984年至今，任志强主持或参与了华远近50个房地产项目的开发工作，战功卓著，曾当选西城区人大代表、北京市劳动模范，并荣获全国“五一劳动奖章”，现任北京市政协委员。

□ **处事形象** 房地产界的硬汉；路见不平，就要说长短

□ **公众印象** 中国房地产界批判家、实干家

□ **本色性情** 一个大杂家

□ **语言习惯** “任氏理论”招无定势，但都能自圆其说

□ **业界感觉** 厚重而马力十足

□ **公众权力影响** ★★★★

□ **业界权力影响** ★★★★

第三章 任志强和他要打造为百年企业的华远

任志强是地产界非常高调的企业家，
他个性鲜明，敢于发表与众不同的言论，
也敢于面对批评，成了业界的活动先锋。

任志强·业界形象 THE IMAGE IN FIELD

一个地产界比较高调的"唐·吉诃德"

1. 精明强干的个人领导作风

任志强强烈的个人风格是他个人形象的一个深深烙印，他因此获得瞩目，成为焦点，成为话题，甚至成为话柄，成为众矢之的。当然也让他频频获得个人出位表演。

任志强一句"我不玩了"，曾使资本与市场合作佳侣的华远与华润因发展理念的迥异而分道扬镳。一时间，痛惜扼腕者有之、隔岸观火者有之、幸灾乐祸者有之。任志强也被称作"迟暮英雄"。

2001年12月30日，二次创业的华远地产更从曾经的"地产航母"沦落为"房无一间，地无一垄的小舢板"。2002年，伴随着任志强"华远地产回来了"的呐喊声，华远地产再度崛起，任志强带领的新华远，以创新的理念及行为方式再次开创着地产界一个又一个可望而不可及的神话，使得华远的资本规模迅猛壮大。

2001年12月30日，二次创业的华远地产，以北京市华远新时代房地产开发有限公司的身份亮相于地产界，注册资本为3亿元。

2002年10月，华远地产两个月私募2亿元，公司完成增资扩股，股本扩张了60%，超过5亿元。公司资产增加了4倍，超过12亿元。

2002年12月30日，华远地产完成股份制改组，正式更名为北京市华远地产股份有限公司。战略格局凸显声势。

2005年，华远地产公司被评为年度西城区文明单位。华远公司被评为2005年西城区创建全国文明城区先进集体。

2006年，华远集团获得年度《地产中国》颁发的"最具品牌价值企业"称号。

2. 具有感性的成熟特质的大企业家

任志强无疑是今年中国地产界最有争议的人物。在与华远分手再复合的过程中，任志强个人领导力带给企业的发展动力有目共睹。再次让人们开始思索个体领导者和企业的共生关系。人们不仅从此处看到资本的理性的权力，也看到任志强类的大企业家的感性的成熟。

尽管任志强饱受争议，尽管他一度成为公众批判的对象，但是任志强决不服输的本性，带给中国经营企业家的影响和震撼还在持续进行中。

3. 在矛盾中深刻思考现实的微观问题

任志强的性格特点是由其所经历过的特殊背景造就的。不管他在华远集团和华远地产拥有多大权力，任志强一直在一种特殊的国有体制下工作，他是北京的房地产行业从计划经济向市场经济转轨的参与者和见证人，在那种迅猛的时代碰撞之中，任志强是矛盾的：他的思想深处有计划经济的烙印，于是他追求和向往垄断，所以他做的项目规模都比较大；他有着转轨时期无序竞争的冲动，所以他做的项目比较繁杂；另外，他天生又有一种现代市场意识，所以，他又成为众多国有房地产老总中最具魅力、名气最大的人物。

这几种矛盾的混合，使任志强具有一种特殊而矛盾的行为处事方式：他总是在批判房地产行业中的各种现象；当然他也总是在思考。但他的思考与冯仑又有着显著的不同，他更直接地思考着房地产现实中的微观问题，并敢于发表自己的看法。

4. 圆润又强硬的个性是其人格魅力所在

矛盾心态与特殊机制下的任志强，历练了一套生存和发展的本领，也锻造出一种圆润而又强硬的个性。而这一点，恰恰是任志强人格魅力之所在。他充满着斗志，永不服输，在与华润、万科的几次较量中，他积累了许多经验，无论得失与成败，任志强坚忍不拔的个性使他一次又一次成为先锋人物。在当今用资本说话的时代，任志强的成就不在于他在房地产行业的建树，而在于他在与强大的资本抗争之中，能够取得平等的地位。

熟知资本运营之道的任志强，
是老华远的缔造者，
如今历史又让他成为新华远的“总设计师”。

任志强·经营价值观 THE MANAGEMENT OPERATION VALUES

用品质和品牌说话

1. 坚持用品牌形象引领时代

任志强将2006年度命名为“2006华远品质年”，提倡在高效管理、营销理念、服务力度、员工素质等多元化方向延伸并关注“品质”，用“品质”全面概括公司经营管理、产品制造与营销、客户服务、创新理念、人力培养等多方面的特征与优势。

“品质”一词作为华远地产公司2006年度的工作重点和努力方向，反映了华远地产公司在产品制造、客户服务、创新理念、经营管理策略、人力培养等多方面期望达到的更高标准，更显示了大企业在竞争残酷的时代在诚信方面的觉醒和决心。

2. 善于谋全局，制定大韬略

任志强再次回到华远，带领华远地产准备二次崛起之时，不但进行了大量的资本运作，更是迅速地完成了公司战略发展布局。任志强在2001年所做的最重要的事是新华远在房地产业的创业。2001年12月，华远集团公司与其他公司共同出资设立了北京市华远新时代房地产开发有限公司。新华远的第一个项目海润公寓用股权收购的方式，未开盘就认购过半。

3. 致力于房地产市场的规范

华远地产对公司的产品提出更高的要求，进行产品标准的制定与规范。华远地产结合公司项目发展，从市场和客户需求的角度出发，正在编制一套体现华远地产特色的产品标准。

华远地产会同行业主管部门、地产专家、法律顾问等各界人士进行“房地产开发中商品房物业权益的归属及其对应责权利”的研究，以明晰物权所有者的法律地位，界定清楚第一业主、第二业主及物业公司等相关各方的责权利。

华远地产率先提出并逐步实施的房地产设计、工程、装修、建材的全程质量保证担保制度，将使房地产业产生革命性变化，从而确保客户得到优质的产品与服务。2002年5月，海润国际公寓开始正式实施精装修担保工作；2002年9月，海润国际公寓与小业主一一签订质量担保协议，保障小业主应得的权益。2003年，华远地产在所开发的项目中从设计、工程、装修、建材等各环节施行全程质量担保。

任志强自信依靠华远的品牌内涵、形象魅力、专业化程度、“以人为本、对客户负责”的精神以及创新的意识等，仍将能保持其在地产行业中的领先地位。任志强说，华远地产在1993年进行股份制改造时，除了拥有胆识之外并无多少经验。现在重新创业，不但有雄厚的资金实力，有丰富的经验与专业队伍，还有在资本市场中融资的能力，更有极佳的品牌形象和相对牢固而稳定的庞大客户群，所以，依靠品牌及专业化程度，在短时间内华远会取得更大的发展。

任志强用责任感经营着华远地产，
用正直的个性赢得了地产界对他的尊重。

任志强·领导智慧 THE LEADERS'WISDOM

爱说、爱写、爱秀、爱管事

1. 任志强优点之一：爱说，也能说

要问京城房地产界谁的嗓门最大，任志强当之无愧。这副大嗓门估计是在部队当兵时练就的。任志强爱说，大大小小的房地产会议或论坛，总能看到他的身影。没有任志强参加的房地产论坛，多少欠一点热闹。任志强不仅爱说，还很能说。只要发言，似乎从不觉得累。要想打断他讲话很不容易，因为他的语速总像湍急的河水一样奔涌而下；想要驳倒他也不容易，由于具备律师的口才和学识，他甚至可以引用10年前的某部法规的某某章

节；而且他所形成的“任氏理论”，虽招无定势，但往往都能自圆其说。

2. 任志强优点之二：爱写，也能写

任志强爱写也能写。据说某记者去采访任志强的时候，多次看到他正在办公室用笔写字而不是用电脑打字，写字台和窗台摆满摊开的书本。

有的地产大腕能写，是写些与地产无关的内容，比如吟诗、作画，写点小说、散文什么的，可任志强非常的敬业而且专业，写并且只写跟地产有关的文章。遇有国家或北京市出台与房地产有关的政策，他在动嘴评说之余，总还要写下少则数千字、动辄万言的评论，而且绝不由他人代笔。

3. 任志强优点之三：马力足，有爆发力

有人说，任志强是一部厚重而马力十足的老爷车，总是轰隆隆地往前直冲。的确不错，他虽已年过半百，但依然干劲十足，很有爆发力。“国八条”出台以后，地产商都暗暗叫苦，可是他却不偷着呻吟，写上几万字的论断据理力争，颇有点楼市斗士的感觉。可能会有人问，“廉颇老矣，尚能饭否？”任志强却还是既能吃，又能战的。

4. 任志强优点之四：自信，能坚持

现在很多人都爱把一句话当作座右铭，“走自己的路，让别人说去吧。”很显然，任志强也是如此。就像他出的那本书的名字一样——《任人评说》。但能做到任人评说、我行我素，是需要超于常人的自信的，当“风雨欲来风满楼”时，即使他得罪了全世界，仍然能闲庭信步，坚持自己的想法，这种自信是值得学习的。

任志强敢于说实话，
也敢于挨骂，
他因为常常语出惊人而在业界赢得了一个称号：任大炮。

任志强·个人营销艺术 THE MARKETING METHOD OF INDIVIDUALS

语不惊人死不休

任志强的一次次放言，在业界引发一次又一次的口水战。任志强明知自己的观点会招致来自四面八方的声讨，依然敢把自己的观点亮在桌面上，就这份勇气，无几人有。

1. 惊人语录一：我们只是当丫环的

“对于国有企业家，政府让干什么就干什么，不让我们干房地产我们就不干房地产。我们只是当丫环的，都是政府说了算。” 在第八届中国地产节的一个论坛上，当被记者问及“房地产商对社会应承担什么责任”时，地产界名人任志强提出了这一“丫环论”。

2. 惊人语录二：宏观调控是为了让房价稳涨

在接受某网站专访时，任志强坦言，宏观调控的目的不是为了让房价下跌，而是让房价稳定增长，不能因为房价没有下跌就认定宏观调控不到位。任志强举例证明自己的观点，“我们在衡量日本经济状况的时候，第一是看物价指数是不是涨了，第二是看房价是不是涨了，第三是看地价是不是涨了。日本强调在这几年的调整过程中已经进入正常阶段，证明指标恰恰是这三个。所以我们认为中国经济要保持一个正常增长的话，地价、房价和经济发展的情况一定是要向上的。”

3. 惊人语录三：房价降了，房地产开发商有权不盖房

在新浪房产举行的业内研讨会上，任志强似乎有些冲动，扬言对于开发商来说，如果今后市场内的小户型因为供应加大而跌价的话，开发商完全可以不去盖卖不出去的房子。

在任志强看来，只要市场有需求，小户型再多开发商也会继续，因为有钱赚。“房价上涨会吸引更多开发商来盖房子；反过来，如果大家都不盖，房价也就上去了——总之，这是由供求关系决定的。”

能够做到“语不惊人死不休”的人必然具有别人所不具有的智慧和胆识。

4. 惊人语录四：房地产就该是暴利行业

“房地产品牌就应该是具有暴利的。”在“2005首届中国地产品牌价值评估与品牌评选活动”论坛上，任志强的一句“表白”令举座皆惊，而其发言后的断然离场，更使“对头”易宪容为失去了反击的机会而连叹可惜。

5. 惊人语录五：我是商人，不考虑穷人

“我是一个商人，我不应该考虑穷人。如果考虑穷人，我作为一个企业的管理者就是错误的。因为投资者是让我拿这个钱去赚钱，而不是去救济穷人。”在房价高涨的当今社会，有人说他的这番言论不是新时代的“为富不仁”，而是传统意义上的“在商言商”。

任志强谈“房地产与公益”

网友：你曾说过只给富人盖房，这句话如何理解？

任志强：我其实从来没有说过只给富人盖房，我说的是商品房是给中高收入家庭盖的。中国实行的是两种土地制度，一种土地制度是商品房土地制度，就是要向政府缴纳土地出让金以后获得土地使用权的土地制度，这样就造成了房屋建设成本的提高。另外一种是经济适用住房或划拨土地的土地制度，相对来说土地成本低，这就是给穷人或者中低收入家庭提供的，是不缴纳土地出让金的一种土地制度。我们说商品房，就是因为它缴纳了土地出让金，土地获得成本高，只有中高收入家庭或者富人能够消费得起、承受得了这种土地成本。对经济适用住房或者享受政府划拨土地不缴纳土地出让金的这些房屋来说，却不是中高收入家庭应该享受的，它应该是只对中低收入者或者穷人提供服务的一种公共产品。那么，我说这句话的最主要意思是想提醒大家，政府应该为中低收入家庭提供这些社会保障制度，如果让富人去享有不交土地出让金的住房，而让穷人去承担土地出让金，一定会在住房分配上制造更大的不公平，而不是公平。

6. 惊人语录六：禁止炒房就是违宪

任志强认为所谓的“炒房”就是房地产的买进和卖出，商品房是商品，商品就是用来买和卖的，禁止“炒房”就是禁止商品的买卖，这是一种违背宪法的行为。任志强强调，“炒”是计划经济时期遗留的名词，而市场经济的明显特点就是允许买进和卖出，法律既然允许买进和卖出，那么就应该允许“炒”。

如今，那些有困难的“穷人们”在声讨任志强——这是因为任志强的话可能刺痛了大家的心；同时，任志强也是那些不学无术、装腔作势的伪君子的克星，因为他无论在任何场合都会毫不犹豫、毫不留情地撕下那些伪装的面具。

Profound reflection

本节思考

任志强最锋芒的性格特点是什么，作为企业管理者，这对他的企业发展有何利弊？

The leaders' sayings

管理休闲吧

任志强谈房地产与政府官员的关系

我不认为官员对房地产业有巨大支持。不管是中国政府还是外国政府，都会把房地产业作为这一国家的支柱型产业。既然是支柱型产业，一个地方政府或者一个国家政府，一定会对支柱型产业给予各种政策支持。在中国由于土地的不可移动性和地方分税制，造成了财政支出和财政收入的不同渠道。我们国家大部分是分税制，地方的税收也向中央上交，中央的税收也会在地方分成，这就造成了地方政府和中央政府的矛盾，这是中国的一个特殊性。它也从分税制开始引发到房地产行业中来了，有些税可能是中央收走了，有些税是只在地方产生利益，所以，我们不能说官员对房地产企业有巨大的支持，而说政府对支柱型行业都是有巨大支持的，尤其这个行业对地方的财政税收会产生巨大影响的时候，也会产生中央财政和地方财政之间的一种支持力度的差异。

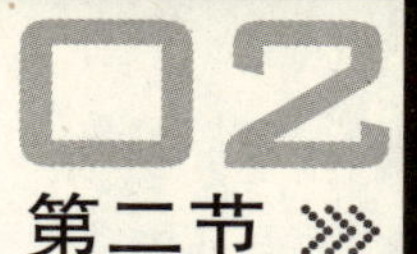

第二节

华远专走高端路线做百年企业

一、产品策略：用诚信和创新打造百年企业

华远一直用先进的生活观念引导住宅市场的产品潮流，用第三方承诺构筑产品质量保证的基石，用国际标准的服务使客户得到终生的享受，用华远的信誉和服务赢得客户尊重。华远地产将诚信作为立业之首，将尊重和维护业主利益、树立行业规范视为重要责任，并为此在地产界屡开服务创新之先河。对此，华远视之为创建百年企业的根本之道。

1. 首推工程质量保证担保制度

地产市场发展与成熟是一个长期的过程，需要开发商与业主的共同努力。目前地产市场纠纷迭起，多源于商品房质量差、面积缩水、维修服务不到位等问题，这不但给业主的置业心理留下阴影，也严重阻碍了产业健康发展。

华远地产开地产市场先河，引入国际流行的工程质量保证担保制度，在“海润国际公寓”项目中，首次推出房屋质量保修、保证担保制，主动为业主建“章”立“保”，业主置业不再为房屋工程、装修质量等问题担忧。

保证担保制是采用信用保证机制规范工程市场主体的行为，即开发商签约的一位保证担保人要向业主保证：如果被保证人无法完成合同中规定内容，则由保证担保人代为履约或付出其他形式补偿。这样一来，在项目出现问题时，客户可以得到应有赔偿，从而大大增强客户对项目的信心。

箴言 MAXIM

业权是指在房地产领域，权利主体在法律规定的范围内，直接支配一定物业，并排除他人干涉的民事权利。

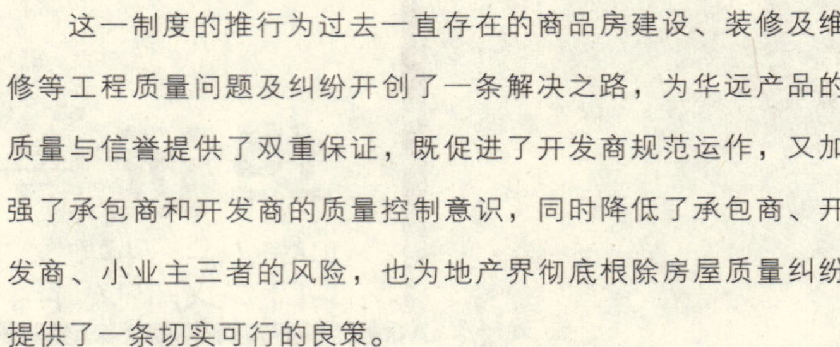

这一制度的推行为过去一直存在的商品房建设、装修及维修等工程质量问题及纠纷开创了一条解决之路，为华远产品的质量与信誉提供了双重保证，既促进了开发商规范运作，又加强了承包商和开发商的质量控制意识，同时降低了承包商、开发商、小业主三者的风险，也为地产界彻底根除房屋质量纠纷提供了一条切实可行的良策。

2. 开展业权分配运动

2003年3月，华远地产召开“明晰责权、诚信交易”研讨会，将业权研究成果公之于众，随后董事长任志强同时宣布旗下两个项目——“尚都国际中心”、“盈都大厦”经政府批准，将开始试行业权分配制度。

简单来说，业权分配就是当业主购买某项目单元后，可按份额与其他业主共同享有社区园林、楼顶、地下室、公共车库等公共部分的全部收益（按政策规定归政府或其他部门的权益除外），全体业主可以在政策允许前提下，按约定方式共同决定公用部分的使用方式，共享公用部分产生的收益。

以往由于信息严重不对称与部分开发商的蓄意隐瞒，很多业主难以明确知道自己对公共区域所拥有的权益，而常常导致这部分权益被侵占。这也是导致业主与开发商经常发生纠纷的重要原因之一。华远提出的业权分配正是把这部分权利和收益还给业主。

华远提出这一举措，为明晰购房者、开发商、物业管理公司三方之间的责权贡献很大，不但将原来属于业主的权益归本还原，同时也有利于引导市场对此问题的重视，大大减少了今后发生问题的可能性，为解决业权纠纷贡献了一条可行之路，也使华远成为主动为业主维权的开拓者。

收租物业将为华远开创一个新的盈利模式。

3. 创新客服理念

随着房地产市场不断地发展成熟，竞争已进入白热化阶段，从早期的地段竞争、价格竞争、产品竞争逐渐开始向品牌竞争、服务竞争升级。华远地产一直致力于客户服务和物业管理模式的创新工作，完全打破传统的仅靠客服部门提供客户服务的服务理念，推行“三全”服务模式。

“三全”服务模式

服务模式	具体内容
全员服务	构建以专业客户服务部为中心，各业务、各职能部门和各项目设立客户服务主管的组织架构，形成了公司完善的客户服务网，促使每个部门、每位员工在日常的工作中都能充分贯彻“以客户为中心”的理念
全程服务	变被动服务为主动服务，从房地产项目最初的规划设计到后期的物业服务，客户服务人员始终具前瞻性地考虑客户的需求，预测市场所需和客户所想，做出符合客户利益的判断，使公司的项目在最大程度上符合客户要求，实现售前、售中和售后的全程服务体系
全新服务	客户的需求不断变化，所以客户服务工作要不断地创新。华远始终认为：服务的创新在于及时与客户贴近，了解客户的心声，发现客户潜在需求，并做出迅速的反映，在第一时间满足客户

4. 创建华远《产品标准》

华远地产所进行的《产品标准》研究是公司为消费者提供优质产品的重要手段之一。根据产品的不同类型、档次、使用功能，从最人性化的角度，对产品所涉及的各个方面进行详细的研究和分析，从而得出各类产品、各个不同构成部分的品质标准和规范。华远在今后开发的所有项目中，通过对《产品标准》的制定、使用和不断完善，使之成为一套能充分体现华远地产品牌特征，并适应市场变化、指导项目开发的动态规范。

二、发展战略：兵马未动，粮草先行

1. 走在别人的前头应对政策

2004～2006年是中国房地产的调整年，之所以需要调整，是因为这个行业还很不成熟。调控措施陆续出台：土地“招、拍、挂”、“831大限”、自有资金不得低于35%、二手房转让要缴纳所得税、央行建议取消期房预售。每一项政策都足以令地产企业风雨满楼。

任志强，不愧为“地产教父”，早在各种调控措施出台前，华远就通过一次次的并购与合作取得了资金和土地，为自己套上了保护壳。

从资金的转换上，从战略的调整上，从土地储备的增加上，从应对国家宏观调控的措施上，华远都走在了别人的前头。所以，任志强对目前出现的各种政策变化并不感到意外，华远也不至于因此出现危机。

2. 并购、联合成为优化地产业资源配置的有效途径

在大的调控背景下，并购、联合成为全面优化房地产业资源配置的有效途径。房地产业是资金密集型产业，从整个产业的发展历程上看，无论是过去，还是未来，谁对资本的占有率高，谁就会在竞争和发展中占先机。

并购历程

时间	举措
1993年	开始进行股份制改造
1996年	华远借助海外股东——华润北京置地间接上市，融资额达10亿元。在这次资本游戏中，华远利用了得天独厚的政策优势，比如，华远是境内公司用境外上市公司发债的第一家，因为当时国内不许发行可换股债，华远就利用境外上市的优势，发行了换股债券
2001年12月30日	二次创业的华远地产，以北京市华远新时代房地产开发有限公司的身份亮相于地产界，注册资本为3亿元
2002年10月	华远地产两个月私募2亿元，公司完成增资扩股，股本扩张了60%，超过5亿元。公司资产增加了4倍，超过12亿元

自1994年以来，华远房地产股份有限公司从境外筹集资金达4.1亿美元(含股东贷款与分红入股)，其总股本亦从合资之初的3.75亿股扩至分家前的13亿股。

3. 注重伙伴关系的建立

华远的开发项目中，很少有土地是直接从政府手里拿来的，而是通过合作、购并等方式直接从其他企业得到。

2002年初，华远地产与首旅集团联姻，使得华远地产获得巨大的资本与土地资源。首旅集团拥有的土地储备量达三、四百万平方米，对于华远来说，这些土地将通过首旅集团的酒店改造而逐步释放出来，因此它不同于其他开发商囤积的土地，因为自己圈来的土地若不按规定时间投入开发，过期就会面临被政府收回的危险。而合作以后的公司因为可以合理调配土地开发的步骤，而绝不会有此风险。北京的一些酒店大多处于商业地理位置颇佳的繁华地段，列入改造范围的酒店将重新进行方案规划，土地整合后必然有一部分可用作开发。可以说，任志强是利用一拆一建中“抠”出土地。

随后，华远地产与京泰集团、首创集团以及国际知名的嘉里集团、汉斯集团等大型企业集团，共同建立了企业之间的投资战略联盟和资本组合。

2004年6月9日，华远地产股份有限公司董事长任志强宣布，华远地产已于同年6月3日与北京城建投资公司签订意向协议，拟以3.1亿元并购后者所持北京城建东华房地产公司60%股权。此前的4月，华远地产已购入东华公司35%的股权。很快，华远公司将拥有东华房地产公司100%的股权，并于同年9月重新启动东华公司的北京东直门交通枢纽和“东华广场”项目建设，该项目总建筑面积超过80万平方米。

ATTENTION

当新华远于2001年底成立时，是一个既无钱更无地的空壳公司。好在“华远”这个品牌值钱，于是，用股份换土地就成为首选。

4. 让高档住宅更加抗跌

任志强有一句话让社会震动，那就是：在供应量很少的情况下，一定是先满足最富的人。既然是满足富人的住房需求，那么推出的产品必定是高档住宅或商业建筑。只要浏览一下华远的主要地产项目，就知道任志强在发表这番言论之前、在新华远成立之初，就已经这么做了。

新华远成立之初所做项目

项目名称	特色亮点
海润国际公寓	被评选为“2002年北京楼市十大热销楼盘”，是新华远的开篇力作，它是位于丽都商圈的高档外销精装公寓
望海楼	古典建筑风格，位于什刹海风景区后海北岸，是集办公、餐饮、娱乐、健身为一体的综合高档建筑群
尚都国际中心	位于CBD核心区，总建筑面积为30万m^2，与第一使馆区仅一路之隔，拥有甲级写字楼、高档服务式公寓、产权式商务酒店以及独具特色的商务及办公精品展示街，它将是独具华远地产品牌特色的综合性国际商务MALL
盈都国际项目	集商业、办公、公寓为一体，临近城市轻轨，华远的目标是将该项目建设成为中关村区域内最具特色及投资价值的商业综合体
北京物流港项目	位于朝阳区十八里店，投资110亿元，占地463万m^2，将是中国内地最大的物流港之一
北京公馆	位于朝阳区新源南路与新源街路口西北角，京城大厦、昆仑饭店、燕莎购物中心环绕周边，是一个公寓型顶级豪宅项目，是华远集团在豪宅市场上的一次试验

当然，华远将高档住宅或商业建筑当作主攻方向，不仅因为看好这块市场。从华远手里的土地性质看，地块也非常适合企业的味口。

无论是首旅集团缓慢释放出来的土地，还是从东华公司那里得到的东直门交通枢纽和东华广场，无不位于黄金地段。能够避开争议颇大、扑朔迷离的普通商品房，实在需要一番谋划。

作为京城资深地产开发商，华远深谙顶级企业客户群体的深层需求。在继京城新派豪宅力作——“北京公馆”之后，华远又以国际性的建筑思想，创立了京城核心区位的首座自然生态型独栋低密度写字楼——“首府大厦”。它与“北京公馆”同样秉持一种思想，就是要为京城的高端客户群体量身定制一种窄群客体产品。

企业要购买这样一个独栋，实际上他们是看到了独栋物业具有极大的升值潜力。投资独栋办公楼对企业今后资产增值是非常有利的，满足了企业在固定资产方面投入的需求。

由于自住需求是出于财产保值的目的，所以高档住宅自然成为主要选择，从而诱发了目前高档住宅需求回暖。在华远集团董事长任志强看来，高档住宅在各类住宅产品当中，保值的作用是比较强的，即便是房地产市场出现了大幅度的波动，高档住宅的下跌幅度也会是最小的，同时也是回升最快的。

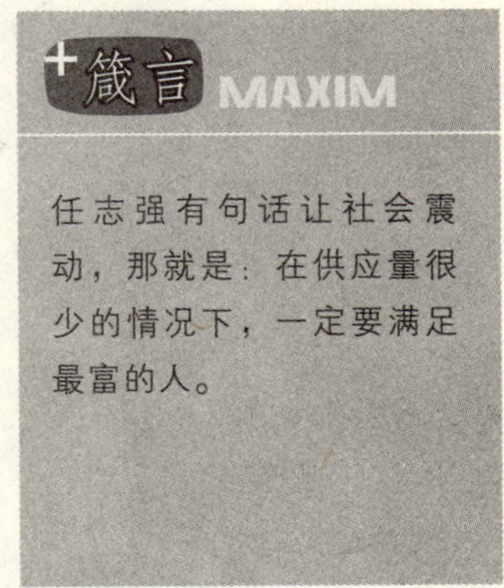

任志强有句话让社会震动，那就是：在供应量很少的情况下，一定要满足最富的人。

5. 收租物业将为华远开创一个新的盈利模式

（1）沃尔玛与华远签下“盈都大厦”租约

2004年圣诞节前一天，华远地产与国际零售巨头沃尔玛正式签约，将“盈都大厦”逾2万平方米的商业面积租给沃尔玛。开业后，该店将成为在北京开业的第一家沃尔玛，同时也是全国最大的一家超市。尽管如此，签约仪式上的主角仍然是华远地产，任志强宣布，与沃尔玛的合作将启动华远地产的战略转型——涉足收租物业，在5~6年的时间里，将收租物业盈利率由目前的不足10%提高到40%。

（2）采取“15＋15”租赁模式

任志强明确，从“盈都”开始，华远将有意识地加大持有物业的比重，“开发商也要做业主。拥有一部分物业，通过长期出租，收取租金获利。”

任志强认为，“收租物业”将为华远开创一个新的盈利模式，对新华远来说，这次是在收租物业方面迈出的第一步。他预计在今后几年内，收租物业的盈利将占到华远地产整体盈利的40%。面对持有物业无法回避的资金保证问题，任志强表示，租约也是可以变现的。这种做法在国外很普遍，类似于银行为这种租赁行为提供贷款给开发商。

收租物业成为市场趋势

李嘉诚兴建收租物业稳定租金收入

李嘉诚虽吃准了房地产的乐观前景，但仍采取谨慎入市、稳健发展的方针，他没有走捷径——预售楼花，而是将此作为出租物业。

李嘉诚最欣赏香港最大的地产商——英资置地公司的保守做法，将投资重点放在收租物业上。置地经过半个多世纪的发展，一直雄踞中区“地王”宝座，拥有大量的物业。只要物业在，就是永久受益的聚宝盆。

李嘉诚兴建收租物业，资金回笼缓慢。但他看好地价楼价及租金飚升的总趋势。收租物业，虽不可像发展物业(建楼、卖楼)那样牟取暴利，却有稳定的租金收入，物业增值的潜力，时间愈往后移愈能显现出来。

他总的原则是谨慎入市，稳健发展。地升楼贵，李嘉诚坐享其利。他拥有大批物业，储备了大量土地，逐渐成为香港最大的“地主”。

招商地产租赁型物业拟引进外资

招商地产总裁林少斌在2007年4月10日召开的股东大会上透露，招商地产持有的大批租赁型物业拟引进外资战略投资者，一方面是引进资金提高资产利用效率，另一方面引进外资物业管理品牌和经验，实现引进资金和引进外资品牌并重。

与万科、金地地产、保利地产等不同，招商地产的资产比重中有较大一部分是持有型物业，靠收租来运转。年报显示，2006年该公司租金收入达到3.06亿元，同比增长30.17%；年平均出租率达91%，全年累计完成出租面积537.4万平方米，同比增长13.77%。

王健林建百年企业，开展收租物业

早在2000年，王健林就曾明确提出万达要做百年企业的目标。而要做百年企业，就必须有稳定的收入来源。住宅地产的现金流很不稳定，受政策和市场的影响很大，所以万达确立了发展商业地产和收租物业的方向。

2003年底，万达商业地产则是在进行一种战术的调整：只租不售，并且伴以业态的重新组合。在主力店和单店的构成比例方面，原来购物中心的主力店占面积的85%，单店只占15%，后来调整为主力店、单店各占50%。王健林认为“如果主力店比例太重，那我们就只是在为银行打工”。

万达把已有的作为短线投资的住宅开发和商业地产开发所带来的长期物业收租结合起来，保证了企业可以产生持续、稳定的现金流。

新鸿基物业出租率一路飘红

新鸿基在2005年下半年集团的营业额为144.66亿港元，比2004年同期增加31.88亿港元。其中集团旗下收租物业出租率也维持在96％的高水平上。

2007年上旬，新鸿基已在香港发展了约67万平方米的收租物业。新鸿基将加强未来几年的经常性租金收入。新鸿基正考虑出售非核心物业，以提高资产流转及股东回报。

三、人力资源：用三流的人才做一流的企业

任志强抛出的“用三流的人才做一流企业”的说法引起业内不少评论，具体就是：

“三陪人员”即前期人员，只要他能将各种各样的印章与手续办完，就是人才；

“钱串子”要求会资金运作、懂金融投资、能贷到款；

“书呆子”能认真地核查工程预算，减少企业成本；

“帮主”是企业文化的宣传者；

“穴头”即项目经理、工程组织人员，能指挥调度工程施工管理。

对于他来讲，企业需要整合各种资源，有了上述五种人才即可。无论他的用人观是对人才多么地不尊重，但其所做的企业却是任何一个人不能小看的。从公众效应来讲，任志强算是一个吸引人们“眼球”的高手，与老潘两次的“鸡蛋换粮票”引起无数媒体的报道。

其用人特色为：要执行力强且得明白及时帮老总造局的人才。不过，华远集团也比较愿意培养大学生，他们觉得大学生是一张白纸，你让他按照什么方向走，他会按照你描绘的方向走，这样比较容易培养员工的忠诚度。

Profound reflection
本节思考

收租物业这种盈利模式是否适合您公司的发展和运营?

The leaders' sayings

管理休闲吧 +02

任志强谈房价上涨问题

房价从来都是大家关心的问题。在市场中的房价应该是受供求关系所影响的，如果供求关系会被改变的话，供大于求，房价就会下跌，而求大于供的时候，房价会持续上涨。从目前中国的情况看，我们认为供不应求的时间可能会延续到十年以上，一个是中国的政府在严格地控制土地，实际上限制了供应的高速增长。需求并不会因为供给的减少而减少，从需求角度看，我们认为中国恰恰是处于需求高增长的阶段中。在人口的增长过程中可以看到，中国20世纪50年代的时候是一个婴儿潮的高峰，在20世纪70年代和80年代分别达到婴儿潮的高峰。大概这个年代的人有2.4亿到2.6亿人，70到80年代人目前正好处于两种状态，一类是结婚生子，这类人大部分是刚性需求，另外一类是35岁到40岁之间是改善型需求，而从所有的市场调查中可以看到，最大的购买人群就是25岁到45岁之间，按人口增长的规律大概要延续到2020年，人口才会出现下降的趋势。我们认为在这个阶段之内，供不应求的现象很难得到改变。

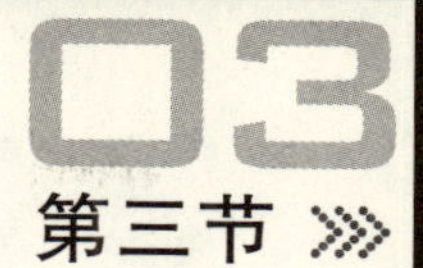

第三节 »

案例 产品设计和规划设计

一、产品设计：解析“华远·首府”的产品特色

1. 项目基本概况

“华远·首府”位于京城不可复制的北二环稀缺地段——东城区中轴路与滨河北岸交汇处。首府大厦拥有五座错落有致的低层建筑单体，是具有庭院与花园特征的写字楼。整体规划风格借鉴了中国传统东方庭院式的静宜、通透、完美的人性和谐特性。一座近20米高的玻璃中庭起到了连接四栋建筑单体的作用。在其中央南北朝向位置布置有浅水池、上架木桥，配以各种淡水植物，使大堂展现出一派宁和的生态气氛。

2. 项目开发背景分析

（1）我国自然生态型办公建筑现状

自然生态型的办公建筑思想的起源与西方文明对人性的尊重有着必然的联系。

自然生态型的办公建筑在国外多是出现在郊区边缘地区，远离着城市的核心区位，这对于生活在“四个轮子”里的发达国家而言，的确是一种回归自然的美好选择。但是对于中国却有着难以实现的客观条件：

第一，即使在北京这样的发达城市里，汽车，尤其是私车的比例实在太小，如果一个公司将总部设立在郊区，上下班的行车问题将严重地困扰到企业的大部分员工；

第二，中国企业往往将公司的地理位置与企业在市场中的地位相提并论。边缘化的区位将令企业家感到难以真正地体现企业的实力。

（2）北京写字楼市场状况

① 缺乏个性化产品

京城建筑以每年近百万平方米的速度在增长，但却罕能看到真正高品质的个性化产品。这个市场到处充斥着巨大、冷漠的超高层办公建筑，他们带着一种类似于统治性的姿态强行地介入了北京这个极具文化气息的城市，它们在建筑本质上与大众的生活相隔甚远，建筑的内部也因为过于浓重的商业气息而与人们期望的功能以及公共用途背道而驰。

② 独栋产品冲击市场

近年来，北京房地产市场涌现出“总部基地”、“华润置地星座”、“万通中心”、“五栋大楼”等一批小体量独栋写字楼项目。这些项目的出现打破了过去大体量写字楼一统天下的局面，标志着京城写字楼市场进入了产品更为细分的时代，表明了写字楼市场走向成熟的一种趋势，这是一个由统一体走向了个性化的标志。不同需求的企业，也可以做出相应的个性化选择。无论是从地段的分布，还是从产品的类型上，写字楼的多元化是一种必然趋势，产品细分化是竞争的必然结果。"华远·首府"就是在这种市场背景下应运而生。

（3）项目周边同期写字楼状况

① 雍和大厦

整个大厦分东区、西区，整体风格简约、气派。东座——联合总部，拥有四个独立出入口、四个独立大堂、离散式出入系统；西座——独立总部，拥有双入口双大堂，由四个核心筒构成4片独立办公区域。"雍和大厦"的设计采用纯框架结构，空间分隔自由，提高了使用率及建筑档次。"雍和大厦"第三层有一个1000平方米的庭院式露天会所，会所内的园林和露天商务吧突破了写字楼的单调格局，使客户在工作之余能够自由、放松、呼吸到新鲜空气。

② 德胜置业大厦

项目将中国文化中最深层次的价值观、人生观、审美观等融入到产品的各个领域中。在设计思路上引入中国传统明式建筑的设计风格和建筑美学原则，传承了中国建筑艺术中最精华的部分，楼座之间采用传统的半开敞的规划方式，在中心形成独特的中庭，提供业主类似四合院的交流空间，同时也在内部形成局部独立的小气候，对于抵抗北方寒冷干燥的气候，降低能源使用有积极意义。

3. 项目总体开发策略

在首旅华远公司的高端写字楼项目——"华远·首府"的开发上，华远禀承了浓厚的人本气息：在北二环、滨河北岸与中轴路交汇处这样一个寸土寸金的地方，建造低密度的庭院式独栋写字楼群。

(1)产品内涵分析

产品内涵分析

内涵	具体内容
潜在产品	满足客户对未来写字楼舒适程度的期望
期望产品	拥有良好的服务
附加产品	超出一般写字楼办公的要求
一般产品	满足普通办公要求的写字楼
核心利益	一种自然、舒适、人性化的办公环境

(2)产品定位分析

① 独栋院落式自然生态办公建筑

项目周边同期的写字楼在建筑风格上或多或少运用了中国传统的住宅设计思想，而住宅设计中的一些理念，比如府院式及自然生态住宅等设计，相对做得比较成熟。相对大体量写字楼来说，“华远·首府”做独栋商务用房更有条件引入这种住宅设计思想，使得产品做得更加自然、舒适、人性化。

② 量身定制式写字楼

作为京城资深地产开发商，首旅华远公司深谙顶级企业客户群体的深层需求。于是，华远以国际性的建筑思想，创立了京城核心区位的首座自然生态型独栋低密度写字楼——“首府”。这是要为京城的高端客户群体量身定制一种窄群客体产品。

“华远·首府”的五座楼体，其体量从几千平方米到一万多平方米不等，这与市场中现存的一些大体量独栋写字楼项目完全不同，这是一种产品细分的行为，“华远·首府”

+关注

如华远人所说：“‘华远·首府’并不会比那些大体量的高层写字楼利润低，因为我们为业主创造了更大的价值。”

规划设计借鉴了中国传统的府院式建筑格局，加强了建筑空间的整体性。

为不同规模的企业量身定制适合其自身条件的建筑单体。每栋建筑单体，都为企业客户设置着独立的出入口以及门前超大的府院式景观。专属电梯前厅、电梯、楼梯间直达地下车库和地下自行车库的通道，无论任何一个细节，都能够令客户享受到独栋写字楼的尊崇感。并在供电、空调、出入保卫系统方面提供了便利、自主的独立控制功能。

4. 项目开发设计核心要素解析

（1）项目的规划设计

规划设计

规划设计	具体内容
规划理念	规划设计借鉴了中国传统的府院式建筑格局，加强了建筑空间的整体性，也给人以强烈的、不可替代的建筑个性。整个规划布局相对开敞，强调对城市景观的吸纳与借鉴，具有较好的景观导向性。是具有庭院与花园特征的写字楼
风车状设计的建筑规划	设计师为项目构思了一种风车状的建筑规划，五栋楼体中的B、C、D、E四座，利用错落不同的高度、规格的楼体分布在建筑群落的东北侧。在布局上追求一种园林化，把房子建得像风车一样，旋转分布在这个地方

（2）项目的建筑设计

建筑设计

建筑设计	具体内容
庭院和花园结合	“华远·首府”的德文名称为Hofgarten，这个名词在德语里面是庭院和花园结合的意思，通过这种建筑设计，令建筑获得了与室外环境、室外空间最大的交界面，使得建筑可以获得更多室外的空气和阳光
错落有致的空间结构	五栋建筑群落形成了错落有致的空间结构，如同音符一般跳动，从楼体内向外看去，透过接近自然色的Low-E玻璃窗体，令活动于其间的每一个人都可以通透地与自然环境相对视
独特的小进深布局	“华远·首府”所有的办公空间的进深只有8.1m，以此来最大限度地弥补建筑产生的人与外部环境的交流阻隔。这种超小进深可以令每一位活动于其间的业主，都可以明确地感受到外部环境的变化，包括阴晴的信息。在空调系统之外，设计师还保留了直接开窗的可能性
科技格栅表皮设计的建筑外墙	建筑表皮以Low-E保温绝热玻璃幕墙和格栅为主要构成，从外观效果上增强了建筑本体的现代美感，在功能上，科技格栅不仅能令建筑的通透性与保温性得到完美的体现，更可在炎热的季节里，避免阳光的直接照射，达到节约能源的目的
横隔百叶型庭院外围墙设计	这种设计可以令庭院中人的视线与河畔边的风景完全融合。这在传统中国建筑手法中被称为“透”，当然这种“透”并不是完全的开放式院落
无障人车引流道路系统	“华远·首府”每栋建筑单体的外沿都设置了人行雨檐，这些沿着建筑外体设置的人行步道伴随着旁边的坡形绿地，将其与院落中的行车道路完全隔离开来，形成了安全无忧的人车分流系统。府院内的行车道路按顺时针次序呈环状带。在E座建筑的北部设置一个完全隔离的机动车出入口，直接通往建筑的地下车库

（3）项目的园林设计

园林设计

园林设计	具体内容
景观广场	首府园中在两组建筑之间设置了一个矩形的景观广场，铺设了绿地与灌木，并通过低密的青树墙与木制栈道将园内的绿色景观与河岸旁的杨柳相互连接，形成了一派新河景色
多维景观的生态中庭	近20m高的玻璃中庭起到了连接建筑单体的作用。在其中央南北朝向位置布置有浅水池、上架木桥，配以各种淡水植物，使大堂展现出一派宁和的生态气氛。进入四栋建筑的人们，可以从通透的观光电梯内欣赏到中庭

（4）项目的新技术应用

新技术应用

个性化智能系统	设计建筑智能化系统，充分考虑到每栋建筑单体的整合性与独立性。采用板块结构设置火灾自动报警的消防系统、建筑设备监控系统、安全防范系统等5A级写字楼的标准智能化系统
新风系统	“首府”新风系统独具加湿功能的新风组件，通过空调系统与独立新风机组相结合的方式，保证了每一位客户都能够被50m^3/小时的新风所围绕，从而营造了健康、生态的办公环境

办公建筑的“自然生态潮流”的设计理念实质上是追求工作者健康与自然环境健康的统一。要达到这一目的，建筑设计师不能单纯地强调高技术的应用，而是需要真正地将多种适宜手段与设计策略的成果相结合，从而让自然中的阳光与空气进入建筑之中，令建筑之中的每一位使用者都能够享受这种源自大自然的资源。“华远·首府”的出现不仅是为北京，更是为中国的办公建筑树立了一个巅峰的标尺。

ATTENTION

建筑设计表面的创新形式很容易被接受，但是对其深层次人本精神的把握却很难。“华远·首府”能够准确把握文化精髓，有力地冲击了消费者的视觉感受。

二、规划设计："华远·静林湾"设计亮点

2005年是中式别墅热销的一年，经过20多年风雨历程的华远地产也适时推出了自己的TOWNHOUSE产品，并用不同于市场的建筑语汇，对院落式居住产品进行了深刻的刻画演绎。"华远·静林湾"以赖特的理念为依托，去掉高墙大院、青砖挑檐所带来的人与房子的疏离感和冷硬感，更多地注重院落生活的自然亲和，通过规划和建筑设计让人感受到中国传统文化的脉脉温情。

1. 项目档案

项目档案

物业类型	别墅
建筑类型	双拼别墅、联排别墅
占地面积	61879.80m^2
建筑面积	48000m^2
绿化率	40%
容积率	0.76
均价	7600元/m^2
最低总价	160万元/套
最高总价	220万元/套
开盘时间	2005.9.25
入住时间	2006.3.31
项目地址	昌平八达岭高速路回龙观8B出口的西北角
开发商	北京华远龙远房地产开发有限公司
总户数	190户
物业公司	华远首旅酒店物业管理公司
物管费	3.98元/m^2·月

2. 项目开发背景

项目开发背景

背景元素	具体内容
自然资源优势	"华远·静林湾"地块原是一个很老的村落，有一片刺槐和竹林，具有很好的地脉底蕴，位于八达岭高速路回龙观8B出口的西北角，位置得天独厚。距亚运村、奥运村仅25分钟左右的车程，距离中关村、上地科技园区仅20分钟左右的车程
出行依赖私家车	"华远·静林湾"所在地块原是一片残垣断壁，原生林也是没有经过整治的，并且周边没有公交路线，出行必须依赖私家车，距离市中心较远，生活成本会增加
市场竞争激烈	2005年，北京有40个左右的别墅陆续入市，又有20%的新开别墅项目分布在"华远·静林湾"所在的昌平区，供应量为各区域之首，新增有效供应面积为50万m^2，形成客源抢夺现象，给项目带来强大的竞争压力
目标客户集中	在这些区域存在数量庞大的高收入知富群体，他们对于总价在200万元左右的TOWNHOUSE有需求而且有能力承受，所以项目具有很大的市场潜力

3. 院落归来的开发理念

"华远·静林湾"一个重要的设计理念就是注重对原有自然环境的保护和再利用，并在设计的过程中做到房子与周边环境的协调统一。没有林荫树木的院落就不可以称之为院落。"华远·静林湾"拥有刺槐及榆树等原生树，为了保护好这块原生林，整个房子都设计成嵌入林中的形式，既保护了这块珍贵的原生林，满足了人们对于自然的需求，又增加了建筑的美感，将房子融入到了自然环境当中。

4. 项目定位策略

（1）TOWNHOUSE采取差异化路线的定位产品

由于受交通等各方面条件的限制，一个楼盘的主体目标客户一般是在以地块为中心，以一定长度为半径的一个圈定范围内的居民，要在这个范围内获得尽可能多的客户，就必须走出一条与其他楼盘不一样的路线，在产品上形成差异化，从而实现目标客户群的差异化，“华远·静林湾”的TOWNHOUSE路线正是基于此。

① 竞争对手分析

北京昌平区别墅分析表

楼盘名称	位置	建筑类别	均价	户型面积（m^2）
无双	昌平沙河卫星城北区丰善村西	独栋别墅	9000元/m^2	240～280
一千栋	昌平七家路口向西2km	独栋别墅	10000元/m^2	—
保利垄上	昌平小汤山镇	独栋别墅	7500元/m^2	220～650
东方普罗旺斯	昌平区七家镇	独栋别墅	260万元/套起	240～1000
爵世	昌平沙河镇北	独栋别墅	612万～1800万元/套	—
长河玉墅	昌平区小汤山镇	独栋别墅	10000元/m^2起	—
香江别墅	昌平区西南部上西山东麓	独栋别墅	10000元/m^2起	—
果岭绿树	东关环岛向东300m路北	联排别墅	6300元/m^2	200～450
顺驰林溪二期	昌平区百善镇	双拼为主	170万～580万元/套	—
北一街8号	昌平沙河南丰路1号	联排别墅	4800元/m^2	245～300
华远·静林湾	昌平八达岭高速路回龙观	联排别墅	160万～220万元/套	206～300

② 产品定位

昌平区虽然是北京推货最多的区域，却绝大部分都是独栋别墅，风格多为欧式、北美风格。TOWNHOUSE有很大的市场空间，而且虽然华远开发了各种产品类型，可是在北京市场上对TOWNHOUSE一直有所保留，此举填补了这一空白。

——借鉴赖特的建筑思想，走TOWNHOUSE之路；

——容积率控制在0.6~0.9之间；

——户型面积控制在200~300平方米之间，其中主力户型面积在230平方米左右；

——每套户型总价控制在160万~220万元之间。

箴言 MAXIM

返璞归真、亲近自然是现今都市人梦寐以求的生活，"华远·静林湾"的景观设计做到了人与自然的交融。

（2）目标客户锁定城市精英

"华远·静林湾"的目标客户群锁定为亚运村、奥运村、中关村、上地科技园区这一区域的学院派及IT产业人士。这一高知阶层，他们不但具有较高的年薪收入，并且对从小的居住环境有非常深厚的感情，他们注重交流感的营造，是一群理性与人文交织的城市精英人士。

5. 产品开发策略

"华远·静林湾"以打造具有深厚人文气质的院落式TOWNHOUSE产品为目标，在规划设计和建筑设计中，跳出了仿古潮，省略了很多院落标志性符号的使用，更多地关注产品本身的原色，以及方便人与人、人与自然之间的交流，尤其是通过对院落空间尺度的把握，营造院落原生的气质，给予居住者一种安全感。

（1）规划设计

① 关注邻里交流的设计原则

高墙大院是2005年中式别墅的统一标签，而这一标签忽略了中式别墅的精髓——人与人、人与自然的交流。"华远·静林湾"的规划借鉴了赖特的思想，它是一个大树底下的原生院落。将建筑与周边的环境和谐统一起来，成为长在那儿的房子。"华远·静林湾"注重空间的领域感与场所感的完美融合，将人从盒式建筑中解脱出来，创造一种开放和流动的空间，在改造建筑的同时，改造人的生活方式。

② 组团院落规划

全区分为8个组团，联排住宅，独门独院的人家相连在一起，自然形成了沿道居住的街坊邻里。主路两侧的建筑交错排列，每家每户的门都朝向道路，保证各单元视野广阔，同时避免东西向的视线穿透。门内有院落，院落有大有小，分为前院，后院、侧院，既与外部连接紧密，又保持着私密的独享空间。畅达的路网方便住户的出行与彼此的交往，道路之间的交会、房屋之间的空地就自然形成若干个小巧实用的组团园林，成为大家交流的好地方，有效处理了私密空间和公共空间。园区西侧和南侧设置封闭式围墙，东侧和北侧为半封闭围墙，强调人和邻里的交流尺度，创造一个有着人文和生活意义的生活空间。

③ 景观规划

"华远·静林湾"总体景观功能理念是运动和交流的概念。通过景观的规划，让人在自然和文化中运动，实现人与人的交流、人与自然的交流、人与文化的交流。景观规划最大的特色是保留了成片的刺槐及榆树原生树，同时其他景观设计也全是基于建筑的品质、风格，整个建筑空间纯粹、自然、清静。并且在中心庭院布置有碎石步道、木栈道、浅溪河石、廊架木椅等多种人们可以参与的景观。

④ 枝状道路系统

"华远·静林湾"的道路设计也在于营造一种人与人、人与环境无处不在的交流感。其动线规划采用枝状道路系统，南北向主路蜿蜒贯通，道路尺度一般都保持在6米的宽度，保证双车通行，与场所建立更好的交流感。道路之间的连接，也没有简单处理成"十"字，而是适当弯曲，变成了弧形"丁"字形的交会，增加行路景观的层次感，步移景异。组团间有机动车道，保证车辆能够驶入每户庭院；主路与支路分别设置人行便道，保证人车安全。

+关注

"华远·静林湾"一个重要的设计理念就是注重对原有自然环境的保护和再利用，并在设计的过程中做到房子与周边环境的协调统一。

（2）建筑设计

① 组团布局

产品全部为联排和双拼的TOWNHOUSE，2～3层，组团型布局，强调领域感和场所概念，错落有致，疏而不离，共同营造出怡然安宁的社区环境。后院间的半公共空间，强调私人空间和邻里交流的融合，创造一个有文化、有生活氛围的场所；造型统一之中，兼有细部变化，注重环境处理；每户入口庭院内设停车位。

② OPEN建筑精神

场地从东到西、从南到北相对平缓，在保证与周边道路相协调、与市政管网相衔接的同时，通过组团内部、道路和室内高差的变化，合理划分空间，形成不同的场所概念，满足生活的不同需要。从中心园林到道路边的绿化景观，从组团园林到邻里绿地再到自家小院以及建筑本身，形成层层递进的关系，空间的层次非常清晰，既舒适，又安全，这也是原生院落生活主张下的一种OPEN精神。

③ 草原式住宅的建筑风格

"华远·静林湾"的190套TOWNHOUSE掩映于原生树木之中，区别于青瓦挑檐、幽深古暗、习惯性的老旧元素的罗列。为了消除人与建筑的距离感，借鉴赖特的草原式住宅的

建筑元素、建筑风格，采用红砖、毛石、原木等经由岁月沉淀下来的自然肌理材料，而外墙用贝岩和木材为饰面，原生但不古老。借用原生树下的古朴气韵，融合对现代生活的理解，脱离朴素的生态主义，通过暖色调，营造温情场所，大大增强了园区人居的归属感，消除人与建筑的距离感，给人以重温大院生活的感受。

④ 多形式空间组合设计

项目大多是联排与双拼结合的210～290平方米的TOWNHOUSE，全部2～3层，主力户型的单套面积控制在230平方米左右，小户型在200平方米左右；占地面积不大，户型结构比较新颖适用，采用框架结构，可最大限度地适应不同家庭对空间分隔的多种要求。在户型内部空间的处理上，采取了错层、局部挑空等设计，既保证阳光清风的进入，又保持严格的私密性。多种形式空间组合设计带来独特的室内建筑空间，增强了人居生活空间的品质感和舒适性。

A1平面图户型

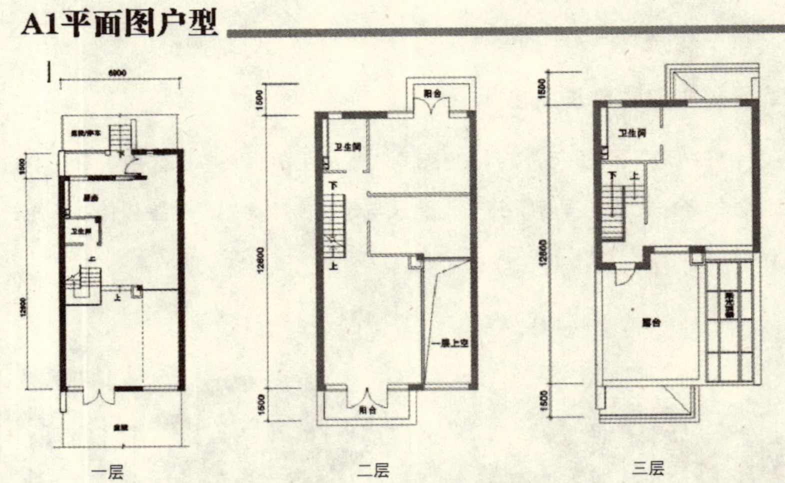

一层　　二层　　三层

空间设计

设计亮点	细节设置
功能空间分配	"华远·静林湾"将200m²的面积分布按3层设计，室内空间分配一般一层为起居室、餐厨区，部分带有佣人房和客卧；二层大多设为老人房和儿童房；三层基本为主卧、家庭起居室、书房以及较宽大的露台。卧室拥有整面墙落地窗，与室外绿色形成开敞式交流
明顶	在注重建筑立面构成的基础上，采用局部玻璃透明顶。玻璃透明顶的应用，使建筑更富有现代感，而且可以使阳光透射进来，加强了房间的采光度，表达了有天有地，接近自然的社区生活感觉，并且阳光给人流动的感觉，增加了房间的生气
观景露台	"华远·静林湾"考虑到生活对空间和自然景观的需要，将观景露台加大面积，室内与室外形成一个隔而不间的互融空间，将阳光和风引入室内，可以享受充足的阳光和更宽的景致，让人感觉舒适开阔
齐腰的院篱	"华远·静林湾"没有运用院落的统一标签——高墙，而以齐腰的院篱取代，是与其他楼盘区别的一大亮点。各家的院篱，高度十分随意，沿着篱笆外的道路散步，与在自家院子忙碌的人们闲谈几句，相当亲切惬意。院篱里面是建筑，3层的高度，不会给道路上的行人以压抑感，且土地的利用也很合理，保持了较低的建筑密度
入口庭院内设停车位	每户住户都有一个设置在入口庭院处的免费赠送的停车场，住户可以开车入户，方便业主出行，并增加了对私密性的保护

“华远·静林湾”位于京城上风上水的西北部，毗邻中关村上地高科技园的宁静之所，是华远地产在北京的首个TOWNHOUSE产品。华远集团通过对市场的精确分析，在北京大批量推货的背景下，另辟蹊径，走TOWNHOUSE路线，与其他众多楼盘形成差异化竞争。并结合距离中关村近的优势和这一区域居民的心理特征，将目标客户群定位为中关村的高级白领，定位非常准确。而且其产品设计优良，尤其户型设计合理，采用了局部玻璃透明顶的设计，加大采光，迎合了消费者对居住品质的追求。“华远·静林湾”带领市场走出院落式居住的仿古潮，值得关注。

Profound reflection

本节思考

华远产品设计的突出特点是什么?

The leaders' sayings

管理休闲吧

任志强谈房地产商的公益性

应该说房地产商最大特点就是比任何一个行业都具有公益性，开发商要按照政府的规划去修建大量的城市配套设施，这里面包括学校、商业、邮局、警局以及垃圾站等各种公共设施。卖完房子以后，这些公共设施并没有随着房子变成私人产品，而是变成了城市中的公用产品，学校也不仅仅为这个小区居民提供服务，它是为整个社会提供服务，而且是一个长久的服务过程。任何一个开发商都要做小区的绿化，这在城市规划中是有明文规定的，但是城市规划中并不规定小区绿化的质量和标准，而所有的开发商都尽可能地利用小区的绿化来提高生活的质量，提高社区的建筑物的标志。也就是说，当人们享受了小区绿化的同时，这个小区的绿化也在为整个城市和社会创造良好的环境、良好的空气。它并不是一个完全的私有化的产品，而变成了社会公益中的一部分。

3 第三课：未来地产企业的两种发展模式

模式一：集团重组模式

集团重组模式

模式类型	具体内容
横向重组，组建大型企业集团	这种组合形式是将从事相同业务的企业结合在一起，从而减小产业内部竞争所带来的附加成本并扩大企业规模，使之达到规模经济，最终降低成本
纵向重组，形成跨行业的企业集团	这种组合方式是把从事相关业务的企业组合起来，形成跨行业的企业集团，建立设计—开发—生产—销售—物管一体化的经营机制
混合重组，实现多元化经营	通过混合重组的方式，向其他产业扩展，分散投资风险。最后，为发挥重组的有效性，除了资产重组外，还需进行组织、业务、管理等更深层次的重组，把量的组合转变为质的提升，达到1＋1>2的整体效果

模式二：产业化发展模式

（1）房地产产业化是房地产产业的系统化经营流程

房地产产业化就是要以商品房市场需求为导向，以建材、轻工等行业为依托，以工厂化生产各种商品房构配件、成品、半成品等现场装配为基础，以人才科技为手段，通过将商品房生产全过程的设计、构配件生产、施工建造、销售和售后服务等诸环节联结为一个完整的产业系统，实现商品房产、供、销一体化、专业化的经营流程。

（2）房地产的产业化是经济结构调整的必然趋势

由于人们收入的增长，使得消费结构发生巨大的变化，正是这一消费结构的变化引起了产业结构的重大变化，使得房地产行业迅速成长为国民经济的支柱产业。当房地产成为了人们消费与投资的新热点时，房地产产业化的问题不可避免地被提到了重要位置。

（3）房地产的产业化是营造节能环保的关键举措

中国建筑及房地产行业经过十多年的发展将进入新的拐点，以牺牲资源、生态为代价换取经济数字的粗放式经营面临拷问，倡议以节能、环保为核心营建人居环境已成主流声音，中国人均资源稀少的现状更对节约能源、环保经济的住宅产业化生产方式提出了迫切要求。中国住宅产业化已经全面进入提升和调整的关键时期。

Commercial and famous sayings 商业领袖会客厅

在21世纪，市场将如何直接化和个性化？

产品在逐渐满足顾客的具体要求，一些公司会和你一起设计你自己的自行车、你自己的浴衣、你自己的汽车等。这表明，随着和顾客共同设计产品的发展，买卖过程变得更加互相作用化。

——菲利普·科特勒

（美国西北大学市场营销教授）

Chapter Three

第三章

本章精华回顾

1. 圆润又强硬的个性是其人格魅力所在

矛盾心态与特殊机制影响下的任志强，历练了一套生存发展的本领，体现出一种圆润而又强硬的个性。而这一点，恰恰是任志强的人格魅力之所在。

2. 采取“15 +15”租赁模式

任志强表示，从盈都开始，华远将有意识地加大持有物业的比重，“开发商也要做业主。拥有一部分物业，通过长期出租，收取租金获利。”他认为，收租物业将为华远开创一个新的盈利模式。

3. 院落归来的开发理念

“华远·静林湾”一个重要的设计理念就是注重对原有自然环境的保护和再利用，并在设计的过程中做到房子与周边环境的协调统一。“华远·静林湾”有成片的刺槐及榆树等原生树，为了保护好这块原生林，整个房子都设计成嵌入林中的形式，既保护了这块珍贵的原生林，满足了人们对于自然的要求，又增加了建筑的美感。

精华宝库

“房商网”新闻资讯

1. 广州“天河城”调整项目，商铺出租率已达100%
2. 管理风险考验“碧桂园”式新贵
3. 京城商用物业市场走旺，交易活跃

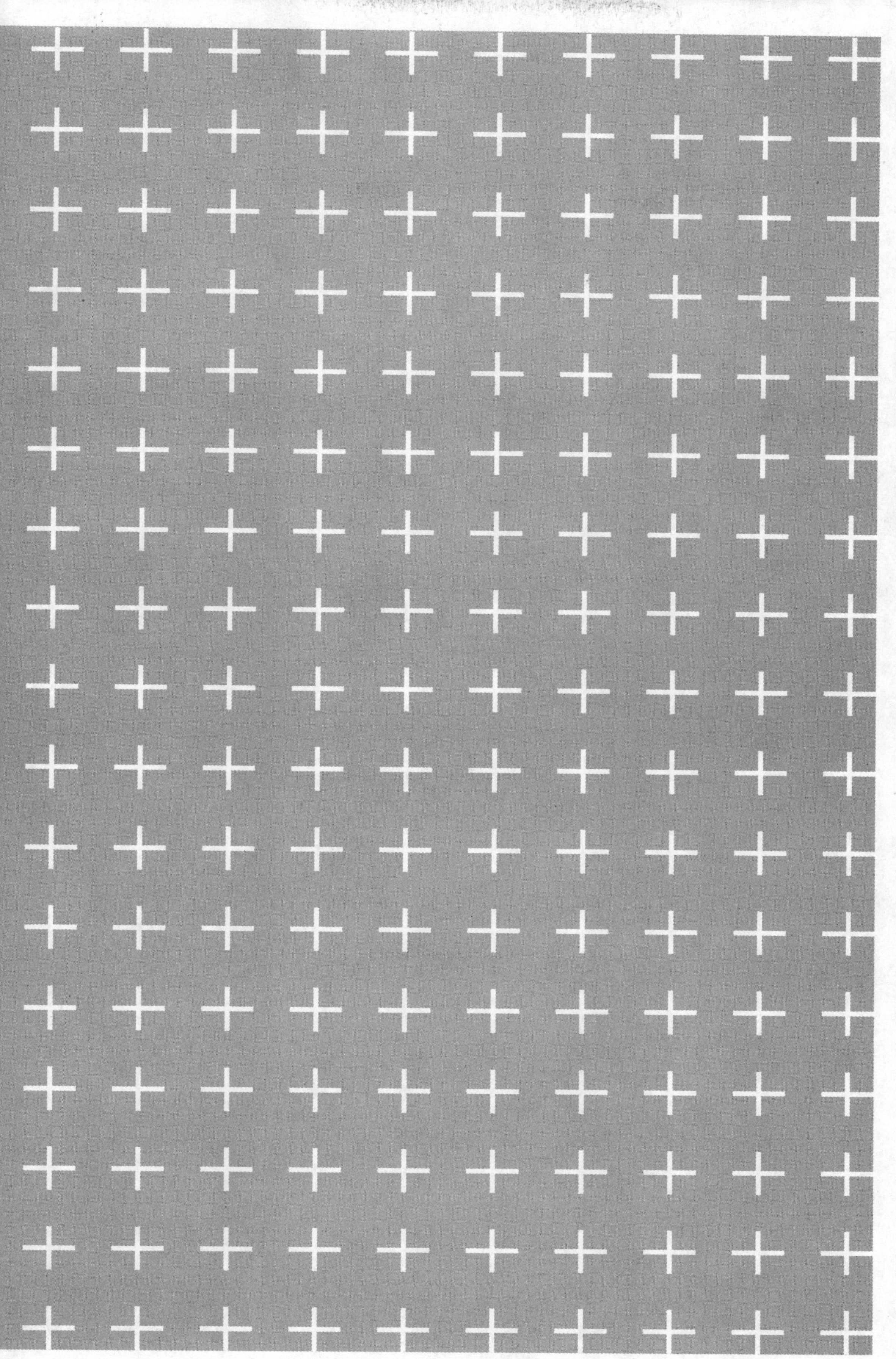

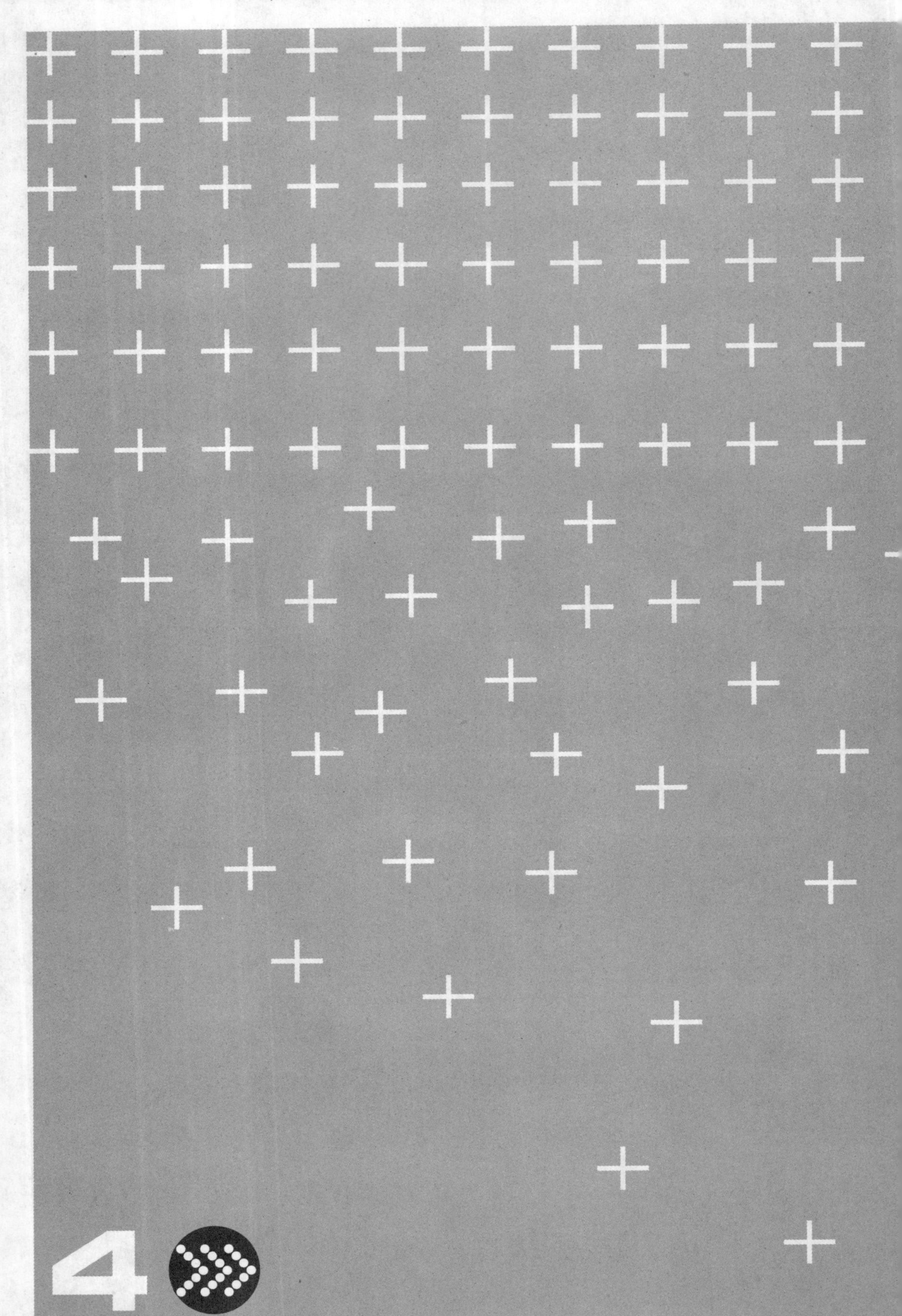
4

第四章
Chapter Four

冯仑和他的不断学习先进的万通

第一节 冯仑：风云地产的卓越思想家

作为20世纪末中国房地产业的风云人物，冯仑善于总结过去的经验教训，用以指导今后的动作，他的每一个行动似乎都有一个高深的理论依据。

第二节 万通：学先进、开创万通模式

万通地产跟泰达集团的战略合作可谓强强联手。泰达入资万通后，万通地产的总股本由原来的8亿股增加为11.08亿股，成为中国房地产市场总股本超过10亿元人民币的少数大企业之一。

第三节 案例：营销策划及营销借鉴

“万通双花园”项目可以定位为位于东二环、东三环和长安街围合中心，近邻CBD商务区，物超所值的生活社区。

“生活节”是万通地产的知名文化与服务品牌，活动以万通客户为主体，借以传达万通的价值和文化理念。

| 万通领导人：冯仑 |

作为中国房地产的风云人物，冯仑在业界一直享有“地产思想家”的美誉。作为房地产行业的创新者和开拓者，冯仑首倡将企业动作模式由香港模式变为美国模式，并通过战略调整将万通地产商业模式进行改良。

| 万通综述 |

实收资本和营业额双双居于行业前列

北京万通地产股份有限公司于1993年6月26日在北京注册成立，是北京最早成立的以民营资本为主体的大型股份制房地产投资企业，也是实收资本额最大的民营房地产公司。2004年3月，万通地产引进战略投资人——泰达集团，成为国内第一集群的知名房地产企业，实收资本和营业额双双居于行业前列。

| 万通特色 |

完善自我、创造辉煌、学习先进

企业价值观：以天下为己任，以企业为本位，创造财富，完善自我；
核心竞争力：“创新与前瞻”的强劲动力和“诚信与责任”的伦理价值；
企业姿态：学习永远是万通事业进步的梯阶。

| 万通成长业绩 |

开展引领行业的运动，打造领先概念

1999年起参与创建“中国城市房地产开发商策略联盟”，发起并推动“新住宅运动”；
2004年6月，万通地产参与发起首家由知名企业组成的NGO环保组织“阿拉善SEE生态协会”，积极承担企业公民责任；
2005年8月，公司组织了“万通地产阿拉善行动”，开赴阿拉善沙漠地区，进行绿色生态考察。

| 万通经典项目 |

开发很多高档商用物业和住宅项目

作为专业的房地产投资公司，万通地产先后成功开发了北京“万通新世界广场”、“中国国际航空公司大厦”、北京“通润商务会馆”和北京“万通中心”等知名高档商用物业项目；
同时也开发了北京“万泉新新家园”、北京“亚运新新家园”、天津“万通上游国际”和天津“万通新城国际”等高档住宅项目。

01

第一节 »

冯仑 风云地产的卓越思想家

- 黄埔校长　冯仑
- 性别　男
- 所在公司　万通集团
- 职务　董事长
- 个人简介　1959年生于陕西西安。1982年毕业于西北大学，获经济学学士学位。1984年至1990年期间先后于中央党校、中宣部、国家体改委任职。1991年创建万通。现任万通集团董事局主席，北京万通实业股份有限公司董事长，中国民生银行董事。
- 处事形象　游移于理想与现实之间的下海文化人
- 公众现象　中国房地产界的思想家、实践家
- 本色性情　有着浓重的学者情结
- 语言习惯　哲学思辨风格，出口成章，才思敏捷，有时略带“颜色”
- 业界感觉　说得太好，反而掩盖住了做出来的光芒
- 公众权力影响　★★★★
- 业界权力影响　★★★★

Chapter Four 第四章 冯仑和他的不断学习先进的万通

以冯仑的个性
及其在万通的作用而论，
把他比作房地产界的思想家倒也恰如其分。

冯仑·业界形象 THE IMAGE IN FIELD

房地产黄埔军校的校长

冯仑白手起家,当初一起创业的六个人后来各自成为房地产界的一方“领主”，万通也因此被称为“万通系”。冯仑的创业发展历程是他这一代民营企业家的代表，没有专业背景、不懂商业规则、创业过程复杂，可能还走过不是那么正道的小路。他们身上和他们的企业里都带着浓厚的“江湖气”，而这种“江湖气”正不得不在越来越规范化的商业环境中逐渐隐退。

1. 冯仑骨子里面具有理想主义的思辨精神

他有一种在先驱与先烈之间走钢丝的感觉，当冯仑意识到房地产行业要做品牌时，他率先就去做了，“新新家园”这一品牌的诞生和发展，有着某种幸运的成分，而不是逻辑

上的必然。虽然“新新家园”品牌项目也推出了几个，但受众很难用最简洁规范的语言说出“新新家园”品牌的内涵与外延。

2. 拿“理想主义”糊弄自己

冯仑曾经对传媒说：“我现在就是用‘理想主义者’这么一个词来糊弄我自己。也许别人觉得这是瞎掰的事儿，但是我觉得这叫做激励。用三句通俗的话来说呢，就是没事找事，把别人的事当自己的事，自己的事不当回事。我觉得我的个人财富不是回事。我真的觉得，如果需要你可以都拿走，没问题。只要对我的理想有帮助，什么都可以拿走。”

最早做万通的那批六个人（冯仑、王功权、王启富、刘军、易小迪、潘石屹）现在都有了各自的一份家业，但是他们关系尚好。

冯仑坦言，他们那一批人，都是有理想的人，一直到分手，从来都不是为钱吵架。这是真的。当初几个人创业也根本没有资本，只有借来的3万块钱，大家每个人凑一点，当时也不知道这叫股份还是什么，也没有公司法，也没有定产权，谁多谁少，大家都不计较。

通过冯仑的倡议，大家商量后就决定做个企业。但这种方式也没有影响大家。后来分开的时候，就是请律师按照股份核算，大家并没有因此闹矛盾。冯仑对此发挥了他幽默的特性，曾经直率地说，我们都是一些幸福的“前妻前夫”。

3. 善于培养人才，带出业界领军人物

冯仑善于用人，也善于培养人才。万通孕育了“万通六虎”等一批房地产英豪，当年与冯仑一起创业的潘石屹、易小迪已成为地产圈内领军人物，而曾为万通经理人的苏楠、赫伟、张民耕、姚军也多数在地产圈内有较大发展。

4. 文人中的痞子，痞子中的文人

创业者必须要有痞子心态。冯仑刚做生意不久，就碰到原来中南海的一个朋友，他说冯仑是：文人中的痞子，痞子中的文人。

几年后，冯仑也认为自己确实发现成功的人有两个重要的特点：

第一，三流文化人+一流的痞子。在这里不要狭义地理解痞子，这里的痞子的一个特点就是：行动主义。成功最重要的就是要做一个三流的思想者和一流的行动者。从这个角度来说，把痞子形容为行动这是最重要的，而不是不道德者。

第二，就是要有理想。有理想以后的痞子的行动精神就变成了为理想奋斗的不择手段。就是说，为了理想可以打破常规，不按常规做。

冯仑的经营价值观用他自己的言论可以总结为“一、二、三、四”四点，
他用这四个数字约束自己，
并用它们作为企业运作的执行标准。

冯仑·经营价值观 THE MANAGEMENT OPERATION VALUES

“一、二、三、四”理论

冯仑认为公司有两种做法：大众式健身型与刘翔式专业型。万通做的是刘翔式的专业型。万通做公司按照专业运动员的要求：第一，按公开标准，比如财务公开；第二，跑的动作要科学：科学的战略、科学的管理；第三，参与竞争，在竞争中完善、激发自己；第四，常练不停，即追求持续增长。换言之，战略导向、公司治理、产品价值、产品服务以及协同资源，这一套“活儿”做下来，就是专业公司了。对于万通企业的经营理念，冯仑也做了四点诠释，即“一、二、三、四”理论（载自冯仑的《风马牛》）。

1. 一条革命的道路

列数光阳，万通已历十载……环顾四周，思前想后，唯有“革命”一法。

2. 两手抓两手都要硬

要认识两种规律，掌握两种本领，挣两种钱。

3. 经典三点论

（1）民营企业三阶段

民营企业，其组织进化一定要经过三个阶段。第一阶段就是经常讲的“梁山模式”。民营企业在第二个阶段表现出组织进化的政府化、国企化、社团化。而第三阶段则是由此为起点变革建立起来的适合市场竞争的商业组织。

（2）企业经营三招式

最低水准是花拳绣腿，好看但不堪一击；第二阶段叫精专一门，可能十八般武艺只会使棒；第三境界是十八般武艺样样精通，但是你看不出哪一门最强，但最强的是能把十八般武艺融合在一起的这个功夫，而且这个功夫是任何人不能比的。

（3）赚钱三境界

最低境界是劳而无获；中间境界是劳有所获，你做一分工作，得一分回报，按劳付酬；最高境界，不劳而获，你能把各种事情都安排好，坐在家里就日进斗金，但这种事情不大可能，只能说曾经梦里有，现在没看见。

（4）三大革命任务

资本的革命、公司组织的革命、传统房地产商业模式的革命。

4. 四平才能八稳

（1）学习乌龟的四种特性

龟之所以长命百岁，与它的特性有很大关系：其一，龟总是紧贴大地，不是高高在上，高高在上往往容易跌下来，而龟不存在跌落的危险；其二，龟有壳，不怕碰撞，可以承受一定的压力，有抗风险的能力；其三，龟走路很稳，动作幅度小，这样能积蓄能量，减少耗费；其四，龟是很善的动物，从不伤害他人。龟身上确有值得学习的地方。

（2）四条基本经营方针

资本社会化、公司专业化、经理职业化、发展本土化。

（3）四步走的发展战略

按计划我们分四部分把所有的传统地产进行改造。第一，我们采用类似戴尔模式的运作方法营销住宅；第二，与房地产有关的所有服务采取虚拟社区；第三，与万科发起一个采购网站，运用B2B模式进行集中采购；第四，也是最重要的，就是管理层彻底年轻化，组织大规模培训，改造我们的思维模式，改造我们的组织架构，适应信息社会的要求，最终变成一个具有连续现金流量、低负债、高弹性、真正在资本市场上受欢迎的企业，那时再谋求上市。

只要有冯仑的地方就会笑声不断，
他总是能把专业的东西用生活化的故事讲述出来，
既生动又形象。

冯仑·领导智慧 THE LEADERS'WISDOM

善于说也善于钻研

1. 3分钟能说出别人一辈子也不会说的话

“就那么一句，不会说的，说一辈子，也说不出来；会说的，3分钟就能将这句话说出来。”

“尽管时间少任务重，但决不能照直说：‘我就缺钱，你给我投钱。’这就像谈恋爱，不能照直说：‘我就缺个老婆，你干不干？’还得先要谈风花雪月，谈理想，谈未来，而实际上就是缺一个老婆。"

"做大生意必须先有钱，第一次做大生意又谁都没有钱。在这个时候，自己可以知道自己没钱，但不能让别人知道。当大家都以为你有钱的时候，都愿意和你合作做生意的时候，到最后，你就真的有钱了。"

2. 潜心研究企业经

（1）按照目标，在特定的条件下，选择手段

"这种手段必须是要合法依规的手段。可是即使是合法依规也还有很多选项。偶尔一个小的规定，在没办法的情况下，必须要犯一点。因为社会在转型，规则本身就在变。政策本身不配套，也一直在变。但是这样做，企业不会死。当然犯规是很危险的。所以，在哪里切入，就是我们选择的做事情的空间，所谓手段的选择在这里，所谓不择手段也就是这个意思。"

（2）学会坚守，即可"剩"者为王

"海南曾经有1.8万家公司。我们肯定是倒数一百家之内。但是现在，我们是正数一百家之内。剩下的都死完了。但你想，这是我竞争的结果嘛？不是我把他们弄倒的。我没有收购他们，我什么都没有做，他们大部分都是自己犯错误了。

比如说德隆，他现在就跑到我后边去了。最后发现在整个过程中，大部分时间就是别人犯错误跑到后边，而不是我跑得快跑到别人前边去了。所以就是守得久，正所谓'剩'者为王。"

（3）不求做大，但求做好

"市场只有两种可能，升和降，维持在不动状态是很短的。现在有两拨人，一拨人判断其会升，一拨人判断其会降。那么只有一个结果，如果升，判断降的人可能就没了，判断升的人就发财了，这一下就拉开差距了。这样一来，哪些人就剩下来了呢？趋势判断正确的，战略是正确的，管理是有效的，人是安全的。最后剩下来的概率就非常小了。所以

说，并不是你把人家挤死的。

万通要做到的就几件事：第一，趋势判断正确；第二，战略正确；第三，资源要足够；第四，管理要好；第五，当然就是自己要珍惜，别老出事。我们企业之所以被排在前头，不是说我想做大，而是我把这几件事情都做好了。因此，一个企业的发展，最重要的就在于自己，而不在于跟竞争对手比。我觉得公司好是第一位，而好的标准就是股东回报。做企业一定不要把大当目标。就是说胖的人不一定跑得快。姿势正确才能跑得快，而且还不累。"

就算在非常严肃的场合，
冯仑也能说一些惊世骇俗的话，
来活跃现场气氛。

冯仑 · 个人营销艺术 THE MARKETING METHOD OF INDIVIDUALS

用哲学来影射楼市和生活

1. 冯仑善于经营自己

可以说冯仑是个很勤奋的人，他不断地发表经典言论，把自己经营得有声有色，他个人的《风马牛》电子杂志，更是属于走在时尚的前列。冯仑已经把自己当作了一个企业来经营，他个人的品牌就是企业的品牌。

冯仑以物喻企：做企业要么做大象，要么做小鸟

有一年我去非洲看野生动物。以前在动物园，游人悠哉悠哉地到处逛，动物被关在笼子里，游人高兴了还会扔个东西逗它们。在非洲，恰恰相反，游人被关进笼子(车)里，动物们千军万马——最多的时候有几十万只动物，一起轰地跑过来，把人吓得缩在笼子里。

人常说，百兽之王是狮子。在非洲我体会到，百兽之王是大象。为什么这么说呢？狮子要活下来，每天要吃大量的鲜肉，它的生存是以其他动物的死亡为代价。狮子吃完后，就会有豺狼、土豹等一堆“坏人”在后面跟着吃一些残骸剩骨。所以说狮子生存的成本很高。而大象不同。大象不争，吃的是草，草是成本极低的，所以从生存成本来讲，大象比狮子低得多。

此外，大象从来不主动伤害别人，与人无争，从不惹事，但如果狮子要惹怒了它，它会用自己的方式对付狮子：用长鼻卷起来摔、用象牙挑或用脚踩。除此之外，大象的自我防卫机能很强——皮非常厚！狮子一两口根本咬不透。暴风雨要来的时候，大象悠闲自得地吃着草，狮子却像犯了错误，出溜出溜地从大象脚边溜走。可见大象的抗风险能力比狮子强很多。

这就像做企业。垄断型企业，它的存在是建立在别的企业无利而死的基础上的，如同森林中的狮子。这给我三个启示：做企业第一是不争，不企图吃掉别人。我们不去寻求垄断的机会，不把自己的存在建立在别人痛苦的基础上，而是力求让所有的消费者、股东、员工以及社会各界都喜欢我们，认为我们是个不错的公司，大家都需要你。老子说“夫唯不争，故天下莫能与之争”，就是这个道理。第二，保护机制要好。不要让别人轻易伤害自己，像大象的厚皮。第三，不去惹事，但有事决不能怕事——大象在狮子面前绝不是弱势。

另外，还有一种动物给我的启发也很大，那就是洒脱的小鸟。狮子很伟大吧，但小鸟就可以站在狮子头上啄跳蚤，狮子烦了，抖一抖，小鸟就飞啦，很潇洒，高兴了又飞到了狼、熊的身上，反正是愿意飞到哪里就飞到哪里！所以，做企业要么做大象，要么做小鸟。如果像豺狼、土豹啊，又有敌人，自己又不断害人，累不说，随时还有死亡的危险。

2. 以研究商业哲学发表经典来制造行业影响力

冯仑是一个以奇谈和奇想著称的地产大腕。这与他本人的爱好有关。他喜欢与学界、文化人士、甚至演艺人士交往，他说他只是想找到另一种商业注解，来证明自己的理论。正是因为这个特性而使媒体和行业人士对他刮目相看，大家视他的言论为经典地产哲学思想。江湖上流传的冯仑的段子被行业人士津津乐道。

（1）人一生的四个必修课

"人一生有四个必修课（大家不一定要去做），一是坐牢一年无罪释放，千万别埋怨政府，这一年让你想清楚了是非；二是癌症误诊，知生死；三是离异无子女，知爱恨；四是SARS误诊，知人心不古，世态炎凉。人必须要有特别的经历才明白道理，才不紧张。"

（2）承诺要付出的时间

"准备一件事，一个公司，其价值往往并不取决于它本身，而是取决于它所存在的时间，生命力越久就越有价值。一个伟大的人或者杰出的企业家，要想拥有未来的事业，首先要对准备付出的时间在内心有一个承诺：是一生一世，是半辈子，还是三五年。"

（3）历史就是要委屈一些人

"历史就是要委屈一些人，它让你死，你就死了，这就是历史的代价。对于历史的进步来说，个人不能有公平不公平的抱怨，如果牺牲你，就牺牲你了，对于历史的进步来说，这是太小的一件事。如果剩下来了，也不是个人的能力，而是大时代的选择，所以要惜福感恩。"

（4）成功定律

"把丧事当喜事办，把痛苦当作男人的营养，把时间当作腌咸菜的咸菜缸，我就做缸里的咸菜，直到熬得变了味，就成功了。"

（5）伟大在于忍耐和坚持

“一个人、一个公司，但凡要成功除了价值观正确，关键就是毅力。没有像阿拉法特神话和传奇般的毅力，就没有他伟大的事业。人必有坚忍不拔之志，才有坚韧不拔之力，敌人必自强而后强人。”

冯仑所提出的地产概念，
都会引起地产界的强烈反响，
为中国房地产行业的发展注入了全新的文化内涵。

冯仑·地产领先概念 **THE LEADING CONCEPTS IN REAL ESTATE**

引领地产模式的变革

1. 新住宅运动

冯仑于1999年与深圳万科的王石、河南建业的胡保森、华新国际的卢铿等联合发起并成立了中国首家房地产策略联盟机构——中城房网，并发起“新住宅运动”。这项运动的宗旨在于推动国内高品质的住宅建设，通过住宅产业的创新来引发社会的文化创新，在业界引起了极大的反响。

2. 地产第二模式

冯仑倡导的地产第二模式，即成立专业性的房屋供应商，采用戴尔模式营销住宅，进行风险投资融资，发起采购网站运用B2B模式进行集中采购。第二模式跨越了资本结构合理化、规模构筑大型化的传统模式，为中国地产提升国际竞争力和市场化水平做出了积极探索。

Profound reflection

本节思考

为什么冯仑的哲学思想在地产界产生如此大的影响?

The leaders' sayings

管理休闲吧

冯仑看待原罪问题

冯仑说，按照“万通定义”，民营企业的原罪即在做企业第一天的时候所犯的错误。这个错误就是民营企业家往往在下海的时候没有钱去投资，没钱投资就得借钱，所以任何一个民营企业没钱去投资的时候，它做的第一件事就是错的，从第一天开始民营企业的资产负债率就超过百分之百，这个财务上的结构就导致了后边所有的问题。

比如，由于一开始大家都没有出钱，就容易导致权利的合法性受到挑战；钱赚下来怎么分，在权力的合法性上就没有保证。于是，民营企业的组织结构变成江湖组织，而江湖组织带来江湖上所必然有的问题就是拥兵自重，根据个人的资源控制局部，导致了企业进一步的加速扩张，这个时候债务问题又没有人管了。

冯仑指出，由于原罪带给民营企业的影响，第一是暴利化、高负债倾向，第二是造成了组织结构的不稳定，第三是造成了多元化发展思路。

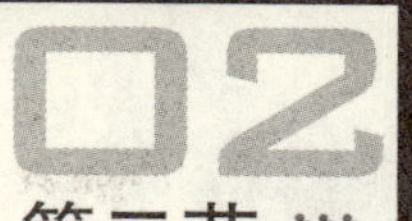

第二节

万通 学先进、开创万通模式

一、经营理念：在坚守与变迁中创新

用冯仑自己的话来说，万通在房地产行业经过了三个阶段：第一阶段是原始积累阶段，主要做房地产的快速投资、包装、交易，把大量现成和半现成的房子买来后加工卖掉。第二阶段比较盲目，主要进行多样化、多产品、多地区的投资。第三阶段是凝聚核心竞争力。主要体现在改造传统开发模式的同时，形成不同于其他地产公司的核心能力。伴随着万通的发展，万通的经营理念也形成了坚守与变迁。

理念之一：守正出奇，顺天应人

“守正出奇”是万通永续经营的根本战略原则。所谓“守正”就是遵循客观经济规律的引导，依法、依规，老老实实办企业，消灭一切多余动作，而“出奇”则是在“守正”的前提下进行主动性和创造性的变通。

理念之二：学习是进步的前阶

为了“学好”，万通一直最重视学习。早在1999年，万通就提出了“创新一步、领先一步”的理念，坚持践行“万通的生命在于创新，学习永远是万通事业进步的阶梯”的指导思想。

理念之三：创新一步、领先一步

万通地产以全球市场作为经营的平台，从国际视野出发来审视国内市场，以国际标准制定公司经营准则进行开拓性发展。

箴言 MAXIM

任何创新者应以中国的优秀文化内核为基础，始终体现中国企业的经营理念和风格特色。

万通以国际规范标准来实现经营和管理，使其具备跨文化、跨地域、跨市场的专业素质和执行能力。以守法经营为准则，以国内经营环境和商业规则为基准，以对本土市场的洞察力和适应力为推动力，建立在本土市场的领先地位。

创造最具价值的生活空间，着眼于对客户工作与生活状态全方位的思考与系统服务，既考虑“工作空间”的舒适、便利、智能与人性化，又为“生活空间”提供整合服务，不仅秉承“创新一步、领先一步”的经营理念，更提出了对前瞻力的要求。

随着企业发展阶段的变化，万通的理念也在不断变化，但在这不断变化的理念当中，却有一个永恒不变的主题——创新。无论是“守正出奇”中的“出奇”理念，还是“创新一步、领先一步”中对创新与领先的诉求，抑或是“创造最具价值的生活空间”中对创造力和前瞻力的追寻，万通在一次次理念变革中，将对创新的追求推向更高层次。

二、发展战略：从香港模式转向美国模式

几年中，万通地产研究了全世界所有房地产企业的商业模式，并请专业咨询公司，做了分析、论证，最终形成了万通新战略。这个战略的核心是改变商业模式，使万通地产由房地产的全能开发商转变为房地产的专业投资公司，并形成企业一整套系统的管理、经营体系。这个战略能够帮助万通地产增强企业的反周期能力，使万通地产成为盈利最多的房地产公司。

1. 改香港模式为美国模式

为了找到合理的商业模式，万通用一年多的时间研究了全世界各种房地产企业的商业模式，包括日本、美国、加拿大等国外的成熟房地产企业的商业模式，还有国内的万科、华远、珠江、合生创展等公司的商业模式，万通发现，虽然中国28000多家房地产企业大多采用的是香港模式，但实际上美国模式更适用一些。美国的房地产开发模式并不是像香港模式那样走拿地、盖房子、销售、物业一条龙的全能开发商道路，而是走投资、开发、物业、经营相分离的专业化道路，既便于管理，又能灵活地规避经济周期的影响。

2. 万通开始战线收缩

走高度扩散的路子不适合自己，要发展只能另寻他途。于是万通的战线开始收缩，确定以后公司的专业方向仍然集中在房地产领域，做自己擅长的事情。

(1)改串联为并联万通4大事业部支撑美式运营

由于全民参与化解了资金高度集中带来的危险，也容易抵御由经济周期带来的风险。冯仑勾画的万通未来蓝图只专注于投资房地产领域。原先是拿土地→开发→销售→服务的串联方式，现在改为房屋—土地—商用物业—服务的并联方式。

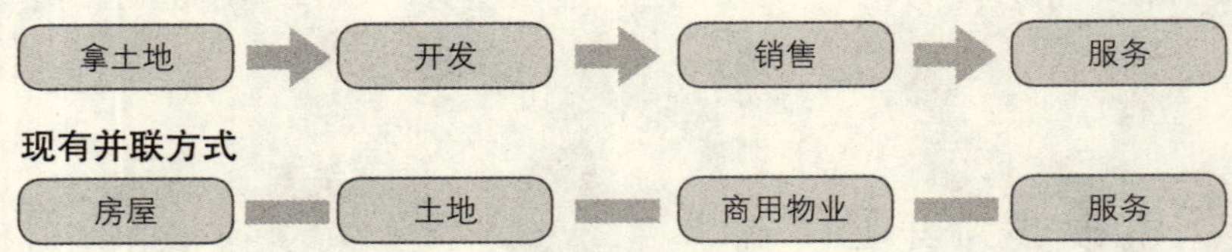

(2)万通下设了四大事业部，分营四大业务

① 住宅建设业务

万通不是像国内其他很多房地产公司一样先找地，找到地以后再考虑能在这块地上建什么项目，而且从经济适用房到高档公寓无一不做；而是有选择、有针对性地专门提供高端住宅和公寓。实际上这部分业务就是以往万通地产的住宅开发业务，但是住宅建设事业部不负责储备土地，所备土地只用供自己在2～3年内开发就够了，需要土地时就向土地开发事业部或者其他公司购买，因此其收入来源主要不依靠土地，而是寄望于住宅本身的高品质带来的附加值。住宅建设事业部专注于以“新新家园”为高档住宅物业核心开发产品，形成以产品质量和成本控制为核心的竞争能力，通过品牌的经营和稳健的扩张，保持其在高档住宅产品开发中的领先地位。该事业部的发展区域为以北京为中心的环渤海区域、以上海为中心的长江三角地区及其他有快速发展潜力的地区和中心城市。

② 土地开发业务

土地经营事业部专注于土地经营业务。该事业部对土地进行成片规划和基础设施投资，并以此带动土地的多样化经营，改变传统存货式的消极储备土地方式为经营性的积极储备方式。

③ 商用物业业务

商用物业事业部专注于以“万通中心”为核心产品的商用物业的开发和经营。“万通中心”是集高档写字楼、商务酒店、服务式公寓和商场为一体的建筑综合体。该事业部通过标准化的产品设计和经营模式在全国进行投资和组织实施，最终通过商用物业的租售经营获得稳定的现金流。

④ 个性化定制服务业务

“个性化定制”是根据客户的需求，为其提供的从寻找土地到设计、施工、财务安排直至交付使用等一系列量身定制式服务。定制的物业形式可以是独立住宅，也可以是办公、商业、学校、酒店等各种独立物业形式。

当房地产开发的一个完整流程被分解成很多小的流程以后，每个小流程完成的时间大为缩短，所以万通的四个事业部大大缩短了资金周转的时间，促进了资金变现的速度，也降低了各环节的风险。

（3）改变收入结构

如果万通的收入有50%以上来自租金与服务收入，那么经济波动只会减少利润，但是不会有致命问题，这样万通会把财务综合的负债率降到30%左右。这次转型帮助万通解决全能开发商在资本市场上的很多困境，比如说资产规模跟经营业绩的反比关系。

由于转型，万通在收入构成方面也将发生结构性转变：冯仑最终将开发的收入控制在50%以下，近几年内，会把长期收租和土地服务的收入提高到50%以上。

三、企业文化：注重感恩与反省

在强调创新的同时，倾注于关注客户利益，提倡感恩和反省是万通企业文化的一大特色。独具特色的“万通感恩日”和“万通反省日”就是这一文化的最好体现。

从2000年以“真情感恩，用心回报”为主题的首届“万通感恩日”，到2003年弘扬“企业价值与社会责任”的“万通感恩日”，再到以“感恩客户”为封面语的新一期万通《生活家》可以看出，感恩客户、感恩员工、感恩股东、感恩政府是“万通感恩日”主要的服务内容和实践理念。

万通分三个阶段推动的“万通反省日”，则将反省的内容从对历史的检讨扩展到对现在的反省，将反省的范围从高层扩展到全体员工，在反省中改正企业所犯的错误，尊重客户、尊重投资者、尊重市场。

通过感恩与反省理念，万通在教育企业员工尊重客户、尊重市场规律的同时，也在警醒着业内人士，只有真诚地从企业利益相关者的切实权益角度出发，企业才能真正做到持续发展。毕竟，优秀企业不能总是依靠好的市场环境牟利，还需要去尽责。只有在竞争激烈的市场环境下生存壮大的企业才能真正称得上伟大。

四、融资策略：学先进、傍大款、走正道

“学先进、傍大款、走正道”。这是万通集团董事局主席冯仑在2003年伊始许下的一个心愿；16个月以后，他如愿以偿。

ATTENTION

“万通的真正价值不在于它所拥有的资本和创造的利润，而是它所秉持的理性的判断精神。这种判断精神，首先是对自我的内省和解剖，是一种‘反求诸己’的功夫。”

——冯仑

万通地产跟泰达集团的战略合作可谓强强联手。泰达入资万通后，万通地产的总股本将由原来的8亿股增加为11.08亿股，成为中国房地产市场总股本超过10亿元人民币的少数大企业之一。

1."恋爱"过程

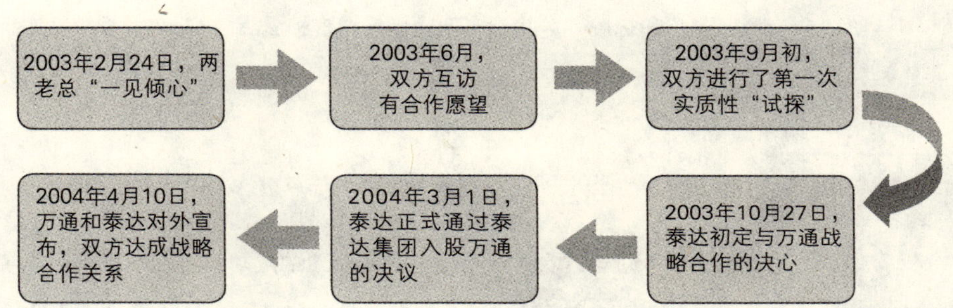

万通当时只是想做一次国内私募，经过东方高圣介绍，2003年2月24日，泰达董事长刘惠文和万通董事局主席冯仑在东方高圣的上海公司首次会晤。泰达和万通各自在地产业的勃勃雄心，使国企老总刘惠文和民企地产巨头冯仑两人"一见倾心"。

4个月后，刘惠文等泰达高层亲赴万通，通过对万通各项目的细致考察，泰达对万通地产项目运作的专业能力高度认可。5天后，万通高层也到天津，对泰达的实力和天津房地产市场进行了了解。通过互访，双方均认识到，彼此在体制、结构上有很强的互补性，于是产生了共同合作开发天津海河工程的愿望。

2003年9月初，双方进行了第一次实质性"试探"。在讨论了双方的合作方式及天津项目公司的设置、公司治理结构后，泰达、万通联合成立了天津项目联络小组，万通委派天津项目小组进驻天津，进行天津房地产市场的前期调研。

借助天津海河两岸综合开发改造的契机，万通短短一个多月就完成了《天津三岔河项目可行性研究报告》。2003年10月27日，万通的天津项目小组在万通总经理许立带领下，赶赴天津向泰达方面汇报调研情况。泰达几乎详细观察了万通前期工作的所有细节，就此初定与万通战略合作的决心。

两周后，泰达与万通就双方战略合作的各类协议进行了第一轮深入细致的谈判。整个

竞争优势的秘密是创新，这在现在比历史上的任何时候都更为重要。创造力对于创新是必要的，公司文化应该提倡创造力，然后将其转变成创新，而这种创新将导致竞争的成功。

谈判过程，两种体制的碰撞和摩擦时不时会暴露出来，但双方的情感“火花”却因此点燃。经过两轮谈判，2004年3月1日，泰达控股办公室终于正式通过泰达集团入股万通的决议。

2004年4月10日，是万通和泰达的“良辰吉日”。天津泰达集团与北京万通实业在北京中国大饭店对外宣布，双方达成战略合作关系。根据合作计划，泰达集团全额认购万通地产增发的3.08亿股，并将拥有万通地产增资扩股后的27.8%的股权，成为万通的战略投资人。

2.“西游记”模式

对于这次国有企业与民营企业的成功结合，泰达集团董事长刘惠文曾有一个生动的比喻，即“唐僧”（国有企业）收编“孙悟空”（民营企业），帮其修成正果。外界也借此戏称两家的合作是一种“混合经济”的“西游记”模式。

作为历经多年成长起来的新国企，泰达的优势在于信誉好、资源多、管理规范；万通是在房地产市场打拼多年的知名民营企业，其长处是机制好、创新强、贴近市场。可以看出，国有企业的长处就是民营企业的软肋，而民营企业的长处恰好是国有企业的痼疾。一个有资源，缺机制；一个动力足，但缺资源。

这两种机制混合后，民营企业可以从边缘走向主流，国有企业也弥补了体制短处，双方取长补短，共同提高了核心竞争力。国有企业如能效仿唐僧，把富有创新精神的民营企业——“孙悟空”融合到“西天取经”的伟大事业中来，“孙悟空”可以从边缘走向主流，“唐僧”也弥补了体制短处，提高了核心竞争力。

万通与泰达今后的合作模式已基本确定下来，即泰达作为资源战略导向，着眼于征地和成片的土地基础设施、市政和其他公用资源的配置，万通做产品和服务，更侧重于产品开发、营销、管理和后续服务。这样就避免了专长重叠所造成的冲突和争议。

3. 尚待“结果”的“婚姻”

2005年4月18日，泰达与万通就“泰达时尚广场”在天津签署了合作协议，这是万通、泰达就具体项目的第二次牵手。“泰达城”和“泰达时尚广场”，这两个项目均是超过100万平方米的城市综合体，分别由天津泰达万通房地产有限公司和天津万通时尚置业有限公司运作，万通地产在与泰达合作开发的“泰达城”和“泰达时尚广场”中分别占60%和70%的股权。这两个项目已经成了天津“创造完美生活空间”的样板，也是万通与泰达“结婚”一周年所孕育出来的“龙凤胎”。2005年“五一”期间，位于“泰达城”的“万通上游·国际”也正式开始接受内部咨询认购。

众人评说万通、泰达合作

万通地产总经理：许立

泰达集团成为万通地产的战略投资人，不仅是万通地产新战略发展实施的需要，也是双方战略合作的需要。泰达入资后，将使万通地产新战略的实施得到更好的保障，促进万通地产全面向好公司、大公司升级，同时，万通地产借助泰达的地缘优势与资金实力，大规模进入房地产市场增长迅猛的天津，为万通地产开辟了极具潜力的新兴市场，提升了房地产业务跨区域开发能力。同时，万通地产将依托“京津冀一体化”的政策背景，实现市场扩张，在京津地区打造万通地产强势品牌，逐步将万通地产打造成为中国的“专业地产航母”。

而泰达集团投资万通，除了共享万通高速发展带来的丰厚投资收益外，多方面的战略合作还可以创造巨大的协同效应，借助万通在地产业的专业能力，泰达整合其在天津的房地产业务资源，能够加速实现泰达土地储备资源价值的转化。

泰达控股董事长：刘惠文

泰达集团作为战略投资人进入万通地产，看重万通地产的是专业团队能力，也看重了万通和泰达之间的优势互补。

万科集团总经理：郁亮

从目前来看，泰达—万通模式是房地产企业合作的最佳模式之一。

北京大学光华经济管理学院教授：张维迎

这种资源整合的模式实质上是一种体制创新，它一方面体现了房地产行业企业做强、做大的趋势，体现了房地产由单纯项目公司向可持续性发展的大公司转变的趋势，体现了资源和能力相结合的动向；另一方面，又是混合所有制在房地产领域的一次有创新意义的尝试，是国有企业入股民营企业，实现混合所有制并且继续保证民营经营机制活力的一次很有价值的尝试。这种混合所有制企业如果发展得好，甚至可能成为中国的“产业整合者”。

北京市华远新时代房地产公司总经理：任志强

除了解决资金问题以外，泰达还有更多的资源和万通进行合作，这两个企业可以在融资之外实现资源互补，创出一条新的合作之路。过去我们看到的多是民营企业如何去改造国有企业，现在则更多看到国有企业与民营企业或者是专业化的企业相结合，提出新的要求。不但要在资本市场上结合，扩大资本金额，也要解决资金利用的问题。只有解决好这两个问题，才能用其他的方式迅速地使自己的企业跨过各种各样的瓶颈而成为最重要的企业。

Profound reflection
本节思考

用“傍大款”的方式融资有哪些好处?

The leaders' sayings 管理休闲吧 +02

冯仑谈民营企业原罪问题的解决

冯仑说万通集团的做法非常简单，即缩小规模，把资产负债表做小，不要追求大，把那些该清理的东西都清掉，承认小买卖就是小买卖。具体说有以下几种方法。

首先是战胜自己的虚荣心，用常识来战胜常情。真正认清楚自己的企业是个什么状况，在市场竞争当中处于什么位置，面对报表，实事求是，然后把规模缩小，按照正常的民营企业的常识去做。把那些多余的动作、多余的资产、多余的想法全部都割舍掉，事情就变得非常简单，接下来就会顺利地产生新的发展。

其次，借助外部的力量，并购也是一个出路。最后，根据政府的设置，所谓“一刀切”，多少年以前的事不追究了，多少年以后的事从此按规矩办，诸如“变相赎买”方案等。

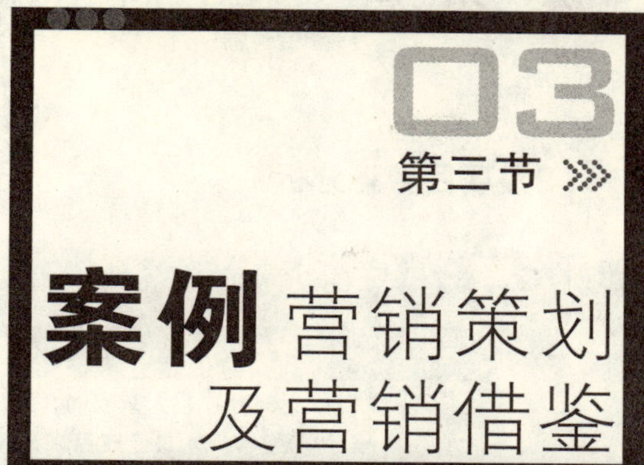

一、营销策划："万通双花园"项目方案（节选）

1. 项目的SWOT分析

（1）项目优势分析

项目优势分析

优势构成	具体内容
地理位置	① 本项目位于北京市广渠门桥东北部，该地域历史悠久，人杰地灵，是北京古代文明繁荣昌盛的见证； ② 本项目近邻CBD南缘，位于东二环路旁，北距建国门外大街500m，西至建国门，东到国贸。项目具有明显的商业地理位置优势
价　　格	本项目的价格在进行适当调整后，相对于周边的项目在性能和价格比方面具有优势
开 发 商	开发商具有比较强大的实力
施工程度	工期完成，已现房入住
水　　景	近临通惠河，具有水景优势

（2）项目劣势分析

项目劣势分析

劣势构成	具体内容
R5~7号楼外立面、户型等方面存在不足	① 大部分户型为东西向，南向户型较少； ② D型客厅入口无直接采光； ③ D型客厅不方正，不好布置； ④ A型客厅入口无直接采光； ⑤ A型客厅不方正，不好布置； ⑥ 装修标准低，窗为钢窗； ⑦ 使用率低； ⑧ 外立面陈旧； ⑨ 价格高
016号楼户型等方面存在不足	① 户型非南北向； ② 厨房为三角型，影响使用； ③ D户型采光差；
环境较差	① 本项目现有的环境尚处于建筑周期中，环境较为脏乱； ② 有拆迁空地，使客户感觉建设工期长，入住后会受到干扰； ③ 服务人员素质不高； ④ 周边缺乏中高档餐饮
其他问题	①车位少； ② 总体规划环境没有体现； ③ 南面尚为北京重型机械厂，居住环境不安静； ④ 项目距离主路较远； ⑤ 没有明确的物业管理； ⑥ 项目北侧临近铁路，影响小区内居民尤其是北侧居民的居住

（3）存在的机会

CBD园区开始大规模建设，本区域南面土地大规模开发，土地已经升值。

（4）面临的威胁

区域市场的潜在供应量不断增加，而市场需求有限。

“万通双花园”项目的客户定位为讲求实惠、理性购房的35岁以上人群。

2. 销售方案

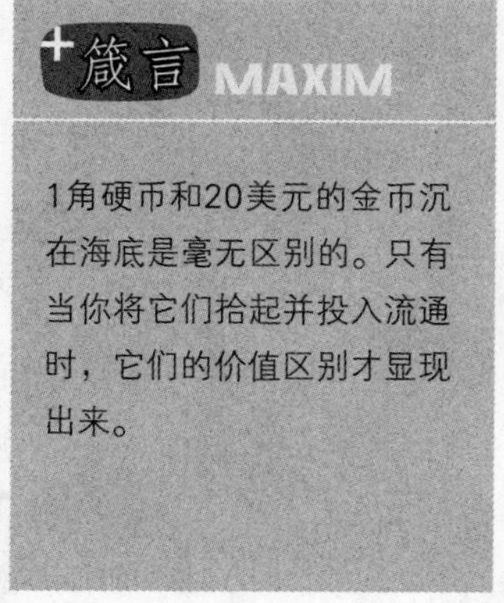

（1）目前存在的问题

① 高标准的楼宇和普通住宅区的矛盾

本项目016号楼的定位比较高，外立面采用三段式设计，风格现代简约；颜色使用橘红色和白色搭配，醒目而明快；白色塑钢窗搭配绿色玻璃体现高档典雅；外飘窗的设计不但使外立面更加丰富，也增大了室内空间的使用率。内部装修均采用了档次较高的设施和配置，如TOTO洁具、富士电梯、森德散热器、楼宇对讲设备等。

而本住宅区由于历史的原因，目前更符合一个普通的住宅区域的标准。现有的多层住宅均为较早的设计，外立面设计普通，装修各异，有些家庭使用了铁栅栏。小区内部道路尚未成型，绿化少，缺乏园艺小品，尚没有充足的车位。

如果016号楼以高档次项目面市，需要解决高档次楼宇和普通居住环境之间的矛盾。

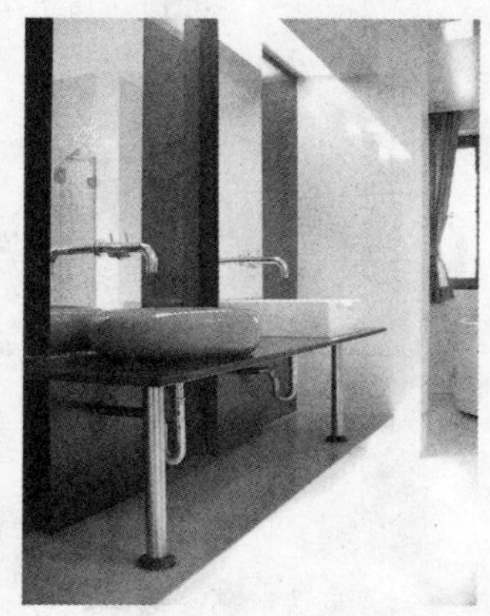

② 新楼和旧楼之间的矛盾

本次拟推出R5~7号楼和016号楼的四栋楼。R5~7号楼建设较早，设计标准、户型、装修等均使用较陈旧的标准，016号楼建设较新，在外立面设计、户型设计和装修等方面更符合目前的要求。

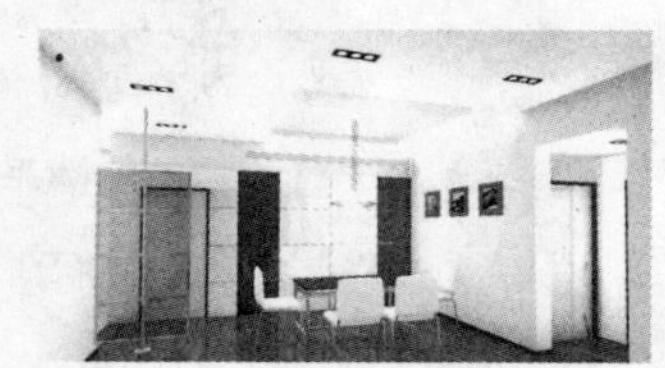

这两个部分本次同时推出，在营销和宣传推广上要做到协调和统一，解决产品之间因差异而存在的问题，互相促进，以达到同时销售的目的。

（2）项目定位：东二环、东三环和长安街围合中心

该项目可以定位为位于东二环、东三环和长安街的围合中心，临近CBD商务区，物超所值的生活社区。

项目这样的定位不但突出了本项目所处的极佳的地理位置，同时也屏蔽了本项目由于远离主路、环境较差而对客户造成的不利的心理影响。

（3）客户定位：讲究实惠、理性购房的35岁以上人群

——讲究实惠、不盲目追求品位和概念，理性地考虑投资与购置产业；

——购置产业的衡量标准以物有所值、物超所值为依据，购买面积不会太小，也不会太大，而是以适合居住为主；

——人群的职业多种多样，工作地点不拘泥于本区域周边，该人群的虚荣心不强；

——这类人群一般经历丰富，见识宽广，虽有实力，却不会外露炫耀，同时本项目目标客户对于项目区域具有很强的认可心理；

——人群年龄在35岁以上，在家庭和社会中均承担重要责任。

（4）价格方案：在销售中进行合理的销售控制

新楼的外立面现代简洁，居室设计合理，使用率高，而价格比旧楼低，客户的选择意向会向新楼倾斜。

另外，为了使客户能够对旧楼选择更有倾向性，可以对现有的价格体系进行一定调整。

调整后的价格体系更能突出旧楼的性价比，同时避免新楼和老楼的价格竞争，使新楼和老楼同时体现物有所值、物超所值的特点，以体现本项目的均好性。

（5）销售策略：以一种推广主题贯穿各营销阶段

① 推广主题

本项目的推广主题可以围绕几个方面开展：与东二环、东三环和长安街的距离均不超过1000米；全新入市，现房开盘；发展商实力与信心的强势体现。

户型面积合理、物有所值的二环住宅。

② 阶段营销重点

各阶段营销重点

销售阶段	营销重点
售前阶段	① 尽可能多地了解客户的需求； ② 扩散与项目有关的积极信息
售中阶段	① 加强对销售有效反馈信息的分析； ② 对每一阶段的营销策略进行检讨、修正
售后阶段	针对每个成交的客户，把售后服务提前到客户签约的时候，换句话说就是在重视销售工作的同时，重视客户服务工作

③ 销售周期

销售周期

入市准备工作	具体内容
入市时机	在营销方案制定完成的基础上，尽早入市
入市产品及入市量	由于入市初期项目还没有明确的形象及知名度，首推总价较低的户型，推出的总量控制在一期总量的20%左右，如果销售势头良好也可增加供应量。具体的计划另行确定
销售周期及销售目标	在销售周期内完成1.5万m^2的销售面积

ATTENTION

为了避免新楼销售快、旧楼滞销的局面出现，保证发展商利益最大化，必须在销售中进行销售控制。

④ 销售渠道与手段

销售渠道与手段

销售手段	具体措施
主流媒体上发布广告软文与新闻宣传	选择报纸、电台等媒体进行宣传
有效做好客户链工作	举办客户联谊会、给客户赠送生日礼品等方式
有效选择沟通渠道	在目标客户经常出入的场所举办项目公关推广活动，在一些定向投递的杂志上做广告
举办各种活动，进行销售宣传	① 组织房地产展示会和客户联欢酒会等； ② 到一些目标客户相对集中的写字楼举办项目介绍专题活动，组织有意向的客户参与讨论
网络销售	本项目是有一定超前意识的时尚房子，所以运用最先进的手段是必须与必然的

⑤ 促销策略

促销策略

促销策略及手段	具体措施
项目的营销主张	为了更好地做好营销工作，必须让项目有一个新鲜而有力的主张，以使项目的推广销售更连贯、更有影响力
项目包装	要注意与项目的现有条件相吻合，注意工地现场的包装、样板间的装修建材选择、家具的摆设等
其他吸引客户的方式	① 本项目的首付款能降得较低，会对他们有很大的吸引力； ② 拿出少量房型在开盘时以零首付吸引客户； ③ 对于其他客户提供八、九成按揭
宣传方式选择	① 项目推广初期，以大众媒体为主，同时配合一些软性新闻炒作，以灌输方式，快速提高项目知名度； ② 中期要适时加入各种活动，通过互动沟通的方式，把潜在客户从被动选择产品改变为主动参与活动； ③ 后期通过多种渠道利用现实客户的现身说法，感染市场
物业管理公司的选择	为了鲜明区别于周边面向拆迁户的其他物业，一个好的物业管理形象是必须的。这是给予购房者信心的保证

（6）现场包装

① 售楼处包装

售楼处包装

包装设置	包装措施
售楼处前台	① 接待台应靠近售楼处的入口，沿墙摆设，并不宜正对大门； ② 接待台的形状可根据售楼处现状采用长条形或弧线形，色彩鲜明，并且要与整个售楼处的色彩协调； ③ 接待台的材质不必很高档，采用具有一定硬度、不易变形的板材即可； ④ 接待台正面的颜色应与项目的LOGO相符
售楼处背板形象墙	可以用木材、石材、金属镶嵌而成，上面应有项目LOGO和名称
文件资料	售楼处应选择适当的位置摆放有关项目的法律文件和相关资料，如：“五证”、售楼书、质量保证书、房屋使用说明书、物业管理公约、客户通信录、小区生活指南等
看板	内容包括开发商的简介、物业管理公司简介、项目总平面图、立面图、户型图、以往开发项目图片、新闻媒介的报道等
销控板	除了传统的销控板以外，还可以采取计算机的销控方式。通过这种方式，客户将更加全面地了解销售进度，从而显示出项目的整体专业化水平与时尚特征
沙盘模型	需要做一个能全面反映社区规模和环境建设的沙盘模型，特别注意景观设计，模拟真实的景观效果，让客户感觉到社区将来的发展和规划
销售人员、保安员、保洁员服装	销售先生穿深兰色西服，销售小姐穿与项目LOGO颜色相协调的职业套装。保安人员的服装应该体现认真、活动自如、亲切的特征

② 样板间

样板房的布置要温馨，充满生活气息，引起客户的购买欲望，发挥其心理暗示的作用。

——本项目样板间的布置总体上体现一种现代、简洁、实用的感觉；

——对于户型中不好用的区域，尽量通过家具的摆放、装饰物、色彩运用、搭配、光线的角度等来进行弥补；

——在每种户型的入口处用标牌注明其为几房几厅几卫、建筑面积、使用面积等；

——有关样板间装修、装饰的一些示例。

③ 工地现场包装

工地现场包装

包装内容	具体措施
工地现场围墙	工地现场围墙对于本项目来说是一个生动的广告载体，故应在此下大力气，使其色彩鲜亮且极具项目的特色
工地现场广告牌	除了精彩的创意和完美的图片外，还要采用整幅电脑喷绘的制作工艺，这样才能达到吸引客户、展示形象的目的
现场悬挂物	在工地现场要采用品种丰富的宣传悬挂物，色彩要鲜艳，对比要强烈，这样才能刺激人们的视觉，烘托现场气氛

④ 小区导示系统

小区导示系统

导示系统	具体措施
小区入口设置的引导标志	由于小区目前周边小环境较差，所以在东三环入口至本项目样板间的沿路要设明显的标志牌，可以选择路旗或灯杆旗，一定要注意该标志牌与项目形象相符
区内设施	当小区成为现房后，区内的每一件设施均应与项目形象相符
公共告示牌	小区内的公共告示牌应具有一定的特色，要设定一种形象，尽量区别于其他项目

3. 宣传推广方案

（1）纸制媒体选择建议

由以上分析及本项目特点得出，本项目的广告应以本项目客户群经常阅读的《北京青年报》、《北京晚报》为主。

"万通双花园"项目的客户定位为讲求实惠、理性购房的35岁以上人群。

样板间的布置要温馨，充满生活气息，引起客户的购买欲望，发挥其心理暗示作用。

① 《北京青年报》

其房地产广告量非常大，备受房地产界青睐，其硬广告之外的其他广告形式也逐渐具有了一定的权威性，可在该报上做软性新闻报道，故将该报作为本项目宣传中的主选。

② 《北京晚报》

近年来房地产广告宣传的势头有明显加大，客户已渐渐从心理上接受其作为房地产的专业媒体，由于其客户群非常大，所以其影响力不容忽视。

③ 《精品购物指南》

《精品购物指南》是老牌房地产专业媒体，目前在购房群中仍具有很大的影响。

（2）户外广告

户外路牌广告为本项目重要推广方式之一，考虑到费用较高，其目标应做到少而精，且尽量与工地现场相结合。可以设立在目前小区入口上方。

（3）广播

栏目可选择交通台、音乐台，开车的人群经常听这些电台的节目，其涵盖面比较广。可以采用特约节目的形式，分析目标客户群的兴趣和爱好，以他们或她们常听的节目为基准，宣传项目的优势和理念。

（4）互联网

① 为本项目单独设立网站

网站的设计要符合项目的定位，页面制作力图美观，方便实用，具有发展商介绍、社区介绍、户型介绍、装修标准、物业管理、工程进度报告等内容，方便客户上网查阅。

② 宣传方式

所有其他宣传媒体中均引入本项目的网址，以备客户随时查阅。

可以将本项目网站与中国房地产联合网、新浪网、搜狐网、天朗房网等知名站点建立热门链接，达到扩大网站和项目知名度的效果。

（5）DM单派发

通过DM的派发（业务员派发与夹报相结合）对项目进行全方位的宣传，如采用在客户群集中区域（如著名超市等）直接派送或夹报派送方式等。

DM单的制作要体现楼盘风格和定位，画面简明，成本适中。

（6）活动行销

活动行销

行销方式	具体内容
组织现场看房	待样板间完成之后，组织部分媒体记者到现场参观，给予当日订房的客户一定优惠
流动展示	到一些目标客户相对集中的写字楼、商场做项目展示活动
产品发布会	在积累了一定数量的购房客户后，适时举办客户联谊会，并可进行抽奖活动
房地产展销会	展会具有目标客户群集中、成功率高的特点，建议本项目参加国贸的房展会，现场设看房班车

二、营销借鉴：万通地产的活动营销与文化营销

1. 万通地产——举办第四届万通地产生活节

类型：活动营销

目的：树立企业品牌

目标客户群：二次置业客户

2005年9月17日，万通地产在北京“中华文化园”举办了主题为“绿色行动，欢乐共享”的第四届万通地产生活节。

本届万通生活节传承了上一届生活节“绿色、共享”的主题，继续关注与绿色、环保相关的公益事业。本届生活节与以往最大的不同之处就是万通地产先锋队组织的“阿拉善行动”，这是百位中国企业家在广袤的腾格里沙漠里排成的一道历史性的风景——阿拉善SEE生态协会。

本次开幕活动除了设有一些环保类的游戏外，还有一些如慢骑比赛、乒乓球挑战赛等竞技项目，使每位嘉宾在富于知识、休闲娱乐的气氛中参与到环保的活动中，加强了对有限资源的认知，从而更懂得珍惜和节约。本届万通地产生活节历时一个半月，开幕活动之后在各个小区也会有不同主题的特色活动。

策略分析

“生活节”是万通地产的知名文化与服务品牌，活动以万通客户为主体，借以传达万通的价值和文化理念，希望通过每年“生活节”不同的主题，和客户一起关注居住环境，从而推动居住文明的进步，这种品牌建设的思路是以为客户创造价值为根本立足点的。万通把企业价值和社会价值有机融合起来，用以打造万通地产的企业品牌。

2. 天津·泰达万通——举办时尚酒会

类型：文化营销

目的：宣传企业形象，促进销售

目标客户群：媒体及时尚人士

泰达万通房地产与世界知名健身品牌宝力豪健身联手在U-CLUB举办了一场以“纯粹女人、做时尚新女性”为主题的时尚酒会。天津主流媒体《今晚报》及各媒体时尚栏目负责人、各行业成功人士均作客此次活动，活动内容为：

——与到会朋友探讨现代女性关于社会角色、家庭生活、自我发展及两性关系的各类话题；

——宝力豪健身的专业表演队“炫之队”为到场嘉宾演绎了一场表现时代女性“色、香、味、形”的概念时尚健身秀；

——女性朋友们纷纷走上中央舞台，与健身教练体验健身游戏、体验国际巨星成龙专属健身方式的乐趣；

——宝力豪健身、泰达万通房地产等天津时尚名企在本次活动中展示其时尚产品如：健康生活方式、绿色生态住房模式、奢侈概念消费、女性商品等。

策略分析

“炫之队”带来的与女性柔媚、智慧、性感、浪漫种种特质相契合的不同舞种，不仅让嘉宾感受到了女性的不同风姿，也为天津带来了一股时尚生活潮流。泰达万通邀请媒体参加该活动，达到了宣传企业形象的目的，有利于项目销售。

Profound reflection

本节思考

万通的营销活动有什么特色？

The leaders' sayings

管理休闲吧 +03

冯仑注重市场标准

冯仑认为，民营企业要做到持续、健康增长，首先要解决一个持续健康的标准问题。冯仑将民营企业标准总结为四句话：以老板为市场，以银行为客户，以笼络为管理，以调帐为经营。其次，要遵循商业规则、商业伦理，同时要明白财富创造的规律。冯仑说，如果不建立公司内部公共的商业伦理，那么基本上内部的企业语言就是混乱的。第三，民营企业家要变市场的政治家为战略管理者。冯仑指出，我们国内的民营企业家都是市场的政治家。战略管理者知道干什么，怎么干，和谁干。而市场政治家是以关系导向、银行导向来做决策的。第四，站在未来安排今天，这是使一个企业持续发展的一个非常重要的保证。冯仑认为，一个企业之所以能够做战略上的管理，就在于它知道自己这个企业的未来，然后站在未来安排今天，才能把今天带到未来。

十4 第四课：未来地产企业的四个发展特征

随着市场经济的日趋成熟和竞争机制的日臻完善，房地产业的“裂变”和“重组”是一个很难回避的历史性课题。在这样的大变革中，未来房地产发展变化有以下四个特征：

特征一：生产经营规模化

（1）顶极社区呈现规模化特征

房地产业规模化趋势的内涵主要表现在生产经营规模化（即开发大规模的社区以及大体量的高层物业）上，这是一个行业发展的基本走势。而有顶极社区的共同特征就是达到了规模化的要求。从这个意义上讲，一个社区决不是建筑物的堆积，与以往相比，它的社区交通、公共空间、购物、运动、户外栖息等容量都大大增加。

（2）企业自身再生产要素规模化

经营规模化是建立在企业综合实力的基础之上的。这就引申出规模化的另一个内涵，即企业自身生产要素的规模化。在实现规模化的进程中通过收购、合并、参股、控股等经济手段的操作，一部分企业在这种快速的“裂变”和“重组”中消失了，一部分企业壮大发展了。

特征二：产品同质化

这几年，房地产行业的竞争激烈，市场上涌现了一大批规模大、创意新、风格异、别具文化韵味的优秀楼盘，也获得了消费者青睐，但当这些楼盘刚刚形成自己的个性，就被大面积地拷贝、克隆，于是那些本来具有一定差异性的房产品，在较短时间内就流行起来，立即变为很普通的产品，这种现象称为房产品的同质化现象。

特征三：差异化竞争

房地产行业的差异化是与房产品的同质化相对的一个动态概念。它是对不同发展阶段一般房产品的否定和突破，是一种更高层次、更高境界的创新，通过产品外延和内容来表述和实现。

产品差异化的表现形式

表现形式	具体内容
房产品所赋予文化内涵的差别	新世纪社区、新概念房产品的重要特征之一就是强调在土地开发、营造环境、制造建筑和社区服务的过程中对传统文化的充分挖掘，或者对它赋予一种全新的文化创作
社区环境和建筑风格的差别	根据不同文化主题的创意和策划的要求，对社区环境的总体布局、所有建筑的造型风格以及颜色搭配等都必须贯穿主题思想
物业品牌和社区服务的差别	品牌的含金量不仅仅在于实现物业优越性、超前性，更注重是否有服务业主的意识和无微不至的具体行动，并着力营造一种特有的文化氛围

特征四：分工专业化

目前，房地产企业从土地的发展到产品销售，再到物业管理，包罗着生产、流通和管理物业的全过程，从某种意义上反映了我国房地产业不成熟的一面，这种局面一定要打破。而且，由于专业化分工的结果是提高效率，使工作质量最优化、成本最小化、利益最大化，在价值取向的作用下，专业化分工必然会成为企业的自觉行动。

人们在改变旧模式时，应注意哪些方面？

引进新的不同的思想需要很多耐心，因为你得从里向外做工作，组织里的每个人都必须从内部改变自己的心和脑，这样他们自己就变得以原则为中心了。你必须落实到每个人，充满希望地从最高层的人物着手。

——史蒂文·科维（科维领导中心奠基人）

Chapter Four

第四章

本章精华回顾

1. 四步走的发展战略

冯仑的四步走战略为：第一步，采用类似戴尔模式的运作方法营销住宅；第二步，与房地产有关的所有服务采取虚拟社区；第三，与万科发起一个采购网站，运用B2B模式进行集中采购；第四步，管理层彻底年轻化，组织大规模培训，改造思维模式和组织架构，适应信息社会的要求。

2. 万通改串联为并联

冯仑勾画的万通未来蓝图是只专注于投资房地产领域。原先是拿土地→开发→销售→服务的串联方式，现在改为房屋—土地—商用物业—土地的并联方式。

3. 万通：注重感恩与反省

在强调创新的同时，倾注于关注客户利益，提倡感恩和反省是万通企业文化的一大特色。独具特色的“万通感恩日”和“万通反省日”就是这一文化的最好体现。

5

第五章 Chapter Five

潘石屹和他的在争议中成长的SOHO

第一节 潘石屹：个性与商业交叉线上的行者

潘石屹有一个习惯，只要是记者，哪怕是发行量再小的媒体单位记者，他也会待若上宾。他的逻辑就是：再小的媒体也有几千个读者，比自己一个个去宣传强多了。

第二节 SOHO中国：争议中成长起来的传奇

SOHO这个定位出来之后，广受争议。潘放弃了地产商通常的打广告的做法，巧妙地借助媒体实现了话题营销。

第三节 案例：创新手段及营销借鉴

“SOHO现代城”全部采用复式结构。它的建筑理念是实现建筑的人性化，将人的生活分为私人空间和社交空间。

SOHO中国的各个项目都采取独特、新颖的营销手法，进行品牌推广。

SOHO之辉煌浓缩榜

SOHO中国领导人：潘石屹、张欣

潘石屹为SOHO中国董事长，张欣为SOHO中国总裁。

SOHO中国综述

为注重生活品位的人群提供创新生活空间以及时尚生活方式

SOHO中国有限公司（前身北京红石实业有限责任公司）成立于1995年，是一家为注重生活品位的人群提供创新生活空间以及时尚生活方式的房地产开发公司。SOHO中国在北京CBD核心地带共计开发面积158万平方米，占整个CBD开发量的20%，SOHO中国目前在中国开发项目的总面积为245万平方米。

SOHO中国特色

铸就新北京城市建设的里程碑式建筑

建筑理念：SOHO中国坚持独特创新的建筑理念，建造具有中国当代风格的建筑，所开发项目均成为新北京城市建设中的里程碑建筑，并对中国的城市建设起到巨大的带动引领作用；

商业模式：2005年底，SOHO中国实行战略转型，退出住宅市场，全面转向商业地产，并积累了在市中心繁华地带开发商业物业的丰富经验。

SOHO中国成长业绩

多年蝉联北京销售冠军

SOHO中国在北京CBD的项目开发量占CBD总开发量的五分之一；

销售额占北京CBD的39%，独占CBD三分江山；

自1999年以来，连续多年蝉联北京销售冠军，并连续三年名列中国房地产企业纳税大户的前3名。

SOHO中国经典项目

每个项目都开创一个传奇

SOHO现代城——潘石屹在北京CBD的第一个SOHO建筑；

建外SOHO——成为了北京CBD核心区的地标性建筑；

SOHO·尚都——潘石屹与任志强“鸡蛋换粮票”事件的产物；

朝外SOHO——被潘石屹称为“奥运之前CBD商业地产的最后机会”；

光华路SOHO——到目前为止，该项目是潘石屹在CBD区域最后一个待售项目。

01

第一节

潘石屹个性与商业交叉线上的行者

- □ **玉面银狐** 潘石屹
- □ **性别** 男
- □ **就职公司** SOHO中国·房地产有限公司
- □ **职务** 董事长
- □ **个性** 商业第一，但远离庸俗；实用至上，极尽讨巧之能事
- □ **个人简介** 潘石屹，人称老潘，1992年，他与人合作共同创建了北京万通实业股份有限公司，在北京开发出一系列房地产项目，1995年，潘石屹与妻子张欣共同创立了SOHO中国有限公司。
- □ **处事形象** 房地产界的娱乐明星
- □ **公众印象** 思想前卫的另类商人，地产界的理想主义者
- □ **本色性情** 一个100%的商人
- □ **语言习惯** 创新、时尚、风趣
- □ **业内感觉** 瞧，那个人又在高空走钢丝
- □ **座右铭** 永远不做大多数
- □ **公众权力影响** ★★★★★
- □ **业界权力影响** ★★★★

> 在中国房地产界，
> 潘石屹无疑是个另类。
> 他一次次处于是非的漩涡中，
> 又一次次不按常理出牌而引发世人瞩目。

潘石屹·业界形象 THE IMAGE IN FIELD

商人中的天才营销专家和公关高手

1. 潘石屹用宣传的方式制造关注度

潘石屹喜欢上媒体、出境头，这是众所周知的事儿，他说自己比章子怡还红；他还喜欢说时尚，说潮流，说房地产的发展方向，说《潘石屹与中国房地产一道成长》；潘石屹更喜欢指点江山，激扬文字，哪里有房地产人扎堆，哪里就有潘石屹。

2. 潘石屹的成功绝非侥幸

真正的老潘，是而且只是一个商人，因为“成王败寇”是古今社会的通律。许多人批评老潘，那是因为他们的“酸葡萄心理”在起作用。老潘的成功看似侥幸，实则是合理的——有几人敢像他那样孤注一掷？又有几人能做到他那样新招迭出？他的逆向思想、他的以攻代守，他匪夷所思的思维方式，常常超出大多数人的想象。优胜劣汰、弱肉强食、高手胜出，本也是天经地义的事。

ATTENTION

没有了潘石屹的房地产会寂寞许多，没有了潘石屹，北京的房地产泡沫也会萎缩许多。

潘石屹用他的智慧，发现市场挖金点，
用他的胆识，化解公关危机，
用他的魅力，赢得了社会对他的项目及企业的认可。

潘石屹·领导智慧 THE LEADERS'WISDOM

用一个人的力量可以激活一个企业

1. 潘石屹最大的特点是善于创新

在产品设计方面，当别人都在做毛坯房的时候，潘石屹最先想到做精装修房，当别人都在按照规定做面积多大窗台多高的普通住宅的时候，他做了活动组合空间、落地大玻璃的SOHO。拿他的话说："别人制造黑白电视时，我们能不能想办法生产带色彩的；当别人都生产彩电时，我们能不能设计出遥控的。"在营销方面，当大家都希望通过霸王条款要求消费者只许买进不许退出时，他最先推出"无理由退房"，后来还加上10%的年息回报。

有人戏称"生子当如孙仲谋，做人当如潘石屹"，虽然说得有些过，但细想却也不无道理。从做房地产、炒概念、拍电影、出书、参禅、哲学、慈善事业、奥运会助威、摄影，再到后来干脆正式进军"电视主持圈"，老潘是越玩越时尚，越活越潇洒。同时，主业也毫不含糊，SOHO系列楼盘一直是京城名盘，多年销售额位于北京前列，两不耽误的境界让其成为"最娱乐的地产明星"。

2. SOHO中国赢在潘石屹的眼光和战术上

在过去的10年里，无论从盈利水平、行业影响力，还是从品牌知名度来看，SOHO中国都是最成功的房地产公司之一，潘石屹也位居中国最知名的企业家之列。SOHO中国成功的原因可以概括为三个方面：

一是潘石屹拿地有眼光、有勇气，能够敏锐地预见到北京CBD区域土地增值的巨大潜力；

二是潘石屹一直强调产品创新和质量保障，在同质化的北京房地产市场中创造出差异化的产品，注重产品品质，才能得到市场认同；

三是潘石屹本人独具特色地巧妙借助媒体进行宣传推广的营销手段。

3. 潘石屹用他的智慧和胆识，创造房地产奇迹

潘石屹的“SOHO现代城”，给北京甚至给中国房地产界打下了深刻烙印，“现代城”成功销售之后，人们恍然大悟：原来房地产可以这么做！

“现代城”从启动到入住，潘石屹遇见了不少能让项目死亡或名声扫地的事：销售部门的集体跳槽、氨气事件、打人事件、拆墙事件，林林总总，不绝于耳，而且推出的SOHO概念也遭遇同行的恶批，斥之为“不是房子的东西”，但是潘石屹却借力打力，大搞危机公关，把这些批评意见收集编成一本装裱精美的书出版，书名为《投诉潘石屹，批判现代城》。

在他的精心导引下，这场争论变成了一场关于创新的文化论战，而这是最能打动追求时尚消费精英的噱头。

一时间，SOHO变得炙手可热。“建外SOHO”连续两年成为北京楼盘销售冠军，并且SOHO中国成为2003年度中国房地产行业纳税第一名。

假如没有潘石屹，今天的房地产营销模式可能与现在有很大不同。从这个意义上说，潘石屹对中国房地产行业是有贡献的。不论他是成是败，他都能在中国房地产市场发展史上留下一笔。

4. 潘石屹从不错过任何机会，实现效果最大化

“现代城”使潘石屹一战成名，而他另一种过人的才能则体现在：他从不会错过任何机会，他总能实现效果的最大化。“现代城”虽使他赚得盆满钵满，但北京现还有比“现代城”经营更成功的项目。他在经营成功的同时，催生出延伸效益：海南的别墅、“建外SOHO”都在沾“现代城”的光。潘石屹、张欣投资的由12位亚洲建筑师设计的 “长城脚下的公社”，2002年参加威尼斯建筑双年展，获“建筑艺术推动奖”。所以，潘石屹终于变成了中国房地产界的先锋，变成了营销之神的化身，变成了房地产产品改革的倡导者，甚至成为了中国经济界的“风云人物”。

潘石屹乐于在各种媒体上亮相，
也乐于发表各种见解，
他用娱乐的方式凸显自己，
更凸现他的企业。

潘石屹·个人营销艺术 THE MARKETING METHOD OF INDIVIDUALS

用娱乐的方式自我凸显

1. 宣传永远是第一位

潘石屹频频在电视、论坛及报纸等媒介上亮相，发言内容不单涉及房地产，还包括人文、地理等看似不搭界的事情，只要有媒体找他，他一定会像对待客户一般地有求必应。而且，这许多年来，他也养成了一个习惯，只要是记者，哪怕是发行量再小的媒体单位记者，他也会待若上宾。他的逻辑就是：再小的媒体也有几千个读者，比自己一个个去宣传强多了。

为了吸引媒体的注意，他不仅在北京说，还南下海南、广东，西赴陕西、山西，东至浙江、福建等地大发议论，大有一定要秀出高潮，秀满全中国的理想。

有媒体这样记载潘石屹的传播观：在潘石屹的营销理念中，宣传永远是第一位的，宣传做到位了，好的产品才能够被大众所认识，才能够有目标群体的人前来检验，而销售作为整个生产经营环节中最终的目标，在潘石屹眼里不过是成功宣传之后自然而然的坐地收钱。

潘石屹的宣传让他不仅能在北京有知名度，而且使得从全国各地汇集来的买家争着买他的房子，同时，获得国际资本的青睐，新加坡财团、香港财团、欧美基金也纷纷与之洽谈合作。

2. 他山之石可以攻玉

潘石屹的作秀也弥补了中国“全媒体“的缺失。普通消费者总是体现出一种区域性的特征，所以，商家的宣传也总是以本地媒体为主，但对于房地产及高档消费品而言，这种做市场的方式，实际上等于听任外地潜在消费者的流失。

置业无区域的消费特征已然出现，并已形成现实的消费市场，可是在中国却没有一种“全媒体”来承担这样的市场功能，潘石屹知道自己无法改变媒体格局，也不可能为了卖房重新去打造一家媒体，对他而言，重要的是吃到鸡蛋，而不必非要养一只老母鸡。

当然，他也很清楚，自己的房地产也不可能做“全媒体”的宣传，那样不仅费用高昂，而且效果难以把握，但他发现自己有着超越市场区隔和媒介缺陷的潜质，可以弥补这些不足。

潘石屹是北京地产界最早玩概念的人，
他所提出的地产概念都是开创性的，
能够引起社会轰动，
并且备受争议。

潘石屹·地产领先概念 THE LEADING CONCEPTS IN REAL ESTATE

用争议炒热企业

1. 执意SOHO

潘石屹推出的SOHO概念曾经遭到恶批，一时批者甚众。任志强写了一封12000字的长信来批判他，有些人对老潘说：“SOHO叫起来不顺口，一会被叫成SOHU（搜狐），一会被叫成SOGO（商场）。”曾有人著文说“SOHO、SOHO，你瞒谁？”但是潘石屹却借此机会大搞危机公关，这一下，SOHO反而变得炙手可热，好像如果谁不SOHO谁就不时尚。结果，SOHO这个名字叫到现在，认可的人越来越多，在北京乃至全国都已经叫响了。

潘石屹谈末位淘汰制

《中外管理》记者：您公司所实施的末位淘汰制是否太严苛了？在1999年8月份4位销售总监和23位销售业务员“集体倒戈”，并召开新闻发布会声讨“末位淘汰制”后，您仍然在坚持这种制度吗？

潘石屹：我认为我的制度没那么坏，那次的事件是一次恶性竞争、精心策划的结果，用十几万的补偿金挖走我们的销售人员，是道德与法律上的问题。当然我们也反思了一下，又在销售副总监与销售业务员之间增加了一层，这使淘汰下来的销售副总监不至于落差很大。

我曾见到过TCL人力资源部的一篇文章，它给我们描绘了这样一幅画面：一群人向着远方出行，时快时慢，时疾时徐，他们和睦相处，相携与共，其乐融融。可是后面突然有狮子追赶，而且铁定每过一段路就吃掉落在最后面的人——不管他是谁。于是人群始终充满危机感，所有的人都不断挑战自己的潜能，没有停歇下来的时候——这是多残酷无情啊！其实“末位淘汰”并非“末位死亡”而是“末位离开”。有狮子追赶的人群必定是潜能得到极大开发的人群，尽管末位者不得不离开了，但他已经得到了鞭策和开发。

其实他们应该感谢我们的这个制度，没有这个制度，也产生不了这几个销售总监，也不会有人高薪挖走他们。我们的末位淘汰制就是要培养人三种精神：协作精神、创新精神、危机精神。中国的人才对制度和规范的心理承受能力也要加强一下，能较平和地从一个组织的角度去思考问题，而不要一味地感觉自己被淘汰了就失去了自身价值，甚至是做出了不理智的事。任何一种制度都不是完美的，记得哪位名家说过，追求完美的人成不了大事。

2. 末位淘汰制

所谓的末位淘汰制，即对所有销售员每三个月评比一次，每一次淘汰一位副总监及其所带的小组，副总监可以重新回去做销售员，也可以主动辞职。然后从下一个赛季开始，每个人的新开始都是一个从零到零的循环。

末位淘汰对于被淘汰掉的人来说是残酷的，但是对于公司的发展是必须的。尽管关于末位淘汰的争论一直都不曾平息过，但对于公开宣称公司的管理层拿的都是目前房地产行业最高工资的SOHO来说，自始至终就没有过什么动摇和怀疑。

3. “无理由退房”承诺

当大多房地产商都希望通过霸王条款要求消费者只许买进不许退出时，他最先推出“无理由退房”。1999年，“现代城”2号楼入住前，潘石屹向客户承诺，自交楼之日10日内（1999年12月15～25日），客户可以无理由向开发商提出退房要求。只需填写一份法律委托书，开发商负责帮助办理一切退房手续，后来还加上10%的年息回报。“无理由退房”的承诺，给房地产业带来一次大地震。此后，2002年推向市场的“建外SOHO”更是热销京城，曾经创下3天热销3个亿的纪录，最终以年销售额24.1亿，荣登单项销售额冠军宝座。

4. “密码对应”概念

潘石屹相应提出了“密码对应”概念。对富人、穷人概念完全避而不谈，只强调说他的SOHO代表未来建筑特色，他的房子以时尚、思考和前卫标称。因此他说顾客也只有认可SOHO价值——即“顾客与房子接头的密码”才会购买房子，所以他自称为“密码输入正确”的顾客造房子。何谓买房还要找密码？这无疑激发出消费者对SOHO的好奇心和兴趣度。同是造高档房，一个标榜“只为富人造房”招来公愤，一个宣扬“密码对应”概念，却引来关注。

5. 赛季考核制

从2006年1月1日开始，SOHO把末位淘汰制改为了赛季考核制。末位淘汰制的规则很简单，12个销售副总监，谁业绩最后谁就下去，但赛季考核制不同，只要你达到销售目标，即使是最后一位，也不会被淘汰。从此以后竞争对手不是别人而是自己，彻底改变了游戏规则。

Profound reflection

本节思考

潘石屹所提出的房地产新概念有什么特点?

The leaders' sayings

管理休闲吧

潘石屹谈在企业管理中要做的几件要事

第一是做人。我从内心喜欢禅宗，所以我较注重简单、坦诚、宽容。

第二是决策和思考。我的决策几乎没有过失误，这常常缘于我的不断思考。知难行易，行动太简单了，盖房子都是民工在盖，重要的是思考。

第三是服务。我强调，房地产开发商不能把房子卖出去就完事了，更重要的是今后的服务。所以，我用较多的时间去关注我的客户对我们产品的反应。

第四是交流。中华民族的精神的主流是勤劳、智慧、诚实，而不是纵横捭阖、投机钻营。常常有人认为我善于炒作，甚至认为我已基本娱乐化了。我的书、我与媒体的关系、我们制作的《客户通讯》，其实都是非常直接的交流方式，一个当代的企业家，如果不能在坚持自己的专业精神的前提下，学会与市场、员工、客户对话，就是对民众智慧的一种漠视。

第二节 ≫

SOHO中国争议中成长起来的传奇

一、产品策略：SOHO中国的小手段与大手笔

1. 产品定位：国内第一个房地产细分产品

SOHO是国内第一个房地产细分产品。在此之前，人们会说，我住的是三居室、两居室。而现在，人们可以说，我住的是SOHO。正如水不叫“水”，而叫“乐百氏”、“农夫山泉”，同理，当房子不再叫“居室”，而叫“SOHO”时，国内第一个房地产细分产品就此诞生了。

在给楼盘定位之前，他游历各国，希望开阔自己的思路，也希望国外的见闻能点燃他将做项目的灵感。他想做一个真正市场化的产品，“房子是给人住、给人用的，我就重点考虑房子和人的关系，至于政策、法规、条款、规定，随着时代的变化都是可以改变的”，老潘这样说。

当他第一次从一个法国人嘴里听到了“SOHO”的字眼就敏锐地捕捉到了这个商业信息。他意识到，“SOHO”（Small Office，Home Office）不仅仅是“居家办公”的意思，它背后的物业品种之间的边界在模糊，这是人们对新的房地产产品需求的一个明确信号。

有人说“SOHO这个产品在今天看来完全是一个雕虫小技，是非常小儿科的，没有什么大的突破”，尽管如此，这些“小改小革”在当时社会上还是形成了很大的冲击。

在这个意义上，SOHO是国内新经济下、网络时代的第一个细分的房地产产品。

2. 产品推广：借力媒体开展话题营销

SOHO这个定义出现以后，广受争议，老潘放弃了地产商通常打广告的做法，巧妙地借助媒体进行话题营销。老潘很少直接说产品，而是把从SOHO产品派生出来的“衍生品”—— 一个时尚标签、一个流行趋势、一种生活方式或者是某类人群的代名词抛向媒体。

据统计，在“SOHO现代城”建成前后，共有2000多篇文章报道了这个项目和老潘本人。他凭什么能做到引导媒体，让媒体跟着他走，去主动找他采访？这实际上是一个食物链，老潘最需要的是客户，而媒体最需要的是读者。最关键的是一家公司是否能经常产生有价值的产品、事件或者观点，而媒体的读者又希望分享这些东西，这才是SOHO中国公司吸引媒体最根本的原因。关于SOHO中国公司的报道，国外的报道不比国内少，比如“长城脚下的公社”，在《华尔街日报》、CNN、NHK等世界级的媒体上几乎都报道了。

话题营销的成功，实际上是媒体与内容提供者之间的良性互动。SOHO中国给媒体提供了有价值的内容，媒体也提高了SOHO中国的知名度和美誉度，双方互惠互利。

3. 产品销售：好产品+好营销=SOHO中国的成功

（1）好产品是好营销成功的关键

潘石屹始终认为，产品永远是营销的基石。只有产品真正好，营销才能真正起作用。

很多人错误地认为SOHO中国的成功完全依赖于潘石屹的营销天分，这是被表象蒙蔽了。有这样一种说法：好的营销能够让好的产品卖得更好，却不能让差的产品卖好。潘石屹卖的是房子，房子不像保健品和化妆品可以夸大宣传，可以诱发冲动型消费者购买。买房子绝大多数情况下都是理性购买。潘石屹的营销可以吸引客户去关注他的房子，去看他的房子，但真正实现购买，还要靠房子本身说话。SOHO中国的营销做得好，别人没法学，也没必要学，做好产品才是最重要的。

（2）好营销促进好产品畅销

在销售楼盘时，他不会苛求下面的人一定要做出来一个语惊四座的卖点或者一句经典广告词。他更强调：在做产品之前，要先把产品搞清楚，产品搞清楚了，产品特征自然就出来了，产品最大的特征就是卖点，而不是先把产品做出来后，再找一些策划公司来帮助企业找卖点，这样做是本末倒置的。

不能说假话，是他对销售人员最大的要求。因为他知道自己是一个公众人物，一旦说了假话，后患无穷。只要能把产品说清楚就行，如果产品说不清楚，可以去找那些能把产品说明白的人学习。除此之外，销售人员可以用外语说，也可以用广东话说，还可以用河南话说。

4. SOHO品牌之延伸

作为一个全新的住宅产品，SOHO产品不仅得到了市场的广泛认可，还引发了国内地产界的一种跟风潮流，国内有30个左右的楼盘在“SOHO现代城”成功之后都在借用SOHO这个题材。

为了给公众和社会一个清晰、明确的印象，老潘放弃了“现代城”而选择了“SOHO”作为公司的灵魂和卖点。他极尽所能地将公司的每一个对外的产品都叫成了SOHO。2002年3月，他把公司名称红石公司改称为SOHO中国有限公司，把公司网站改为sohochina，把公司内部报刊改为了《SOHO小报》，甚至把在建国门外开发的新楼盘名称都命名为“建外SOHO”。

潘石屹认为，只有这样，才能集中公司所有的精力和资源于SOHO 一个焦点上，才能在社会上爆发，才能深入人心，现在，SOHO已经从公司的一个产品提升为公司的品牌。

+关注 ATTENTION

潘石屹认为，一个高效的销售网络是产品成功的关键环节，销售人员是“步兵”，媒体推广好像是“空军”，只有“空军”与“步兵”配合，营销才能做好。

二、创新点提炼：用三大核心战略打造产品

1. 产品定位的价值创新——只为少数人盖房子

潘石屹十分注重观察社会发展进步与人们生活行为习惯之间的关系，更注重从这些变化和趋势中演绎出人们对房子功能的需求，从而开发出迎合前卫市场需求的产品，开创出无人竞争的“蓝色海域”。

潘石屹一直强调自己生产的房子不同于市场上纯粹的写字楼或者普通公寓，当更多人把市场定位在大众的住宅项目或者小众的高档项目的时候，潘石屹却坚持给那些处于发展阶段的“创造阶层”盖房子。于是他瞄准所谓“有知识、有创造力、有风格、正在升起”的中青年消费阶层。

SOHO中国的产品定位，有两个关键词：“少数人”、“密码正确”。因为，他只为少数人盖房子。这种定位理念指导下诞生的产品，并非所有人都能够接受，也不需要所有人都接受。面对市场上的批评，潘石屹又提出“密码正确”口号，认为只有“密码对应”的人群才会选择他的房子。因此，有京城房地产界的人认为“在市场竞争上（自己和潘石屹）冲突并不大，属于两个市场”。潘石屹真正做到了“不与竞争者竞争”。

2. 营销模式的价值创新——快鱼吃慢鱼

潘石屹还懂得辩证法，懂得从不利的事物中寻找积极的因素，然后通过巧妙的引导，使事情向着有利于自己的方向发展。从而出其不意，因势利导，通过不与竞争者硬碰硬的“太极手”开拓出一片新的蓝海。

当SOHO遭到批判的时候，他没有像一般老板一样想办法藏着、掖着，而是通过媒体将发难者的批判结集出版，公布于众，结果不但没有影响SOHO的销售，反而对这个全新概念的宣传推广起到了推波助澜的作用。当“SOHO现代城”遭遇竞争对手恶意挖人事件，面临空前危机时，潘石屹也是运用了出其不意的处理方法，扭转了被动局面，抓住机遇反败为胜，极大地扩大了“现代城”的知名度。

市场竞争是“快鱼吃慢鱼”，不是“大鱼吃小鱼”，有了速度才能快速占领市场制高点，解决竞争。潘石屹做项目历来以“快”制胜，包括动手快、建设快、价格浮动快、结案快。”海南博鳌蓝色海岸“，从有意向一开始施工一进行销售一完成建设，总共花了差不多半年时间。动手快能够在市场供应量不足的情况下首批上市，保证一出手就在竞争对手中占得先机；建设速度快能够保证使客户在最短的时间内获益，在期房市场赢得客户；价格浮动快一方面是销售旺盛的表现；另一方面也是一种促销手段；所有这些“快”都能保证结案“快”，资金回笼也“快”。这就是潘石屹“快鱼吃慢鱼”的创新营销模式。

+箴言 MAXIM

洛克菲勒曾经说过这样一句话：即使把我的衣服脱光，再放到杳无人烟的沙漠中，只要有一个商队经过，我又会成为百万富翁。

3. 产品设计的价值创新——另类到极至

潘石屹可以打破所有的规矩套路。当别人都在做毛坯房的时候，他最先想到做精装修房；当别人都在按照规定做面积多大、窗台多高的普通住宅的时候，他做了活动组合空间、落地大玻璃的SOHO。

（1）“现代城”在设计上大胆尝试第一次

“现代城”消灭了北京人最熟悉的阳台，把阳台的面积算在屋内的使用面积上，打掉90厘米高的窗台，代之以巨大的落地玻璃，并第一个造出大小不一的房型以方便不同消费能力的人购买；第一个大胆提出做精装修的内销房，现在精装修房已经成为高档公寓流行的做法；第一个在楼体上涂上各种颜色，后来被许多开发商模仿；第一个为空调外挂机设计了专门的“藏身之所”，既避免了不统一带来的视觉破坏，同时丰富了外立面效果；第一个在建筑内部放置大量现代前卫艺术作品。

（2）“博鳌蓝色海岸”在设计上将取景和交流置于首位

“博鳌蓝色海岸”从设计上打破了房子在人们头脑中刻板的印象，根据地理环境和人们的使用习惯，在设计时把取景、交流和与自然亲近放在首位。至于墙体，只保留了其保暖作用，而摒除了它遮挡视线的不利因素，把私密性交给随主人的需要而随时采用的窗帘。

（3）“建外SOHO”打破传统“地标建筑”的框架

“建外SOHO”位于北京CBD中心区，为了充分利用这里大批的高消费人群资源，为客户带来更好的投资回报，发展商打破了传统冷冰冰“地标建筑”的框架，取而代之以人流为直接对应的小街和小店铺。

（4）“长城脚下的公社”设计成新时代的前卫建筑

至于“长城脚下的公社”，理念之大胆，设计之前卫，在中国乃至全球是空前的。潘石屹和张欣让12位建筑师放开手脚，极尽想象，努力设计出属于这个时代的前卫建筑。单单这种开发理念，就具有浓厚的理想主义色彩，以至于好多人认为这样的房子“不是用来住的”。但是，威尼斯建筑双年展以及法国蓬皮杜中心把至高的荣誉颁给了这个项目。潘石屹对于产品设计的价值创新也得到了国际的肯定。

三、人力资源：从末位淘汰制到赛季考核制

1. 末位淘汰制：奖罚分明

每个赛季，公司会给优秀的员工提薪、晋升、出国旅游等嘉奖，并毫不留情地将末位的员工淘汰掉。这是一种再清晰不过的最高薪酬和最残酷的末位淘汰制的组合。SOHO每个职位有明确的工作要求和考核标准。每个员工都有推广和宣传SOHO和SOHO产品的责任。

(1) 充分授权

要造最好的房子的潘石屹，希望自己的头脑能保持空灵，在用人时，他采取了充分的授权。在外部的销售上，几乎是完全放权给销售总监，整个销售部分成3个大组，每组一个销售副总监。不去管理监督并不等于没有管理监督，每个员工有自己明确的目标，SOHO管理者只是创造了一个竞争的氛围，对于员工工作的过程，则给予足够的空间和自由，如果员工要完成自己的目标，势必只有充分调动自己的主动性和创造性后才能完成。SOHO不干涉员工工作的过程，但它设置了一个终点，到了考核的时候，管理层在终点给员工评分。

(2) 在同行中，SOHO员工的薪酬水平最高

以30多位中高层管理人员为例，年收入最低的也有20万元，通常在50万~60万元，达到100万元的也有。员工的收入主要由两部分组成，包括基本工资与考评工资。员工的考评以季度为单位，SOHO称之为赛季，每个赛季结束后，员工的考核分为A、B、C三个等级。被评为A级的会得到增加工资或晋升的奖励。

（3）严格的工资考核制度

经理级考核

考核等级：A、B+、B、B-、C。考核工资发放比例：100%、85%、67.5%、45%、30% 。

员工级考核

考核等级：A、B+、B、B-、C。考核工资发放比例：100%、70%、60%、40%、30%。

A、B、C等级评定

A：表现优异；B+：优秀、超于职责要求；B：圆满完成；B-：基本完成职责要求，但可以做得更好；C：没有完成职责要求，需要特别努力。

销售人员，采取每赛季考核的制度，销售排名决定着岗位的变化。A以上：提薪或晋升。C以下：面临被淘汰。

销售部现有销售总监、销售副总监、高级销售代表、销售员四级。销售员在销售部的岗位每个赛季都会有调整，对销售员工的淘汰，也是在每个赛季后都会发生。最初的时候，潘石屹给销售人员培训时只说两句话：第一，销售人员不要说一句假话；第二，销售人员不要说别人的项目一句坏话。剩下的随销售人员随便发挥，想说什么话就说什么话，爱说什么话就说什么话，该用什么方式与客户沟通，就用什么方式与客户沟通。

ATTENTION

+关注

在经历了差不多7年时间后，SOHO中国看到了末位淘汰制的一些弊端，从2006年1月1日开始，SOHO把末位淘汰制改为了赛季考核制。

2. 赛季考核制：改变游戏规则

有价值的制度就在于它对人有多大的激发作用。在末位淘汰制下，被激发的一部分人要自己做到最好，还有被激发的另一部分人是让别人做得不好，他们的一部分精力就用在其他方面，于是抢单、诋毁等事情时有发生。但是改变为赛季考核制，就要求员工跟自己比，跟自己的目标比，别人怎么样跟自己没关系，只要自己达成了目标，就保留了赚钱的机会，所以赛季考核制是改变了游戏规则。

SOHO中国诚聘英才

Profound reflection
本节思考

末位淘汰制和赛季考核制各有什么利弊?

The leaders' sayings
管理休闲吧 +02

潘石屹谈企业道德

我觉得一个企业在这个时代用世俗的标准来衡量，就是它向政府贡献了多少税？这是最主要的。当然这个过程中可能有一些人文精神，但是企业不是大学校，企业也不是政府。比如上市公司亏损，它对股民意味着什么？对国家意味着什么？对银行意味着什么？对员工意味着什么？如果一个企业谈了一大堆空道理，而利润是亏损的，这就是犯罪！

这样的企业是应受到社会遣责的。实际上，所有这些不盈利的、假盈利的企业都将受到经济规律的愚弄和惩罚。

有好多人谈了一大堆的东西，又是儒商了、又是禅商了、又是道商了，最后它就是亏损的。如果上市，股票会惩罚他；如果不上市，企业就会慢慢萎缩。只有你赚钱了，你才是道德的，你才能给投资者一个回报。

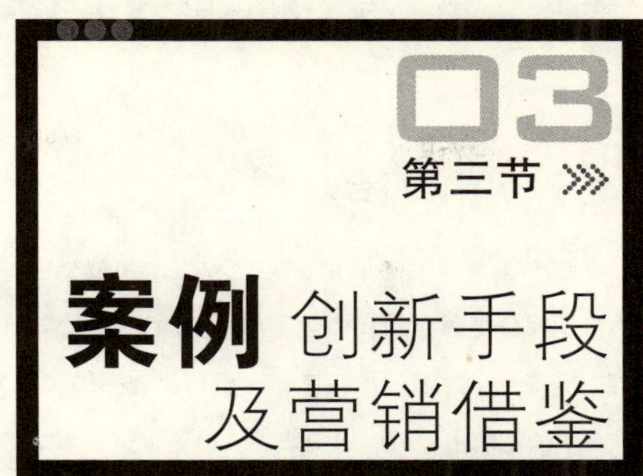

一、创新手段："SOHO现代城"的创新意识

1. 产品设计："SOHO现代城"产品创新

"SOHO现代城"全部采用复式结构。它的建筑理念是充分人性化的，将人的生活分为私人空间和社交空间。前者的范围在楼上，后者在楼下。

"SOHO现代城"最精彩的创意是，它让空间是流动的。

（1）可开可合

在一楼宽阔的空间中，客厅和工作间部分由一堵不完全封闭的墙壁分割开来，墙壁的中间部分是固定的，两边是可推拉的活动的墙壁门，当需要举目四望时，可以拉开墙壁门；需要一个封闭的小环境时，两边的墙壁门关上，便可以专心案头了。在这个可开可合的灵活的空间中，可以闹中取静，也可以边工作边顾及到在客厅玩耍的孩子。

（2）可大可小

有不同居住需求的人在SOHO中能找到不同的适合自己的空间。因为设计者取消了统一的标准，将每一类住户所延伸出的不同需要都考虑进去了。以居家为主的住户可以选择二楼有多间卧室、面积较大、一楼办公区域相对较小的户型；以办公为主的住户可以选择一楼办公区域较大、二楼卧室少的户型，甚至还有楼上、楼下均做办公之用的户型。即使在购房者选定的户型当中，也可以根据需要调整客厅和工作间的位置。

（3）可拆可改

“SOHO现代城”的另一别出心裁之处是，每隔四层都有一个面积达500多平方米的空中庭院，也称空中四合院。SOHO中的每一户住家都有窗子，可望到错落有致的园林景观。居住在此，任何一个人都能在家中享受到两种完全不同的景致：一边是离我们很近的有风景的内院，一边是相对遥远的空旷的城市。

+关注

如果住户对现有的多种户型仍不满意，可以自己动手重新设计房间，增加或减少卧室面积，扩大或缩小客厅和工作间。

2. “SOHO现代城”客户服务创新

（1）开办《红石小报》，加强与客户沟通

“现代城”将每一位客户的售后服务工作作为公关策略的重要环节。对于客户的每一项投诉、每一个要求都认真听取、细心解释。属于工程质量或房屋质量问题的，都及时予以妥善处理，使服务工作受到客户的普遍赞誉。

2001年8月，为了加强与客户之间的沟通，为了让客户更了解现代城，《红石小报》正式出炉。半月刊的《红石小报》将红石实业有限公司（它是SOHO中国的前身）的信息更为翔实地告知客户，不断传递红石公司与客户之间的信息和友谊。

（2）成立客户服务部，保证客户利益

在房地产行业，客户最关心也是最担心的就是物业管理问题。我国房地产发展较快，物业管理没有得到相应的快速发展，法律、法规不健全，只有《居住小区物业管理办法》，而没有《物业管理法》，消费者常常投诉无门。同时管理标准没有细化，物业管理缺乏可操作性，发生纠纷时很难统一认识。2002年发生的“鹏润家园”的保安打人事件源于地下车位的价格问题，在这种市场条件下，“现代城”本着为客户服务的宗旨，成立了客户服务部，主要是和物业公司协调和处理问题，而不是相互推诿责任，保证了客户的利益最大化。

3. “SOHO现代城”公关策略创新

“现代城”有良好的公关意识，积极保持与媒体的良好关系，为给北京申办2008年奥运会助威，北京红石公司于2001年7月13日晚7:30在“SOHO现代城”百米屋顶平台举办预祝北京申奥成功的联欢会。

为了表达对申奥成功的喜悦心情，北京红石实业有限公司特意制作了一块面积达10000平方米，重3.6吨的巨型横幅，上面印制了表达胜利的“V”字形图案。并动用400名民工，用了15个吊篮和总长4.2千米的绳索将其固定在SOHO写字楼A座高140米的三面外墙上。

2001年8月14日，“现代城”将这三面条幅以及相关的图片资料捐赠给首都博物馆收藏，在这个时候，“现代城”作为房地产行业的代表表达了对申奥成功的喜悦之情，这无疑提升了“现代城”的公众形象和社会影响力。

二、营销借鉴：SOHO中国营销手法展示

1. SOHO和电梯公司共推时装秀

类型：活动营销

目的：增强客户美誉度

目标客户：业主

2003年2月26日，中国房地产业先锋企业SOHO中国有限公司与全球最大的电梯公司奥的斯携手共同倾情打造 “2003，OTIS-SOHO世界脉动时装秀”。时装秀借助服装布料中相互交织的经纬线，在方寸之间演绎着楼宇和电梯间完美组合的魅力，展现都市人的个性生存状态。

该时装秀通过对纽约、巴黎、东京、北京四个国际化大都市的服装和人文理念的诠释，展现人们如何在楼宇与电梯构成的都市空间中演绎自己的个性化生活。模特们身着不同国

家、不同风格的华服，从以“SOHO现代城”为背景的舞台中央的奥的斯电梯中款款步出。该时装秀通过表现各种不同文化之间存在的强烈差异，体现出奥的斯电梯产品行销全球，并能与各种文化完美融合的张力；同时，反映出SOHO品牌对跨文化居住空间的完美融和。

SOHO中国有限公司董事长潘石屹先生表示：“希望通过与奥的斯这样的世界级大公司的合作，提高SOHO对客户的高品质的服务和更加人性化的设计追求，SOHO将更加注重生活品位、创新生活空间以及引领时尚生活。”

奥的斯电梯（中国）投资有限公司总裁鲍安实先生（Bob Isaman）也发表了题为“我在中国的365天”的精彩演讲，他认为：“中国的房地产开发商已经具备国际水准的开发能力、设计思想和管理水平。十年前，大家还是以上海、北京等国内大城市为建筑模本，现在已经着眼在纽约、巴黎、东京这些国际顶尖的大都市来演绎最新潮流的建筑风格和居住功能。”

一个人如果赚得比你多10倍，而在工作上花的时间又不比你多，那么他一定是做了与你大不相同的事。

策略分析

对于地产公司来说，提高品质服务和人性化设计水平也是获得客户的前提，如果能做到注重生活品位和创新生活空间以及引领时尚生活，那就无形中增加了产品的附加值，SOHO正是基于这一点的考虑而为之。

2. SOHO·尚都——举办商业楼样板间开放活动

类型：名人营销

目的：提高楼盘知名度，促进销售

目标客户：业主和意向客户

2005年5月14日，正值母亲节，“SOHO·尚都”西区举行了商业楼样板间开放活动。“SOHO·尚都”是一个面积达17万平米的多功能房地产开发项目，占地2.2万平方米，位于北京最集中的都市开发区域——CBD（中央商务区）内。项目采用大胆的非对称建筑语言，突破了千篇一律的横平竖直，在空间关系上强调丰富的变化和千差万别。

——在参观现场，SOHO中国董事长潘石屹在售楼处为答谢广大业主，现场抽奖：四位业主获赠免费车位，三位业主获得MP3；

——潘石屹同时还介绍，SOHO中国正在探索一种新的销售模式：网上销售。它打破了传统的金字塔式的思维模式，去掉中间过程，其本质不同于简单地在门户网站投放广告，而是通过购买相关词汇，当这些词汇被输入到门户网站时，SOHO产品的页面链接将作为被搜索结果在前列出现，根据各网站竞价排名，SOHO中国根据产品页面的点击次数付费。

策略分析

由大家所熟悉的房地产明星出席样板间开放活动并颁奖，对楼盘知名度的提高有立竿见影的效果。当前房地产最关键的环节是销售，网络销售肯定是未来的方向，如果试验成功的话对行业将产生很大的影响。

3. SOHO中国——推出SOHO信用卡

类型：体验式营销

目的：扩大品牌宣传

目标客户：潜在客户

2006年7月17日，中国房地产行业的时尚先锋SOHO中国有限公司与“中国内地资本市场最大的上市银行”招商银行信用卡中心携手推出SOHO联名信用卡。这是招商银行在北京

地区推出的第一张区域性联名卡，是专为在SOHO商铺网旗下的商铺消费而设。SOHO中国老总潘石屹在商业地产上营销手段频出，而这次的招数可谓新颖别致。

——优惠活动一：在2007年4月30日以前，持SOHO联名信用卡在潘石屹的几个项目——北京“SOHO现代城”、“建外SOHO”、“SOHO·尚都”以及“朝外SOHO”内的特约商户刷卡消费，每消费满20元就可获得相关积分；

——优惠活动二：不但在这几个项目刷卡消费有优惠，在招商银行全国5000多家特惠商户也可以享受不同程度的优惠。

策略分析

这次SOHO新出的信用卡，给京城时尚一族带来一次全新的时尚风潮，也提高了自己的知名度、扩大了品牌的推广。

为使浓厚的商业氛围持续升温，每年从4月开始，SOHO中国持续推行长达8个月的、北京最大规模的户外活动——SOHO夏日狂欢节和圣诞狂欢节，与数万CBD白领一起，以最high的兴致炒热SOHO商业地带。与此同时，SOHO中国还定期发行SOHO商铺黄页，圈点绝妙的SOHO商铺，把好看的、好玩的、可乐的活动统统推到消费最前沿；每年制作4期，每季度发行5万册，在数十万CBD白领手中流传。

4. 朝外SOHO——远赴山西

类型：异地营销

目的：扩大品牌影响力

目标客户：潜在客户

2006年8月8日晚，潘石屹的销售团队带着北京CBD的第四个项目——“朝外SOHO”来到了山西太原。SOHO中国本次举办的联谊会迎来了200多位嘉宾，共同关注这个被称做“奥运前北京CBD商业地产最后机会”的项目。

——活动一：宣传留给山西客户的商铺与众不同。“朝外SOHO”专门保留了一些最佳位置的商铺和写字楼，拿来销售给山西的客户；

——活动二：租务部总监亲自介绍。洽谈区域按功能划分为现场招聘山西客户服务专区、“SOHO·尚都”招商区以及“朝外SOHO”的现场销售区。SOHO中国租务部总监范晓梅经理在现场介绍了目前“SOHO·尚都”的招商情况，现场的招商区和销售区都有专业人员负责。

策略分析

SOHO曾经在山西做过类似的活动，取得过良好的成效。“朝外SOHO”是写字楼和商业立项，不受目前各种调控措施和实施细则影响，而商业地产将是未来地产发展的方向，也是集中体现一个国际化大都市价值最核心的部分，“朝外SOHO”项目作为北京CBD地区奥运之前最后的商业地产，可谓是龙城人投资的良好契机。此次，SOHO中国销售团队携“朝外SOHO”项目再次进入山西，为企业创造了更大范围的机会。

Profound reflection

本节思考

SOHO的创新手段主要体现在哪些方面?

The leaders' sayings

管理休闲吧 +03

潘石屹谈《道德经》对企业管理的魅力

作一个中国企业家，在全球经济一体化的进程中，最强项的东西是什么？我觉得就是儒家和道家的思想。就像无为而治，从皇上专制一直到企业管理，它存在着，你能说它没有道理？这样的思想、这样的语言能没有能量？它一定会具有非常大的能量。它是道家的经典，它强调的是自然、平衡。讲得更多的是平衡，当然很多人认为这是个消极的东西，可是我不这么认为。到现在为止，十年时间了，我不能说我完全读懂了，可是我觉得，这里一大部分是来自于自然的规律，让我们遵循这自然规律。

“无为而治”是老子的一句话，也是道家的思想精髓。我说的是我对管理的“态度”是无为而治，并不是说在具体措施和制度上我们是无所作为的。“无为而治”是每一位管理者所追求的一种境界，这是结果不是过程。

十+ 第五课：大型地产企业做强的四大方针

对于中国房地产未来几年内的走向问题有诸多争论，不同的是，对于中国的房地产开发企业，业内人士的一致看法是：大规模、集团化、专业化经营将成为发展趋势，而大多数中小开发企业将被淘汰掉。

方针一：品牌化是做强的前提

品牌化是产品差别化的进一步深化。品牌是一个企业的实力、产品质量、管理水平等指标的综合体现，是核心竞争力和综合素质的外部表现。

未来中国房地产市场的竞争将是品牌的竞争，目前靠概念吃饭，全面采取跟随策略就能全赢的局面将被逐步打破，房地产业界将会崛起一批行业精品楼盘和明星企业，它们在竞争中占据优势并获得巨大的超额利润。因此，品牌是确保房地产企业能在未来的竞争中立足的关键。

方针二：规模化是做强的资本

未来中国房地产业竞争加剧，将导致房地产开发企业向规模化。集团化方向发展，逐渐出现一批执市场之牛耳的“房地产航母”、“房地产大鳄”。其实，目前中国房地产开发行业中“大鱼吃小鱼”的态势已然显现，“快鱼吃慢鱼”也是早晚的事。

从国际经验看，一般大型房地产开发企业或房企集团是市场舞台的主角，占据市场的绝大份额，如香港五大地产商，企业资产市值都在百亿美元以上，占据了香港楼市的半壁江山。

与国际经验相比，大陆房地产业进入门槛过低、房地产开发企业规模较小，因此规模化是房地产企业做强的资本。

方针三：专业化是做强的手段

随着住宅产业化时代的来临，房地产开发市场的主角，将由专业化公司、专业化集团替代目前无数分散的中小型企业，并由此引发房地产业的深刻变化。专业化经营将成为企业在房地产市场竞争中占有一席之地的准入证。这是资金密集型和产业化程度较高的行业发展到一定阶段时出现的必然的规模经营局面。

方针四：战略化的决策眼光是做强的动力

目前大多数房地产企业还未意识到公司发展战略的重要性，对企业战略的研究也仅限于学院派，而未能与实践很好地结合。未来中国房地产开发企业发展的一个显著趋势是，一个房地产项目的开发将不再是一个独立的事件，再也不能仅核算一单生意的成本和收益，而要将之放入企业的长远发展战略中去考虑，考察这一项目对今后的项目开发以及企业长远发展的影响。因此，未来开发商所进行的将不仅仅是产品的竞争、企业的竞争，而更重要的是企业家战略眼光的竞争。

Commercial and famous sayings 商业领袖会客厅

如何让一家公司在某一特定的产业中处于领先地位？

作为一个领导者，你要做的事情太多而不仅仅是领先。许多小公司首先宣布某种新产品而成为新闻中的头版头条。你可以成为头版头条，但却不一定有可观的营业额，因为你必须将率先引进市场与拥有消费者的信赖结合起来，如此一来，消费者才会跟随你。

——罗德·坎恩

（康柏公司创始人）

Chapter Five

第五章

本章精华回顾

1. 宣传永远是第一位

潘石屹频频在电视、论坛及报纸等媒介上亮相发言，发言内容不单涉及房地产，还包括人文、地理等看似不搭界的事情，只要有媒体找他，他一定会像对待客户一般地有求必应。而且，这许多年来，他也养成了一个习惯，只要是记者，那怕是发行量再小的媒体单位记者，他也会待若上宾。他的逻辑就是：再小的媒体也有几千个读者，比自己一个个去宣传强多了。

2.借力媒体话题营销

SOHO这个定位出来之后，广受争议。在用一个陌生的概念推广、营销一个新产品的时候，实际上特别难。潘放弃了地产商通常的打广告的做法，巧妙地借助媒体实现了"话题营销"。潘很少直接说产品，而是把从SOHO产品派生出来的"衍生品"——一个时尚标签、一个流行趋势、一种生活方式或者是某类人群的代名词，把这些东西抛向媒体。

3. "SOHO现代城"产品创新

"SOHO现代城"全部采用复式结构。它的建筑理念是充分人性化，将人的生活分为私人（Private）空间和社交（Social）空间。前者的范围在楼上，后者在楼下。SOHO现代城最精彩的创意是，它的空间是流动的。

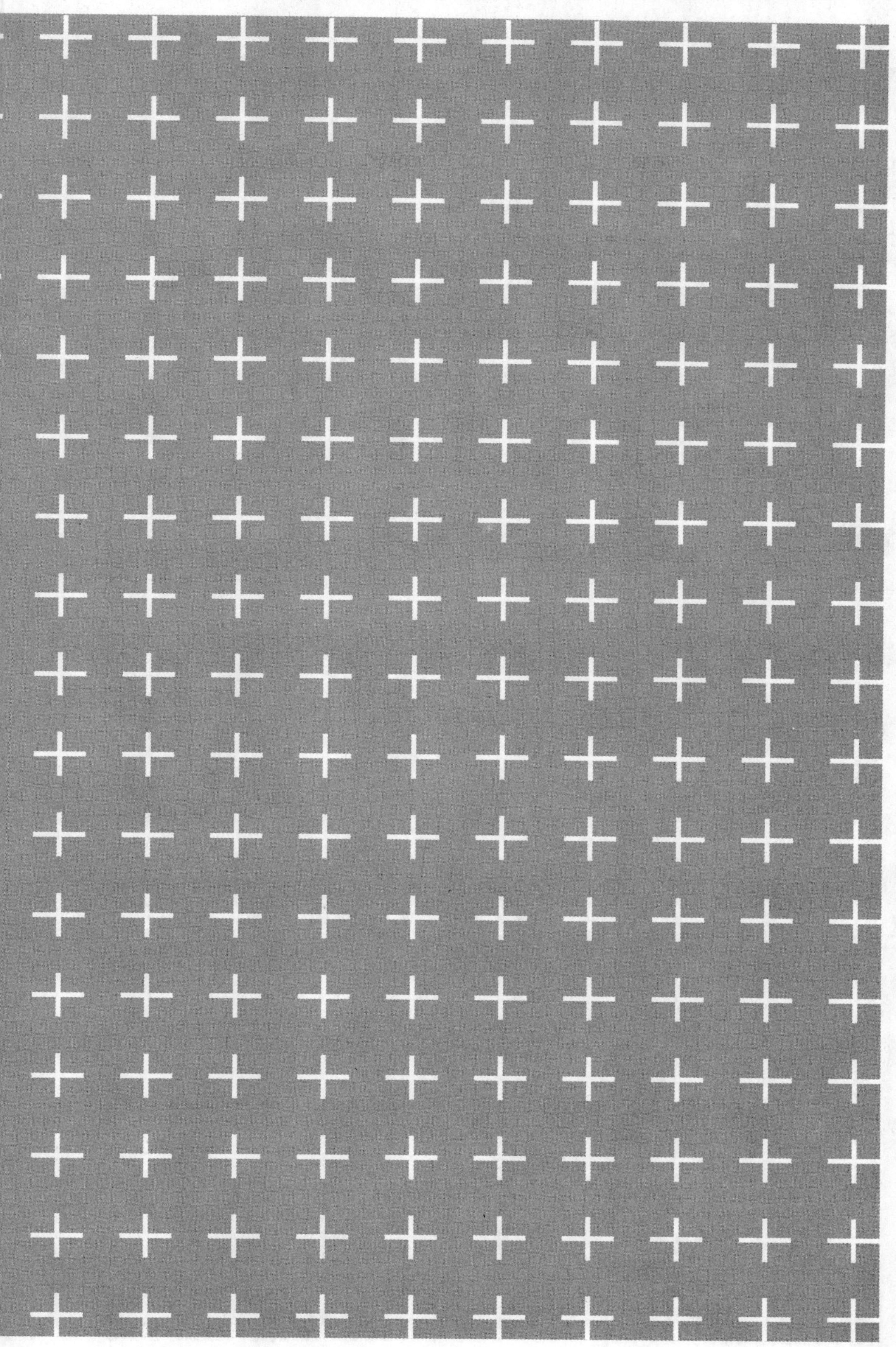

6

第六章 Chapter Six

王健林和他的商业地产先行者——万达

第一节 王健林：商业地产先行者

王健林成功的条件有三个：勤奋、智慧、机遇。他认为这其中最主要的是勤奋，正所谓天道酬勤，如果勤奋，一定会有报酬。

第二节 万达：商业地产的先行者和领路人

万达的企业核心价值观，叫做三个高于：人的价值高于物的价值，企业的价值高于个人的价值，社会价值高于企业价值。

第三节 案例：景观设计及营销策划

“海魔方商业广场”在现有资源下，综合平衡基地利弊条件，营造出独特的景观广场。

“万达·江畔人家”地产项目营销的成功，源于其“新城市主义”定位的创新，这定位可以就项目、理念、服务三大版块进行内涵诠释。

|万达领导人：王健林|

王健林始终把提高产品质量和服务质量作为工作核心，把科技创新作为加速企业发展的推动力。

|万达综述|

是以商业地产、住宅地产、文化产业、高级酒店为支柱产业的大型企业集团

大连万达集团成立于1988年，1992年改制为股份有限公司，是东北首批股份制试点企业之一。经过19年发展，万达集团已成为以商业地产、住宅地产、文化产业、高级酒店为支柱产业的大型企业集团，总资产达300亿元，年销售额200亿元，年纳税超过10亿元。

截至2006年底，万达集团持有的租赁物业面积（包括开业和在建项目）约420万平方米。

|万达特色|

品质第一，诚信为基

万达愿景：国际万达、百年企业；

万达使命：共创财富、公益社会；

万达精神：勤学敬业、志在必得；

核心价值观：诚信、创新、自律、和谐；

经营理念：突出优势、整合资源、效益优先、现金为王；

成本理念：成本检验管理水平。

|万达成长业绩|

万达成为中国房地产开发百强企业之一并名列前茅

1994年，万达集团就被建设部评为中国房地产开发百强企业并名列前茅。

2003年位列中国企业500强第297位。

万达集团支持的万达足球队曾连续6年创造了全国足球甲A联赛四夺冠、三连冠、连续55场不败的骄人战绩，万达足球队成为国人心目中的“梦之队”。

2007年3月，万达集团获得由国家民政部颁发的第二届“中华慈善奖”“最具爱心内资企业”称号。万达集团是全国500万家民营企业中首家也是惟一获奖企业。

万达集团还荣获“2006CCTV中国年度雇主”称号，它是房地产行业惟一获奖的企业。

|万达经典项目|

商业冲锋、住宅后攻

商业地产：上海“万达广场”、北京“万达广场”、宁波“万达广场”、大连“万达广场”、南昌“万达广场”、重庆“万达广场”、沈阳“万达广场”、南宁“万达广场”等。

住宅项目：“大连明珠”、“万达华府”、“长春明珠”、“江南明珠”、“江畔人家”、“河滨印象”、“星海人家”、“滇池卫城”等。

01

第一节 >>>

王健林
商业地产先行者

☐ **侠商** 王健林

☐ **就职公司** 大连万达集团

☐ **职务** 董事长

☐ **个人简介** 王健林，1954年出生，中共党员，高级工程师，现任大连万达集团股份有限公司董事长兼总裁。王健林具有很强的开拓精神和创新精神，在现代企业经营管理和房地产开发建设方面有着独到建树。在他的带领下，万达集团经过近20年的发展，已形成以住宅房地产、商业房地产为两大支柱产业的大型企业集团。

☐ **处事形象** 商业地产的开荒者

☐ **公众印象** 重情重义的东北汉子

☐ **本色性情** 侠义的地产商人

☐ **语言习惯** 一是一，二是二

☐ **业界感觉** 做一行，精一行

☐ **座右铭** 勿以恶小而为之，勿以善小而不为

☐ **公众权力影响** ★★★★★

☐ **业界权力影响** ★★★★

Chapter Six 第六章 王健林和他的商业地产先行者——万达

王健林具有很强的开拓精神，
在现代企业经营管理方面，
在房地产开发建设方面，
他都有着独到建树。

王健林·业界形象 THE IMAGE IN FIELD

智慧与谋略兼具

1. 常被一起提及的“二万”和“二王”

地产界一直有“南有万科，北有万达”的说法。两支“万字号”企业都是中国房地产业的代表企业，而万科与万达风格迥异，并各具特色：万科像一个冷艳的姑娘，而万达像一位热情的美女。对于二万的领导者：王石与王健林来说，却是有着某些相似。同样是军人出身的他们散发着独特的人格魅力，因为个性鲜明，他们始终是各界瞩目的焦点。

2. 一个身份百变的万能才子

如果王健林不离开军队，也许他已经成为了共和国的一名将军，20岁时已经是一个年轻的团级干部；如果他将从政生涯进行到底，也许已经成为一个“封疆大吏”，至今跟随过他的人还不忘他当年短暂而精彩的政治表演；如果他不放弃赖以成名的足球界，也许他已经成为足坛的教父，太多的球迷至今还记得他针砭时弊的退出演说。

3. 宠辱不惊，镇定自若

王健林同所有的地产商有着不一样之处：地产界的风云人物，大都走两个极端。要么高调得矫情，要么低调得要命。而无论市场处于一个什么情况，王健林都宠辱不惊，镇定自若。无论在公司发展一帆风顺的时候，还是面临巨大挑战的时候都是如此，王健林用他迷人的微笑展示他的自信与乐观。

4. 做事有速度

无论王健林是明智地切入足球界，还是果断地退出足球界，都体现了他一贯的雷厉风行的作风。王健林想法快，出手快，处处比别人领先一步。相比那些以精致和战术见长的企业家来说，王健林做的是战略，是布局。当其他地产商对商业地产还处于观望阶段时，王健林已经与沃尔玛达成了战略联盟，在国内刮起了商业地产风暴。

5. 敬业和勤勉

王健林个人非常勤奋和自律，不抽烟、不喝酒，只要不到外地出差，他总是第一个上班。这些看似细节的习惯，反映了他的敬业和勤勉。李嘉诚说过，真正的管理者，首先一定是能管理好自己的人。王健林提出"向我看齐"，看似平常，其实一般企业领导很难做到。他的业余爱好，一个是收藏字画，尤其以吴冠中的作品为主；一个就是偶尔唱歌，最喜欢唱"向天再借500年"。由此可体味他执意进取的理性、精明背后积淀着中国传统文化底蕴的感性和理想主义。

王健林在做人上重情义，
在做事上重效率，
在做企业上重品质。

王健林·经营价值观 THE MANAGEMENT OPERATION VALUES

做好品牌，严把质量关

1. 房地产无品牌

在中国房地产界有一种说法：现时的房地产市场同质化现象严重，房地产的差异化竞争主要体现在品牌和附加值。而王健林却认为，房地产是极具特殊性的行业，房地产的品牌号召力是所有行业中最弱的，也就是说房地产的品牌影响比较小。所以，有时会出现这

王健林谈房地产企业品牌

中国房地产业内当前任何一个企业都还不具备市场占有率和个性化特征。从市场占有率上看，即使万达房产做到50个亿的销售额，在全国市场上的份额大概也就是1%多一点，因此在市场上的影响程度和老百姓的认同程度都是很低的。从个性特征上看，现在看不到各个房地产企业的作品有明显的个性化区别，中国房地产的项目很雷同。当然为了卖房子一定要找卖点，但那只是一种营销手段罢了，产品本身的个性化特征并不足。因此至少要到一个房地产公司在全国占到一定份额的时候，才是房地产品牌真正开始出现的时候。这个过程，我个人预计是十年。

目前中国房地产业中没有一个是具有真正品牌效应的房地产名牌。因为房地产市场化率低，目前土地开发使用都主要是靠政府批，谁能拿到好的地价谁就是半个赢家。在没有市场化的情况下也就没有专业化，没有专业化谈何品牌？要形成品牌必须市场化率高，企业集约化、跨区域经营才能形成品牌。

种情况：一个知名的房地产企业在当地做的楼盘却卖不过一个名不见经传的新生企业开发的产品。万达在大连卖房子，并不是万达会在同等地块上卖得更好，旁边的项目就一定卖不动。如果其他的楼盘价格低一些，消费者可能就认同它而不认同万达。房地产本身这种区域特征、项目特征、产品特征决定了房地产的品牌影响力比较弱。而且，中国房地产到目前为止还没有几家像家电行业的海尔、饮料行业的娃哈哈这样真正的品牌。

2. 产品就是最好的营销策划

与众多房地产风云人物相比，王健林显得非常务实。一直以来，很多发展商都认为营销策划对楼盘销售极为重要，但王健林却认为营销策划占整个房地产开发成功率的10％，策划未能对房产销售起多大作用，消费者买房最注重的是实际生活的需要，所以销售的关键是产品本身，产品本身就是最好的营销策划。

王健林为了让开发产品更贴近市场，让万达专门成立了房地产研究所，研究房地产的走势及消费者对住宅的需求。万达在开发前，都对市场进行周密的调查和准确的定位。每开发一个项目，万达都会请世界知名的调查公司，花超过百万元的巨资，历时6个月以上的时间完成调查，写出详细的调查报告，同时公司内部也出一份调查报告，然后交由董事会讨论。比如，在万达是否进入长春市场的调查中，香港的一家调查公司在调查后认为，长春生活水平低，不适宜开发大型房地产项目，但万达房地产研究所的分析报告则认为适合，结果正如万达所料，首期开发的“长春明珠”大获成功，以当地高价3100元/平方米推出，一下子便销售200多套。

万达的每个项目都要向国内外公开招标。招标公司从初评到最终评定，时间也要在6个月以上。美国、新加坡等著名公司都与万达有良好的合作关系。其中在做“成都花园”的规划方案时，曾经就十易其稿。2000年10月推出的“成都花园”在3天内销售额就高达2亿多元，这是归功于前期规划好。

3. 人性服务，温情为本

王健林认为经营的产品是贯彻在行为之中的服务，它包含着两个层面：理性服务和感性服务。理性服务可视为企业的核心产品，其质量好坏取决于公司制定的标准和管理措施。而感性服务则是增强产品附加值、提升品牌并赢得业主满意度的部分。物业管理就是万达感性服务的具体表现。

万达物业实施全天候服务，在意识上从来没有休息的概念。在万达的小区，每逢节假日，特别是寒暑假期间，公司就会增加巡楼人员。因为此期间小孩的安全最为家人牵挂。

而且社区只要有急救车驶入，保安及工作人员就会主动跟着车跑，因为肯定是某家住户遇到了麻烦，并且随病人一起到医院，把病人安置好后再返回。不但如此，物业公司一旦得知园区内有业主生病住院，都会派人送去鲜花和水果表示慰问，让病人安心治疗，不用挂念家里的安全。“物业管理无小事”已成为万达物业对员工最起码的要求。“善待业主的每个抱怨”是万达物业对员工的服务态度的要求。

4. 一业为主，多元经营

王健林认为，土地大规模开发是减少风险和降低成本的最好办法，大连万达的房地产开发面积一般都在100万平方米以上，有的更高达400万平方米。通过大规模开发，一方面，在有限的土地资源下抢占先机，并从征地、配套、工程、建设、管理等费用上降低成本，保证低价位；另一方面，统一物业管理，使每户分摊的物业管理费用降低。

对于房地产企业多元化经营，王健林也很有见解，他一直把"一业为主，多元经营"作为万达的经营原则。但万达除了房地产业之外主要只有酒业公司、药业公司这两大行业，王健林不反对企业多元化，但是他认为企业多元经营要有"度"。万达现在发展的多元化公司如物业公司、商业公司、电梯厂等都是与房地产业关联，围绕房地产业发展来办的。万达会把主业做大做精，才去发展多元化。

王健林万事快人半拍，
他的速度来源于他的勤奋，
更来源于他睿智而独到的商业眼光。

王健林·领导智慧 **THE LEADERS'WISDOM**

速度+勤奋=飞跃性成功

1."快人半拍"成富翁

回顾王健林的创业史，"快人半拍"其实就是他敢做敢想、敢打敢拼的风格在商海中的成功上演，正是靠着十几年持续的"快人半拍"，王健林的地产帝国像滚雪球一样日益壮大，并且滚向更广阔的世界舞台。

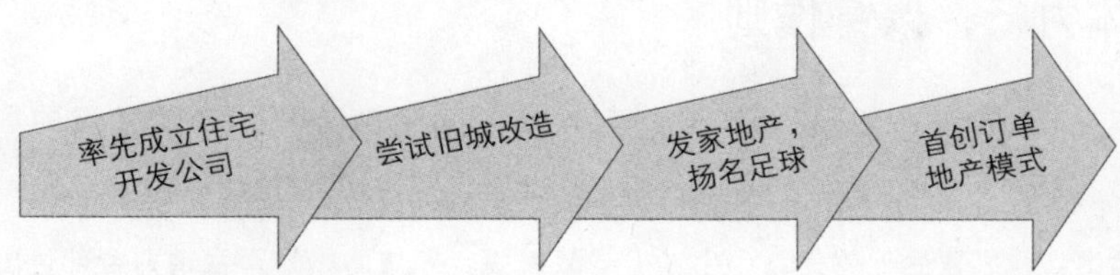

（1）率先成立住宅开发公司

1988年，是万达创业元年。这一年，王健林从大连市西岗区政府办公室主任的位置上，请缨“主政”西岗区住宅开发公司，在当时，这是一个欠债149万元、濒临破产的企业。

（2）尝试旧城改造

尝到“开发公司”的甜头后，万达开始将改造当成自己的“主业”，当其他同行回过神来的时候，王健林已经成了改造大连旧城区的“专业户”。

（3）发家于地产，但扬名于足球

直到今天，许多人还认为万达是一家体育公司。进入足球界，万达抢占全国之先。王健林说：“1994年，大连市体委主任找到我，说国家想搞足球联赛，我也算个著名的球迷了，所以就干了！”中国第一家职业足球俱乐部——万达足球俱乐部因此成立。

（4）首创订单地产模式

退出了足坛，王健林将万达的精力全部集中到了地产上。很快，一种新的商业地产模式在他手里出现了：先找沃尔玛等商家签租赁合同，然后再盖商场，以降低商业风险。王健林给这种模式取了个名字，叫做订单商业地产。

2. 身体力行，以身作则

王健林成功的条件有三个：勤奋、智慧、机遇。他自己认为其中最主要的是勤奋，正所谓天道酬勤，如果勤奋，一定会有报酬。他说："我从来没有时间去打高尔夫，去滑翔，去爬山，我经营企业就是八个字：'战战兢兢，如履薄冰'，我精力全部付出来还觉得不够，恨不得把自己分几半。"

他说："靠制度管人，量化管理，目标责任制，这些都是冷冰冰的制度，没有情感，这是大企业的规范要求。如果有老总自身勤奋、敬业的榜样作用，与员工进行心灵沟通，就会使员工真正做到工作并快乐着。"

> 自从万达退出足球圈以后，
> 王健林这个名字在很多媒体上消失了，
> 但王健林事业上的飞速发展却没有停止。

王健林 · 个人营销艺术 THE MARKETING METHOD OF INDIVIDUALS

付出的多，收获的就多

1. 足球捧红了王健林

大连万达足球队使王健林从一个大连本地商人成为全国闻名的足球大亨。1994年，在多元化经营战略的引导下，王健林组建了万达足球俱乐部。这支中国人心中的"梦之队"，在创造了6年四夺冠、三连冠、连续55场不败的光辉战绩的同时，也为大连市打造了

一张动人的城市名片，并令万达和王健林名扬海内。王健林由一名商人变成了赫赫有名的足球大亨。

而由于黑幕、黑哨、假球等球场外的“第三只手”作祟，使得王健林最终无法忍受，万达决定退出足坛，在亿万观众面前，王健林充当了一次“反黑斗士”。

2. 用爱别人的方式赢得尊重和信任

王健林曾经被评选为“全国十大社会公益之星”，也荣获过“中华慈善奖”。他做人的标杆是李嘉诚。万达集团成立近20年来，累计投入到社会公益事业的资金已超过8亿元人民币。王健林认为，中国企业不应等到富有之后才来做慈善，必须在发展过程中，就承担社会责任，推动慈善事业的发展。

他用慈善行为塑造了自己重情重义的形象，也塑造了企业“共创财富，公益社会”的形象，他用爱别人的方式得到了别人对他的尊重和对他所开发楼盘的信任。

王健林所提的地产概念
如他的为人一样：
重承诺，讲信用。

王健林 · 地产领先概念 THE LEADING CONCEPTS IN REAL ESTATE

用承诺打造品牌

1. 承诺制

1996年，万达是在全国第一家推出承诺制的房地产公司，它提出了三项承诺：

第一，保证墙体不渗、不漏，如有一处渗漏，赔款3万元；

第二，保证卖房子不短缺面积，如果卖的房子和产权证上的面积有偏差，缺一赔三；

第三，从购房后到交房入伙的60天之内，随退随换。

作为万科的创始人和掌舵人，王石的很多带有创建性的工作其实已不仅属于万科，而属于整个地产界。他的一系列社会和商业活动，又使得王石的影响远远超出地产界。

取消合格，保证全优，打质量牌，是万达赢得市场的一大绝招。为此该集团还下发《强化工程质量管理，落实三项承诺的若干规定》，使"三项承诺"上升为一套较完善的管理体系。其主要内容如下：

（1）关于选择施工单位的规定

具备省级颁发的三级以上资质的建筑施工单位方可选用。近三年来获得过"鲁班奖"、"精品工程奖"、"省、市优质工程奖"的施工单位优先选用。顶替、挂靠其他具有施工资格企业的单位不予选用。

（2）关于加强工程质量管理的规定

应确保所建工程项目优良品率（市级标准）达到95%以上，力争做到100%的优良品率。若优良品率未达到95%，将分别扣除项目负责人30%的年终奖、工程部经理20%的年终奖、主管副总经理10%的年终奖、总经理5%的年终奖。连续两年工程项目达不到优良品率要求的项目责任人、工程部经理予以解聘，公司总经理在集团范围内予以通报批评。工程所用一切建材以及设备，必须由总经理组织有关人员进行考核，选择知名品牌，列出明细，作为施工合同的附件。如发现使用"三无"产品，对责任人予以解聘。不得选择资质等级低于乙级的监理公司，成片开发时应引入竞争机制，选择两家以上工程监理公司进行监理。

（3）关于防止房屋渗漏的规定

与施工单位签订的施工合同中须明确约定保证房屋的屋面、外墙、卫生间不渗漏。每渗漏一处，施工单位赔款 3 万元，由此给住户造成的一切家庭损失均由施工单位承担。每渗漏一处，对项目负责人处以2000元罚款，对工程部经理处以1000元罚款，对主管副总经理和总经理各处以500元罚款，如出现多处渗漏且比较严重，视具体情况对相关责任人追加处罚直至解聘。因设计失误造成渗漏，对设计经办人和部门经理以及主管副总经理、总经理各处以3000元罚款。

（4）关于商品房销售面积认证的规定

商品房销售前，须经当地政府房屋面积认证部门认证，取得《商品房面积认证书》后方可对外销售。如当地政府部门不开展商品房面积认证业务，则聘请两家甲级设计单位进行复核。复核后的商品房面积由公司规划设计主管部门和设计单位共同签章。

（5）关于退房、换房的规定

购买期房者，在商品房施工并取得政府批准入住文件、公司登报通知领取钥匙之日起，如不满意，30天内可退可换。购买现房者，自签订商品房买卖合同之日起，如不满意，30天内可退可换。对退房者，全额退还房款，但不计利息。

2. 订单地产模式

王健林在国内最先运作了订单地产模式，万达与商家结成战略合作伙伴关系，共同选址、共同设计，使得商业地产开发的风险降到最低。万达集团从而成为国内最大的商业地产开发商。万达的订单商业模式是一项重要的产业创新，对中国商业地产的健康发展影响深远，它带动行业朝着健康的方向发展。

3. 百年企业

万达集团是2002年初在全国房地产企业中第一个公开提出要做百年企业的，2003年，万达正式提出“百年企业”的发展目标。王健林认为，“百年企业”的标志有三个方面：强大的物质基础；良好的制度建设；优秀的企业文化。为此，王健林提出了“诚信、创新、自律、和谐”为核心内容的企业文化，制定了三本企业制度手册。

Profound reflection

本节思考

王健林的“快”主要体现在哪些地方?

The leaders' sayings

管理休闲吧

王健林谈万达面临的最大风险

企业日常经营中的风险还比较好控制，万达最大的风险就是决策风险，确切地说就是如何防止我一个人说了算。

虽然万达拥有几十个购物中心和五星级酒店，没那么容易垮掉，我即使退休了生活也没有问题，但是我要为很多的员工着想。坦白地说，我永远以“战战兢兢、如履薄冰”的心态经营企业。因为我既是万达的创始人、大股东，我这个人又比较强势，所以一不小心很容易形成一个人都说了算的局面。

有制约才能规避这种风险，为此，我已经作了很多的努力，例如搞了很多个股份制组合、引进国际大财团成为万达的战略投资伙伴等。我不排除在适当的时候把现在的绝对控股变成相对控股，使企业决策层更加科学。

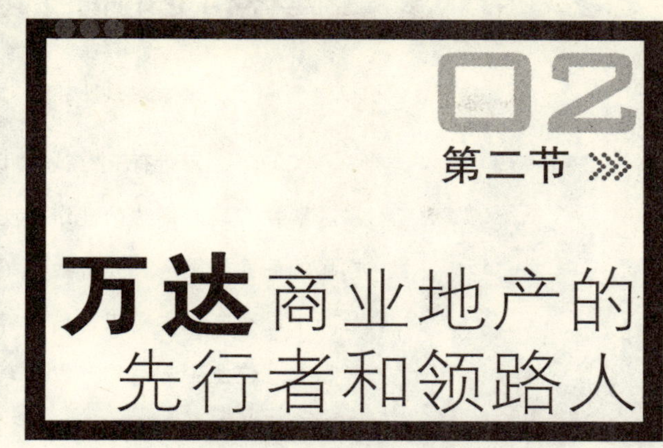

一、战略规划：商业地产历经三个发展阶段

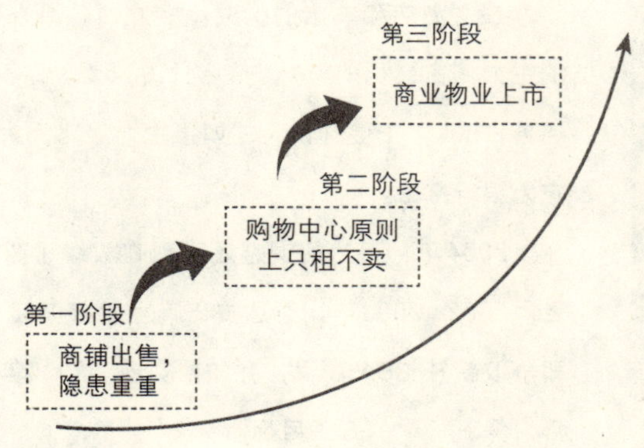

1. 第一阶段：商铺出售，隐患重重

万达以较低的价格将大部分商铺租给主力店，导致其成本压力过大，于是万达将部分压力转嫁给购买铺面的小商户。“万达广场”有10%左右的店面不得不出售，以回收部分资金。由于商业项目前期需要进行大力营销推广，刚刚起步的业绩不足以支持巨额成本。因此，万达商业广场售出的商铺经营状况并不理想，小商户的经营压力很大，也反过来影响了“万达广场”的整体形象。

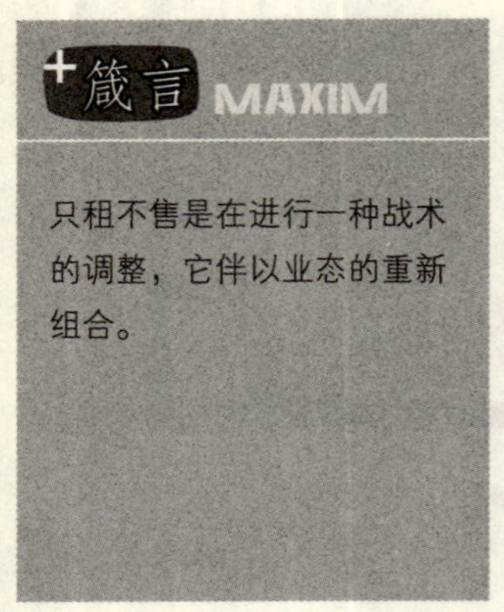

箴言 MAXIM

只租不售是在进行一种战术的调整，它伴以业态的重新组合。

2003年，万达有8个商业广场开业，但潜隐的问题也次第暴露。购物广场对周边的建筑和交通都有一定要求，但济南购物广场的后面是民宅，少数业主招商困难；虽然万达方面的销售合同中没有向业主提出过售后包租、返租的承诺，但长春购物广场的几位业主却宣称开发商有广告欺诈之嫌。于是就有了万达主动寻求商业品牌进行统一经营管理的举动。

2. 第二阶段：购物中心原则上只租不卖

王健林认为，对于已开工近20个项目的商业地产来说，有一两个项目出现问题并非不可控制，但问题的出现令万达高层不得不进行反思，结论是：原有商业地产开发销售模式必须调整，从2004年开始，万达的购物中心原则上只租不卖。

在主力店和单店的构成比例方面，原来购物中心（MALL）的主力店占面积的85%，单店只占15%，后来调整为主力店、单店各占50%。王健林认为“如果主力店比例太重，那我们就只是在为银行打工。”

2004年，万达的调整还表现在放缓了商业地产的扩张速度上。2002~2003年，万达提出商业地产开工项目“保5争8”，即争取新开工8个项目，并如期实现。2004年，万达提出商业项目“保3争5”的开工目标。

3. 第三阶段：商业物业上市，前景乐观

在经历前两个阶段后，王健林在中国购物中心协会2005年年会上发言，宣告万达集团商业地产投资进入了一个更高的层次，将成熟商业物业自己拿去上市。从分零出售到整体出售再到不出售，这是一个更高的境界。通过与海外公司的合作，勒在万达脖子上的资金绳索已经迎刃而解。

二、人力资源：人才比资金、土地还重要

1. 加快人才选拔

王健林说，万达正处于快速扩张期，我们不缺资金、土地和项目，真正影响公司发展的因素就是人力资源。

万达加快内部人才的培养，让一些30岁以下的年轻人，在业务的第一线上锻炼两年，再从这些人中挑选适合的人才。各地分公司副总级别以上的人员，原则上不招聘，尽量从内部提拔。

除此以外，万达常年在北京、广州、上海等一线城市举行招聘会，平均每年在全国要搞3次大型的招聘，每次招聘会都达到上百万元的投入。主要是寻觅一些有培养潜力的年轻人，充实到企业中去。万达已经与清华、同济等高等学府建立了合作关系，支持本科生读研究生，希望建立一种培养机制。并且还从广州、深圳等地招聘了一批营销人，以增强万达的营销力量。

2. 想方设法留住人才

相对于其他一些房地产企业，万达的人才流动率低，忠诚度高。原因有两条；首先，万达给员工好待遇。现今，万达集团的员工工资在全国房地产企业中名列前茅，老总级的年薪都超过100万元，还有期权等，但是好的收入也要通过他们良好的业绩来实现。另外，宽松的企业环境也很重要。万达有较好的激励机制和固定的培训计划，敢于放手用人。

从2003年开始，万达聘请了国际咨询机构，对企业制度与文化进行全面的提升。形成了数百万字的制度。万达每年都要评选一个创新项目，哪个公司被评上以后，都要给予精神鼓励和物质奖励；同时还鼓励员工提建议，要求员工每年必须提一条建议。

三、企业文化：内部人际简单化，外部产业规模化

万达曾聘请的企业文化顾问与集团人力资源部进行了全员访谈。调查结果显示：超过85%的人认为，万达的发展前景吸引人，万达的企业文化留住人。因为待遇条件留在万达的比例只占40%。

万达企业文化最核心的内容体现在两个方面：一是企业愿景，即“国际万达，百年企业”；二是企业核心价值观，叫做三个高于——人的价值高于物的价值，企业的价值高于个人的价值，社会价值高于企业价值。

1. 王健林倡导在万达内部人际关系简单化

大连万达成功发展有四项因素：人才、战略、管理和环境。人才是最关键的，王健林通过个人魅力团结了行业中诸多精英，但人才的背后，是大连万达独特的文化。大连万达文化的主要特点是：创新、勤奋、诚信、互助、单纯。

在他们内部讲，进入公司以后，同事在一起相处得很融洽，就像是个大家庭，有着和谐而简单的人际关系。同时万达也是一所学校，员工进来几年后，在技能上都有很大提高。

2. 万达用创新文化创造若干个第一

万达是全国第一个参与旧城改造的企业，是第一个跨区域开发的企业，是全国房地产行业中第一个提出承诺制的企业，是第一个提出百年企业口号的房地产企业，是第一个做商业

+关注

万达创新有两个特点。第一，不是靠外力推动，而是企业追求卓越的内力驱使；第二，不只是靠万达高层的推动，由于有鲜明的全员创新文化，万达形成了一种创新传统。

地产的企业，是第一个推出REITS的企业等。创造了行业中的很多第一个，说明万达形成了自己的创新文化和传统。

3. 成立了文化产业公司推动文化产业发展

为了进一步推动文化产业发展，万达集团已经成立了专门的文化产业公司。

在王健林的设想当中，新成立的文化产业公司将瞄准三个目标：一、在电影院线领域，力争在2010年占据全国票房的三分之一，十年之后占据中国电影票房半壁江山；二、在艺术品收藏领域，广泛收藏大师级艺术作品，在未来一两年内建立专业美术馆，同时每年拿出一定的经费用于培养和宣传在中国字画方面有造诣、有潜力的青年艺术家；三、争取进军影视制片领域，通过自己拍片，丰富院线片源，提升影院的经营能力。

四、融资策略：创新商业模式并保持资金流

1. 商业地产模式创新——订单商业地产

（1）订单商业地产四个方面的内容

订单商业地产涵盖内容

涵盖事项	具体内容
联合协议	万达的租户首先和万达集团签一个联合发展协议
平均租金	全国除北京、上海外，其他所有城市都采用平均租金
共同设计	选了地先做一个规划，平衡客户的需求，根据需求量身定做
先租后建	建成后几个月开始计租，不论租户开业不开业，万达的利益不受损失

（2）订单商业地产的四大社会效益

订单商业地产的社会效益

社会效益	具体内容
促进就业	按照万达目前购物中心的发展速度，每年至少能创造3万个以上就业岗位
增加税收	每个购物中心每年新增几千万元税收
方便消费者	万达的购物中心包括零售、电影院、家居、图书、餐饮等所有业态，是一站式的购物中心
成为地标	购物中心成为城市地标性建筑

2. 启动资金四成自付，六成贷款

在2004年以前，万达已经开工或待开工的30个商业广场，仅启动资金就需100亿元以上，这笔商业地产所需的巨额资金，约20%即20亿元将由万达直接投资。

万达集团年销售额40亿元，利润加上租金每年提供20亿元没有问题；商业地产约60%投资即60亿元，将向项目当地银行贷款，万达与中国工商银行、中国建设银行签订了银企合作协议；另外20%左右由主力店企业自己投资，如沃尔玛，它的前台、后台、配供系统、电脑系统和结算系统等均由企业自行设计投资。

3. 住宅地产和商业地产互利互助

如果万达保持目前的开发规模，并且要在几年内达到300万平方米的年开发量，住宅地产所需资金量同样惊人。王健林说，他不会为资金担心。按照万达的设想，营业后，每个商业广场的年租金可达2000万～3000万元，10个商业广场的年租金就达数亿元之巨。这笔资金当然可以用于商业地产或住宅地产的开发投资。

万达的住宅地产必须一直保持良好的资金流，与此同时，万达开发的商业广场需要有沃尔玛这样的大租户及其他品牌商业企业承租，并且经营情况良好，才能够按时交租金。否则，任何一块资金链出现断裂，对万达集团都将是沉重的打击。

4. 迂回上市，建立长期的低成本融资管道

一个人有100万元并不能称为"百万富翁"，只有那些拥有100万元但又能连续投资使100万再增值100万的人，才可以称得上"百万富翁"。前者充其量只是个"存款额"很高的人。

（1）万达REITs无疾而终

从2004年开始，王健林便将一些商业广场进行分拆，直到2005年7月，作为万达战略投资者的麦格理银行开始浮出水面，万达REITs上市成为媒体关注的焦点。

麦格理以5000万美元和3800万优先债的代价持有万达9家商业广场的28%股权——这也是万达REITs上市的主要资产，其具体项目包括大连、沈阳、青岛、南京、哈尔滨、济南、长沙、武汉、天津万达商业广场中未出售的物业，已经开业的南宁、南昌和长春万达广场和尚未开业的北京、上海和宁波商业广场被拒之门外。

参照早前媒体对万达商业广场的报道，被装入的9家商业广场中，至少有5家的底商商铺经营出现问题。由于投资者利益受损，一场场大小不一的诉讼接踵而至，几乎伴随着各地万达商业广场的启动、竣工和营业的整个过程。

选择REITs上市的万达，其征程没有预期那么顺利。受现在宏观政策的影响，REITs上市搁浅。事实上，自2006年7月171号限外文件、同年9月关于规范房地产市场外汇管理有关问题的通知发布后，境外投资机构在内地已经受到诸多限制。

（2）王健林百亿资产转战A股

在"万达—麦格理REITs"经过为时近三年的漫长等待仍无望"出海"之后，万达集团董事长王健林终于明白什么叫"回头是岸"。2007年8月份，他在北京一个公开场合亲口证实："我们现已开始国内A股上市的准备工作。"其实，万达上百亿元的资产一旦挂牌上市，马上可以换来数额巨大的现金流，加

上公司旗下大量持有型物业的租金收益，足以长期支撑账面盈利和抬升股价，日后增发等再融资手段也有了用武之地。

王健林本人亲自带队操作负责此次IPO（首次公开发行上市）事宜。万达集团高层人士透露，计划回到上海A股上市的资产包规模约100亿元人民币左右，与房地产信托投资基金“万达—麦格理REITs”相近，其上市征途的进展还算满意，但万达集团上下已经对海外上市的态度变得谨慎很多。

现今，王健林再三考虑的问题是：万达集团近年来增加的大量酒店资产是否装入上市资产包中。自2005年至今，万达集团通过与法国雅高酒店集团的战略合作，在北京、成都等城市开发经营了大约10家万达索菲特酒店，且数量有望继续增加。这类酒店均为5星级，最低房费亦在2000元/日的水平，未来可产生的现金收益可想而知。如今国内以持有物业为核心资产的上市公司，如金融街（000402）、陆家嘴（600663）等，都有将酒店物业装入上市资产包的惯例。

ATTENTION

+关注

万达上百亿元的资产一旦挂牌上市，马上可以换来数额巨大的现金流，加上公司旗下大量持有型物业的租金收益，足以长期支撑账面盈利和抬升股价，日后增发等再融资手段也有了用武之地。

大型房地产上市公司状况浏览

表 1：2007沪深房地产上市公司综合实力

TOP10

排名	股票代码	股票简称
1	000002	万科A
2	600048	保利地产
3	600663	陆家嘴
4	000024	招商地产
5	000402	金融街
6	601588	北辰实业
7	600383	金地集团
8	600675	中华企业
9	600208	中宝股份
10	000046	泛海建设

表 2：2007中国内地在港上市房地产公司综合实力

TOP10

排名	股票代码	股票简称
1	00688	中国海外发展
2	00813	世茂房地产
3	00754	合生创展
4	02777	富力地产
5	00272	瑞安房地产
6	01109	华润置地
7	03383	雅居乐地产
8	03900	绿城中国
9	00917	新世界中国
10	02337	上海复地

表 3：2007沪深房地产上市公司经济增加值(EVA)

TOP10

排名	股票代码	股票简称	经济增加值(EVA)(亿元)
1	000002	万科A	15.74
2	600663	陆家嘴	6.44
3	900950	新城B股	2.81
4	000402	金融街	2.70
5	600048	保利地产	2.48
6	601588	北辰实业	1.84
7	000024	招商地产	1.31
8	600383	金地集团	1.29
9	600533	栖霞建设	1.22
10	000616	亿城股份	0.93

表 4：2007中国内地在港上市房地产公司经济增加值(EVA)

TOP10

排名	股票代码	简称	经济增加值(EVA)(亿港元)
1	00688	中国海外发展	20.25
2	00813	世茂房地产	20.12
3	00754	合生创展集团	16.46
4	02777	富力地产	15.49
5	03900	绿城中国	12.16
6	03383	雅居乐地产	11.19
7	00272	瑞安房地产	10.24
8	01168	百仕达控股	8.08
9	01207	上海置业	4.66
10	01109	华润置地	4.12

表 5：2007沪深地产绩优股

TOP10

排名	股票代码	简称
1	000002	万科A
2	600048	保利地产
3	000024	招商地产
4	600383	金地集团
5	000402	金融街
6	601588	北辰实业
7	600266	北京城建
8	600748	上实发展
9	600736	苏州高新
10	000926	福星科技

Profound reflection

本节思考

什么样的文化才算是创新文化？

The leaders' sayings

管理休闲吧 +02

王健林谈万达资金解决的问题

持有型商业地产的收入来源是收租金，回报周期相对较长。所以说，一个真正做商业地产的开发商必须做好赚慢钱的心理准备。而且商业地产是需要培育的，没有任何一个项目开业就大赚，一般商业物业建成以后，都有两三年的市场培育期，这是一个规律。

但万达有自己的融资渠道。在和许多世界500强企业的合作和谈判中我们发现一个新的融资模式，就是信托基金，它跟正常的上市公司不一样，不仅不受时间限制，金额也没有限制。

一些已建成的购物中心给万达带来了一些租金收入；另外，万达很好的信誉得到了银行的大力支持。作为全国房地产金融改革的试点企业，万达已经与几家大银行的总行实现了直接对话。所以说，如果有项目，万达是不缺钱的。

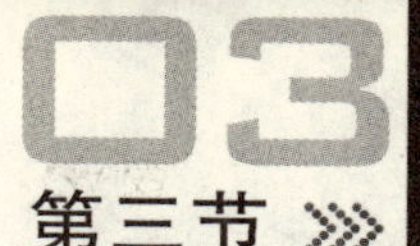

第三节

案例 景观设计及营销策划

一、景观设计：解析“万达海魔方商业广场”

1. 项目概况

宁波“万达海魔方商业广场”地处宁波市主城区南部，北临鄞州中心区主轴线，南距鄞州区政府及文化中心1000米；基地的地势平坦，周边有多条公交车线路环绕，市政管网齐全。广场周边有华茂外国语学校（幼儿园、小学、初中、高中）及“格兰云天”等已建成项目。

美国奥斯本景观设计公司充分利用涌江水系穿越基地的优势，将滨水资源塑造为市民游客休闲、购物的天堂，既体现城市的历史与地方特色，又最大限度发掘地块自身的商业价值。

2. 项目主题设计构思

“海魔方商业广场”在现有资源下，综合平衡基地利弊条件，营造出独特的景观广场。

主题设计构思

要素分析	设计内容
基地条件分析	① 景观设计中充分利用涌江水系穿越基地的优势，降低商业综合体沿河一侧的高度，争取最大的视野效果，并将桥和下降的滨水平台进行一体化设计； ② 设计时充分利用建筑用地后退红线25~30m的优势，在机动车位、临时停车位和自行车停车位附近栽种大量植物，并在几个角部适量配置喷泉、水景及艺术小品，营造出城市界面
商业广场总体构思	宁波“万达商业广场”总体规划的设计构思以“海洋文化”为底色，将整个广场划分为三个主题区域：一区用于商业，二区用于酒店办公，三区作为住宅公寓，广场一区命名“海魔方”，取海纳百川，变幻万千之意，表达现代商业对生活带来的无限可能性，魅力层出不穷
总体规划布置	① 整个商业部分是以二层（局部三层）室内商业步行街为纽带，由六个单体建筑构成的综合体，建筑高度较低，体量较大，最长沿街面达470m； ② 利用东西贯通的弧形主步行街和垂直主步行街的三条南北走向次步行街的规划，一共设计出七个人流出入口，使得各个方向的人流都能方便、迅速地出入购物中心； ③ 整个商业部分建设一层地下室，作为设备用房、货物仓库和停车位，共设置了三个地下车库出入口

3. 景观设计要点

“海魔方商业广场”分外部和内部两个景观区域。

（1）外部景观区域

外部景观区域由一个核心广场、三条外缘街区、一个室外生态停车场、若干个交通流线设计、景观照明系统构成。

ATTENTION

+关注

在景观设计过程中，尽量让景观成为溶剂，流淌于项目中，进一步提高项目优势，弥补缺陷，重塑整个地块完整的自然系统，强化空间结构，使景观特色成为项目成功的关键。

① 核心广场的两项设计要素

核心广场由眺望岛、光之塔、流线廊架、波波剧场、魔方桥、亲水乐园、森林之爱等功能空间构成。

要素一：景观设计理念——营造丰富的城市魅力

景观设计理念

设计理念	内容诠释
营造"蓝色的文化都市中心"	①"文化都市中心"将景观设计中注入浓郁的文化氛围，加强了项目与城市文化间的融洽； ②"蓝色"是指生态和海洋文化背景
空中立体庭院	空中立体庭院就是把从地上到高楼屋顶的空间都装扮成绿色广场和庭院，用绿色散步道连接城市空间
水的魔方	充分利用水、声音、光的构成要素，营造舒适生活的氛围。水面可大可小，同时利用岸地喷泉和喷雾照明，形成形状和色彩多变的水景舞台

要素二：具体构图——平面构图和空间构图

具体构图

平面构图	空间构图
① 强调周边的渗透关系，从城市界面和人流线路入手，强调吸纳力和互动的观赏性、趣味性； ② 充分利用现有水系，强化绿化，整合道路、水系和周边建筑物的关系； ③ 空间层层递进，动静分区，繁华和宁静相协调	① 梳理室内外人流线路，增加人流动线，加强广场和建筑的直接联系； ② 利用室外灯塔制造广场的聚焦点； ③ 营造全方位的垂直绿化系统

② 外缘三条街道

购物中心是停泊在这片魅力海洋中的"商业航母"，而外围街道就是"休闲甲板"。外围街道作为购物散步道，以简洁大气的铺装为主，适宜大流量人群的集散，也适宜于商家灵活安排各类户外展示活动。每个街道景观节点，点缀有绿荫，以流动花车、流动售卖亭、广告灯柱等来增加商业活力和趣味，强化空间归属感。

③ 室外生态停车场

——有效梳理交通流线，对车进出的口部进行整理，减少穿插干扰；

——高差的引入，增加了场地的趣味性，增加了车主的视野绿量；

——高差带来动人的阴影区，周围楼盘俯瞰时产生美观效果，同时对十字路口景观节点也起到衬托作用；

——尽可能纳入更多的绿地和浓荫，降低噪声，减少废气和大面积硬铺的空旷感。

④ 交通流线设计

地下车库共设计有三个车行出入口，两条主要汽车通道，其中一个出入口平时主要用于货物和垃圾出入，两条主要汽车通道分别为客流通道和货运通道，紧急情况下三个车行出入口均可用于人流和车流疏散。在地面设计上使车流以最短的距离进入车库，从而达到基地内人车分流、客货分流，避免相互干扰。

沿地下室中心车道设置三组电梯、扶梯，直达地面中庭一、二层，为驾车的顾客提供方便。在用地的东南、西南角，设有两个大型集中室外地面停车场，公交车可直达西南角停车场，方便市民乘车购物。

⑤ 景观照明系统

景观照明系统

安装位置	相关描述
“海魔方”中心广场	广场里侧围绕着直接对外的商铺空间，从激发商业角度出发，灯光夜景要适宜购物逗留，表达出时尚的繁荣景象；核心广场的中央和外围采用水景照明和绿化照明，营造出梦幻和浪漫的夜景效果，以供市民休闲活动，同时核心广场的灯光照明要考虑到对周边住宅用户所造成的干扰，设置灯光自动控制系统，根据季节和每天早晚光线的变化时间开启和关闭灯光，节能又环保
外围街区	沿城市界面的灯光效果进行强化，特别是商业入口区采用明亮艳丽的灯光以渲染繁荣的商业气氛，在街区景观节点上可强化点阵光源，其他休闲区域灯光可相对弱化，并将灯具进行隐蔽式处理
生态停车场	此处安装的照明系统最重要是出于夜间行车安全性和形象识别性的考虑，并将其与绿化有机结合

（2）内部景观区域

① 景观功能

——动态处理中庭空间，强调趣味性，增加视觉冲击力；

——强调形成一个看和被看的交互空间，让人在购物中心游逛时视线得以无限舒展，显示国际化购物广场的气魄。

——中庭步行街用作非零售活动空间使用，可进行时尚表演、汽车展示以及儿童游戏，小区内点缀性地引入绿树、流水，而室内可设流动的"魔术岛"、"民俗馆"等，成为用来招揽顾客的有效手段。

② 景观气质

建筑内部装修与景观有机结合，使用极具想象力和吸引力的手法，按照21世纪都市人的生活方式、节奏及情感世界度身定造，充分体现现代休闲生活的气氛。

4. 景观设计的原则

"海魔方商业广场"景观设计坚持的原则如下：

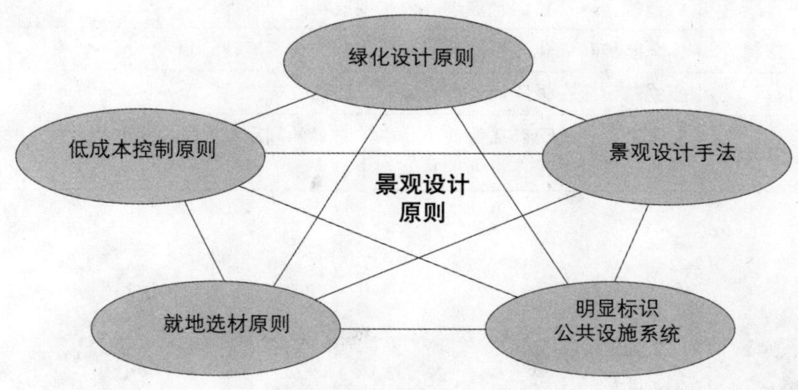

（1）绿化设计原则

——适地适树，以乡土树种为主，适当引进一些高档品种丰富空间；

——适应绿化的功能要求，选择抗病虫害强、易养护管理的植物，体现良好的生态环境和地域特点；

——合理配置，常绿和落叶、速生和慢生相结合，构成多层次的景观空间；

——植物品种选择要在统一基调上力求丰富多彩，达到四季有景可观，各区特色明显。

（2）景观设计手法

——创造丰富的景观形象，借地形变化展现多层次的空间环境；

——创造可停留的休憩空间：用树阴咖啡座、眺望岛等营造假日广场的气氛；

——创造有趣的标志系统：海魔方系列、空中栈桥、流水塔等；

——创造有趣的水景：雕塑水墙、特色喷泉等；

——创造可参与的空间：供儿童嬉戏的旱喷泉。

（3）明显标识公共设施系统

标识公共设施系统

注意事项	具体细节
标识系统	广场的导向板、路标和入口标志牌等标识设施采用简洁清晰醒目、艺术性强的造型，以不锈钢、玻璃等为主要材料
休息座椅	休息座椅和绿化有机结合，设置大部分树阴座椅
垃圾桶	废物箱设置在道路的两旁和路口，距商业街25~50m
背景音乐	背景音乐设施隐蔽在景观小品中，布置的间距控制为30~40m。核心广场的背景音乐设施设在室外的构筑物中

ATTENTION

+关注

让景观成为溶剂，流淌于项目中，进一步提高项目优势，弥补缺陷，重塑整个地块完整的自然系统，强化空间结构，使景观特色成为项目成功的关键。

(4)就地取材原则

按照各个区域的功能性质选择不同材料、不同色彩，表达各个区域的独特性和关联性。

——商业外围街区以品质烧结砖为主，纹理清晰细腻，入口局部地段采用花岗岩石材，营造高档购物区的时尚感受；

——中部景观广场的铺装材料以本色拉毛混凝土为主，配合平价烧结砖做条纹限制分割，以朴素的材料营造出欢乐大气的商业气氛；

——停车场的铺装材料采用植草砖，车道为混凝土砖或者沥青路面；

——滨水地带以木板为主，铺以自然的石材，营造亲切宜人的效果。

(5)低成本控制原则

低成本控制原则

总体原则	具体实施
首先，尽量使用宁波本土材料，力求反映地方传统； 其次，根据不同的功能区选择不同的材料	在重点地区用高档的材料，如石材、木材等，突出其高品质性
	在大范围日常生活的地方采用质朴又丰富多彩的砖类等材料
	对于中部广场，考虑近远期拓展方向，采用朴素的材料来营造大气的多功能空间

二、营销策划："万达·江畔人家"市场营销

"万达·江畔人家"地产项目营销的成功，源于其定位创新，而其定位以"新城市主义"作为中心思想，这个中心可解构为项目、理念、服务三大板块。

在"万达·江畔人家"项目的营销推广过程中，无论是其产品本身，还是战略的制定与战术的运用，无不闪现着创新的睿智。

1. 项目概况

"万达·江畔人家"地处吉林市最具发展潜力的东部沿江位置。整体居住区占地30万平方米，建筑面积为40万平方米，绿化率达51%。该项目毗邻风光旖旎的松花江，与景色秀丽的龙潭山隔江相望，是不可多见的集水景、山色为一体的高尚楼盘。

"万达·江畔人家"是大连万达集团在高寒地区——吉林省吉林市的住宅创新夺标中的经典实践；是凝结万达集团二十余年丰富地产开发经验的又一个出奇制胜的成功案例。

2. SWOT分析

（1）项目优势分析

项目优势分析

优势资源	具体内容
企业的高知名度与美誉度	万达地产在大连、南京、长春等主要城市都曾经创造过骄人的销售业绩，并以其过硬的质量、高品质的物业服务打造出万达的强势品牌。因此，雄厚的企业实力与强势的企业品牌吸引力是当地竞争对手所不具备的
项目整体规模宏大	"万达·江畔人家"占地30万m^2，可谓"江城第一大楼盘"。同时，由于吉林市的地产项目普遍配套不完善，"万达·江畔人家"作为超大型社区可以弥补这方面的不足
最适合北方人生活的创新规划设计	① 适合高寒地区居住的人性化规划与均好性设计； ② 适合高寒地区居住的围合空间设计； ③ 建设欧洲住宅区的步行街，在社区内以雕塑廊等文化设施为主要题材； ④ "万达·江畔人家"将领先的可视对讲系统、智能通信系统、紧急求助系统等智能技术应用于社区的智能化系统
开发能力及物业管理优势	万达地产的施工能力、设计水平、建设速度等开发能力是吉林市本土开发商都无法比拟的
经验丰富，能力高超的工作团队	万达集团吉林市房地产公司有员工40名，本科以上学历的员工占80%。其中，不乏在万达集团征战多年的地产宿将，在他们的手中曾经创造出"星海人家"、"长春明珠"、"江南明珠"等一系列经典楼盘

（2）项目劣势分析

项目劣势分析

劣势资源	具体内容
项目存在空气、噪声污染以及环境景观缺陷	① “万达·江畔人家”南侧隔路有一个热电厂，项目东侧，临近松花江和龙潭山处有一个30万吨乙烯工厂，空气污染比较严重； ② 项目当中有火车道，存在噪声污染； ③ 周边有电线杆和高压线，影响环境景观
市政配套严重不足	① “万达·江畔人家”周边除了有几所质量一般的中学外，几乎没什么市政配套设施，因此生活不是很便利； ② 有许多破旧棚屋和烂尾建筑，严重影响项目形象； ③ 公交站点及线路还不完善，该区属未成熟片区
地段口碑差	在项目区域有大片棚户区，为城市最低收入人群集中区，市民对此地段的印象不佳，其口碑较差
期房销售	当地的其他楼盘皆为现房销售，“万达·江畔人家”一期为跨年度期房销售，所面临的售卖阻力大

（3）市场机会分析

市场机会分析

存在机会	具体内容
商品房消费市场正在逐步扩大	吉林市国民生产总值（GDP）位居全省第二，人均可控支出收入为4260元左右，位居全省第三。随着吉林市经济的发展，商品房市场正处于成长期，并且在逐步扩大
项目所处地块具有一定的发展潜力	虽然“万达·江畔人家”周边环境较差，但地处城市副中心地带，距市中心不过7km左右距离，发展空间巨大，片区具有很强的发展潜力

+关注

“万达·江畔人家”的项目创新不仅仅是一种硬件设施的创新，最主要的是一种生活观念和生活方式的创新。

（4）存在问题分析

存在问题分析

存在问题	具体内容
市场容量小	吉林市开发的项目虽然多数规模不大，但数量众多，市场积压较为严重，市场上许多知名楼盘的销售也不超过7成。吉林市2001年的市场竣工总量为157万m^2，销售量刚过5成，这一切说明了当地市场容量还是有很大的局限性
消费习惯不成熟	当地购房者对性价比的要求不够成熟，一味追求低价格，容易忽视产品真正的价值，因此对项目造成产生一定的销售瓶颈
居民消费水平偏低	吉林市人均可控支出收入为4260元左右（省会长春市为4800元），位居全省第三，市民人均收入800元左右。当地房地产主流价格在1500元左右（省会长春市在2200元左右）。因此与省会长春相比，房地产消费能力偏低
按揭贷款观念不成熟	吉林市民对于按揭贷款的消费观念接受起来还有一定困难，需要舆论进行消费引导

（5）结论

根据对以上问题的分析，万达地产围绕着“充分运用优势，将劣势有机地转化为优势；牢牢把握机会，有效地解决问题”的核心思路，制定了以下的应对办法：

——在立足本地的同时，积极开拓外埠市场（针对市场容量小的难点）；

——提供多种灵活的付款方式，如：轻松付款，组合置业贷款等（针对消费水平低的难点）；

——通过舆论宣传进行引导（针对消费习惯只注重低价，忽略产品品质的难点）；

——电厂烟囱污染通过电子除尘罩净化处理来解决；噪声污染争取通过政府有关部门将火车道拆除或迁移；对影响景观的电线杆、高压线进行迁移（针对项目周边污染比较严重的难点）；

——协调政府有关部门增加市政配套，增设公交线路（针对市政配套严重不足、公交站点及线路不完善的难点）；

——通过软性文章及政府政策宣传本区域未来发展前景（针对市民对项目地段印象不佳、口碑差的难点）；

——通过相关活动、价格策略进行调控（针对本项目期房销售，其他楼盘现房销售的矛盾）。

3. 目标客户分析

万达人在继承地吸收了原"新都市主义"部分理论的基础上，根据吉林市的环境、风貌、人文特点创造性地提出了适合当地市场中目标消费者所普遍认同和响应的"新城市主义"理念。

（1）目标消费者简析

——年龄：消费群在30~55岁之间，其中主力人群在35~45岁之间；

——社会阶层：私营企业主阶层、经理阶层（外资、内资的职业白领）；

——性别：男性为主；

——面积需求：三房以100~130平方米为主，二房以75~100平方米为主；

这一部分消费群体中的"意见领袖"既注重生活的品质又追求生活的品位；他们是社会中的成功人士；在他们中间同样涌动着追求新城市、追求新生活的思潮；他们更加崇尚居住在最佳的城市核心区，能够享受到便捷的交通、繁华的商业、高雅的文化、优美的环境。所以，单一硬性地诉求住宅所带来的功能性利益是不会吸引到目标消费者的注意与兴趣的。正是基于目标消费者这样的心理特征，万达人赋予"万达·江畔人家"以"新城市主义居住区"的主题定位，并由此掀起了轰轰烈烈的"新城市主义运动"。

箴言 MAXIM

在通常情况下，一个项目不太可能针对单一的目标客户，即使规模较小的项目也不可能由同一批目标客户消化。目标客户的细分只能是对主力客户的细分。

（2）市场定位：“新城市主义居住区”

根据目标消费者的特征，万达人将“万达·江畔人家”定位为“新城市主义居住区”，并且根据吉林市本土的市场状况，既生动又形象地赋予这一定位以丰富的内涵。即“万达·江畔人家”追求“新城市文明生活”，它力图通过“升级版的新生代住宅、邻里化的社区配套、诗意绿色的居住环境以及和谐人本的物业服务这四大要素来打造江城人居新生活。

4. 全新理念的核心思想

“万达·江畔人家”创造性地从八个方面丰富了“新城市主义”的核心思想，使得“新城市主义”越发地活灵活现、栩栩如生。

核心思想

核心思想	内容诠释
新城市主义是“城市的”	它重视人们的城市情结，强调一切城市内容和内涵，满足人们城市生活的各种需求。在另一个层面上，它亦强调社区、人群是城市的一部分，并且服务于城市
新城市主义是“文明的”	它倡导现代居住区的服务与交流理念，将物业公司的服务文化推向极致，致力于营造一种健康向上的社区氛围
新城市主义是“优雅的”	它致力于创造品位高雅的建筑空间形态，铺设绿色亲切的住区环境，创造文化趣味浓郁的内外景观体系
新城市主义是“健康的”	它提倡建设绿色家园，倡导健康的生活方式。于是它种植四季花树、修建慢跑小径、提供运动设施
新城市主义是“科技的”	它强调现代社会的科技含量，社区先进而高效率，便利而快节奏地畅游于现代科技的时空中
新城市主义是“生态的”	它的生态观不只是一个简单的环保概念，它拒绝污染、杂乱与噪声。它尤其强调人与场所的适应性，在相融适应的有机环境中，享受人本生态的安宁
新城市主义是“互动的”	它注重人本活动对环境、社区、城市的能动性，在一种交流互动中，共同推进人、社区、城市的共同生长
新城市主义是“持续的”	它是一个过程。它强调参与和发展，在一个城市、社区、居民的互动中、交流和文化更替中体现持续性的生生不息

5. 周全的服务——万达·海尔房

万达集团与海尔集团强强联合，万达为购买“万达·江畔人家”住宅的业主提供了由海尔集团提供的厨房、卫浴菜单式整体住宅装修和家电套装，这种由万达优秀的工程质量与海尔出色的家居服务理念相结合的完美结晶，称之为：万达·海尔房。

（1）一站到位的全程服务：放心、省心、舒心

万达·海尔房从装修到装饰采取“一站到位式的装配式”集成，可以使业主不必面对装修所有环节的烦恼而轻松入住新房；万达、海尔星级的售后服务体系简单便捷，可以令业主舒心地享用。

“万达·江畔人家”向业主提供从设计、上门测量直至装修完毕后的“一站到位式”的全程服务，从而确保消费者放心、省心、舒心地入住新房。

（2）家装菜单，无忧组合

万达·海尔房为业主提供全方位、个性化、规范化的家庭装饰、装修方案，精心打造业主放心满意的现代之家。

家装组合

家装组合	特色亮点
万达·海尔（装修）房	采用海尔的菜单式装饰、装修集成。海尔会根据“万达·江畔人家”业主的需求提供不同标准、不同金额、不同风格的菜单式装修，并由海尔负责实施
万达·海尔（厨卫）房	“万达·江畔人家”迎合当今国际家居最新趋势，全面引入了海尔整体厨卫，带来家庭厨卫的全新变革
万达·海尔（家电）房	海尔提供海尔家电产品的配套方案菜单及产品展示，主要包括厨房家用电器、户式家庭中央空调、家电系列产品等

不同的组合菜单可以满足不同的消费需求，为了保证装修与售后服务的高质量，所有的家装施工都统一由海尔家居集成公司进行整体规划。

万达的房子，海尔的服务。万达·海尔房在江城首度面市，即获得了空前的成功。它作为一种产品的创新，不仅为产品增加了一整套的高附加值，而且真正地解决了消费者在购房后所面临的一系列难题。这种强强联合、优势互补的运营的确产生了1+1＞2的倍增效应，为房地产业的产品创新提供了极其宝贵的借鉴价值。

Profound reflection 本节思考

万达的景观设计注重哪些层面的创新？

The leaders' sayings

管理休闲吧 +03

王健林谈万达商业第一法则——傍大

租户要选准是第一位。这主要是因为零售企业抗风险能力不如金融企业和地产企业，因此选大的零售商、连锁零售商以及区域强势零售商就确保了它的支付能力，也保证了租金长期的稳定。对此，万达的原则是，宁可租金上亏一点，也要“傍大”。目前，万达商业广场主力店的主要合作伙伴都是世界500强企业和行业的前两名企业。有了这种原则，万达商业地产可以实现很高的租金收付率，连续几年，万达的租金收付率都达到97%。

租金管理还有一个诀窍：除沃尔玛、家乐福这种全球企业外，其他所有企业进驻万达商业都要交保证金。在规划出来之后，商业公司就要和租户签一个正式合同，给付一部分保证金。而且有时要“较真”，一旦制度定下来就要坚决执行。

第六课：中小房地产企业融资策略

"121号"文件的出台对中小房地产企业融资无疑是雪上加霜。中小房地产开发企业面临的最为现实和紧迫的问题就是如何筹措到资金，解决或缓解自身所遇到的资金压力。相对于大型房地产开发企业，中小型地产企业的融资渠道单一，所要采取的方法也不同。目前，中小房地产开发企业容易实现的方法除银行贷款外主要有几种：

1. 探索有效的民间融资方式

在确保避免金融风险的前提下，可以按适当高于银行同期利率的方式，向其他企业、自然人寻求融资。这种形式建立在充分诚实守信的基础上，更为灵活、简单、方便，对解决个别中小房地产企业临时资金短缺现象能起到很大作用。

2. 委托贷款

通俗地说，就是一个企业在银行贷款，被另一个企业使用。也就是企业间通过银行定向的委托贷款之名行企业间相互借贷之实。委托贷款的资金利率一般高于银行同期贷款利率，更适合资金需求比较急迫、项目回报率高的企业。委托贷款一般要求企业提供足额的抵押品或担保品，同时要求企业跟银行有比较好的沟通。对于银行来说，委托贷款作为一种风险低、成本低又有稳定收益的中间业务，银行自然也愿意去做。

3. 固定回报投资

对于房地产企业来说，这种融资方式的成本也非常高，不低于委托贷款。

固定回报的资金来源通常是境内外的企业、境外的银行和基金以及财务公司。固定回报的方式大致分为两类，一类是资金的期限很长，一般超过8年，期间每年支付较高利息，到期后不必归还本金。另一类是期限较短，常见为5~8 年，每年支付利息，资金采用折现的方式提供，到期归还本金。因此，计算下来，融资成本非常高。

4. 与建筑企业合作开发

由建筑企业垫资建设，由开发商支付所垫资金利息，在约定时间内付清所垫本金。如支付还有困难，可用开发房屋作抵押。或者，由建筑企业出资建设，开发企业出土地，合作开发。

5. 互助性担保

以各地房地产开发企业协会为平台，建立民间组织性质的中小房地产企业互助发展协会。动员辖区内符合条件的企业入会并成为其中会员，会员如果出现资金紧张，会员单位之间可互助、互保、互督，减轻政府负担。在互助发展协会内，处于劣势的中小房地产企业通过互助性担保联系起来，在向银行争取贷款时也可以更能得到银行的支持。当面临风险时，互助性担保机构承担的风险最终由会员分担，容易被担保者接受。担保审批人与担保申请人相互较为了解，增加了贷款可信度和成功率。而且这种担保形式将银行外部监督转化为互助性担保组织内部的相互监督，提高了监督的有效性。

6. 建立中小房地产企业发展基金

可根据实际情况，尝试按照国家有关规定面向中小房地产企业的资本市场建立中小企业风险投资基金、发展基金、创业投资基金等，以解决中小房地产企业的资金难题。

您认为合理的融资成本应该包括许多债务，可是为何迪斯尼负债却如此少？

这是数量问题。相对于投资机会，我们拥有额外的现金流量，令人难以恰当地对我们的资产负债表资本化，我们可以增加资本降低公正，但是我们的选择是通过现存的业务收益进行生产性的资本投资。

——加里·威尔逊
（沃特·迪斯尼公司行政副总裁）

Chapter Six

第六章

本章精华回顾

1. 身体力行，以身作则

王健林成功的条件有三个：勤奋、智慧、机遇。他自己认为这其中最主要的是勤奋，正所谓天道酬勤，如果勤奋，一定会有报酬。他说：“靠制度管人，量化管理，目标责任制，这些都是冷冰冰的制度，没有情感，这是大企业的规范要求。如果有老总自身勤奋敬业的榜样作用，与员工进行心灵沟通，就会使员工真正地工作并快乐着。”

2. 王健林倡导在万达内部人际关系简单化

大连万达成功发展有四项因素：人才、战略、管理和环境。人才是最关键的，但人才的背后，是大连万达独特的文化。大连万达文化的主要特点是：创新、勤奋、诚信、互动、单纯。

3. “万达·江畔人家”的成功，源于其定位创新

“万达·江畔人家”地产项目营销的成功，源于其定位创新，而其定位以“新城市主义”为中心思想，这个中心可解构成项目、理念、服务三大版块。在“万达·江畔人家”项目的营销推广过程中，无论是其产品本身，还是战略的制定与战术的运用，无不闪现着创新的睿智。

7

第七章 Chapter Seven

郝建民和他的打造精品的中海

第一节 郝建民：一个靠实力打拼的低调地产人

郝建民认为，共同价值观是搞好团队建设、把企业做大做强的基石，同时也是拓展个人发展空间的基础。

第二节 中海：打造精品，塑造品牌

中海一直秉承着“诚信卓越、精品永恒”的经营理念，使中海地产从香港进军深圳，然后又扩展到全国各地，创造了中海地产产品质量过硬的良好口碑。

第三节 案例：产品设计及营销策划

“中海万锦豪园”项目设计突出岭南地域文化，结合岭南建筑与园林的文化传统，努力营造人与自然山水共生的氛围和文化环境。

“中海蓝湾”从产品设计、客户群定位到项目推广，开发商都进行了紧密部署，深度研究，延续中海的精品路线。

中海领导人：郝建民

在郝建民看来，中国的房地产市场是一个充满了梦想和神话的市场，在这个充满梦想的世界里，中海地产必将创造新的神话和新的辉煌。

中海综述

具有国家一级房地产开发资质的全国性地产品牌

中海地产集团有限公司是香港中国海外集团有限公司控股的属下企业。

中海地产是中国海外集团房地产业务的品牌统称，该品牌诞生、成长于香港，辐射到澳门，发扬光大于中国内地。作为跨地域、具有国家一级房地产开发资质的全国性地产品牌，中海地产向社会提供了数万套优质住宅产品。

中海特色

用诚信打造精品

经营理念：诚信卓越，精品永恒

品牌理念：居住改变人生

开发策略：精品化

中海成长业绩

房地产百强企业综合实力TOP10

2002年至今，中海地产连续四年被美国《财富》(Fortune)杂志评为中国上市公司百强中的房地产领军企业。

2004年和2005年，中海地产连续两年名列中国房地产开发百强企业综合实力第一名。

2004年和2005年，中海地产连续两年荣膺中国房地产行业领导品牌第一名。

2005年，中海地产成为中国房地产蓝筹榜首企业。

2005年，中海地产荣获中国生活方式最佳品牌称号。

2006年，中海还相继荣获中国房地产百强企业综合实力TOP10、中国大陆在香港上市房地产公司综合实力TOP10、中国最佳品牌20强、中国蓝筹地产榜首企业、中国25大典范品牌企业、国家质量信誉AAA等级企业、信用档案管理先进企业等荣誉称号。

中海经典项目

产品辐射至全国多个城市

深圳："海富花园"、"海丽大厦"、"海滨广场"、"海连大厦"、"中海苑"等十几个项目；

上海："海华花园"、"海兴广场"、"海丽花园"、"海天花园"等项目；

北京："中海雅园"、"中海紫金苑"、"中海馥园"等项目；

广州："东山广场"、"锦城花园"、"中海锦苑"等项目；

成都："中海名城"、"中海格林威治城"、"中海国际社区"等项目。

01

第一节

郝建民 一个靠实力打拼的低调地产人

□ **地产猛士** 郝建民

□ **性别** 男

□ **就职公司** 中国海外发展有限公司

□ **职务** 董事长兼总经理

□ **个人简介** 郝建民，先后在沈阳建工学院工业与民用建筑专业获学士学位、哈尔滨工业大学管理科学与工程专业获硕士学位、美国福坦莫大学获工商管理硕士学位，1989年以来历任中国海外建筑(深圳)有限公司副总经理，中海发展(北京)有限公司董事长兼总经理，现任香港上市公司中国海外集团有限公司常务董事、副总经理、中海地产集团有限公司董事长、总经理。

□ **个性** 低调做人，高调做事

□ **处事形象** 来无影，去无踪

□ **公众印象** 神秘、低调

□ **业界感觉** 他的实力绝对不是吹出来的

□ **公众权力影响** ★★

□ **业界权力影响** ★★★★

Chapter Seven 第七章 郝建民和他的打造精品的中海

在郝建民的带领下，
无论市场如何跌宕起伏，
中海地产始终按着自己预定的轨道和目标高速发展。

郝建民·经营价值观 THE MANAGEMENT OPERATION VALUES

在创新中超越

1. 把握方向，引领行业前沿

（1）赢在战略

在郝建民担任中海地产董事长的几年里，中国海外集团内地房地产主营业务收入翻了近两番；销售额保持40%左右的增长率；衡量企业规模实力和盈利能力的资产总额、净资产总额、盈利额等多项指标均处于行业领先水平。

市场经济既有机遇又有风险，做企业难，做基业常青的企业更难，提高应变能力、增强抗风险能力、强化战略管理就成了企业发展的长远大计。郝建民常讲，如果战术上出现一时的失误，企业还承受得住，但万一在战略方向上出现偏差，则可能使企业毁于一旦。为了长远发展，他积极倡导并制定中长期企业战略规划，把战略目标细分到日常经营计划和管理计划中，通过及时有效的战略评价和战略反馈，稳步推进企业的战略部署；他大力加强房地产投资决策的制度化建设，建立严密、科学的投资决策制度，确保公司在瞬息万变的市场中把握投资机会、保持正确的投资方向。

关注

在郝建民看来，对市场的准确把握，对客户群体切实的人文关怀，还有对企业品牌精心的培育才铸就了中海地产今天的辉煌成就。

（2）向更广阔市场空间转移

郝建民认为，中国区域之间的经济发展存在较大的差异，房地产发展的区域不平衡也将长期存在，这种区域发展不平衡存在一定的投资风险，也蕴藏着巨大的投资机会，因此，房地产企业的跨域经营就满足了分散投资风险的需要，这也是从一个相对成熟、高度竞争的市场向一个更广阔市场空间转移的必然过程。在这一理念指导下，中海地产持续加大在中国内地的区域拓展力度，在原有深圳、上海、广州、北京、成都5家地区公司的基础上，将经营地域延伸至长春、西安、南京、中山、苏州、佛山、宁波、重庆等13座城市，初步构建起以珠三角、长三角、环渤海地区为核心的发展区域，内地经济发达中心城市采取点状支持的全国性战略布局，不仅培育了新的利润增长点，更重要的是形成了有利于平衡区域之间投资机会风险的区域格局。

（3）将思维的触角延伸到产品的创新层面

当大多数房地产企业还将目光简单地集中在房屋的居住功能时，郝建民已经敏锐地将思维的触角延伸到产品的创新层面。

他开始思考如何让中海的产品不仅能满足业主的基本生活需求，还能满足节能、环保、人性化等更高层次的需求。基于这一思考，在过去几年中，中海地产的规划设计团队开发了丰富的产品，着力打造体现企业核心竞争力的生态环保、技术领先、充满人文关怀的中海第四代产品。随着第四代产品的推出，中海地产的产品再一次引领了市场潮流，迅速占领了市场，赢得了消费者、房地产业界和设计行业的广泛认可。一批在各个领域达到一流水平，既有中海特色，又能兼顾区域特征的优秀产品不断涌现出来。

（4）加强品牌建设

如果说狠抓产品创新是郝建民带领企业占领市场的关键因素，那么品牌建设则是中海地产巩固市场占有率的又一重要法宝。郝建民认为，在品牌竞争时代，品牌是企业规模和影响力向更广阔空间延伸的最有效载体。面对日趋激烈的竞争环境，他要求企业牢牢地把握“精品化”的开发策略，坚持走自己的路。多年来，中海地产始终秉承“诚信卓越、精品永恒”的理念，依靠“过程精品、楼楼精品”的鲜明形象树立了在行业中的良好口碑，培育了一大批追随中海地产品牌的忠诚客户群体。

2. 以人为本，传承中海文化

（1）人才是企业发展战略细分的具体执行者

郝建民深知，人才是企业发展战略细分的具体执行者，企业发展需要一大批德才兼备的人才，尤其是中高层管理人才，因此，他非常重视企业人力资源工作。在企业内部，郝建民强调要科学地进行团队建设与人才梯队建设，造就一支忠诚于公司、业务过硬、专业素质较高、具有较强学习能力和优良工作作风的员工队伍。他还要求持续加强对员工职业生涯的增值培训，向团队不断注入清晰的思考力和新鲜的创新动力。通过努力，中海地产的员工队伍保持了良好的发展势头：员工年龄构成年轻化，员工文化素质构成趋向专业化和高级化，人才储备和人才梯队建设逐步完善成熟，为企业可持续发展和跨域经营提供了坚实的人力资源保障。

（2）企业管理最终是文化管理

在郝建民眼里，企业管理最终是文化管理。郝建民认为，共同价值观是搞好团队建设、同心同德把企业做大做强的基石，同时也是拓展个人发展空间的基础。通过大力加强企业的文化建设，中海地产形成了和谐而富有激情的企业文化，形成了强大的向心力和凝聚力，员工真正把自己当成企业的一员，真正把个人的追求融入到企业的长远发展之中。在2006年的一次中国房地产高峰论坛会议上，郝建民欣慰地说："我们以一支和谐、高效的团队很好地控制了企业发展中的管理风险。"

3. 扬帆远航，构筑常青基业

在郝建民看来，中国的房地产市场是一个充满了梦想和神话的市场，在这个充满梦想的世界里，中海地产必将创造新的神话和新的辉煌。

对于企业的未来发展，郝建民认为，中海地产将继续谋求持续较快增长，在巩固和扩大领先优势的同时，将更加注重企业规模化发展的增长质量、经营效益、品牌价值和运行安全，中海地产将按照既定战略规划，稳步推进基业常青、持续发展的长远战略。

郝建民谈中海品牌管理之路

在地产行业加速市场化的进程，推进品牌整合与竞争关键阶段，这些工作对中国房地产业的健康发展必将起到积极的推动作用。在市场国际化的未来，企业间的竞争也必将是理念之争、诚信之争、品牌之争，这个已经是大家的共识。作为香港的大型中资企业，历经市场经济的磨炼，我们深知品牌是企业综合实力的体现。经过二十多年的不懈努力，中海集团已经逐步发展成为三百亿港元资产、以地产建筑为主体的集团，2004年实现利润10亿港币，同时今年获得两个投资性项目，并成功发行7年期债券，开创中国房地产公司在国际市场发债券的先河。中海地产经过二十多年精心打造，已经形成了涵盖规划设计、物业管理、房地产开发各个环节的发展态势，并在各自领域，树立了优秀的品牌形象，这在全国各大房地产公司中是很少见的，是中海品牌区别其他品牌实现强势竞争的最大特点。

地产与设计、建筑、物业管理相互支撑，形成了长远的支撑房地产业务发展的雄厚的内部资源基础，进一步巩固和提高了品牌竞争力。公司承建业务在香港是排头兵，承建香港大楼、香港迪斯尼乐园等一些香港市场比较大的项目。中海的管理水平一直居同行业之首，这是中海集团品牌的第一个特点。第二个特点是全国性。它覆盖了全国12个城市，如果包括香港和澳门有14个，从区域覆盖来讲，是真正全国性品牌，第三是有效的品牌价值管理体系。品牌是基于信赖的契约，体现公司价值和独创性。只有利用有效的品牌价值，完成品牌独有的差异性，让顾客具有信赖感，才能确定企业品牌，才能在市场当中取得竞争优势。中海集团核心价值观是诚信、创新、务实、求精。二十多年来中海集团一直坚持人性化理念，非常注重这种理念在产品企业文化各个环节中体现，使消费者对产品服务等方面体验感觉到可信、实在有品位。以制度化、规范化、程序化的专业化管理成为质量保证的基础。严格苛求，使高质量成为中海品牌的本质基础，也是品牌的声誉。

Chapter Seven 第七章 郝建民和他的打造精品的中海

业界一向评价中海地产是"高调做事，低调做人"，
郝建民更是不愿在媒体做宣传，
他认为企业不仅要靠宣传出来，
更要靠实力打拼。

郝建民·个人营销艺术 THE MARKETING METHOD OF INDIVIDUALS

实践出真知

1995年，郝建民被调往中海发展（北京）有限公司担任总经理，从那时起，他开始在中国内地进行房地产开发与投资工作。在北京工作期间，他组织开发了"中海雅园"、"中海紫金苑"、"中海馥园"、"中海凯旋"等项目。2001年前后，郝建民带领北京公司先后签约"中海海洋花园"、"中海天地"、"中海安德鲁斯庄园"等项目，为中海地产在北京地区的业务开展创造良好的条件。

2002年至今，郝建民担任中国海外集团常务董事副总经理、中海地产股份有限公司董事长、总经理，分管中国海外集团在中国内地房地产业务的管理工作，在更广阔的空间内施展才干。

实践出真知，近二十年的建筑与房地产管理生涯丰富了郝建民的工作经历，也塑造了他深厚的职业素养。

在香港的工作经验使他清晰地了解到香港和国际上的资金运作、项目管理规范；在内地从事房地产投资工作，又使他对正在蓬勃发展的中国市场经济有了更深刻的认识，对内地房地产市场发展有了更敏锐的触觉；多个不同领导岗位的锻炼则造就了他广阔的视野、稳健的性格和独特的个人魅力。

目前，他兼任着中国青年企业家协会常务理事、北京市青年企业家协会副会长、北京市青年联合会常委等多项社会工作职务，还兼任沈阳建筑大学硕士研究生导师；2002年，他获得了 "首届北京市优秀青年企业家"称号，2005年获中国建筑工程总公司"十佳经营管理者"称号。

中海提出的地产概念
都是以打造精品为核心的，
通过对一系列细节给予无微不至的关怀，
赢得客户对其楼盘的信赖和追捧。

郝建民·地产领先概念 THE LEADING CONCEPTS IN REAL ESTATE

将精品路线进行到底

1. 装修“产业化”

装修“产业化”，就是指中海地产依托强大的设计、合约、工程管理及物资采购系统，对住宅装修环节进行专业化整合，强化室内装修和建筑设计、工程施工的接口管理，由精选的专业装修公司操刀，使设计、施工、装修的全过程得到有效控制。装修“产业化”不同于简单的装修菜单，它给业主带来的是实实在在的好处。装修“产业化”，是中海产业化进程中的一个创新，不仅构筑了高阶品质体系，也创造了房地产的新高度。

2. “二次革命”

如果说中海在2004年发动的“拿地革命”的主题是实力，那么，2005年开始的“二次革命”的目标就是品牌。中海提出的口号是：品牌营销。

革命的关键不在于坚守“诚信卓越，精品永恒”的经营理念，而在于要外化企业信息，积极传播，引导消费者对中海地产的品牌认知；在于中海要改变古板的形象（以往的“低调”），从可信赖者的角色向消费者知己的角色转变；在于中海要整合资源并将资源统合在中海地产名下。

而关键的关键在于：中海不是要保持优秀，而是要做到卓越，要携手更多类似信和的地产巨头，实现跳跃式的发展；要借助“九万三”等旗帜项目将中海地产的品牌提升到一个新的境界。

Profound reflection
本节思考

装修“产业化”给业主提供怎样实实在在的好处?

The leaders' sayings

管理休闲吧

郝建民谈中海品牌定位

在市场国际化的未来，企业间的竞争必将是理念之争、诚信之争、品牌之争。随着房地产业的深入发展，市场竞争的不断加剧，消费者的不断成熟，在产品日趋同质化的竞争中，中国房地产业也将处于大的变革、整合和重组时期。

由于土地是不可再生资源，所有发展商都要倍加珍惜，房子是老百姓支出的最大消费品，所以应该提供的是精品，铸百年品牌，建百年老店是中海地产的品牌定位。

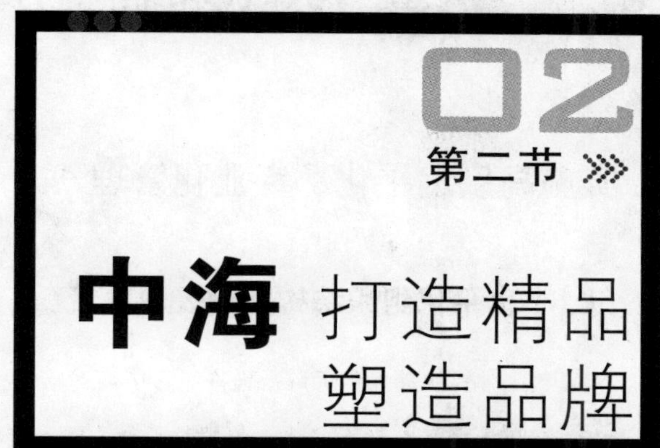

一、经营理念：诚信卓越，精品永恒

“诚信卓越，精品永恒”的经营理念使中海地产从香港进军深圳，然后扩展到全国各地，创造了中海地产产品质量过硬的良好口碑。

“诚信卓越”的对象包含合作单位、媒体和普通社会大众等，中海地产通过塑造广泛和良好的公众企业形象，使“诚信卓越”的企业理念深入到社会各个阶层。

“精品永恒”作为中海地产的企业根本，以提供更加优质的产品为主要指导中心，以满足市场需要为设计主导思想。

二、战略规划：扁平化、专业化、平台化管理

中海依靠国企背景，具有明显的先天优势；在此基础上，中海不断完善相应的管理制度，以构建符合现代企业的制度化管理平台。

1. 实施高度扁平化、专业化管理

（1）扁平化组织结构加速公司决策

为了集团公司决策能雷厉风行地推行，中海的组织机构高度扁平化。中海集团有200多个法人，在市场经济条件下，法人公司都是独立的，集团公司法人层次有十几层，但管理层次最多只有两层。投资决策实际上只有一层，每买一块地，从前期考察到中期论证，最后由总经理常务会议确定，做到负责到底。

在建筑承包方面，管理最多只有两层，项目上只管质量、进度、安全，而财务负责备用金报销，运行快捷，效率极高。这一管理方式和美国通用公司有异曲同工之妙。

（2）高度专业化推动公司产业化

中海的高度专业化在推动公司产业前进方面贡献巨大。经过创业、发展和规模运营时期，中海无论是在治理结构，还是在经营机制方面，都已经由总承包制的公司向现代的专业房地产企业成功转变。

比如，2000年前广州公司由地产部拆成营销部和设计部，2001年再进行专业分工和机构调整，形成九个职能部门，实施了项目制管理，将职能专家和管理型人才组合在一起，以职能部门为基础、以项目管理为依托，统筹协调设计、营销、合约、工程、报建等业务部门的工作。

2. 三大解决方案保证项目管理平台化

为解决集团企业采购分散、采购价格不易控制、采购成本较高、采购物资质量较难控制的问题，实现财务、业务一体化，及时对项目的成本费用、收入进行归集、分配，中海提出三大解决方案，为项目管理提供集成的项目管理平台，以实现房地产项目开发过程的进度管理、成本监控以及技术文档、合同、供应商的统一管理。

（1）引入财务集中管理模式

中海引入了财务集中管理模式，搭建中海集团所属单位构架图，设立集团账公司账，统一会计核算体系，搭建起集团统一的信息化应用平台。

通过这一管理模式的引入，能实现全集团财务规范、统计口径、信息存放以及纵横向财务账表的统一，保障整个企业基础财务信息的准确性。

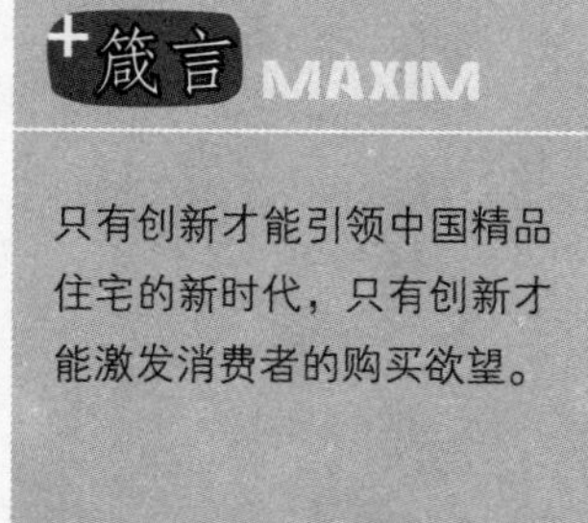

箴言 MAXIM

只有创新才能引领中国精品住宅的新时代，只有创新才能激发消费者的购买欲望。

（2）采用集中采购解决方案

针对中海实际情况，采用虚拟采购组织的管理模式，规范企业的采购处理流程，并通过灵活的配置支持企业采购质量管理。发挥集中采购的规模效应，以降低采购成本。

发挥集中采购的规模效应，可以强化物资采购的集中管理控制，规范、协同、优化企业采购业务处理流程，提高采购工作效率

（3）项目管理解决方案

搭建中海地产统一的业务应用平台，使企业的项目管理流程更加合理化和专业化。通过项目成本管理汇集房地产开发项目收入、成本核算信息结果，从而得到该项目的投入产出分析、全成本的动态分析信息。

项目管理集成应用提高中海地产在项目实施、经营、管理方面的水平，使得中海地产的各项业务真正做到信息化、网络化、规范化、透明化。

中海集团开发应用的工程动态管理系统(Engineering Dynamic Management System) 就是实施项目集成应用管理方面的充分体现。

EDMS并不是普通的项目管理软件或工程进度计划管理系统，而是中海拥有自主知识产权的建筑企业综合管理信息系统。中海为这个系统投资了约1000万港元，由计算机中心18名员工自行开发。

三、产品策略：创新模式，打造精品

1. 提倡精品、创新的产品策略

在复制、克隆盛行的今天，创新肯定是要付出高昂代价的，甚至一些大的房地产企业已经公然打出了“流水线生产模式”的口号，是什么支撑中海坚持不懈地去创新呢？

中海认为创新是企业发展的必然要求，是企业生存的不竭动力，更是企业在竞争中制胜的关键。

因此，中海地产以全面创新的手法站在了房地产开发理念的最前沿，项目从开发定位、概念设计、高新技术，到营销理念、物业管理等方面都处于业内发展领先地位。

（1）反对产品复制，提倡创新产品概念

房子最基本的功能是居住。从这个层面来讲，创新与超越最终要回归到产品本身。

产品创新是中海的核心竞争力，中海的每一个产品都能在市场上引起抢购。

① 反对产品复制

中海特别反对产品的复制，有些开发商非常津津乐道于将在一线城市中的成熟产品搬到二线城市去，中海内部也多次讨论过这个问题，因为这样既可以减少设计和营销成本，又能迅速推进扩张战略。但真的这样做之后，中海给人的可能就不是一直以创新引领中国精品住宅新时代的品牌形象了。

② 品质与数量同步，创新打造第四代产品

中海的产品分为好几代，目前在做的属于中海的第四代产品。针对第四代产品的高标准，中海地产对规划设计提出了相应的高要求。首先，保持产品的持续创新能力；其次，进一步提高设计效率，保证开发速度。

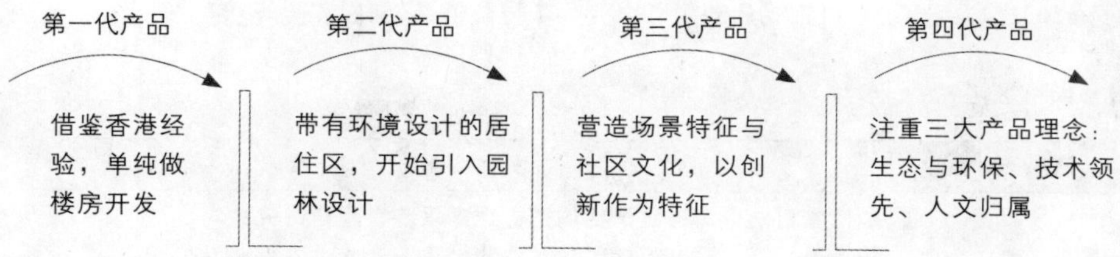

中海将品质与数量同步，对设计理念进行有效梳理。从中海已经或即将在市场上推出的第四代产品来看，中海无不用国际化的视野、现代化的标准、差异化的原则为业界打造引领潮流、具有高性价比的的中高档高尚住宅。

③ 以小见大，注重细节上的创新

最近几年，中海提出“细节决定品质”的理念，这个独树一帜的产品观使中海产品对市场产生了强大的辐射力，在赢得了市场的同时，更赢得了业界尊重以及效仿。

对于中海开发的项目，大家普遍的感觉就是细微之处用心、用心之处传神、传神之处创新。在中海的产品中，人们往往会从貌不惊人的一块材料、一个砖头、一扇窗子、一面墙壁中发现中海为这些项目量身定做的诸多创新，而这些创新最终都归属到一个出发点上，那就是“以人为本”。

+关注 ATTENTION

中海地产，作为一个地产行业最新标准的制定者、精品住宅新时代的引领者，一直在尝试最新科技发展在产业上的应用，并探索新住宅的发展方向，不断为自己树立新的评价标准。

④ 首创装修产业化

中海地产在房地产开发中注入了新的理念，除了营造最适合居住的要素之外，还大力强化和提升住宅的资产功能，通过资产的保值、升值来实现较好的投资回报率，实现装修的“产业化”。

住宅装修伤透了许多业主的脑筋，中海的设计研究机构经历十一个月的悉心调查研究，于“阳光棕榈园”项目正式启动了“产业化个性超值装修计划”。

装修产业化特点

装修特点	具体实施
质量上乘	① 装修主材由中海通过严格的招标程序采购，用料讲究； ② 精选质量优、声誉好的家装企业为施工方； ③ 由中海全程监控施工，确保装修质量
造价大幅度下降	装修主材（如洁具、厨具、地砖、石材、混凝土等）由中海以工程招标价采购，使得单套造价低于市场合理造价
一次成型	稍有难度、较为复杂的部分一次性做到位，避免业主二次改造之苦：所有橱柜一次性建造到位，抽油烟机、煤气灶、热水器等器具一次性安装到位

装修“产业化”，是中海产业化进程中的一个创新，不仅构筑了高阶品质体系，也创造了房地产的新高度。

（2）站在城市高度，以精品理念打造主流产品

① 站在城市高度引导主流产品

中海就是站在一个城市的高度上，用产品来引领市场的。

中海一直以埋头搞工程产品为荣。在以品牌竞争为导向的中国楼市中，中海选择了以产品竞争为导向。中海地产连续荣膺2004年、2005年中国房地产行业领导品牌第一名，2005年、2006年中国房地产企业综合实力第一名，中海以超凡实力和辉煌的业绩成就了企业的品牌高度。

作为一个综合实力排名全国第一的主流发展商，中海的价值在于它不仅从地理位置上占据了一座城市的主流地段，不仅在于它的入驻给这一片区域带来的脱胎换骨的改变以及

对城市生活的更新和再造，还在于它每次给城市留下的作品，都能烙下专业、精品、卓越的“中海印记”。

② 细节之处体现人文精神

人文精神的细节体现

细节体现	具体实施
环境设计融入更多人文关怀	① 人行道与行车道之间，铺设了细长的绿化带，目的是让行人与车道相隔一定距离以保证安全； ② 中海产品在规划时考虑到了不同居住人群的休闲需要，并为此做了专门的设计，包括让老人锻炼、孩子嬉戏、会见客人的活动场所
让营销中心充满绿色	进入中海任何一个项目的营销中心，室内各种摆设都和绿色植物融合在一起，完全没有生硬、呆板的感觉
用概念再现生活享受	① 当人们对于中海的印象还仅停留在一个名称的阶段时，中海就已经用“为生活松绑”的口号来勾起人们对田园生活的期待； ② “中海怡翠山庄”的“5+2”开发理念将现代人对郊居化生活的渴望发挥得淋漓尽致； ③ “怡翠山庄”四期精致Townhouse——怡翠谷畔，真实再现了都市田园生活，“离自然不远，离红尘很近”恰到好处地将口号意境与自然景观融合在一起
建造产品细节提高使用价值	① 中海对住宅产品的研究细致入微，早已形成了自由的、系统的规划设计准则与建造工法； ② 中海的产品户型方正、实用，而且内部空间的宽度、进深都经过严格论证

+关注

ATTENTION

随着竞争的加剧，能否把个性鲜明的核心价值刻在消费者内心深处是胜败的关键，中海品牌核心价值的确定就是牢牢把握了中国消费者心态的关键。

2. 中海地产品牌管理具体实施的创新与借鉴

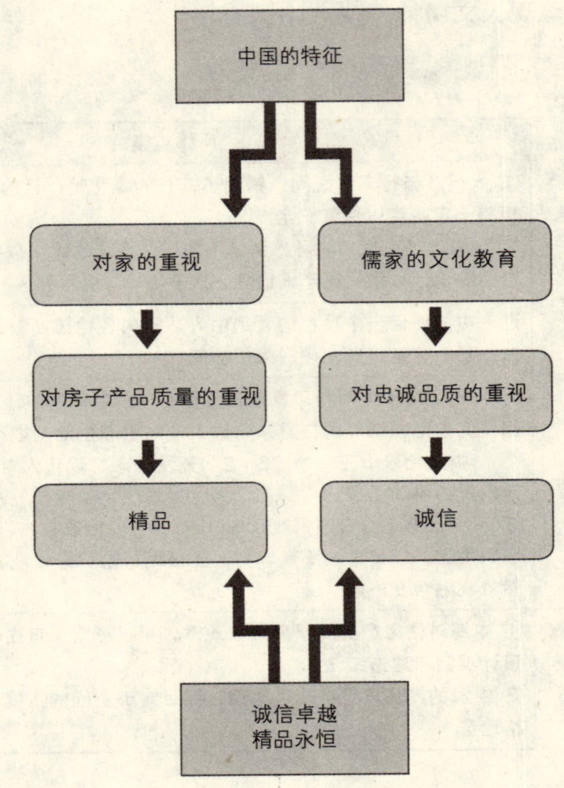

（1）品牌个性鲜明，牢牢把握了中国消费者心态

中海地产“诚信卓越，精品永恒”的品牌核心，紧紧地抓住中国大众消费者的心态，用最平白和简单的语言进行品牌诉求。它让消费者明确、清晰地识别并记住品牌的利益点与个性，这是驱动消费者认同、喜欢乃至爱上一个品牌的主要力量。

（2）加强品牌识别，加大营销传播

从2002年中海地产股份有限公司正式成立之后，中海地产进行标识化和具体化的品牌建设，强化中海的品牌识别。在楼盘的LOGO上采用“中海＋具体名字”的做法，让每个项目都烙下中海的标记。

这样的做法加大了企业的营销传播行为的可操作性，并与日常的营销活动有效对接，使企业的营销传播活动有了标准和方向。中海的品牌标识，体现了企业管理者期望发展的品牌联想。

（3）用品牌识别系统去统率企业的一切营销传播活动

提炼和规划好以核心价值为中心的识别系统后，中海在营销活动中以这个品牌识别去统率一切营销活动。让每一分营销传播费用都为品牌做加法，从而大大降低了营销成本。

（4）深度沟通，把核心价值刻在消费者的心灵深处

开展一系列积极的社会活动，与消费者进行深度沟通，从而使品牌得以传播、强化。在完成了品牌的初级资产建设后，一般开发商是通过电视广告或店头展示来演绎品牌形象的，这样的做法没有创造出与消费者深度沟通的机会，没有让消费者真正体会到企业的品牌精神。中海则通过开展一系列与消费者积极互动的活动，加强了消费者的品牌意识。

四、品牌传播策略：内外兼顾，营造传播通道

1. 企业品牌对内部进行主题传播

对内的品牌塑造

相关策略	具体内容
举行内部活动	中海在内部经常举行一些参与性强的活动，通过活动的开展，既能体现企业的福利，增加员工的交流，同时也可以加强品牌的凝聚力
培训职业经理人	中海定期对职业经理人进行培训，实现企业职业经理人在中海的可持续发展。经过这样培训能加强整个中海企业内人员的素质，而且通过提高企业人员的素质，也能提高品牌的维护度
塑造企业领导人对品牌的影响力	中海集团的领导人都具有低调、专心干实事的性格，也正是这种性格影响了中海的文化氛围，让中海更专注于产品的质量，从而也建立了质量为上的品牌观念
通过《中海地产》交流信息	《中海地产》及时刊登企业的信息，让企业人员对企业的发展方向、制度有一个明确的了解，从而能更有效地执行。同时，通过了解员工对一线市场的反应，企业领导能掌握一线市场产品的动态

2. 企业品牌的外部主题传播

中海地产对外进行品牌的传播，主要经历了无意识传播、有针对性地传播、全国范围内的大幅度传播这三个阶段：

中海地产对外的品牌传播

阶段划分	第一阶段的传播	第二阶段的传播	第三阶段的传播
宣传重点	这个阶段的传播主要是针对每个项目的销售阶段所开展的	着重对中海地产进行品牌的建立和整合	对中海地产的业绩、文化、制度进行对外宣传，主要以品牌为旗帜，用大规模品牌复制的方式实现跨区域开发
传播途径	① 项目所在的媒体； ② 客户间的活动传播	① 整合企业的品牌标识和项目标识； ② 增加在媒体上对中海地产品牌的传播； ③ 加大产品活动营销，通过项目的活动，增加中海的知名度； ④ 增强网络传播	① 扩大市场份额，从而提高品牌的市场占有率； ② 在媒体上对中海进行高调宣传； ③ 完善网站功能，增加业主与企业交流的互动板块； ④ 加强每个项目与品牌的联系度； ⑤ 整合客户资源，成立“中海会”，建立一个统一形象； ⑥ 加强物业管理的品牌知名度，配合企业的整体形象； ⑦ 加强社会公益活动，建立企业品牌具有高度社会责任的形象

3. 因地而异的另类营销手段

（1）因时而异的营销手法

中海地产是中国房地产业最早进行异地扩张的企业之一，而它在广州所进行的营销推广战略是其最具代表性的作品。中海进入广州楼市的时候是一家带着港资背景的国资企业，特殊的身份和特殊的经验使得它具有双重的优势。

① 初探市场——利用精品优势，大打心理战

中海地产是于1993年正式进驻广州的，当年中国房地产业正陷入低谷中，中海在此时打进广州——这个特别地域中的市场。不仅和中海本身的精品产品有着联系，而且和中海因时而异的营销手法有着莫大的联系。

初探市场营销实例

营销实例	具体内容
“东山广场”初探市场	“东山广场”这个项目的定位是“豪华级的高档写字楼”，凭借中海在香港20多年的开发经验、打造筑建精品的意识以及专业素养，这栋“中海第一楼”不仅获得了中国建筑工程的最高荣誉奖——鲁班奖，同时还成为东风路上的标志性建筑物
“锦城花园”打响品牌	“锦城花园”推入市场的时候，别墅豪宅一类的楼盘销售正处于一片萧条的困境，发展商在项目设计、规划配套和推广手法上下了很多工夫，力图由此抬高“锦城花园”在消费者心目中的心理价位，然后以远低于心理价格的实际售价推出，以形成巨大的销售势能
“中海锦苑”稳固精品概念	“中海锦苑”是广州2001年九大临江豪宅之一，无论是从区位还是从周边环境来看都是无可挑剔的。建筑物的外立面设计，使用的是现代建筑设计手法，风格清新脱俗，体现高品位的建筑文化内涵。拥有如此好的景观资源和强势精品形象的“中海锦苑”，热销是理所当然的

② 概念造势——弥补市场空白

在营销中，中海最擅长的就是打客户心理战，它的概念先行战略实质上就是一种心理战术。中海所打造的概念是其目标客户群的潜在需求意识，中海所做的就是将目标客户的需求表现出来并且引导他们去认识到这种需求的存在，再通过楼盘来提供与之相应的服务去满足这些需求。它所紧紧抓住的是人们精神层面上的需求，在这个时候一些纯物质性的楼盘就已经不具备和它竞争的能力了。

在广州站稳了脚跟的中海已经不满足于单个项目的发展，而是想通过规模效应获取更高的整体利润率。与此同时，中海内地战略的变更也为这个发展方向提供了支持，原先为控制风险而制定的权限放开了，新的战略方针是“既不放弃机会，也不错误投资”。在这个阶段，中海将“过程精品”的概念深化为“过程创新”，典型代表是“中海名都”。而此时的中海与同时期进入广州的同样拥有港资背景的其他地产企业相比，已经脱离了求生存的阶段，而进入到了求发展扩大规模、巩固战绩的阶段。

这个阶段的整个营销推广过程是以“初步规范，概念先行”为指导思想的，这正是中海地产扩张进入第二阶段的主要战略，其中有不少的创新与自身突破。这个阶段的楼盘推广都是先推广概念，再围绕这个概念进行整个项目的规划设计，包括景观设计、建筑设计和户型设计。

③ 创造完美附加值——将概念造势进行到底

中海地产对市场变动的嗅觉是非常敏锐、迅速的，当深圳、上海、北京、广州都在大喊“当心豪宅大塞车”的时候，中海已经集中注意力进攻中低价位的住宅市场，事实证明，中低价住宅将是未来一段时间内，房地产企业规模化必须重点发展的产品，中海的确有它过人的判断能力。

多通路的营销策略

营销手段	具体措施
附加值完美组合	2002年3月，在“中海康城”的发布会上，“康城”提出主要面对25~35岁的都市精英，以建造成城市中的花园和广州标志性建筑群为目标，以打造健康、运动、阳光生活社区为规划设计理念，致力于塑造一个风格简约、环境优雅的大型精品小区，通过加强楼盘的附加值充分展示出“康城”无可比拟的优越性
打造低价精品	“康城”公开发售时的平均价格仅为4000元/m^2，然而中海地产在整个过程中并没有将重心放在低价格上，而是首先展现它张扬的个性，吸引目标客户群的注意力；然后一点一点地摆出内蕴，使目标客户群越了解它好感就越深，直到产生强烈的拥有欲望；最后，才打出低价精品的最后底牌，完全击溃消费者的理性心理防线

（2）中海的另类广告手法

① 漫画传奇——开创广告营销新手法

“阳光棕榈园”的漫画广告给2002年的楼市带来了一股创意新风，不但为“棕榈园”创造了连续两届深圳“销售龙虎榜”的冠军，更赢得了广大业主和网民的厚爱。

“阳光棕榈园”一期开盘期间，读者在网上对漫画广告进行了热烈的讨论；“阳光棕榈园”二期发售时，部分业主举行了聚会，被他们自发指定的接头信物竟是中海编辑成册

+关注 ATTENTION

“日子缓缓，生活散散”，中海地产的这句广告词符合当前金字塔中间阶层的购房诉求，于是，中海地产系列漫画广告也迅速成为广告界所津津乐道的营销经典。

的《漫画阳光棕榈园》；社区主题歌：《不远处是家园》被制作成漫画Flash在网上播放，也在网上网下引起极大反响。

“棕榈园”漫画广告已经成功推出了三个系列，每个系列各为十二期，各有鲜明的主题。三个系列漫画广告的内容层层递进，主旨升华，形成一个“营销合力”，传播效果倍增，给楼市造成强大的营销冲击力。

② 网络营销——独辟蹊径，开辟营销新天地

中海是国内首先提出地产网络营销的开发商，最早在“阳光棕榈园”项目中，中海就已经开展了网络营销。在这个项目推广阶段，中海首先提出了“网络营销”这一概念，之后由这个概念衍生出一整套活动手法，即利用网络开展的宣传互动，包括：BBS论坛炒作、利用网络发布广告、首个地产网络情景互动游戏《阳光奇缘》等。

2005年3月2日，由中海地产首创的南京第一款房地产网络情景游戏《法胄传奇》正式推出，上挂首日受到了意料之外的热烈追捧，此后更是得到网友的持续关注。《法胄传奇》所尝试的与购房者的良性沟通以独特的方式、新鲜的互动途径获得了客户的广泛认可。

五、企业文化：严以律己，宽以待人

1. 中海地产提供个人展现平台

中海地产凭着先进的企业管理机制、思想观念、独具特色的文化和精神，由小到大、由弱到强，为每一位员工提供广阔的学习与发展平台，培养锻炼出来的员工在各行各业的岗位上成绩突出。

（1）中海地产的管理策略分析

中海地产的管理策略

管理策略	具体内容
强化企业人员的执行力	中海做事一直有个“三不主义”：一是不犹豫，做事果断干脆；二是不后悔，犯错误最重要的是改正；三是不埋怨，不对做过的事情怨天尤人
实行网络化的管理	中海地产借助网络的发展，来推动企业的扩张。通过网络的支持，完善公司的内部结构，提高企业效率，加强各项目的透明度和相关性，以此适应公司不断扩张的战略步伐
优化企业文化	中海大力提倡“互为客户”的服务理念，建立了良好的沟通机制，使中海文化在保持与发扬传统特色的基础上，更加具有包容性和吸引力

（2）中海地产团队建设分析

中海把高素质人才队伍作为公司的立足之本，使员工个人的发展与企业的发展统一起来，建设富有中海文化特色的学习型企业。

中海地产团队建设

团队建设要点	具体内容
企业人员年轻化	中海地产凝聚了一支集规划设计、工程管理、营销策划以及各类综合管理人才为一体的知识化、年轻化的员工队伍
企业文化培养员工	中海地产凭着先进的企业管理机制、思想观念、独具特色的文化和精神，为每一位员工提供广阔的学习平台
敢于用新人	中海地产内有个突出的特点，就是敢于使用年轻人。中海每年到国内著名高校的毕业生见面会上招兵买马
打破常规选用人才	中海经常打破常规的公司指定用人的机制，而实行市场竞争制

2. 关注社区文化

中海地产不仅关注业主居住舒适度，还关注业主的发展空间与高度，其社区文化分为两种：一是虚拟的社区网络文化，许多业主在网络社区中以文化的方式进行交流；二是非营销用意的参与性活动文化，中海地产的乒乓球队、足球队、摄影协会等组织相当活跃。

3. 成立全国性的客户联谊组织——中海会

中海地产经过多年发展，版图不断扩展，为了规范管理和运作，有效整合全国各地的资源，有效与客户沟通交流，提高客户品牌忠诚度，使中海的过程精品与品牌营销的新战略相结合，中海地产在原有的客户组织基础之上成立了全国性的客户联谊组织——中海会。

（1）“中海会”的定位

“中海会”是已购买或计划购买中海地产物业的业主或准业主，以及所有关心、支持中海地产发展的社会各届人士的民间联谊组织。“中海会”向会员提供中海地产的最新动态与资讯，促成跨区域中海大家庭的形成。

面向企业商家的“中海商会”的招募对象是能够与中海地产共同发展或已有合作关系的商家或企业，目的在于整合品牌优势，共享客户资源，最终达到双赢。

（2）“中海会”的宗旨

面向全国各地的中海业主和关心中海的社会各界朋友，通过“中海会”这一平台，整合社会资源，提高客户品牌满意度，为广大客户提供优惠服务及高效沟通平台，致力于联络感情与分享资源，为不断提升中海品牌的市场认知率和客户忠诚度打下基础。

（3）“中海会”的运作模式

“中海会”以中海地产的大发展平台为依托，总会设在深圳，另外在广州、中山、上海、北京、长春、成都、南京、西安、苏州等城市设立分会。

地产名企的客户会

珠江合生房地产——合生会

珠江“合生会”在广州运作得相当成功，会员达10万余众。广州珠江合生房地产公司自从进入北京市场后，运作了几个大型项目，在京城百姓当中树立了良好的形象。“合生会”在北京市场虽说起步时间稍晚，但势头迅猛，会员已达数千人，其影响力丝毫不弱于“万客会”。为赢得京城百姓的心，“合生会”在“好生活在珠江”的旗帜下，实施了一定幅度的优惠政策，另外还与北京1000余商家签定合作协议，包括商场、旅游、娱乐等场所，使会员在那里消费可以享有一定的折扣。

招商地产——招商会

招商地产秉承以客为先的服务理念创办了“招商会”，通过联络整合蛇口区内诸如绿草地高尔夫俱乐部、美伦山庄、南海酒店、联合医院、体育中心等各类生活服务资源以及招商局集团麾下的招商银行、平安保险、国通证券、招商国旅、迅隆船务等各类专业服务机构，为客户提供更优惠、更便利的全方位服务， 使会员真切感受家在蛇口的美妙，享受真正优质的生活。

华侨地产——侨城会

“侨城会”是由深圳华侨城房地产有限公司发起成立的，面向华侨城地产的业主和其他高尚人士的生活服务组织。“侨城会”依托华侨城集团，通过内联华侨城城区内的各种生活、娱乐、教育、旅游等资源，外联其他俱乐部、会所等组织，为本会会员提供消费优惠、文化沙龙、旅游健身、置业咨询等全方位的服务。

六、成本控制：精打细算，节约即盈利

1. 项目开发成本控制的总体思路

成本控制的总体思路

总体思路	具体内容
建立成本控制目标	中海地产在各个项目的开始阶段，建立成本控制目标，并将目标分解，制定出各项成本的具体控制指标，责任落实到各部门
公司成立成本控制小组	组长由公司总经理担任，定期（每半年）对各个项目的发展成本进行全面分析、评估、检讨，对成本异常变动情况及时预警并提出相应的解决措施
设计是成本控制的关键	① 对设计部门人员进行成本意识普及； ② 在保证设计质量的前提下，推行成本限额设计，控制设计对成本的影响
严格规范工程进展程度	① 及早进行招标准备； ② 各部门、各工作环节相互配合； ③ 规范材料样板、工料，减少合约履行纠纷和风险，降低工程成本
完善设计变更、现场签证程序、完善变更前的成本评审制度	明确各相关人员的签字权限
开源节流	严格控制管理费用开支

2. 中海项目开发土地成本控制的具体策略

控制土地成本的关键在能准确分析拿地时的成本，采取一定的投标、报价策略，并严格控制交地及付款风险。具体而言，中海地产在土地成本控制方面主要采取以下针对性策略：

土地成本控制策略

成本控制策略	详细内容
对于旧城改造地块，要争取政策优惠	① 积极与政府协商，争取尽可能的优惠政策； ② 争取在税收方面获得一定程度的返还； ③ 在地块规划设计允许条件下尽可能争取高容积率，间接降低土地成本
对于转让（挂牌交易）的地块，要与转让方积极协商	① 在地理位置、区位环境状况、项目公司的财务状况等方面对其进行仔细认真的调查，减少操作过程中的风险； ② 积极与转让方进行协商，延长付款期限，降低资金成本
对于公开招投标或拍卖地块，要做好可行性研究	中海地产已逐步建立土地储备资料体系，对不同时段、不同区域、不同来源的土地资料进行分类，并建立竞争对手调研制度，保证了投标过程和结果与公司计划的一致性，最大程度降低了公开招标所带来的土地成本增加风险

Profound reflection

本节思考

中海有哪些值得借鉴的营销手段?

The leaders' sayings

管理休闲吧

郝建民谈中海资金流问题

除了黄金地段的土地储备，中海核心竞争力的一个重要方面体现在强劲的财务状况和灵活的融资渠道。而在构成中海现金流的部分中，过去基建是重要的一个部分，也是可以防范行业风险的一个重要方面。当地产开发遇到一定的市场风险时，基建所带来的收入就成为中海重要的现金流，这在1997年的亚洲金融危机中表现得尤为明显。

但自2005年开始，中海便考虑将此业务从地产中剥离出来。对基建业务进行分拆，对中海的现金流会有一定影响，因此我们会通过增加商用物业的持有量来进行弥补，以避免局部的风险。

第三节 案例 产品设计及营销策划

一、产品设计："中海万锦豪园"产品设计解析

1. 项目概况

"中海万锦豪园"位于佛山千灯湖地块东侧，占地面积约27万平方米，总建筑面积约56万平方米，以小高层洋房为主。

项目具有户户朝南、南北通透、空间层次丰富等特点。项目以大户型为主，最大单位的面积超过320平方米，最小的单位面积也有150平方米。

2. 地块环境分析

“中海万锦豪园”是千灯湖公园落成以来首次推出的大型居住地块。2006年10月30日，千灯湖畔的87、90区地块拍卖成交价为9.82亿元，楼面地价达到2083元/平方米，而“中海万锦豪园”成交楼面地价为1110元/平方米。众多业内人士认为，“中海万锦豪园”目前的楼面地价已升值近1000元/平方米。

3. 项目开发理念分析

理念一：产品注重本土化

“拒绝复制”是中海地产一贯的准则，因此在“以注重本土化为方向，力求在亲和当地人的生活习惯上创新”的理念下，中海地产将全面打造符合佛山地域及环境要求的“中海万锦豪园”。

理念二：打造千灯湖畔首席生态豪宅

除满足间距、朝向、日照、通风等最基本的使用性质之外，项目还设计出更符合高品质居住生活模式的住宅，同时利用地块位置优势，通过对景、借景等手法，将良好的周围景观环境引入到住宅中去，将项目打造成高尚、生态的居住生活小区。

4. 点状布局式规划

项目采用点状建筑布局，首期以一梯两户为主，户户朝南、南北对流。小区规划有两个高尚会所，会所面积达12000平方米。5000平方米的一期会所配有国际标准篮球场，室内泳池以及小型影视厅等一流设施。

整个小区在总体空间形态规划上，因地制宜，外紧内松，以围合式组团为基本模块构造园区高低错落的空间形态。围合布局的组团分区，寓休闲、娱乐、健身、赏景为一体，既保证了住户的独立性和私密性，又增强了彼此的邻里感和安全感。

5. 十美标准户型设计

（1）户型特点：十全美宅，改写佛山居住标准

诠释十全美宅

十全美宅	诠释内容
一美：户户朝南，采光良好	朝南而居，尽享舒适宜人、恰到好处的健康阳光生活
二美：南北对流，生态引风	通畅引风对流的居家环境，处处享受清风萦怀的居住感受
三美：户内花园，园林入室	大度生活，于自然之中养生活之美
四美：丰富空间，情趣横生	层次丰富，独具创意的空间，居住条件无可比拟
五美：创意引景，赏心悦目	引景入室，赏景人居，堪称居住景观享受之最
六美：分区合理，豪宅本色	保证私密而舒适的空间分区，居住更显尊贵而自在，领先上流居住标准
七美：视野开阔，气度非凡	超大面宽，尽情接纳阳光和清风，享受自然多一点
八美：面积实用，超越期待	以人为本，扩展居住的使用面积，超越对居住空间的期待
九美：精雕细琢，完美卓越	对每处细节都力求精致，追求完美，立显居住者的档次
十美：风水吉宅，幸福与共	糅合传统的吉宅标准及现代化科学健康的生态住宅理念，提供幸福的居住空间

（2）一期创新户型设计

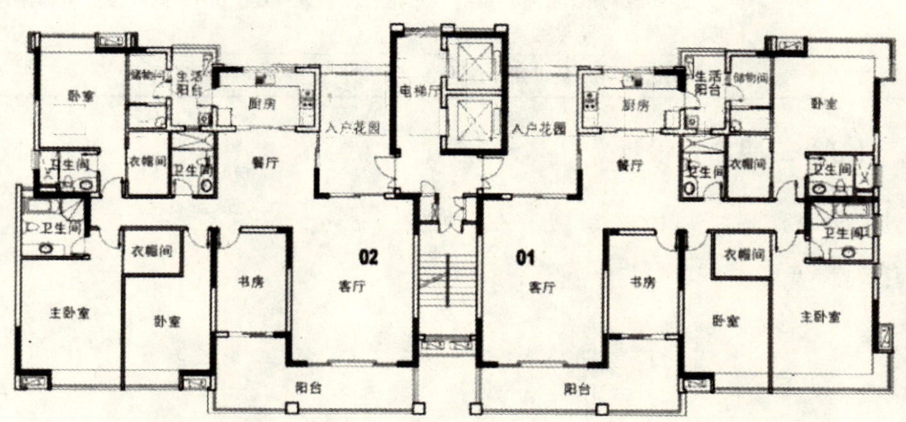

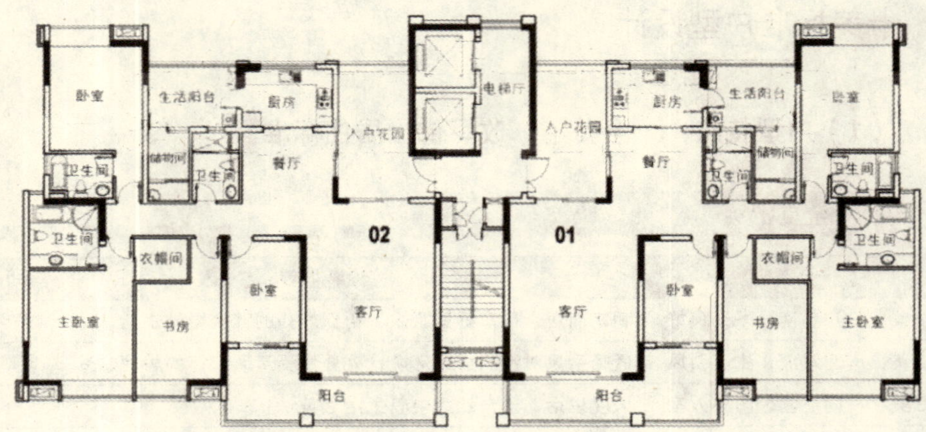

在“万锦豪园”首期推出的产品中，中海专门研发了中庭宽景别墅和三错层叠景洋房两大创新户型。

一期创新户型设计

创新户型	户型阐释
中庭宽景别墅	① 中庭宽景别墅贯彻中式“四水归一”的养生原则，在房子中央设计有中庭，可种花养鱼，所有的功能房都环绕中庭而建，居者既可享受浓浓绿意，又可保有私密。 ② 此外，户型采用观景电梯及清风电梯间的两梯一户设计，拥有6m高的空中花园
三错层叠景洋房	① 三错层叠景洋房有别于传统复式，不仅增加了房子的使用率和舒适度，并巧妙解构空间，加强层次感。 ② 三错层叠景洋房所采用的入户花园、创意错层、5m的高厅设计也都是目前洋房单位中罕见的舒适设计
独立花园洋房	独立花园洋房户型采用半围合设计，客厅、餐厅可共享花园

（3）二期户型设计

项目二期产品在一期产品基础上有更多的创新，进一步优化了平面和空间结构，推出更多种创新户型。

二期户型设计

创新户型	户型阐释
叠景合院别墅	① 270度多重景观，富有空间情趣； ② 私密分区，生活不受干扰； ③ 多阳台豪华设计； ④ 两梯一户，并配置有私家电梯厅
二进宽庭大宅	① 豪华观景阳台设计； ② 双套房独立设计； ③ 双层中空隔声玻璃设计； ④ 两梯两户，南北对流

6. 岭南园林文化设计

（1）设计理念

① 以自然山水核心为环境主体结构的生态社区

项目设计突出岭南地域文化，结合岭南建筑与园林的文化传统，营造人与自然山水共生的氛围和文化环境，方案借鉴岭南传统园林空间处理手法，强化高尚社区的园林特征。

② 以园为基本单位，簇群式发展的"园中园"格局

各功能区以园林基本结构成簇群式的发展，各园有各自的中心与步行系统，形成相对独立的"园中园"。各园布局紧凑，形成网格状，创造密度适宜、尺度亲切的园林式建筑空间。园林中心之间通过步行为主的叶脉状联系轴线，形成联系紧密的多中心结构，同时各个建筑园林空间又共同围合出社区中心的生态园林，并向中心园林打开，使各建筑园林

+关注

项目以曲水绿岛作为主题共享生态园林、轻松曲折的景观步行道构成规划骨架，同时对建筑间距、尺度、高度、位置加以控制，形成了建筑错落有致，空间有放有收的布局。

能引入社区中心的生态园林景观。从而形成了社区中有园林，园林中有建筑的态势，实现建筑与环境的最大融合。

（2）园林规划设计：造园

① 规划规则

——借鉴中国岭南园林的处理手法，充分营造自然山水园林社区；

——以绿色作铺垫，水系作串联，功能作线索，道路作构架，铺叙全区的空间秩序；

——结合基地现状和周边用地情况，借景、造景，做足绿化住区环境。

② 规划特点

规划注重空间环境、视觉环境和地形、地貌的配合，努力创造人与人、人与自然交融的场景，充分体现人和自然和谐共存的设想。中心绿地通过南北水系有机串连各绿化组团，使绿化轴线得以延伸，造就多姿多彩的具有文化内涵的人居环境。

③ 规划结构

项目园林整体布局采用“一轴、两区、三环”的规划结构。

规划结构

规划结构	具体内容
一轴	沿三胜河设置的小区主入口、风情商业街，不再是强硬分割，而是有序的景观过渡。景观主轴的绵延水系，同中央景观轴紧密结合，联系南北小区，体现水文与人文的完美结合
两区	三胜河自然地将整个小区分为南北两个社区。一轴、两区共同围合成中心生态园林。南北两区又以园为单位组成了两个相对独立的园林空间，与中央景观大道成渗透关系，形成“园中园”格局
三环	① 南北贯通的外环道路组成了社区内环绕中央生态园林的车行环路系统，并结合行道高树组成第一道绿环，形成小区与外围道路的一道屏障； ② 在外围26层高层区内侧有一条步行环路系统，并结合景观树组成第二道绿环，形成中心核心区与外围高层区的绿化屏风； ③ 围绕社区核心湖面布置曲折错落沿湖步行道，并结合建筑廊道、小桥等，组成联系紧密、尺度宜人的中央休闲步行环路系统，形成路随园转，景随路移体验

二、营销策划：广州"中海蓝湾"营销分析

2004年9月26日，中海地产对外公布"中海蓝湾"的开盘售价：均价为5100元/m^2，售价最低的单位4230元/m^2，座向、楼层最好的单位，最高价也只不过有6780元/m^2。其开盘5100元/m^2的精装修价位，确实远远低于市场预测，不但让之前已下订单的买家喜出望外，坚定抢购信心，更引来不少投资客的捧场。10月1日开盘当日成交量达120套，黄金周周一至周日共成交200余套，成交总金额1.5亿元。至2005年10月，"中海蓝湾"所拥有的586套货量，经过三次开盘销售只剩下30套存货。

"中海蓝湾"算是向开发商交了一张优秀的成绩单。当然，这成功是可以预见的，从产品设计、客户群定位到项目推广，中海都是一步步紧密部署。

1. 项目总体概况

（1）地理位置

"中海蓝湾"位于广州市番禺区的洛溪板块，隶属大石镇，西靠华荟明苑，东临苗圃，北依珠江，南邻广州"奥林匹克花园"。小区直面临江，整个项目由9幢小高层及高层洋房（全部2梯2户或2梯3户设计）和临江"一"字排开的6幢独立式庭院住宅组成。共有586套住宅。

+关注 ATTENTION

对于"中海蓝湾"来说，让买家津津乐道的除了该盘过硬的产品和中海的牌子，最主要的因素还是价格。

（2）项目主要经济技术指标

经济技术指标

分项名称			技术指标
总用地面积（m^2）			27158.6
总建筑面积	地上面积（m^2）		16863.8
	地下面积（m^2）	住宅面积（m^2）	85246
		裙楼面积（m^2）	3162
	合计（m^2）		88408
合计（m^2）			105271.8
总容积率（未含架空层）			3.26
建筑密度			22.85%
绿化率			30.2%
规划总户数（户）			586
地下机动车位（个）			310
公共配套设施面积（m^2）	电信设备房（m^2）		50
	垃圾站（m^2）		50
	公共厕所（m^2）		50
	小区综合管理处（m^2）		200
合计（m^2）			350

（3）项目规划及建筑设计分析

规划及建筑设计分析

规划及建筑设计	具体分析
总体规划	① 整个小区由高层住宅、叠加式别墅以及相应的商业裙楼及会所组成； ② 采用开敞式的布局方式； ③ 高层住宅通过两梯两户和两梯三户的平面组合形成曲线的建筑轮廓，既能使用地有限的临江面得到延长，争取尽可能多的户数都拥有美丽的江景，又能表达出优雅浪漫、充满生命热情这一设计主题； ④ 分两组形成弧形点式布置的叠加别墅群与弧形高层形成既生动又整体感强的建筑形象
环境空间与景观设计	① 将中心花园抬高，既有效地阻隔了外部灰尘和噪声的影响，又营造了立体景观并加强从中心花园观赏江景的效果； ② 在半地下车库引入绿化和景观； ③ 引入叠加式别墅设计概念，利用中心花园抬高3.5m的高度巧妙组织上下两户的花园，使上下两户都拥有各自的私家花园而又互不干扰； ④ 高层住宅入口大堂为水景与绿化相融的半公共空间
外立面	① 简洁现代，整体感强； ② 利用优美的曲线造型，创造标志性的滨江豪宅形象

2. 项目目标客户群定位

（1）客户源分析

依次为天河、东山、海珠、番禺（以洛溪板块原住户的二次置业为主体），具体如下：

——在天河、东山区工作或居住的高收入白领或企业主；

——在海珠、天河区的个体经营者；

——洛溪区域居住的二次置业者；

——中海地产的忠实拥护者、投资客户。

（2）客户特征分析

客户特征分析

客户特征	相关详情
年龄	主要年龄段为35～45岁，其次为30～34岁
职业	私营企业的中高级管理人员、私企业主、自由职业者及个体经营者等
教育程度	以大专、本科以上学历的高等教育程度为主
家庭结构	以3～5人居住为主
家庭收入	家庭收入以每月8000～15000元为主
置业目的	以改善家庭居住条件的二次置业为主要购房目的

（3）客户生活方式分析

客户生活方式

考虑因素	具体分析
生活态度方面	① 对未来生活充满自信； ② 将自己的职业（事业）摆在了个人生活的最重要位置； ③ 将财富的多少、收入的高低作为衡量个人能力和自我体现的标准
消费方面	① 他们在购物时比较注重对名牌的选择； ② 在现代生活用品中，汽车、商品房、旅游、高档家居用品、名牌服饰等是他们追求的消费标志； ③ 他们喜欢出入大型商场、超市、高级餐厅、咖啡厅等场所
休闲方面	① 旅游成为他们的主要休闲方式，对他们来说，休闲与工作同等重要； ② 他们十分关注自身的健康状况，出入于体育馆、游泳馆以及健身室等场所
媒体接触方面	①《广州日报》、《南方都市报》以及与他们职业有关的专业较强的报纸是他们广泛阅读的主要媒体； ②《汽车杂志》、《家庭》、《南风窗》、《知音》、《读者》等是他们喜好阅读的杂志； ③ 他们喜欢光顾搜狐、网易、163.net、新浪、21cn等网站

3. 项目定位分析

经过明确的客户群定位分析后，"中海蓝湾"开始寻找属于自己的方向，进行准确的项目定位。

（1）项目市场定位

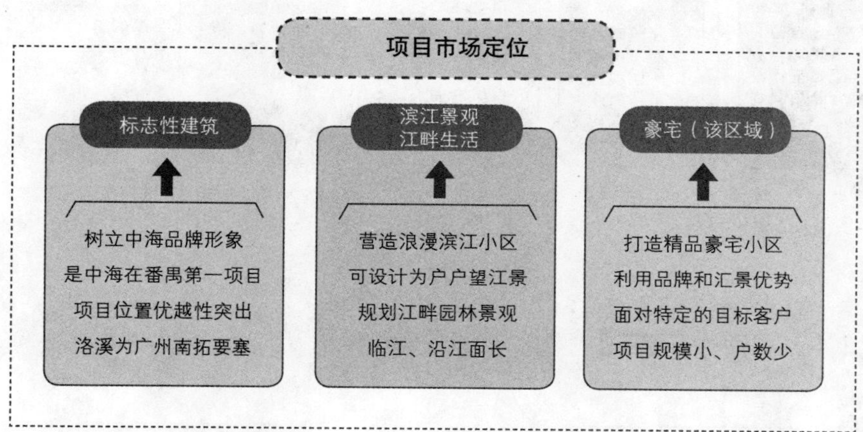

（2）项目发展理念定位

环境景观：以自然、随意的手法创造休闲、轻松的环境氛围；

建筑形象：以柔美的建筑、清新的风格创造建筑物与人的亲和力，以自然的曲线让人感到心情舒畅；

家居空间：以舒适的个性化的间隔，以富有质感、色调清新典雅的选材塑造亲切、温暖的感性家居；

社区氛围：充分体验依水而居所带来的充满活力和健康的生活享受；

发展理念：打造出江畔充满活力和健康的舒适家居生活。

（3）项目形象定位

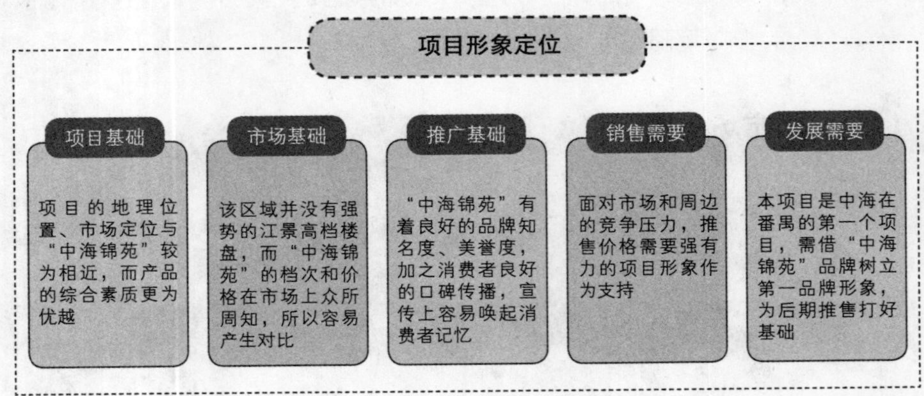

（4）宣传推广主题

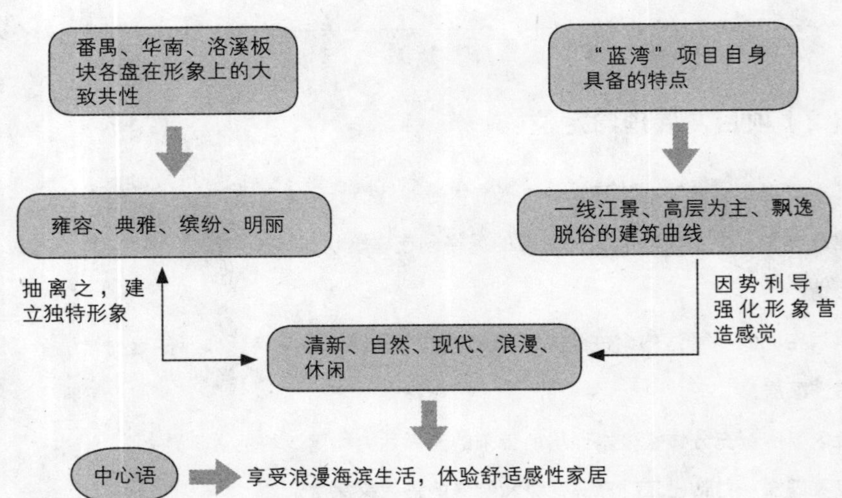

4. 项目整合推广策略

(1)宣传推广策略

① 宣传推广策略制定

考虑到"蓝湾"项目的货量不多，目标销售期短，推广费用少等因素，开发商在宣传推广中没有打细水长流式的持久战，而是采用压力提前、借力打力、集中力量、点面结合的销售方式。

压力提前：将宣传力度主要集中在开盘前的铺垫期和开售初期，厚积薄发，追求首发的火爆热销，减低后期积压量，为后期的迅速出货奠定基础；

借力打力：借助中海地产的品牌，尤其是"中海锦苑"的市场口碑，高效、快速、准确地切入市场；

集中力量：将推广力度集中于宣传主题，即项目的核心亮点，不面面俱到，只按不同销售阶段的不同情况而做出相应侧重，避免宣传力度分散；

点面结合：宣传渠道不宜过于分散，只选取主要的媒体进行投放（"面"式覆盖宣传），并采取具有针对性且行之有效的渠道作为补充（"点"式针对宣传）。

② 项目营销策略分析

策略一：借助"中海锦苑"的品牌效应导出"中海蓝湾"

——"中海锦苑"已成为江景豪宅的代名词，一提及"中海锦苑"，熟悉中海的客户就能联想到豪宅、江景和升值；

——充分利用"中海锦苑"前期的品牌积累与轰动效应，将"中海蓝湾"快速地切入市场，客户在第一时间里理解"蓝湾"的档次定位，并产生好感，加深记忆；

——在前期的推广当中，以软文宣传为主，将"中海蓝湾"包装成为"中海锦苑"的升级之作，以较少的广告投入达到较为理想的推广效果，事半功倍。

策略二：建立泛销售队伍，利用中海物业业主及业务单位进行强势宣传

操作思路：鉴于“蓝湾”的销售期短，营销费用少的具体特点，项目在销售方面采用强势的宣传推广，对中海物业的业主以及与中海公司有业务往来的公司进行推广，并以公司员工为中心向其周边的亲朋好友传播；

全体动员：在中海公司内进行全员营销，要让员工以购买或推介中海楼盘为己任；

业主活动：邀请“锦苑”、“锦城”及“名都”的诚意业主参加高尔夫邀请赛；

产品巡展：在“东山广场”、“健力宝大厦”、“中海锦苑”、“锦城花园”、“中海名都”等处进行产品推介；

银行推介：针对中国银行、工商银行、中信银行的职工；针对各大银行、广州证券、广发证券的大户室客户；

业务单位：由各主要联络部门向其业务单位派发宣传资料，发布产品信息，让其认可中海品牌，达到只要周边人想买楼就首选“中海蓝湾”。

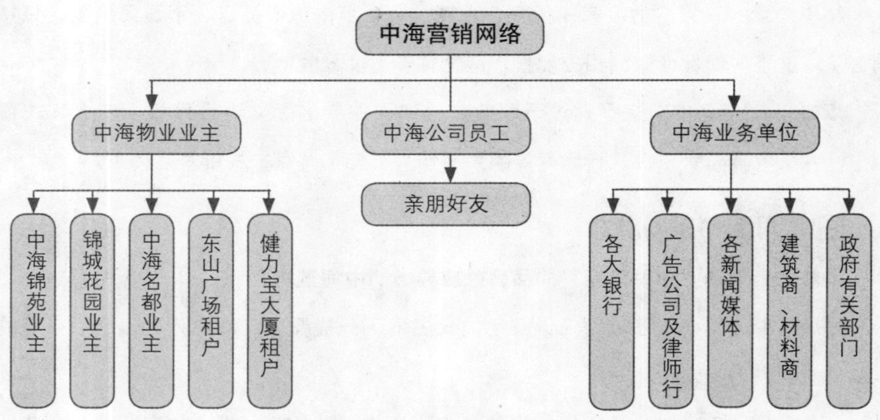

策略三：以一流、创新的产品设计将蓝湾塑造成新的江景豪宅典范

——以一种较高的姿态进入市场，进入洛溪板块，通过媒体炒作，让人们重新认识洛溪，洛溪因中海而改变；

——将简洁现代、曲线优美、整体感强的外立面塑造成标志性的滨江豪宅形象；

——强调景观在产品设计中的极致发挥，从小区入口、园林、大堂、电梯间、入户花园到室内，乃至主人房的卫生间都无不考虑到景观的充分利用；

——作为豪宅更有软件上的支持，即中海物业管理的品牌支持。

策略四：将江景、园林优势最大化，将项目包装成浪漫的海滨社区

——在这里，产品主要阐述的是对一种生活方式的诉求，一种对生活的感受。

——江景是"蓝湾"最大的突出点，且园林也是围绕休闲、浪漫的元素而设计的海滨式园林，因此本项目更容易营造成一个傍水而居的浪漫社区。

——会所往往会成为社区文化建设的龙头，而"蓝湾"的会所设计也独具特色，其圆形中空的大堂配以倒锥形的设计使得本项目更具惟一性，加深客户的印象。通过架空层的绿化将会所与园林融合在一起，让会所里的风景无处不在。

——园林内游泳池区的设计融入了海滨元素，如阳光、沙滩、椰林、按摩池、水中吧、小岛等，这些都成为项目的风景点。

（2）推广阶段划分

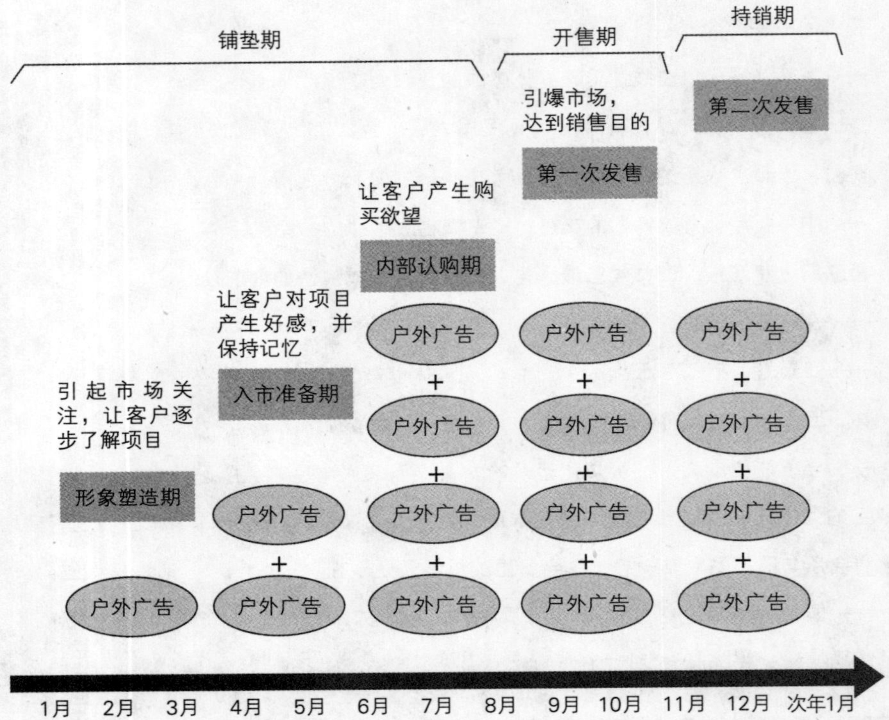

（3）媒介投放策略

制造市场焦点，尤其是在开售期间制造强烈的市场轰动效应，为后期的销售作铺垫；迅速提升项目的知名度和影响力，巩固并提升中海品牌。

① 媒介组合：报纸+TV+杂志+户外+其他

报纸：《广州日报》——本地强势媒体；《南方都市报》——该媒体灵活、创新，可以进行适当的媒体炒作和版式创新；《21世纪经济报道》——是经济、管理方面较强的专业性媒体，其读者群与项目的目标客户较为吻合；

电视：凤凰卫视、明珠台、翡翠台（广东有线）；

杂志：《汽车杂志》、《南风窗》、《高尔夫》、《南航杂志》。

② 媒体创新

在上述媒体投放之外，开发商还根据目标客户群的特征在媒介上有针对性地进行创新和突破，作为辅助媒体。

——DM+手机短信：汽车俱乐部、南航明珠卡、移动及联通VIP、银联白金卡及金卡用户；

——高档写字楼视频广告（大堂、电梯）：选择目标消费群经常出入的高档写字楼，如"东山广场"、"健力宝大厦"、"中信广场"、"世贸"、"高盛大厦"、"电子大厦"等代表性较强的场合；

——网络：配合媒体炒作，将软性广告的文稿在网络上发布。

（4）新闻媒体策略

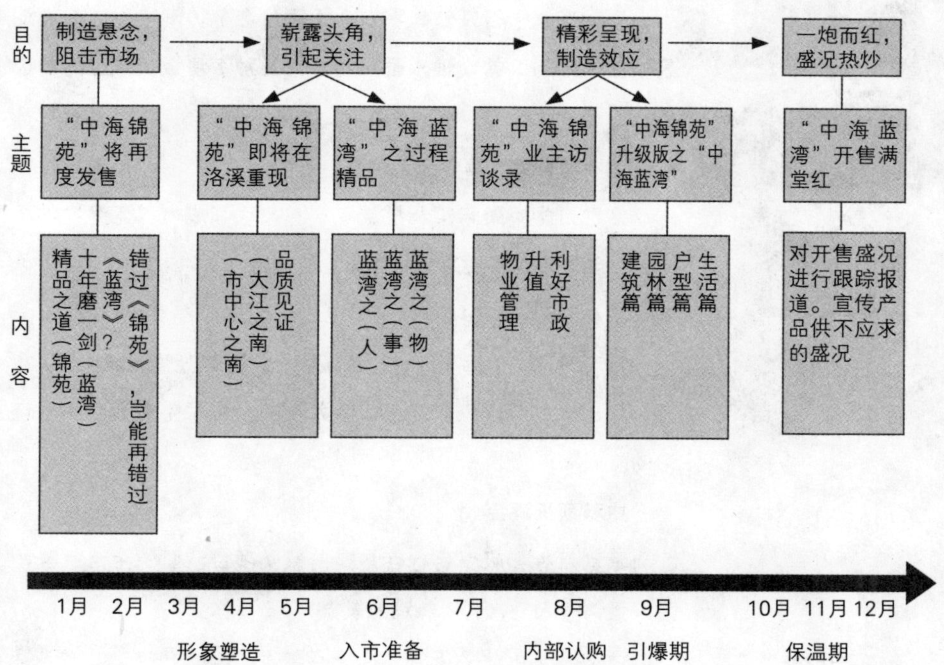

箴言 MAXIM

"酒香不怕巷子深"的时代已经过去了，现今，广告宣传是产品对外传播的重要途径，再好的产品如果不配以正确的宣传途径和宣传方法都很难实现理想的销售状况。

（5）公关活动策略

一系列的推广后，中海蓝湾已经在市场中引起了不少的反响，收到了不少关注。这时候，开发商再与广告结合举办一系列的活动造势，与客户进行更深一层的交流，加强客户的购买信心。其中各阶段主要的活动内容为：

① 铺垫期

"中海蓝湾"新闻发布会（研讨会）

活动目标：产品告知并引起市场关注；

活动时间：2004年6月下旬；

活动对象：各新闻媒体、房地产有关的政府官员（广州、番禺）、设计单位、建筑单位、广告公司、代理公司等；

活动形式：召开新闻发布会（研讨会），阐述中海开发江景楼盘的经历、首次进入番禺的思考及对洛溪板块产生的积极意义、"中海蓝湾"创新的建筑设计等。

"中海蓝湾"高尔夫邀请赛

活动目标：聚集第一批诚意客户，让其成为"蓝湾"的一分子，无论是购买还是为"蓝湾"做宣传。

活动时间：2004年7月中旬；

活动对象："锦苑"、"锦城"、"名都"等诚意客户；

活动形式：组织到郊区，举办以高尔夫球比赛为主的游玩活动。

中秋预祝酒会

活动目标：吸引目标客户提前感受项目浓厚的生活气氛，为开盘储存人气，制造热销的景象；

活动时间：9月26日晚上（开盘前）；

活动对象：所有诚意客户及对"蓝湾"有兴趣的人群、媒体等；

活动形式：发展商在售楼部会所举办中秋预祝酒会，举办一系列的表演、游戏活动。

② 开售期

"中海蓝湾"品质鉴赏之旅

活动目标：吸引目标客户来现场鉴赏项目的品质，用事实告知，为开盘带来人气，制造新闻点；

活动时间：2004年10月开盘日；

活动对象：所有诚意客户及对"蓝湾"有兴趣的人群、媒体等；

活动形式：安排在现场，加强现场包装，再租一艘豪华轮船停在北面江面，一来可以提高档次，加深来客对"蓝湾"的印象，二来可以在上面举行些小活动，活跃气氛等。

③ 持销期

蓝湾论财富

活动目标：挖掘新的客户，为第二次开售储备客户；

活动时间：2004年10月；

活动对象：已购业主、诚意客户、来访客户及各媒体；

活动形式：邀请商界、经济学术界名人在现场举行财富论坛。

中海新年音乐会

活动目标：巩固旧客户，挖掘新客户；

活动时间：2005年1月；

活动对象：中海旗下的物业业主及在售物业的诚意客户；

活动形式：2005年是中海同期开发项目最多的一年，需面对更多客户群。举行中海地产冠名的新年音乐会，将中海网络客户欢聚一堂，展示中海巩固旧客户挖掘新客户的服务态度。

全新高层样板房开放

活动目标：巩固旧客户，挖掘新客户；

活动时间：2005年5月；

活动对象：已购业主、诚意客户、来访客户；

活动形式：特别在高层增设了交楼标准的示范单位，而且示范单位为最具亮点的

“270度旋景望江”的椭圆户型。

(6)户外传播策略

户外广告具有可操作性强、到达面广、暴露频次高等特点，容易树立产品的品牌形象，但其费用也高。因“蓝湾”的宣传费用少，故项目只是采用户外广告牌作为其辅助媒介之一。

① 广州大道南至洛溪大桥路段广告牌

该路段为广州通往番禺的主要交通要道，来往人流量、车流量较大，广告传播面广。

② 车行或高档写字楼区域

项目的目标客户多为有车一族或正准备买车的人群，他们经常出入高档的写字楼，所以这些地方也列为户外广告的传播范围。

(7)项目宣传费用预算

“蓝湾”营销费用按2.6%计算，总额约为1110万元，按以上比例分配，广告宣传方面占54%，约为600万，推广费用的具体分配情况如下：

① 中海蓝湾宣传推广费用分配

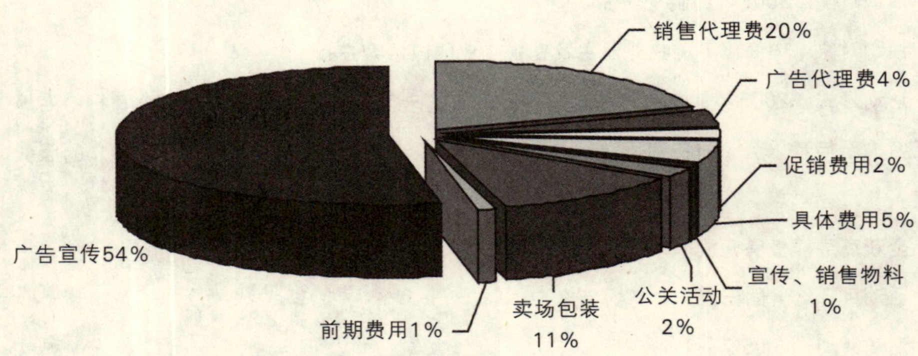

在广告宣传中，电视广告占总宣传推广费用的7%，共计80万元，户外广告占7%，共计

80万元，其他广告占8%，共计90万元。

② 报纸广告分配比例

报纸广告所占份额最大，宣传力度也是最大，以〈广州日报〉为主，〈南方都市报〉、〈羊城晚报〉、〈21世纪经济报道〉等为辅。占到总宣传推广费用的32%，共计350万元。

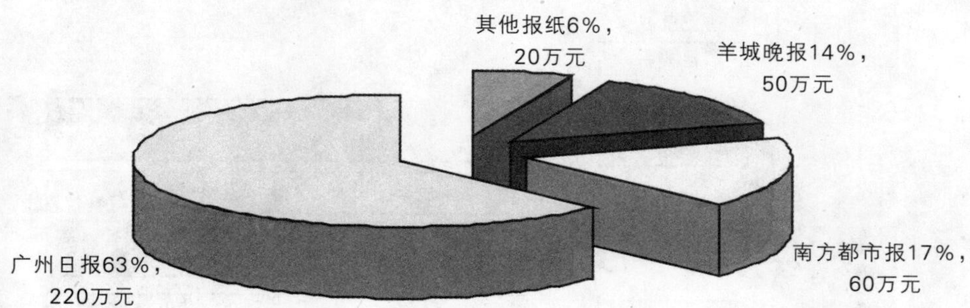

③ 其他形式的辅助传播分配比例

辅助渠道方面约为90万元。以写字楼视频广告、DM直邮为主。

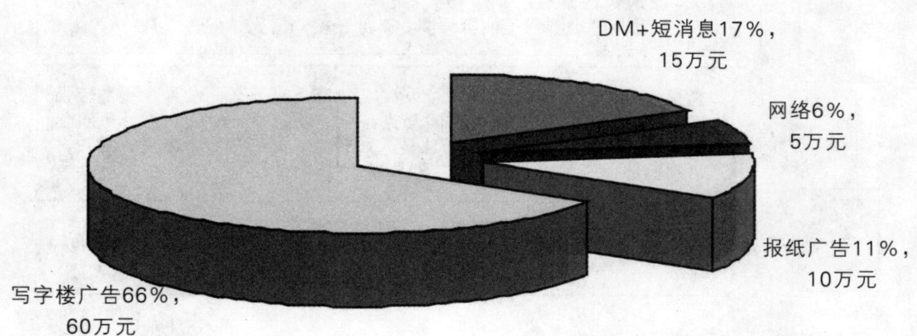

5. 项目现场包装策略

（1）售楼部布置

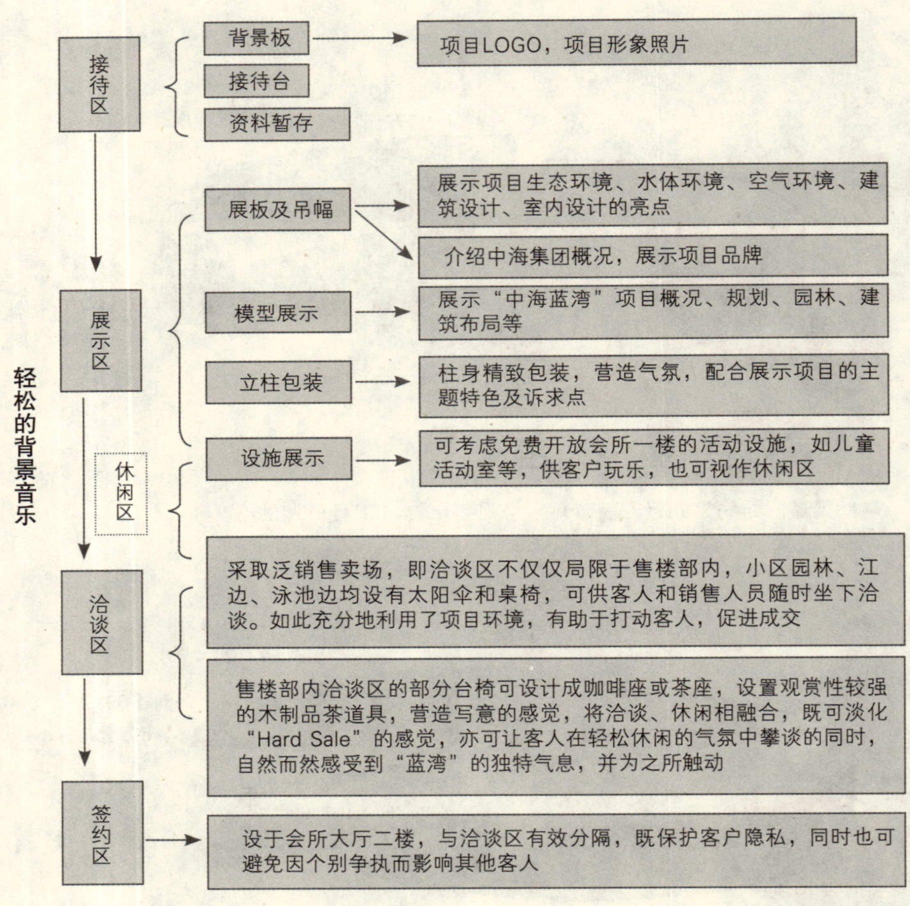

（2）样板房选址

江景是该项目的最大支持点，样板房设于现楼上，将能向客户更好地展现项目优点。中海通过三个原则：第一，将样板房定于10楼的位置，具典型性，突出楼盘的亮点，促进销售；第二，具代表性，可举一反三；第三，位置集中，便于结合工程进度进行参观。

（3）销售通道

整个通道保持整洁干净，并设置明确的路线指示；园林通道两旁进行优美的绿化设置；住宅大堂经过装饰处理，布置了一些喷画或镜框画；电梯里有明确的样板房楼层指示；转角、台阶及施工危险处设有人性化的提示。

（4）指示系统

通过蓝湾的VI制作整个项目的指示系统。包括外围的售楼部指示、售楼部的各功能区、销售通道的各种指示、园林景点可达指示、江堤路线指示等。

（5）楼体广告

“蓝湾”的楼体本身就是一个大的形象广告，从洛溪大桥可以很清晰地望见整个“蓝湾”，所以项目利用楼体的本身优势，采用灯饰条幅适时传播项目的信息。内容包括楼盘名、LOGO、宣传语及查询热线等。

（6）北面江岸布置

特色旗帜：在江岸设置了一些有特色、新颖的旗帜，如船帆形、圆形玻璃材质的造型；

休闲设施：如小凳、秋千、雕塑等。

+关注 ATTENTION

现场包装除起到装饰销售环境、改善视觉效果的作用外，还应具备楼盘独有的个性，突现楼盘的形象特点。

（7）现场大型广告牌

北面江岸：此处为洛溪大桥及北面的视觉焦点，项目设置一块大型的喷画广告牌，配以灯光加强效果；

入口交汇处：此处为通往“蓝湾”的主要入口，设置大型喷画广告牌，有利于树立项目形象，同时作为“蓝湾”的一个主要宣传窗口。

（8）销售气氛布置

工地围墙：将“中海蓝湾”所属地带的工地围墙（尤其是如意路沿线）以明朗、简洁、时尚的风格统一粉饰；

激光射灯：在楼体顶上设置远程激光射灯，加强现场效果；

吊旗：设于售楼部天花吊顶，充实空间，丰富想象；

展板、喷画：设于售楼部内部，用于展示项目各项信息。

6. 项目价格策略

（1）价格定位

① 定价依据

成本法：项目开发成本是作为价格定位的主要依据之一，根据《广州洛溪地块项目可行性研究报告》的数据分析，项目税后的单方成本约为4000元/平方米。受建材市场及其他不可预见因素的影响，成本将接近4200元/平方米。若按15%的利润率计算，则售价约为4830元/平方米。

市场比较法：项目所在区域的总体市场均价在3500~4500元/平方米之间，开发商用市场比较法同对项目具有借鉴意义的楼盘，如“星河湾”（三期）、“南国奥园”（悉尼三区）、“华南新城”（首期洋房）、“丽江·左岸”、“华荟明苑”等进行比较，通过与这些楼盘的价位比较来测算本项目的合理价格。

可借鉴楼盘的相关系数

项目	整体均价(元)	户型(配比系数)	规划立面(配比系数)	园林景观(配比系数)	区域配套(配比系数)	装修标准(配比系数)	区位交通(配比系数)	企业品牌(配比系数)	销售情况(配比系数)	相对单价	可比权重	可比单价
星河湾3期	5400	0.92	1.02	0.92	1.05	0.9	1.04	1.03	1.02	4814	0.95	4573
南奥	4100	1	0.95	1.05	1.05	1.98	1.05	1.02	1.02	4597	0.93	4275
华南新城	3700	1.05	1.05	1.07	1.07	1.08	1.06	1.02	0.92	5017	0.92	4646
丽江左岸3期	4300	1.08	1.08	1.08	0.94	1.07	0.92	1.04	0.93	4848	0.96	4654
华荟明苑	3800	1.08	1.08	1.04	0.98	1.08	0.98	1.09	0.93	4847	0.97	4701
中海蓝湾	（4573+4275+4646+4654+4701）/（0.95+0.93+0.92+0.96+0.97）=4824(元/m^2)											

② 售价确定

通过对定价因素的分析，再结合项目的市场定位和目标客户群等实际情况，该项目开盘的平均售价为5100元/平方米（带装修）。

（2）价格走势分析

根据项目开盘时所具备的条件，在下阶段将延续良好销售势头，采用低开高走的策略。事实证明，对于中海地产而言，“中海蓝湾”应该说是中海广州公司2004年在广州地区利润贡献最大的重头项目。

营销手法不是越新颖越好，在营销推广前要了解竞争对手的营销策略，也要了解目标客户特征，真正做到“知己知彼，百战不殆”。

7. “中海蓝湾”成功关键分析

第一次开盘：价格保密，低价入市

在开盘前，中海对于蓝湾的价格绝口不提，引起市场各方的揣度、猜测，在市场上营造一种神秘的气氛，宣传效果不言而喻。当各方认为其必将达到6000元/平方米的高价时，中海却以均价5100元/平方米的低价冲出市场，既让市场轰动，客户欣喜万分，加速购买，也将对手阵脚打乱，提前抢到了黄金周的“上帝”。

第二次开盘：乘胜追击，首推新品

乘着第一次的势头，中海连环追击。项目所拥有的24套独立庭院，因产品确实稀有，开盘时发展商明显惜售，一套都没推出，对这批产品的具体价格，发展商一直不肯透露。在第二次开盘时开发商配合2万平方米已然成熟的中央园林，将24套独立庭院推出市场，再一次聚集了市场的目光。

第三次开盘：提前抢闸，争夺“五一”客源

第三次开盘，“中海蓝湾”在2005年3月中旬就推出新货，最主要的原因是想提早抢闸，争夺“五一”客源；而更重要的一点则是，“中海蓝湾”的几个最主要的竞争对手均是在4月中才有新货推出，因此，“中海蓝湾”的此次行动，“抢”的痕迹是十分明显的。同时发展商加推的新单位是在2004年开售时广受市场欢迎的旋景270度的椭圆形户型。该户型采用的是270度江景环视设计，三面望江，由于“中海蓝湾”此类的四房单位数量并不多，2004年推出的货量早已断货，因此这次推售，不少之前已经登记认购的买家变得十分踊跃，在售楼现场此部分买家约占了60%~70%。

Profound reflection

本节思考

中海蓝湾实现成功营销的关键是什么？

The leaders' sayings

管理休闲吧

郝建民谈中海自身独有特点

中海地产经过近30年的精心打造已经形成了自身独有的三个特点。一是全过程的品牌。“中海地产”已经形成了涵盖规划设计、施工承建、物业管理等房地产开发业务环节的发展态势，并在各自的领域内都树立了优秀的品牌形象。

二是全国性的品牌。“中海地产”不仅覆盖了内地13个城市，而且还覆盖了香港、澳门的房地产业务，“香港·奥海城”、“富豪海湾”、“澳门·寰宇天下”等皆在当地赫赫有名。

三是有效的品牌价值管理体系。20多年来，中海地产始终坚持实践化、人性化这一信念，非常注重把这种理念寓于产品质量、服务、企业文化等品牌价值管理的各个环节，使消费者感觉到中海地产的产品、服务等方面可信、实在，有品位。

7 第七课：地产企业产业化两大经营战略

战略一：产业化转型是必然趋势

有人说“市场是一条理性的河流”，但我国住宅市场上房地产项目大量开工，而商品房库存却持续上升，显然，这条河流的航标尚未确定。住宅产业化发展的进程，正在为那些置身于河流中的地产商们树起一个航标，引导他们摆脱现有低水平的竞争，在风浪中前行。

趋势一：发展趋势由数量型向质量型的转变

消费者已从按平方米计算的以安置为目的的数量型住宅需求向追求住宅功能、质量乃至环境、信息网络等的质量型住宅需求过渡。如何满足这个时期的消费者需求，这就绝不仅仅是多投资、多建房的问题，而要切实转到提高住宅的功能质量上来。

趋势二：住宅质量的内涵已从单纯的施工质量转向全方位的质量体系

住宅的质量是一项系统工程，应当包括规划设计质量、住宅部品质量、工程施工质量、住宅建成后的整体质量及物业管理质量等多方面，建立多层次、多方位的质量体系正是国际上对建筑（包括住宅）质量控制的发展趋势。建设部颁布的《商品住宅性能认定管理办法》，将住宅分为1A 、2A 、3A三个等级，对适用性能、安全性能、耐久性能、环境性能及经济性能进行定级。这一办法体现了对住宅的功能质量的系统控制。

趋势三：住宅价格从单一价格向多元化价格体系转变

多年以来，我国住宅的价格以每平方米建筑面积为基数，包括国家的统计数据也是以平方米为基数。这体现了住宅建设增长仍是数量型的，以平方米售价作为一种单一价格。

随着住宅商品化的推进，人们的观念发生了变化，现在不仅是建筑面积有价，环境、设施在住宅建设中愈加重要，环境有价已成共识，甚至形成新的卖点。

趋势四：房地产库存持续上升的局面还将存在

主要原因是：房地产行业对投资商将保持一定的吸引力；由于房地产进入门槛不高，新发展商进入市场仍相对容易；规划设计、销售代理、物业管理等中介水平不断提高，为不专业的发展商提供了社会支持；为保持国民经济的增长，各级政府仍将对房地产行业大力支持，固定资产投资及房地产的开工量仍将维持较高的增长比例；几年前开发的住宅在个人购买率不断上升的市场中缺乏产品竞争力，即使降价也难以消化；市场竞争日益激烈使小规模发展商生存空间缩小，地域性的房地产主导企业将逐步形成。

趋势五：城市商品住宅价格下降空间有限

一方面房地产行业利润率正趋于社会平均水平，房地产按揭贷款集中在主要城市，个人付款仍有较大负担，且在全国大范围推广有一定难度；另一方面土地成本刚性，地价下降空间小，费改税又对发展商开发成本影响不大。

趋势六：城市空心化是一种必然趋势

城乡结合部大型物业的开发不断增加，规模不断扩大，将培育大型房地产企业的规模化优势，而且城乡结合部价格稳定，住宅的产品素质对普通收入阶层有较大吸引力。同时城乡结合部物业的大规模发展，将对市中心的物业造成巨大压力。

战略二：设计地产企业产业化流程

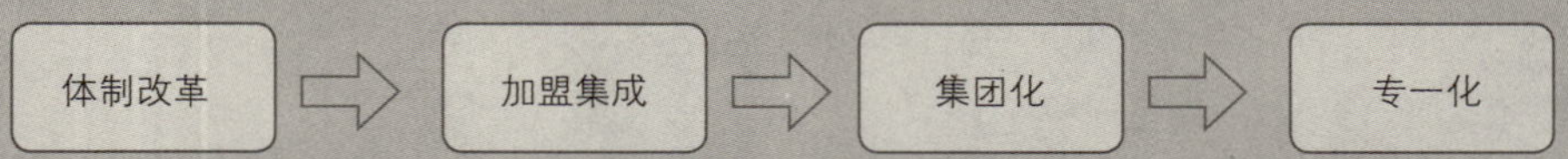

流程一：体制改革

与住宅产业化密切相关的体制改革有两项：一是住宅体制改革，二是国务院撤消十个产品部门，将其改为局，并入国家经贸委。第一项改革将住宅商品化，把住宅推向市场，而商品是产业的基本单元，市场是产业发展的命脉；第二项改革改变了以往计划经济体制下条块分割的局面。

流程二：加盟集成

与住宅相关的产品类别很多，据不同国家的统计，从数千种到数万种不等，但我国以往从未形成过专门针对住宅建设需要而生产的产品系列，这体现在住宅产品针对性不强、集成化程度低、规模效应差、产品的整合程度处于初级阶段等方面。产业部门的调整最终营造了以住宅作为最终商品的用户买方市场。

流程三：集团化

当前，住宅产业中的企业主体是房地产开发企业，经过了十几年的培育和发展，已出现了一批实力强、经验丰富、具有企业自身发展战略和特点的房地产开发企业。

这些企业中的一部分，已领先扩展到相关的住宅产品生产领域，投资兴办诸如墙体、门窗、砌块等住宅部品生产厂，或与规划设计、施工、装饰装修等企业结盟，形成企业集团，有些已经成为上市企业。具有实力的房地产开发企业发展为住宅产业集团，这将是未来住宅产业化中的骨干企业。

流程四：专一化

原本不是以住宅产业化为主导的大型企业，正紧紧抓住住宅这一巨大的市场，调整产业结构，扩大转型而加入到住宅专一化的行列中来。这一类企业集团的出现，大大扩展了原有的房地产开发企业的范畴，使住宅产业真正成为跨行业、跨部门，能拖动相关产业发展，能促进国民经济增长的支柱产业。

Commercial and famous sayings 商业领袖会客厅

改革中遇到的最大障碍是什么？

对以一个需要保持创造性的组织来说，它必须期望甚至渴望，尽可能快地去进行自我淘汰，所以对于成功的创新来说最大的障碍之一便是成功本身。一个真正的革新型公司从不停止问一些与其最成功的产品相关的更加基础性的问题——有没有解决问题的全新方式，这样可能会成半、成倍或成3倍地削减费用。

——保罗・古克

（雷凯姆公司的创造者）

Chapter Seven

第七章

本章精华回顾

1. 人才是企业发展战略细分的具体执行

郝建民非常重视企业人力资源工作。在企业内部，郝建民强调要科学地进行团队建设与人才梯队建设，造就一支忠诚于公司、业务过硬、专业素质较高、具有较强学习能力和优良工作作风的员工队伍。

2. 经营理念：诚信卓越，精品永恒

“诚信卓越，精品永恒”的经营理念使中海地产从香港进军深圳，然后扩展到全国各地，一路上中海创造了产品质量过硬的良好口碑，这是中海地产得到社会广泛认可的原因所在。

3. 首创装修“产业化”

中海地产在房地产开发中注入了新的理念，除营造“最适合居住”要素之外，还大力强化和提升住宅的资产功能，通过资产的保值、升值来实现较好的投资回报率，实现装修的“产业化”。

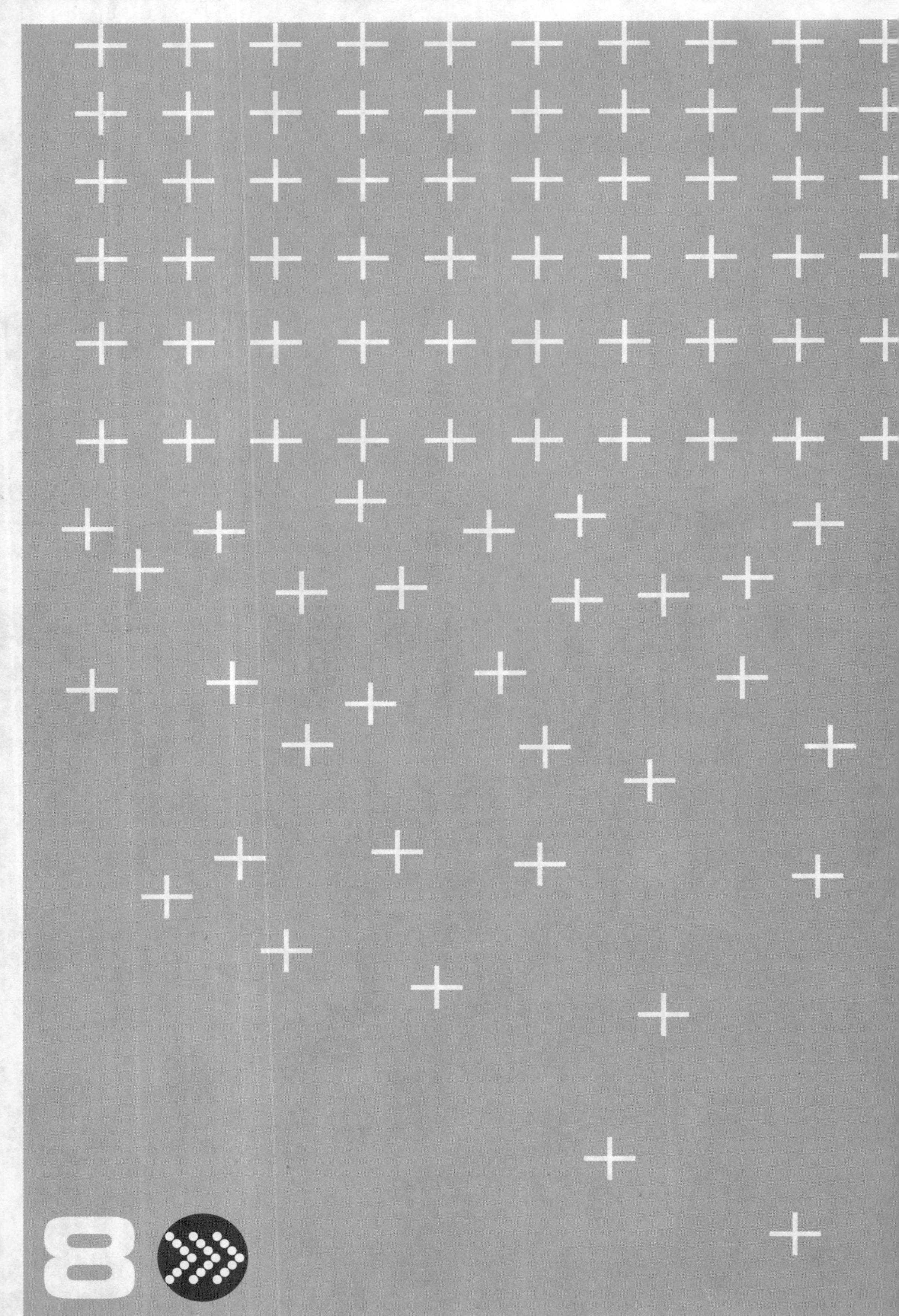

第八章 Chapter Eight

许荣茂和他的城市造梦者——世茂

第一节 许荣茂：地产与资本市场的舞者

许荣茂是中国最负盛名的高端地产开发商，他的世茂集团是中国盈利最多的房地产企业之一，2005年利润达到25亿元。在国内取得成就的同时，他也开始投资俄罗斯等国外地产项目。

第二节 世茂：制造高品质生活的城市造梦人

世茂"滨江模式"在全国得以快速、有序地推进，有一个重要的经验就是：借用"外脑"，事半功倍。

第三节 案例：产品设计

"世茂奥临花园"是世茂集团进京后开发的第一个楼盘，项目由6幢板式豪宅组成，从一居到四居户型齐全，以大户型为主，该项目要建设成奥运村地标性建筑。

"世茂·蝶湖湾"的目标客户群定位为具有一定素养、有一定文化品位、收入较高的白领人士。

世茂领导人：许荣茂

20世纪70年代，许荣茂在香港挖到第一桶金，从1989年开始从事房地产。在2000年左右，在北京楼市正如火如荼地发展之际，世茂突然全线转战上海，并成功搭上上海楼市飞涨的快车，迅速做大，许荣茂的战略眼光着实值得钦佩。

世茂综述

世茂集团是一家国际性、综合性的投资集团

世茂集团多年来一直致力于在房地产、旅游、酒店、百货、进出口贸易等多个领域的发展。在房地产领域，世茂集团凭借充足的资金实力与丰富的开发经验，以每年超过200万平方米的开发速度，在北京、上海、江苏、福建、黑龙江等地建造了具有21世纪水准，集现代新型示范住宅区、超五星级酒店、行政办公、旅游娱乐、休闲购物于一体的新城，并且业绩骄人。

世茂特色

铸就百年建筑，成就城市梦想

企业理想：百年建筑；

开发理念：缔造生活品位；

企业使命：成就城市梦想；

经营策略：全球销售理念、滨江模式。

世茂成长业绩

在中国大陆首创“滨江模式”和“全球销售”理念

20世纪90年代，集团在北京开发的项目一度占据高端房产市场20%的份额。在众多建成及在建项目中，北京“亚运花园”、“华澳中心”、“紫竹花园”、“御景园”多次获得“北京明星楼盘”称号，华澳中心还荣获“1996年首都十佳公共建筑设计奖”。自21世纪初，集团开始将业务领域扩展至上海，并在中国大陆首创“滨江模式”和“全球销售”理念，世茂开发的每个项目几乎都成为了当地城市的宣传名片，不仅为项目当地引进了国际资金，更促进了国际间经济、文化交流，提升了城市形象。在上海开发的“世茂滨江花园”于2001~2004年连续四年蝉联上海市住宅销售金额第一名。

世茂经典项目

十年一跨越

20世纪80年代末：“武夷山度假村”、“东方红商城”、“黄金海岸度假村”、“福建振狮大酒店”；

20世纪90年代：“北京御景园”、“亚运花园”、“紫竹花园”；

21世纪以来：上海“世茂滨江花园”、南京“世茂外滩新城”、哈尔滨“世茂滨江新城”、吉隆坡“运河城”项目、“绥－波”贸易区项目、武汉“锦绣长江”项目等。

01

第一节

许荣茂 地产与资本市场的舞者

□ **蜘蛛侠** 许荣茂

□ **性别** 男

□ **所在公司** 世茂集团

□ **职务** 世茂集团董事长

□ **个人简介** 许荣茂，福建石狮人，有着传奇的致富经历。他早年在香港做过药店伙计、证券经纪人，20世纪80年代在香港及深圳做纺织品加工及出口贸易。1989年在福建介入房地产业。20世纪90年代中期挺进北京，开发北京“亚运花园”、“紫竹花园”等高档公寓，获得巨大成功。2000年，许荣茂进军上海房地产市场，其开门之作就是收购了拥有著名的品牌——“恒源祥”的上市公司万象集团。

□ **处事形象** 从不利用任何手段炒作自己

□ **公众印象** 上海滩的大富豪

□ **本色性情** 用实力见证成功

□ **语言习惯** 少说话，多做事

□ **座右铭** 说来说去，实力最重要

□ **公众权力影响** ★★★

□ **业界权力影响** ★★★★

Chapter Eight 第八章 许荣茂和他的城市造梦者——世茂

许荣茂为人低调而谦和，
可他却是中国最负盛名的高端地产开发商，
他的世茂集团是中国盈利最多的地产企业之一。

许荣茂 · 业界形象 THE IMAGE IN FIELD

具有传奇经历的传奇人物

1. 为人低调、谦虚、擅与政府沟通

许荣茂的名字对一般人来说，还是比较陌生的。因为对于媒体和公众，许荣茂向来就是低调而谦虚的，他认为所要做的，就是默默地做自己该做的和认定要做的事情。他觉得能够被《福布斯》选为中国五大富豪，完全是人家“给面子”。但是，作为一个企业家来说，他又深深地知道政企沟通的重要性。因此，对许荣茂有所了解的人都说，他最听政府官员的话，与当地官员的关系也最好。

2. 拥有一个大家大业的家族企业

在外界看来，蓬勃发展的世茂集团是一个家族企业：许世坛，许荣茂之子，现为上海世茂房地产有限公司销售总监。许世永，许世坛的堂兄，“世茂投资”的最大董事之一。许荣茂及其妻子和两名儿女掌控的WMHui Family Trust信托基金拥有了海外投资集团的全部股份，而海外投资集团实际上正是现在的世茂集团的前身。中国对家族企业的评价众说纷纭，许世坛认为，世茂集团早脱离了家族企业的窠臼，虽然

表面上看，它可能还是家族企业的形式。世茂集团拥有很多上市公司，有很多项目，而且他并不单是因为自己是许荣茂的儿子才坐到这个位置。公司的工程总监等高层管理人员都是从香港高薪聘请，任用谁都要董事会投票，每个人凭能力得到自己适合的位置。

许荣茂用眼光决定做事方向，
他能抓住企业眼前的机会，
又能预见企业长远的发展。

许荣茂 · 经营价值观 THE MANAGEMENT OPERATION VALUES

让机会变成结果

1. 眼光是一种做事、做人的态度和方式

在许荣茂看来，眼光首先是一种做事、做人的态度和方式。他认为一个人只要看到机遇，就要尽量抓住它。除了要把握眼前的机会之外，还应该有做事不急不躁的长远眼光。许荣茂的这种态度得益于他对中医的研究，中医平和、中庸的风格，对他后来的事业布局以及发展节奏大有益处。

2. 看趋势远比看细节重要

许荣茂强调：判断一个投资项目是不是可做，一个地区是不是有发展前景，一个人是不是有用，看趋势远比看细节重要。他说："无论选择在上海还是在北京做项目，或者选在中俄边境，首先得研究清楚正打算投资的项目是不是符合当地政府的计划或规划，是不是和国家倡导的方向一致等等。如果这个大前提是吻合的，那么项目就已经成功了一半。"

3. 注重诚信和纠错能力

许荣茂认为，诚信、注重纠错能力是世茂集团取得今天成绩不可缺少的因素。在内地完成青年时代教育的许荣茂认为，中国传统的价值观贯穿他个人生命的始终，中国文化教人要诚信，办事要稳妥，这是优秀的传统，所以世茂集团的宗旨也将诚信放在首位。

许荣茂说，
人生像一个舞台，
自己能扮演一个比较重要的角色，
就应该认真把握。

许荣茂 · 领导智慧 THE LEADERS'WISDOM

眼光独到、善抓机遇

1. 布局高手

在地产界摸爬滚打了数十年的万通集团主席冯仑曾托人问许荣茂的财富发展历程，但一般人是学不会他的赚钱经的，因为许荣茂会赚钱在于他会布局。在进入上海市场以后，许荣茂的世茂集团之所以收购万象集团，看中的是“万象国际广场”这块宝地，世茂集团通过出价1.44亿元成为万象集团第一大股东后，接下了上海国投和万象集团手中国际广场项目51%的股权，并通过增资扩股将这一比例提高到了80%以上，由此取得了国际广场的开发权。这为他从北京到上海的业务转变提供了一个跳板，因为同时浦东“世茂金洋花园”、北京“呼家楼”也在运作中，而此时的北外滩项目也在蕴酿中，万象项目正好为他正式进军上海搭建了一座桥梁。

2. 眼光独到

许荣茂，在20世纪80年代中期将资金投向纺织和成衣，为海外贴牌生产服装。1989

年，转做房地产成为他事业的转折。此后十多年里，许荣茂南征北战，不管房地产形势是高峰还是低谷，他的事业总是蒸蒸日上。有人评价称：他总能在别人没看到的地方看到机会。当无人看好中国内地房地产时，1989年，他出巨资在家乡——福建进行了一系列项目开发。然而当大江南北的房地产如火如荼时，他却携妻带子转到了澳大利亚搞起房地产。1994年，北京房地产处于低落时期，他却大举进入，以至后来的许多高档外销公寓在北京家喻户晓，几乎抢占了北京1/3以上的高档住宅市场。2000年，北京房地产再上高峰，上海正是低谷，许荣茂又力排众议地将投资转向上海，再一次证明他有自己独特的经营之道。

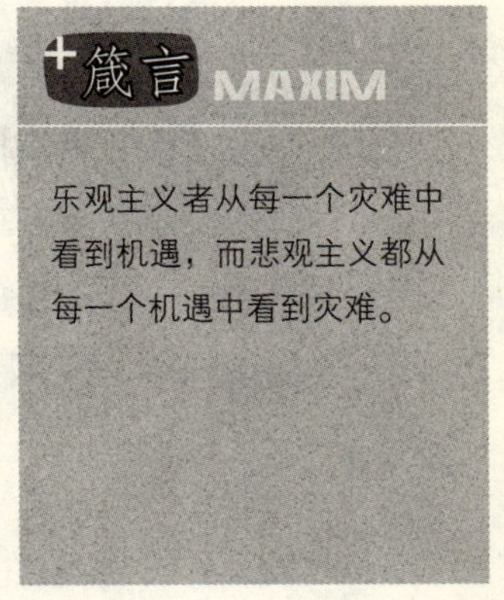

3. 善舞资本

资产规模达到200亿元的世茂集团能够同时拉开很长的战线，其重要原因在于许荣茂对资金的滚动运作。许荣茂倾向于借助自有资金、销售滚动资金发展，上百亿的工程有几亿就可以开始运作，虽然这样运作看上去危险，但好的声誉和强有力的销售保障了他的资金链从未断裂。

4. 善抓机遇

谈到成功之道，许荣茂说：“我不觉得自己有什么特别的，只是比人家更投入、用心、更注意细节而已。项目图纸我要一遍遍看，很多人觉得微不足道的小事，我们都认真去做。”

业界普遍认为房地产项目很容易流行，也很容易被淘汰。对此，许荣茂自有主张：不管在什么市场，只要自己做到最好，就有很多机会。“人生像一个舞台，一旦自己能扮演一个比较重要的角色，就应该认真把握。我这个人只要看到一个机遇，都想尽量去抓住它。”

许荣茂在许多地产明星活跃在地产界时
还鲜为人知。
但他在别人毫无防备时
声名鹊起。

许荣茂·个人营销艺术 THE MARKETING METHOD OF INDIVIDUALS

神龙见首不见尾

1998年，潘石屹已经开始活跃在“秀场”，冯仑已经开始在各种论坛上侃侃而谈，富有社会责任感的任志强也开始了他的思辨。此时的许荣茂依然鲜为人知。

到了2000年南下上海的时候，许荣茂在北京的5个高档外销项目共3000套房已经全部卖完了。许荣茂已经不声不响地为南下上海攒够了几十个亿的资金。

2000年8月，因恒源祥而闻名沪上的上海万象集团突然宣布正式变更第一大股东，上市公司“万象股份”更名为“世茂股份”，神龙见首不见尾的许荣茂才慢慢浮出水面。

直到2001年，跻身《福布斯》中国大陆富豪榜第五名时许荣茂才真正声名鹊起。此后，他年年榜上有名，至2006年，已经在《福布斯》跃居第二名。

许荣茂谈“世茂滨江”冲击上海滩历程

《21世纪》：世茂在进入上海市场时，正是上海房地产最萧条沉寂的岁月，你当时怎么敢以“世茂滨江”这样一个高档大盘作为冲击上海滩的赌注？

许荣茂：这里有个背景，就是1999年底美国同意中国加入WTO了。我一直认为WTO后上海会是中国最大的受益城市，而且当时经过亚运概念的北京房地产市场，已经被拉升到了一个很高的平台，上升的空间已经比较有限了。

我进入上海后，拿的第一块地就是今天“世茂滨江”的所在地，我们是以每平方米300美金，即2500元/平方米的楼面成本，从浦东新区政府手里买的。

另外，我们当时从上海规划部门了解到，这个地段正好处于上海城市天际线的变化地带，上海的规划要呈现出“一波三峰”的景观，一个高峰带就是现在的陆家嘴，另一个高峰带是现在南浦大桥那个地段，还有就是今天“世茂滨江”这一带，当时叫兰园。这意味着我可以把楼层造得比较高，当时看上去很高的地价就能被摊薄了。

Profound reflection

本节思考

许荣茂的眼光独到主要体现在哪些地方?

The leaders' sayings

管理休闲吧

许荣茂谈世茂的资金来源

如果是指目前世茂的资金状况，应该说是比较充裕的。我可以非常自信地告诉你，目前我手头有10位数的可动用现金，主要是因为前两年是世茂的投入期，现在是世茂的收获期。

我一直将向国内银行融资的比例控制在20%以下，另外，我在国外的融资通道比较通畅，而且国外的利率比国内低，所以国外融资也有一定比重，但也不会超过20%。上市公司这一块目前融资有一定难度，而且现在这两家上市公司的盘子太小，在集团里只占很小的一个比重。可以说，现在满树都是桃子，我目前正急于寻找更多的桃园去种桃子。

第二节

世茂制造高品质生活的城市造梦人

一、经营理念：在别人没看到的地方发现机会

1. 把握宏观大势，全局规划

世茂集团是福建四大家族集团之一，起步在福建，到2005年上半年将完成全国十个大中型城市的布局。世茂的房地产城市布点只选择“外向型”城市，如上海、北京、南京、大连等。从世茂的房地产历程可以观察到，世茂对宏观大势的把握十分独到，扩张城市的选择也恰到好处，北京和上海的成功印证了这一投资理念的正确性。

（1）选择低成本、高速发展的行业

世茂的初业是纺织，地点在香港。20世纪80年代末、90年代初，正是我国房地产业的起步阶段，进入门槛低，世茂抓住了机会，回福建进行地产开发，仅“黄金海岸度假村”就圈地400万平方米。最初几年，福建的地价为149元/平方米左右，到1992、1993年后，地价就升至1490元/平方米。世茂准确地抓住了内地房地产快速发展时期成本低的难得机遇。

（2）选择有消费需求支撑的低迷市场

1994年，国家宏观调控政策出台，我国房地产业出现了大起之后的大落，许多发展商跌入了被市场淘汰的行列。世茂此时却从福建移师北上，大举进入行情低迷的北京房地产业。许荣茂分析，当时的北京房地产市场属于最低点，但因为北京是首都的缘故，聚集了境内外具有高档楼盘消费能力的人，却没有相对应的产品。因此，世茂兴建了“亚运花园”、“华澳中心”、“紫竹花园”、“御景园”等高档外销项目，这些项目的热销也证明了许荣茂敏锐的判断力，而上海攻略再一次印证了这点。

1999年，世茂在北京如日中天，但是，世茂又一次凭借其独特的远见，把目光投向了上海这座中国经济发展最快的城市。1999~2000年，上海受东南亚经济危机的影响房地产正处于低潮，陆家嘴有一半办公楼卖不出去，但上海高档住宅的占有率却不到2%，可以说，陆家嘴好几百万平方米的高档写字楼没有相应的高档住宅与之匹配。

上海市政府已经在采取相应措施拉动房地产市场的发展，如收缩土地供应、购房免税政策、户口政策等。而当时一个更重要的信息是：中国加入WTO已至瓜熟蒂落的程度。世茂分析WTO之后的城市格局，断定受冲击最大的将是传统工业区，比如东北，但WTO的最先受益者必然是以服务业、商业为主的“外向型”城市，而上海则是首选。事实上，在WTO签订之后，上海的“外向本性”迅速显现出来，浦东的空置写字楼迅速被填充。而其带动的住宅需求，让“世茂滨江”撞个正着，因为这里除了世茂的项目，罕有其他同档次的高物业。

（3）把握经济发展点

2004年，中央政府提出“振兴东北”政策，世茂集团在哈尔滨启动开发了哈尔滨世茂“滨江新城”项目；在中俄边境投资了“绥芬河—波格拉尼奇内贸易综合体”。对于“绥—波”项目，世茂剖析：随着延边经济的开放，边境贸易也日益频繁，投资前景十分看好。绥芬河地区的进出口贸易额居延边开放地区第一位，连续几年都占黑龙江省进出口贸易总额的三分之一以上。中俄两国经济结构不同，发展水平不同，尤其在商品、技术、劳动力、资源、产业结构等诸多方面存在着互补性经济优势，商贸地带的开拓极具生命力。

而最近的武汉“锦绣长江”项目，世茂又一次抓住了历史机遇。中央提出“中部崛起”，并在制定的“十一五”规划中首次提出了“6＋1”概念，即中部六省加武汉市，武汉市被提到了前所未有的高度。崛起中部，武汉将是龙头，在启动之前进入武汉将是千载难逢的机会。这就是世茂天价拍得该地的信心支撑。

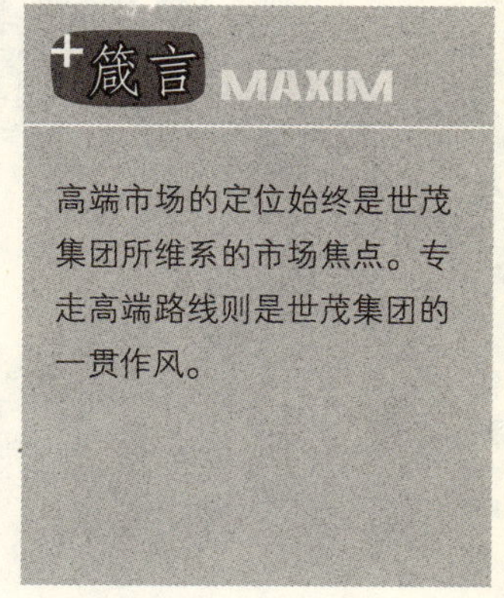

2. 专走高端产品路线

从北京、上海一线城市再到福州、南京、哈尔滨、大连等二线城市，“滨江住宅”开发模式在中国大地快速滚动，“高品质的亲水生活”广受世茂的广大客户青睐。上海“世茂滨江花园”、上海“世茂湖滨花园”、福州“世茂外滩花园”等项目销售业绩一路飘红，成功地打造了世茂这个中国豪宅第一品牌。

（1）高端产品有存在的合理空间

在确定高端产品策略之前，世茂作了合理的市场细分。通过调查研究，欧美城市的高档住宅一般占10%左右，而作为地产一线城市的上海，在世茂进入之时，高档住宅的占有率只有1.7%，远远没有到世茂认定的5%的合理界限。

（2）高端住宅的利润率高

追求高利润是件理所当然的事，按照世茂的经验，做高档住宅的利润率比普通毛坯房要高出10%~20%左右，一般有20%~30%的利润率。

（3）投资客户群稳定

世茂通过客户分析发现，在其开发的产品中，有近30%的购买者是追随投资型客户。这表明，以高端产品为主，将拥有一批相对稳定的投资者，项目在哪，客户也就流向哪。而相反地，如果运作中档住宅，那么，到任何一个新城市，都要重新寻找和培养客户，因为外地投资买家，并不会投资被用于自住的中档产品，所以要挖掘本地客户。

而且，这部分追随投资的客户，其口碑传播的作用远大于任何媒体广告，因为他们本身就是一个圈子，而这个圈子的放大效应是1：3的比率。由于世茂在海外的宣传推广，使目前的客户结构中，有2.5%的客户属于收藏型，即他们买房并不是为收取租金，用于投资，而是出于收藏目的，这一层面的客户，只有在高端物业中才会出现。

3. 国际间合作成就专业优势

世茂“滨江模式”在全国得以快速、有序地推进，有一个重要的经验就是：借用“外脑”，事半功倍。以上海“世茂滨江花园”为例，其国际化“盟军”阵容强大，香港、英国、马来西亚、新加坡等地区和国家的专家参与了项目建设。项目打造的是一条产品链，而国外的一流经验可以使产品链的各个环节运作得更加专业、成熟和快速。

4. 强调规模效应

注重规模效应是世茂集团的一大特色，主要体现在两个方面：

（1）项目规模化

世茂集团投资的项目不多，但单个项目规模较大，开发周期长，如上海“世茂滨江花园”建筑面积达80多万平方米，哈尔滨“世茂滨江新城”建筑面积近400多万平方米，南京“世茂滨江新城”规划建筑面积为150万平方米。

ATTENTION

+关注

20世纪90年代初，世茂的澳洲房地产开发之旅，为其后来的国际化发展奠定了基础，也使其拥有开阔的国际化眼光。

（2）营销规模化

世茂把目前旗下的六大项目在全国各大城市的五星级酒店同时进行推广，营销气势庞大。

规模效应的作用是明显的，其带来的好处有三个：

一是管理成本的减少；

二是能减少推广的时间，在短时间内引起市场注意；

三是使得项目本身的利润增长点会很好，随着项目的逐步完善，后期的推广费用会得到很大的节约。

5. 注重细节和质量打造

世茂内部分工很明细，譬如搞设计的，就分为规划设计部、建筑设计部、室内设计部；做大楼的则分为物料顾问、幕墙顾问、钢结构顾问等。明细的分工使项目在细微处也尽显专业。

上海市自2001年6月起全面推进新建住宅精装修试点，面对全装修住宅，从设计到施工、从质量监督到竣工验收、从销售合同到入户交房，企业会遇到许多与毛坯房不同的问题，因此，能不能做好全装修房，是对开发企业质量管理能力的考验。作为试点之一的上海“世茂滨江花园”，非常重视产品的细节和质量，它也成为业内全装修房的一面旗帜。在这一过程中，世茂独创了一套“质量控制体系”。

（1）五道程序选材

所有具备有效证明文件的材料进入工地后，还要经过五道抽样检查的程序。

第一，由项目室内装修设计总监检测材料是否与该装修设计整体风格相符，是否能充分表现出设计师的设计意图和思路；

第二，各分包公司需提交样品及材料的相关资料，经设计师、监理、甲方和材料方认可；

第三，总包公司、监理公司的专业技术人员对每批进场材料进行验收；

第四，开发商委托市建筑工程质量检测中心等权威检测机构对所有进场材料抽样复测，复测通过后进入正式使用；

第五，材料使用过程中，总包公司、监理公司以及开发商委托的权威检测机构进行全程监督。

箴言 MAXIM

什么叫细节？细节就是你的"珠子"。你要穿一串项链，这串项链要与别人的不同，你起码得有几颗是你的"珠子"，一颗珍贵的珠子能使一串项链熠熠生辉。

（2）五方检测

对于结构、装修施工阶段的隐蔽工程以及装修施工阶段的饰面工程验收制定"五方"验收的规定。除了施工阶段监理公司监理全过程外，每一分部、分项工程施工完毕后，均实行班组自检、分包质量部门全检、总包质量部门全检、监理部门全检、开发商抽检等"五方"检测，一致通过后，方能进入下一施工流程。

（3）五方验收

在项目整个建造过程中，验收是一项极其重要的任务。

第一，材料验收；

第二，结构的装修施工阶段隐蔽工程的验收；

第三，装修施工阶段饰面工程的验收；

第四，成品保护验收，甲方、总包、分包、监理、物业等单位交楼前验收，权威检测部门对装修质量和空气质量的验收；

第五，交楼时业主验收。

（4）室内双标百分百检测

除了在竣工备案中严格执行建设部的有关质量标准外，在房屋交付使用前，邀请上海市室内装饰质量监督检测站检测装修质量、上海市建筑工程质量检测中心等权威检测机构检测空气质量，对检测合格的房屋由检测部门颁发装修质量合格证书，在交房时一并交给消费者；对检测尚不合格的，根据相关标准再进行修改，直到合格为止。

6. 注重纠错能力

许荣茂认为犯错误不要紧，关键的是不要沉湎过去，或一犯再犯，要善于总结，采取什么样的补救措施并能最终获得成功。

譬如在“全装修房”试点项目过程中，上海“世茂滨江花园”的第一期（2号楼）的业主就曾发生过装修纠纷，之后，世茂在开发第二期（3号楼）开始，就总结出了一套“3个5”全装修质量控制体系，满足了购房者的房屋的空气质量标准，努力成为让消费者百分百放心的全装修房。

二、企业管理：对内抓品质，对外塑形象

1. 矩阵式高效管理

世茂的公司治理结构是扁平化的，每个项目都由独立的项目公司操作，总公司的人每星期都到项目公司去，有了问题当场解决，运行效率比较高。世茂能够有序地同时进行几个项目的开发和销售，这与集团矩阵式的管理不无关系。

世茂的每个项目，都由资深的项目总监负责。同时，集团层面设有财务总监、销售总监、营运总监、合约总监和工程总监等进行职能调控。一方面，集团以项目的进展来考核各个项目总监，另一方面，在各个项目中，集团也有集中的专业队伍随时给予业务协助。集团另有统一的采购中心，规模化采购，降低了采购成本。

另外，集团强大的品牌及技术管理平台也会给各项目提供强有力的支持。比如，集团的规划部会为各项目的前期规划提供概念方案，市场推广部会把集团的客户数据与各项目

共享。作为高档楼盘的开发商，世茂的客户已具有同质性，因而世茂矩阵式的管理方式，有利于项目之间的互相合作和服务。

2. 客户资源管理

世茂的客户会会名为世茂置业会，其会员包括了所有购买世茂集团地产项目的业主，会员不但可获得世茂集团的即时资讯，而且将参与多种多样的联谊及交流活动。置业会推行世茂卡，实行“积分制”，会员根据其所购买或介绍他人购买世茂集团项目的情况获得积分。根据积分的情况，可获得奔驰跑车、高档住宅等奖励。世茂成立置业会的理念是：客户服务是建立在企业推广、销售、售后、物业管理之上的一种升级服务。也就是说，没有前期的成功，根本谈不上后期的客户会。换句话说，只有大企业，而且必须是在长期发展、多项目齐头并进、拥有成千上万名客户以后，才谈得上创建客户会。另一方面，对客户要有一个创新理念，客户会不仅是一种升级服务，更是一种升级财富。

世茂置业会是与其“高端产品制造”相呼应的，世茂致力于通过管理强大的客户资源，挖掘强势的消费力：首先，要形成一批已经消费该企业数百亿房产和正在消费着各项物业管理服务的客户；第二，要引导这些客户去消费企业日后发展的诸多项目；第三，形成强大的社会消费能力，即这些客户在日后数十年中消费的其他商品总值，肯定会超过他们已经消费的房产，真正让置业会成为客户与企业双赢的升级财富。

+关注

跟万科、中海、合生、华润等知名地产企业一样，世茂也成立有客户会：世茂置业会。旨在强调主题服务，以维系产品和企业形象。

三、创富法门：世茂开创“滨江模式”

1.“滨江模式”的形成和发展简况

2001年，位于上海黄浦江东岸的“世茂滨江花园”引发了房地产市场的轰动，该楼盘占地27.5万平方米，仅拆迁费就花了20亿元，但是当时这个并不被认可的项目，却于2001、2002、2003年连续三年蝉联上海市住宅销售金额第一名，荣获“2004年中国豪宅”称号，2004年在加拿大获“国际花园社区”金奖。

2003年，位于福州闽江沿岸的福州“世茂外滩花园”对外发售，销售火爆。

2003年，位于南京下关区长江、秦淮河河口的南京“世茂外滩新城”，按整体规划推进设计方案。

世茂集团在取得上海“滨江花园”的巨大成功后，乘胜出击，在浦江、闽江、长江“三江”之畔连斥巨资，打造同等类型滨江物业，这一开发模式已经成为了世茂集团最为高效迅速的创富途径。目前，“滨江模式”不仅在全国布点，还积极向海外蔓延。

2. 典型模板——上海“世茂滨江花园”

（1）上海“世茂滨江花园”项目概况

上海“世茂滨江花园”项目概况

项目概况	相关描述
位置	位于上海市浦东新区陆家嘴金融贸易区，紧倚黄浦江岸，北靠张杨路，南至浦电路，西至浦明路而东达浦城路
规模	占地面积为22万m^2，总建筑面积约60万m^2，总投资50亿元人民币，1栋60层酒店式公寓、6栋46～54层的高级外销公寓
特色	沿江展开近1km，拥有70%的超高绿化率和近16万m^2的园林绿化，荟萃风情各异的世界六大园林景区。四个不同建筑风格的会所，总建筑面积达15000m^2。由“第一太平戴维斯”、提供国际专业水准的全权委托式物业管理，包括物业管理、安全监控、小区服务、休闲娱乐、医疗保健、温馨家庭、理财顾问、社会信息等服务平台

（2）模板特色一："体验经济"

上海"世茂滨江花园"不仅有着浓厚的海派风情及全江景豪宅感受，更为独特的是将购房者带入了"体验经济"时代。

世茂对于"体验经济"的理解是：超越简单的买卖形式，使人们在得到物质享受的同时得到精神享受。"体验经济"更加强调人性化，要求企业以服务为舞台，以商品为道具，围绕着消费者，创造出值得消费者回忆的活动。将"体验经济"运用到房地产领域，就是让业主得到最完美的体验——以物质财富营造精神家园。入住世茂旗下楼盘的业主们，不只是满足于物质上的富足，更多的是得到精神上的享受，也就是世茂提供给客户的"体验经济"价值。世茂希望留给世人的不仅仅是一片片住宅，而是中国住宅建筑史上的佳作。

从总的层面来看，"世茂滨江花园"消费者的"体验经济"包括：体验尊贵的国际化豪宅建筑；体验关怀的国际品牌物业、体验自然的生态环境、体验艺术文化的新花样年华、体验未来的高科技社区等全方位、多层面的深刻内容。细节的营造有：每个单元两户三梯，主人用高速电梯直接入户；另有一部电梯为保姆专用；要求第一太平戴维斯物业公司提前9个月介入整个项目的运作，实现上海首家"一对一私人助理"服务；1000兆光缆进楼，100兆宽带入户，24小时网上购物，独立掌纹门禁系统，智能IC卡"一卡通"，这些都为住户生活提供了极大的便利。

以"世茂滨江花园"为代表的世茂楼盘正是"体验经济"下房地产开发优势的集中体现。

（3）模板特色二：全球营销

世茂集团进军上海是基于对中国加入WTO的判断——"世茂不仅需要跟中国的房地产公司竞争，还要跟世界最好的房地产公司竞争"世茂认为，虽然不动产具有区域的限制，但是上海吸引全球投资者目光的仍会包括住宅不动产。而且"世茂滨江花园"有两大优势：一是位置，处于外国有钱人认可的陆家嘴CBD内的黄浦江边；二是规模和产品设计，拥有7栋豪华精装修的高层住宅、6个世界多主题社区园林、4大豪华会所。

有了这些条件，世茂站在一个国际化的位置，开始施行其全球营销策略。2001年5月，由中原（中国）物业顾问有限公司、太平洋房屋服务有限公司、戴德梁行、第一房地产有限公司、RE/MAX、第一太平戴维斯6大国际级地产代理公司组成销售联盟，分别同步代理“世茂滨江”在香港、台湾、东南亚、美国、澳大利亚等地区和国家的销售。据统计，世茂滨江花园50%的客户都是外国的，来自洛杉矶、圣弗兰西斯科、温哥华、巴黎、新加坡、马来西亚、菲律宾、澳洲等地。

全球销售的成功，为世茂积累了大量的国际客户，使其“高端制造”的步伐走得很稳健，同时也奠定了世茂的国际化战略基础。

3.“滨江模式”的创富效应

中国的大中型城市正处于健康发展的进程中，这给房地产开发商以较大的机遇，亦对其提出了新的要求。开发商“建筑队”的职能正逐渐减弱，配合政府进行“城市运营”的职能则日益加强。职能的转变着重体现在两个方面：

一是经济性。开发商在开发土地过程中，不但需要考虑自身的经济利益，更需要考虑被开发区域对整个城市所产生的经济效益。

二是景观性。开发商固然需要考虑所开发社区的景观功能，但亦需日益关注社区景观对整个城市文化脉络的延续以及社区与环境的融合。因为每个城市都有属于自己的元素，优秀的建筑则是这些元素的最佳组合。从城市发展的角度看，建筑则是体现这个城市灵魂的无声载体。作为城市建筑的最主要承担者，一个真正的房地产公司应承载起这个城市建筑历史发展的重任。世茂集团的“滨江模式”，对此作了很好的诠释，其“城市运营商”的角色，得到当地政府与业界的广泛赞誉。

（1）经济效应：近景与远景的结合

位于上海浦江东岸的“世茂滨江花园”，其经济性主要体现在两个方面：

① 直观的效益

世茂滨江花园占地27.5万平方米，总拆迁户数近万。如此项目的营建，不仅一改上海浦东危棚简屋区的破旧面貌，同时改善了众多上海市民的生活质量，并带动上海房地产市场的潜在消费。

② 长远的魅力

日益走向国际化的上海吸引着世界的目光，陆家嘴金融贸易区林立着200多幢现代化楼宇，越来越多的国际知名公司进驻于此。“世茂滨江花园”的建设，匹配了国际贸易区的高档住宅社区身份，进一步完善了这一区域的功能，有利于增强陆家嘴对世界的吸引力。延续“世茂滨江花园”的整体开发理念，在南京长江之畔、福州闽江之滨，世茂集团开发的滨江项目同样体现了经济性。

（2）景观效应：勾勒城市崭新天际线

“世茂滨江花园”的建筑规划体现了开发商对城市景观的考虑。上海建筑风格适合时宜，富于创造性，并深受西方建筑风格的影响，而浦东陆家嘴地区众多具有新时代特色、气势恢弘的崭新建筑，将与外滩建筑群相呼应而成为象征上海的新标志。作为中国吉尼斯最高江景名宅，“世茂滨江花园”沿江扩展近1000米，与“金茂大厦”、“东方明珠”共筑浦江东岸“一波三峰”城市天际线，成为上海CBD陆家嘴金融贸易区内又一标志性建筑。在自然景观的利用及规划上，“世茂滨江花园”坚持人与自然和谐发展的可持续发展原则，充分发挥自然资源——黄浦江景优势，7幢49~55层超高层豪华公寓彩板式结构，沿江弧形排列，户户面江，最大化地利用了天然江景资源。同时，在社区六大世界各国主题公园内，分别引入不同形态的水体，作为浦江水景的延伸，尽展水岸名宅的品质。

“南京世茂外滩新城”规划方案的精华则是从南京城市形态特征出发进行规划的，结合了长江、秦淮河河口的特殊地理环境，以可持续发展为原则，充分尊重城市历史文脉，自觉地对城市特色加以继承和发扬，形成以“绿色、水、环保”为主题，重点突出与自然和谐共生的滨水环境。位于福州的福州“世茂外滩花园”地处闽江之中心腹地，楼宇布局呈“S”形沿江展开，犹如起伏流水，与闽江流线紧密吻合。在150米处登高望远，除可饱览闽江江流之胜景，亦可独拥特有的游艇摆帆冲浪画面，人与自然的和谐得到完美的体现。

（3）园林效应：将园林水景融入社区

上海“世茂滨江花园”整体园林规划设计者是国际著名的美国泛亚易道公司。整个社区有中式苏州园林、美式夏威夷冲浪沙、德式天鹅湖、英式大草坪、法式迷宫及奥运主题等六大园林。占地约1.3万平方米的中式苏州园林的整体景观规划及建筑布局采用江南园林传统造园手法。福州“世茂外滩花园”在小区2.5万平方米的绿地“氧吧”内，建造1.3万平方米的超大中央公园。贯穿小区的人工溪水缓缓流淌，连同开阔的闽江被纳入景观视野，营造出一个踏绿憩园的休闲景地。精造三面朝江的落地玻璃大窗、观景阳台、大飘窗，户户临江看景，使视野与胸襟一样开阔。位于长江之畔的南京“世茂外滩新城”亦规划有面积约2万平方米的超一流冲浪沙滩，浪峰最高可达1.8米。五星级凯悦酒店在整体规划中相对独立，与住宅区有机分隔，且在规划设计中打破酒店两侧均设客房的形式，代之以临江面单侧设置客房的设计，400套客房户户临江。

四、资本运作模式：进行股权和资金运作

世茂能够几大项目同时推进，与其对于资本的自如操控不无关系。世茂股份（600823）和世茂中国（0649HK）是目前世茂集团的资本双星。世茂资本操控的模式可以总结为：通过把握房地产项目滚动开发的规律和节奏，进行股权和资金运作，令企业获得最大收益。

在收购上市公司——万象集团后，世茂通过售出其资产而获得大量现金，随后与家族企业在上海共同开发房产项目。在预售资金回笼前后，家族公司通过合资或增资，不断摊薄上市公司在项目中的权益，最终让家族企业获得最大的收益。

位于上海浦江东岸的“世茂滨江花园”，此类模式的运作可总结为三个步骤。

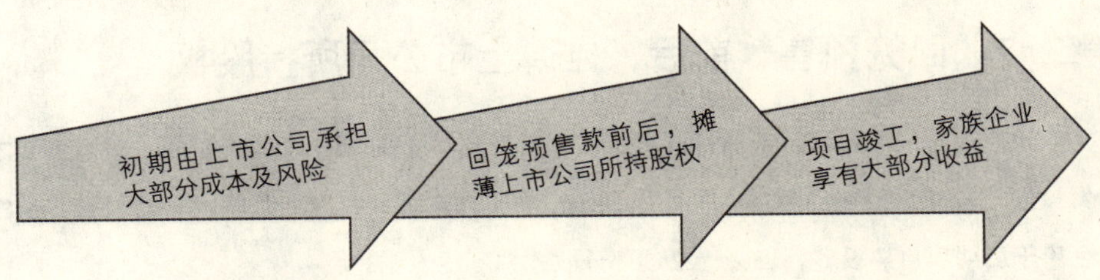

第一步：初期由上市公司承担大部分成本及风险

在项目启动之初，上市公司B持C的绝大部分股权；家族公司A仅占小股。公司C预付土地出让金、获得“四证”（国有土地使用权证、建设用地规划许可证、建设工程规划许可证、建设工程施工许可证），成立房地产项目开发公司D。

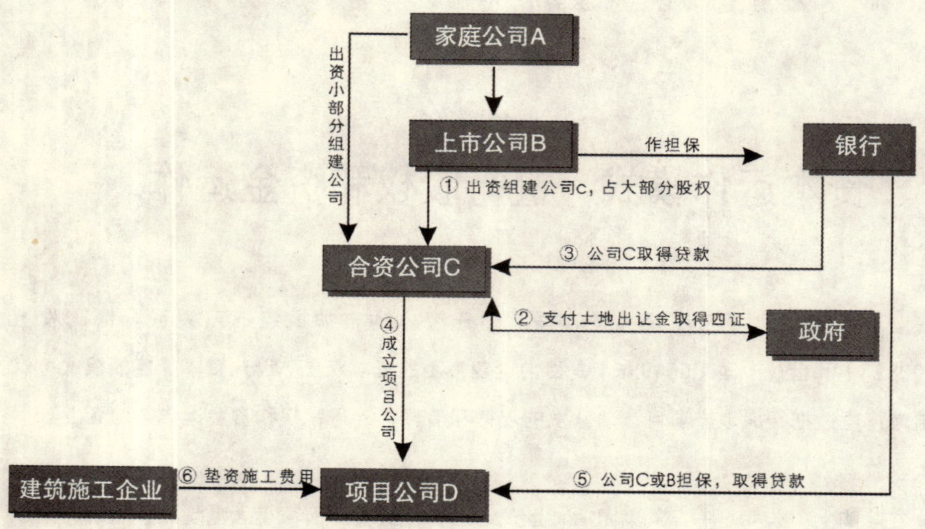

195号文件规定，预付的土地出让金必须是自有资金，但实际操作中，公司C预付的土地出让金通常来自于银行的贷款，由上市公司提供担保。

第二步：回笼预售款前后，摊薄上市公司所持股权

按照原政策规定，必须在项目开发至封顶或完成2/3后才能进入销售阶段，对购房者才可发放按揭贷款。但在实际运作中，项目往往刚刚兴建甚至在规划阶段就开始预售，预售资金用于后期项目建设等，但会计上这部分收入并不能入账。

在预售后不久，家族公司A即开始大幅度增资，其追加资金则可能利用预售收入，即家

族公司A以其他资金（如银行借款）追加投资，取得公司C的绝对控股地位，增资完成后，再把预售款转到家族公司A；被家族企业控制的上市公司B却不追加投资，股权被稀释，只能获得投资收益（在实际操作中，家族企业可能在预付土地出让金之后，即通过家族公司E参与组建项目公司D，摊薄上市公司所持股权）。

至于预售款金额运用情况，由于上市公司已不是项目的控股股东，因此在其报表中已不必体现，公司C以后的运作不得而知。家族企业利用中报与年报间的时间差增资，巧妙地隐藏了现金运用情况。

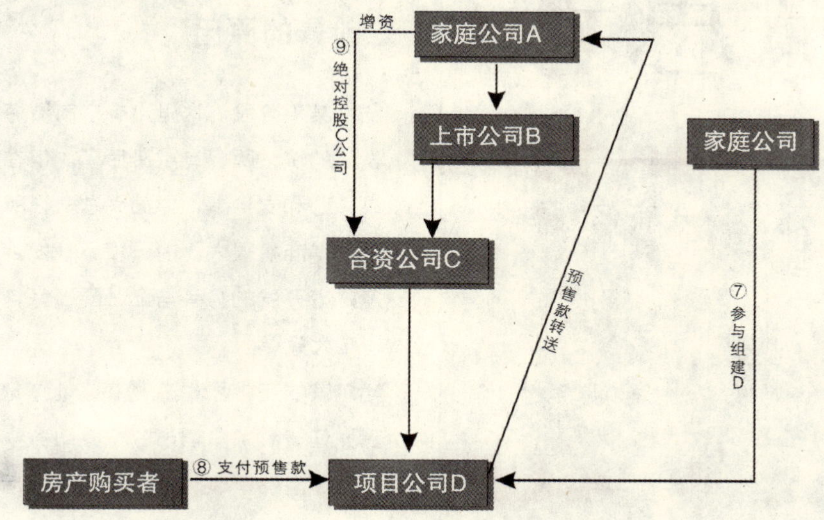

第三步：项目竣工，家族企业享有大部分收益

项目竣工后，公司C以项目总投资额30%的投入，获得总销售额30%的毛利或者18%的净利润。

按照对公司C的股权比例进行利润分成，家族公司A获得大部分利润，上市公司B承担了初期高成本及风险，最终却仅获得小部分利润。

从以上分析可以看到，家族企业中的控制性股东将风险转嫁到置于金字塔下层的上市公司B，上市公司B的资产则被控制性股东运送到金字塔的上层。如果控制性股东对合资公司C的现金流权越低，就越有动力向上运送资产。

Profound reflection

本节思考

世茂的资本运营模式有何利弊？

The leaders' sayings

管理休闲吧

+02

许荣茂谈看好东北发展前景的原因

“在某个阶段，这里没有东南沿海地区发展的快，所以有点滞后了。但在党中央关心和支持下，要振兴东北，所以我们觉得商机很大。前一段不开发，那就意味着开发的势头马上就要很好，这是一个大背景。

哈尔滨的江北区域(指松花江北岸地区，黑龙江省和哈尔滨市的行政服务中心陆续搬迁至那里)完全有可能成为今后上海的浦东。(黑龙江)省委省政府刚刚提出要把绥芬河建成‘北方的深圳’。所以我们觉得我们在做的两个项目都显得非常重，很容易形成规模效应。”

一、产品设计：破译“世茂奥临花园”成功密码

“世茂奥临花园”小档案

项目档案	基本情况
物业类型	高档住宅
建筑类型	板楼
物业地址	北京朝阳区清林路1号
均价	12000元/m^2
开发商	北京世茂投资发展有限公司
占地面积	10万m^2
建筑面积	30万m^2
容积率	2.28
绿化率	55.42%
开盘时间	2005.10.29（1号楼）
物业费	4.5元/m^2·月
物业公司	仲量联行

Chapter Eight 第八章 许荣茂和他的城市造梦者——世茂

1. 开发商背景分析

（1）世茂豪宅足迹

北京“世茂奥临花园”的缔造者——世茂集团拥有“世茂股份”、“世茂中国”两家上市公司，它以每年超过200万平方米的开发速度，十余年来，转战南北，足迹遍布香港、上海、南京、福州、武汉、哈尔滨、昆山、常熟等地，在全国已建造几十个经典项目并涉足境外房地产。

此外，上海北外滩的世茂酒店、南京路的世茂国际广场、佘山世茂国际会议中心以及南京世茂新城中的五星级饭店全部由境外著名建筑师与世茂集团建筑专家合作完成，从建筑设计、功能配置、室内外环境到酒店管理都是国际一流水平。世茂集团经过上海、南京以及哈尔滨世茂滨江系列豪宅的开发，已经建立了世茂豪宅品牌。

世茂集团开发项目表

区域	项目名称	项目概况
上海	世茂滨江花园	世茂集团投资80亿元开发的黄浦江上景观豪宅，2001～2004年连续四年蝉联上海销售冠军，房价由2001年的1万元/m^2增长至2005年的3.5万元/m^2
	世茂湖滨花园	世茂集团投资50亿元开发的水景豪宅，拥有4.1万m^2的大型人工水系，仅一年时间，楼盘全部售罄
	世茂佘山庄园	世茂集团投资60亿元，于上海佘山投资开发的大型豪宅别墅，是占地30万m^2的独栋豪墅，成为继“上海紫园”后罕有的顶级观景别墅
福州	世茂外滩花园	世茂集团投资50亿元打造的全江景高层国际豪宅社区，沿闽江展开1.2km，成为福州市中心城市形象的新标志
南京	世茂滨江新城	世茂集团投资50亿元于长江与秦淮交汇建的大型高档社区，占地面积为150万m^2，为南京首个集全江景国际豪宅社区、酒店及旅游商务区于一体的综合新城
哈尔滨	世茂滨江新城	世茂集团投资50亿元起建的大型生态自然社区，拥有400万m^2的恢宏体量，堪称哈尔滨“新城市中心”

（2）世茂豪宅物业开发类型

世茂集团经过十余年的发展，豪宅物业开发已经发展成熟，现已形成三种主要开发的物业：

世茂豪宅物业开发类型表

类型	区域	项目名称
滨江高档住宅	上海	世茂滨江花园
	福州	世茂外滩花园
	南京	世茂滨江新城
	武汉	锦绣长江
绿色地产	上海	世茂滨江花园
		世茂佘山庄园
	北京	世茂奥临花园
高级酒店、商业综合开发	上海	世茂凯悦酒店
		世茂国际广场
		佘山世茂国际会议中心
	南京	世茂凯悦酒店

2. 项目开发背景

（1）北京房地产进入"大牌"时代

北京房地产红火十余年里，消费者意识形态上经历了从盲目购房到理智分析，从注重产品户型到配套设施的成长变化，在近几年里，规模超过50万平方米的大盘更成为了媒体竞相追逐的热点，然而经过各种各样楼盘交楼纠纷的洗礼以后，北京房地产界似乎再一次发生了变化，由大盘时代步入了"大牌"时代。

房地产"大牌"时代的到来，实际上已经经历了多年时间的考验，一些品牌已经为大众所接受。比如以开发大规模中档楼盘著称的万科集团，以经济适用房和中档楼盘为主的国有企业天鸿集团，以高档房为主的华润集团和华远集团等等。"大牌"时代将促使房地产向更合理有序的方向发展，以自然规律淘汰小开发企业，保障产品的高品质和规模化生产的低成本。世茂集团以开发高档豪宅著称，具有豪宅开发的优势。

（2）北京豪宅发展历程

一个时代结束的同时宣告着另一个时代的到来，这就是豪宅市场的真实写照。20世纪90年代，北京房地产市场诞生了第一代豪宅。十余年间，豪宅概念发生了翻天覆地的变化，北京豪宅主要经历了以地段取胜、以概念取胜、以品质取胜、以生态取胜四个发展阶段。如今，北京豪宅已经到达了它的第四个阶段——绿色生态豪宅。

北京房地产业在经过了十几年的快速发展后，量的积累已经达到了一定程度，房地产市场竞争日趋激烈，质的飞跃、质的分化势在必行；北京经济水平的不断提高，人们的健康、环保、绿色、生态、节能可持续发展意识不断增强，对健康住宅的需求已经非常迫切。绿色生态豪宅强调的是资源和能源的利用，注重人与自然的和谐共生，关注环境保护和材料资源的回收和再利用，减少废弃物，贯彻环境保护的原则，于是，以科技含量、绿色生态规划、人文精神等为特征的绿色生态人居逐渐融入到时尚文化生活中来。

（3）借奥运利好抢占北京市场

随着2008年奥运会的到来，北京市政府专项投资2800亿，在方圆12千米的奥运核心会区四周，规划了涵盖体育、会展、人文、商业等在内的城市综合功能配套设施，使之拥有了涵盖田径、体操、游泳等项目的13大奥运场馆；会区交通便捷，拥有京承高速、城铁、地铁等12条交通立体网络；会区周边拥有50万平方米中华民族博物馆、405万平方米展览馆、运动场馆、奥运村、8个新型旅游休闲酒店，10大购物商场，这些配套设施将为形成一个拥有20万~30万人的高档社区提供了便利。奥北地区将由原来的城市边缘集团转换定

位为城市中心区。

随着奥北地区的逐步完善，其周边整个区域的发展，包括交通、基础设施建设、商业环境改造以及房地产市场的产品、价格、目标客户群等都将被重新定位，并逐步升级。据商业部门统计，世界五百强企业纷纷看好奥运村，三星、飞利普、摩根斯坦利等公司已在奥运村选择新的办公场所，强大的租赁及购买市场将为奥运村高档楼盘提供稳定的资金收益。有关专家测算，奥北地区房地产价格将比周围其他地区上涨30%。

随着北京城市进程化脚步的加快，万科、华远、合生创展等大品牌开发商纷纷进军北京。在北京豪宅开发如火如荼之时，世茂集团这一豪宅之父也正式进军北京豪宅市场。

（4）奥北区域市场概况

① 区域市场发展概况

北京申奥成功，奥北板块受益最直接，随着政府加大投入，交通、配套逐渐完善起来，在奥运到来前就已显示出对房地产市场的拉动作用。

区域内新开及即将开盘的项目大致有十余个，新开普通住宅板楼和小高层、高层项目所占比例大致相当，装修情况中毛坯与精装修房的比例也对半，项目容积率均偏高，均价以8000元/平方米为主，高于同等区位条件楼盘价格一两千元。

② 项目周边在售楼盘概况

奥北区域在2005年出现了一批品质较高的楼盘，在安立路沿线已开盘在售的除了"世茂奥临花园"外，还有上元的"B区和C区"、"傲城"、"山水LAVIE"以及"顶秀青溪"等楼盘。

[上元B区和C区]

物业类型：公寓、别墅
建筑类型：板楼、叠拼别墅、高层
物业地址：朝阳区安立路28号
均价：8000元/m^2（B区板楼）
开发商：凯德置地中国控股集团
占地面积：10.52万m^2（总）
建筑面积：4.30万m^2（C区）
容积率：3.0
绿化率：33%
开盘时间：2005~2006年
入住时间：2006年年底~2007年
物业费：B区2.8元/（m^2·月）
C4楼3.2元/（m^2·月）
物业公司：美国仲量联行
总套量：856套（B、C区）

[傲 城]

物业类型：别墅、公寓、普通住宅
建筑类型：板楼、塔楼、叠拼、联排
物业地址：朝阳区北苑红军营南路
开发商：北京北辰实业股份有限公司
均价：10000元/m^2
户型：110~140m^2
开盘时间：2005.8.21
入住时间：2006.11.30
占地面积：9.16万m^2
建筑面积：15.18万m^2
容积率：1.72
绿化率：30%
物业费：3.5元/（m^2·月）（别墅）
楼层状况：傲城尊邸共330套

[顶秀青溪]

物业类型：普通住宅
建筑类型：花园洋房
物业地址：昌平区东小口镇中滩村
开发商：北京泰福恒投资发展有限公司
均价：8000元/m^2（B区板楼）
开盘时间：2005.10.22
入住时间：2007.3.31
占地面积：7.65万m^2
建筑面积：18.7万m^2
容积率：1.80
绿化率：35.10%
总户数：一期315户
物业费：2.95元/（m^2·月）（带电梯）
1.92元/（m^2·月）（不带电梯）

[山水LAVIE]

物业类型：普通住宅
建筑类型：板楼、塔楼、高层板楼
物业地址：朝阳区红军营东路
开发商：加拿大LVC国际投资集团
均价：8500元/m^2
户型：60~220m^2（板楼）
130~220m^2（跃层）
开盘时间：2005.9.25
入住时间：2006.4.10
占地面积：15万m^2
建筑面积：30.06万m^2
容积率：1.36
绿化率：40%
车位配比：1∶0.8
物业费：2.98元/（m^2·月）

3. 项目总体开发策略

（1）项目定位：顶级生态景观豪宅

世茂一向以打造顶端豪宅而闻名于房地产界，这次携带"世茂奥临花园"进军北京市场，在800万平方米生态公园，以及10万平方米用地体量的强力打造下，"世茂奥临花园"定位为顶级生态景观豪宅。

箴言 MAXIM

客户的家庭收入与客户的楼盘选择直接相关，对高价位房的需求与较高收入水平家庭的经济承受能力密切相关。

（2）目标客户群定位：目标客户没有地域限制

① 目标客户地域特征

北京作为中国的政治、经济、文化中心，是国内外人士向往的地方，再加上"世茂奥临花园"所处板块的奥运利好及国家森林公园的良好生态环境，使得整个项目的目标客户没有地域的限制，凡是能消费高端豪宅产品、喜好自然生态环境的群体均被纳入目标客户范围。

② 目标客户人群特征

——经济实力强，具有购买豪宅的能力；

——对高档物业有强劲的需求；

——看好奥北板块发展潜力；

——喜欢国家森林公园生态环境。

值得一提的是，旅居海外的华人也是"世茂奥临花园"的重要目标客户群。这一人群除具备上述特征以外，还具有以下特征：

——因公常来北京；

——具有浓烈的中国情节；

——是中国奥运经济的重要支持者、奥运品牌的传递者。

（3）产品定位：要建设成奥运村地标性建筑

“世茂奥临花园”是世茂集团进京后开发的第一个楼盘，要建设成奥运村地标性建筑。

项目由6幢板式豪宅组成，从一居室到四居室户型齐全，以大户型为主，即使最小的一居户型也有近80平方米。

4.“世茂奥临花园”产品设计

“世茂奥临花园”位于国家森林公园北端，占地面积有10万多平方米，建筑面积约30万平方米，由6幢54~100米高低错落的板式豪宅组成。社区内3万平方米地中海风情的六个园林景区景色各异，与正南侧的国家森林公园相互呼应，使“世茂奥临花园”成为奥北板快真正拥有“双花园”的高档社区。

（1）地中海园林

① 规划理念

作为奥运盛会会场北端的建筑标识，奥北区域的第一景观豪宅，“世茂奥临花园”除借用森林公园作为外部景观，还特别聘请了英国著名的园林设计公司阿特金斯主理社区内部园林，每幢公寓对应一处园林，六大园林相互联结互动，围绕中央1万平方米的湖水形成中央大绿洲，社区会所处更有3000棵20年生的原生树木，是北京目前少有的天然城市片林，成为北京罕有的中央庭院园林。

② 园林美景

阿特金斯主理社区内部的园林设计师将来自爱琴海岸的流动灵感、雅典的运动激情以及最富中国文化内涵的皇家园林融入一处，形成了集罗马广场、地中海沙滩、五陵希腊广场、雅典柱廊花园、风情爱琴海、英式玫瑰园在内的六大异域主题景区。

六大异域主题景区

异域主题景区	相关描述
奥尼亚坡地	奥尼亚坡地位于小区南侧6号楼内庭，以人工山为主景，配合水系、草地、喷泉、雕塑，营造地中海岸特有的古朴与明丽
克里特小岛	整个园区位于小区西侧3号楼内庭，以雅典建筑中最为经典的"柱式游廊"为蓝本，中心景观"柱式游廊"位于水中独立的小岛上。小岛四面环水，有木栈桥与陆岸相接，岸上园林多采用雅典园中花柱、台盘移植与雕塑相呼应的手法
风情爱琴海	风情爱琴海位于社区西北2号楼内庭，灵感源于希腊爱琴海的蓝色港湾。景区以大面积的林景与水面为主体，并设计了水上码头与观光游船，码头地面用高级名贵木材铺设，特设休闲咖啡吧，在此可欣赏整个大园林景色
锡蒂亚沙滩	园林设计师在景区结构上考虑到北方天气及观景习惯，依次由东侧乔灌木为主的疏林草地，过渡至缓坡、水体，而后至地中海银白色的沙滩、特色步道，最终又以高大的疏林草地收景，完好促成了景观区相对独立围合的生态气场
德尔斐广场	德尔斐广场以开阔的水面为主体，将大面积的剧院广场、下沉式花园与丰富的园林小景巧妙融合。园林位于4号楼内庭，与锡蒂亚沙滩、克里特岛、风情爱琴海共同营造富有地中海风情的大园林格调
英伦玫瑰园	7000m^2的英伦玫瑰园将英国风景式园林文化精髓淋漓发挥，在1号楼内庭，蜿蜒的道路、自然的树丛、如茵的草地、缤纷的花床以及精工修饰的棚架与蔓藤，使整个空气弥漫着英国贵族园林所独有的宁静与自然

（2）景观最大化户型设计

"世茂奥临花园"采用26层为主的板楼设计，借助正南面向森林公园的绝好观景优势，将90~300平方米的户型设计为明厅、明卧、明厨、明卫、多个观景阳台的构造，并设有大幅朝森林公园的落地玻璃窗，一步式观景阳台，使视觉最大限度地畅阔与通透，将空间内部与视野外围贯穿起来。

（3）高品质细节设计

豪宅是对社会塔尖人士成功历程的诠释，更是一种超越于尊贵之上的生活状态和对人生的积累、沉淀。

高品质细节设计

设计细节	相关内容
外墙处理	① “世茂奥临花园”运用光纤技术装饰外墙，勾勒出楼座轮廓； ② 采用外墙外保温做法； ③ 所有外门窗采用了断桥铝合金型材、中空玻璃
特设保姆专用梯	项目采用三梯二户的人性化设计，而且保姆设专用电梯，直接进入操作间。业主利用IC智能卡直接抵达所住楼层的业主专用电梯厅，充分保证业主生活交往的高度私密
精装修全程服务	“世茂奥临花园”为业主提供房屋精装修全程服务，采用集团采购的方式，从厨房厨具到卫浴的配置均是国际化、高品位的世界知名品牌
音乐厨房	① “世茂奥临花园”选用欧洲橱柜第一品牌德国ALNO，利用人体工程学原理，以13cm为模数单位，结合人体高度与壁墙高度，进行不同橱柜单元的组合与搭配； ② 率先采用大功率厨房装备，其烹饪水平可与国际专业厨房媲美
雷诺士空调	“世茂奥临花园”首家选用美国惟一获得EPA年度大奖的空调品牌——雷诺士，雷诺士具有恒温、恒湿，除尘、静音、新风等六大超越级选配性能，为业主营造舒心的家庭小气层
家庭SPA	“世茂奥临花园”首创家庭SPA，令生活安逸舒适，远离尘世喧嚣
智能化安全防范措施	“世茂奥临花园”为营造出轻松惬意的生活氛围，从社区外围到公共区域到家庭范围，将不同的防范措施做于无形中
仲量联行之英式管家	“世茂奥临花园”特邀知名服务品牌仲量联行提供星级酒店服务，并聘请有多年海外酒店管理经验的外籍人员担任首席英式管家，四位助理协助管家团队工作，为业主提供宴会、票务、家居、出游等生活各层面的顾问服务，并为商务人士和居家者提供定制VIP贵宾服务

ATTENTION

+关注

“世茂奥临花园”对稀缺的景观资源、建筑材料和物管服务等均赋予了精心的雕琢。

（4）热带风情会所

"世茂奥临花园"热带风情俱乐部会所，拥有健身、游泳、个性SPA三大功能区，并特聘北京植物园温室园林设计师，为会所配置护理各类热带景观植物，如棕榈、榕树、槟榔、大王椰子、芭蕉、加拿列海枣，诸多北方罕见的风情植物；在挑高6米的全玻璃温室内，来自世界五大洲的蝴蝶，缤纷绚丽，呈现出一派雨林风景。

"世茂奥临花园"热带风情会所，特聘世界知名俱乐部运营公司美国会为顾问管理，并以"世茂奥临花园"会所为平台，广泛结合中国及国际各大顶级游艇俱乐部、马术俱乐部、滑雪俱乐部、红酒俱乐部、高尔夫俱乐部等团体，为世茂业主营造俱乐部精英生活。

5. 营销策略分析

策略一：提升产品附加值

世茂（北京）置业会是世茂集团为向客户提供增值服务、增强业主之间的交流而成立的一个不以营利为目的的社会组织。凡是已购买或受让"世茂奥临花园"的业主都可以成为世茂置业会的会员。会员根据积分分为普通卡会员、金卡会员、白金卡会员和钻石卡会员四种。

目前，在北京、上海、南京、哈尔滨、福州等地都设有世茂置业会。置业会会员再次购买任一地区的世茂物业时，将可获得其所购物业总房价款9.9折的优惠；并且再次购买或介绍他人购买世茂物业的，还可获得积分，累积到一定的积分即可自由兑换世茂集团提供的奖品。

策略二：公共关系策略

捐款或是举办公益活动都是树立企业踊跃承担社会责任的良好形象的好方法；同时，参加到与项目有关的活动中来，也是项目宣传的策略之一。"世茂奥临花园"借捐款和举办公益活动树立企业的良好形象，并在项目上市之初宣传项目。

项目宣传案例

活动时间	活动主题	活动内容
2005年4月12日	“红丝带”捐款	全国工商联与中华慈善总会在人民大会堂签署了“中华红丝带基金合作协议书”，并宣布这项基金正式启动。世茂集团董事长许荣茂担任基金副理事长，并为“中华红丝带基金”捐款2000万元，以帮助基金扩大
2005年10月29日	为“北京青少年基金会北京志愿者基金”捐款	为鼓励青少年志愿者支持奥运、热爱社会，世茂集团为“北京青少年基金会北京志愿者基金”捐赠100万元基金
2005年10月29日	举办“2008志愿北京纪念林”大型公益活动	与《北京青年报》报社共同举办“2008志愿北京纪念林”大型公益活动

策略三：体验式活动营销策略

活动是联结项目与业主的纽带，精彩活动的每一处细节都体现着筹划者的用心态度。通过活动，不但能增进业主间的沟通，还能增强业主及意向客户对世茂集团和“世茂奥临花园”的信心，深度挖掘潜在客户资源。

策略四：海外营销

海外营销活动

活动时间	活动主题	活动内容
2005年12月17日	2005年圣诞音乐会	活动由圣诞音乐会、艺术欣赏、世界顶级服装服饰秀、享受奢华快乐生活四大章节组成，来自北京“世茂奥临花园”的近百名海外华裔业主、中国高尔夫网顶级会员以及社会各界名流参加了此次活动
2006年2月25日	陶瓷鉴赏	活动工作人员首先组织业主到一期样板区参观。随后，业主及意向客户到会所三层在陶艺协会老师的指导下，参加软陶制作活动。活动后，业主制作的软陶半成品将加工为成品，交给业主留作纪念

（1）海外营销原因

——世茂积累了十几年的高端物业开发经验，拥有大量的全球客户资源；

——世茂所开发的豪宅，经常会由多家国际级房产代理公司分别主要负责全球不同地区的销售，即纳入全球同步发售系统；

——"世茂奥临花园"为顶端生态豪宅项目，能满足海外营销所需各方条件。

（2）海外营销代理行

中国香港、中国台湾、新西兰、新加坡、英国、澳洲、美国等7家国际级房地产代理行同步代理。

（3）海外营销成果

2005年10月29日，全球发售盛典活动在北京拉开帷幕，并在全球各地区同步销售，当天认购170套，首推房源全部售罄。12月的31天时间内认购金额达到2.4亿元，创下了北京豪宅海外销售的月销售最高金额。

世茂集团在继成功打造上海"世茂湖滨花园"和"世茂佘山庄园"两个生态豪宅之后，进军北京豪宅市场。借助北京奥运利好及国家森林公园的良好生态景观，成功打造了在京的第一个生态豪宅项目——"世茂奥临花园"。世茂以自己独有的打造豪宅优势，使"世茂奥临花园"突围于安立路沿线高档住宅项目，成为奥运村北部的地标性建筑。

二、产品设计："世茂·蝶湖湾"产品解读

"世茂·蝶湖湾"以其独特的产品设计与全球营销模式，吸引全球精英人士汇聚于此，是一个真正的国际化尊贵社区。

1."世茂·蝶湖湾"项目概况

项目概况

基本概况	具体内容
物业类型	公寓、别墅
建筑类别	高层、独栋别墅、联排别墅
占地面积	约717800m^2
建筑面积	约1076580m^2
容积率	1.5
绿化率	65%
均价	4500～10000元/m^2
项目位置	上海周边，昆山市柏庐南路和沪宁高速交叉处
开盘时间	2006.7
入住时间	2006.12.31
开发商	上海世茂房地产有限公司
总户数	约6445户
物业公司	世茂第一太平
园林规划	加拿大奥雅园境师事务所
建筑设计	香港王董建筑设计师事务所
规划设计	英国ATKINS集团总体规划公司

2. 项目开发背景分析

+箴言 MAXIM

昆山地处江苏省东南端太湖下游，是江苏省的"东大门"，四周与常熟、太仓、吴县、吴江和上海市的嘉定、青浦县接壤。

(1)昆山市概况

昆山东距上海50千米，西离苏州37千米，汽车到上海洪桥机场不到一小时的路程。高速公路、京沪铁路、312国道横贯全境。昆山境内河网密布，湖泊众多，吴淞江、娄江等主航道纵横交叉，通江入海，水上经上海港、张家港可直接出口，水陆交通十分方便。另有淀山湖、阳澄湖、澄湖、傀儡湖，水资源十分丰富。这些优势为昆山市开发高绿化、低密度住宅奠定了物质、环境等基础。

(2)昆山市房地产市场的总体形势

昆山市房地产市场被划分为五大板块，分别是：东部板块、南部板块、西部板块、北部板块、中部板块。"世茂·蝶湖湾"位于玉山镇，属于中部板块。

① 项目所处中部板块概况

中部板块包括玉山镇和开发区行政区域板块，中心城区东起长江路，南至合兴路，西至白马泾路，北到马鞍山路，由于这一区域发展较早，已成为昆山目前商业的轴心地带。四通八达的交通网络、合理的城市规划、便捷畅通的商务资源、成熟完善的生活配套、旺盛的人气，使得该片区一直是商业地产投资的热点，而投资风险小、面积适中、售价不高、市场基础稳定的社区商铺因市区可观的升值空间而逐渐成为投资者的置业首选。

目前，该板块在售的楼盘为"世茂·蝶湖湾"、"中大·柏庐天下"、"上海公馆"、"中创·泰和苑"、"青城之恋"、"罗马假日"等。

② 物业类型及价格

昆山市房地产开发大体分为三类：别墅、公寓、商业用房。由于昆山市外商投资的经济情况，决定了昆山拥有大量高端消费群。现阶段，昆山楼市以别墅居多，占市场份额的60%以上。独立别墅均价一般在5000~6000元/平方米左右，赠送花园；联排别墅均价一般在3600元/平方米左右。

同时，随着昆山城市化进程的加快，流动人口的大量增加，人民生活水平的提高，公寓的开发量也在大大上升。多层均价一般在3300~4000元/平方米左右。还有一些简装修的高层酒店式公寓，均价一般在4600元/平方米左右。

昆山的商业用房开发量不大，一般为一些市场型的商业用房、一些大型小区周边及小区内部的商铺。价格一般在4000元/平方米以上。

中部板块供应量分析

项目名称	项目位置	规模(m^2)	均价(元/m^2)	开盘时间
世茂 · 蝶湖湾	昆山市柏庐南路和沪宁高速交叉处	占地面积：717800 建筑面积：1076580	4500~10000	2006.7
中大 · 柏庐天下	玉山柏庐路与创业路交汇处	占地面积：21000 建筑面积：80606	7500	2005.10.15
上海公馆	松江涞坊路1199 弄	占地面积：143964 建筑面积：48000	12000	2005.3.15
中创 · 泰和苑	玉山朝阳支路东侧	占地面积：10072 建筑面积：39568	4300	2005.12.28
青城之恋	玉山紫竹路与萧林路口向北200 米	占地面积：212106 建筑面积：363471	4000	2004.9.17
罗马假日	玉山花园路与江浦路口	占地面积：155086 建筑面积：250000	3500	2005.8.1

③ 客户来源

昆山房地产自1998年开始火爆，如今当地人的住房需求已到了一个平缓期，需要外来消费群体的注入。目前，昆山市场的购买主力是到昆山工作的“新昆山人”及上海人，其消费量要占到总量的七成左右。前往昆山购房的上海人主要购买高档住宅、别墅及乡镇住宅，主要以自住为主。其次是本地居民，其消费量占总量的二成左右。

(3)昆山市房地产市场现状

① 昆山市区楼盘分布的整体规划

昆山市城区东部依昆山经济技术开发区，主要集中规划为高档公寓社区，城区北部开发面积最大，以公寓和别墅为主，城区西面靠近玉山经济技术开发区主要集中规划为高档别墅区，城区南部发展较为滞后，主要是工业园和民营科技工业园。

② 昆山市当地经济与房地产消费现状

昆山当地人均年收入水平在1.5万元左右，整体年收入水平(含外来投资商、务工人员等收入)在5~7万元左右。

昆山外资环境的营造带动了房地产市场的开发和消费。外商成为该居住区域的最大消费人群，他们主要以购买高档别墅为主。市区公寓房地产也具有相当大的规模，主要消费对象为一些外资员工和投资者。城区本地居民购买主要集中在位置较靠玉山镇的老城区。

③ 昆山市房地产市场极具投资潜力

昆山市从距离上看，与上海的松江、奉贤等区县到上海市区的距离类似，同处在“上海一小时经济圈”内，并且，昆山市经济总量远超过松江、奉贤等区县，但是目前房价却比其他上海近郊区域低。另外，依据现在的建设格局，昆山南部将成为未来大交通的枢纽。火车站、长途汽车站、京沪高速站和城际轨道站均在城南交汇，良好的交通优势必将吸引更多有眼光的房产开发商入驻。因此，房地产升值空间很大，具有很大的发展潜力。

+关注 ATTENTION

昆山当地主要以轻工、电子为经济支柱。由于被上海黄金三角带的包围，又集中了中国台湾、新加坡等地客商的投资，目前经济发展水平在全国县级市中名列前茅。

昆山市部分热销楼盘概况一览表

项目名称	项目位置	规模(m^2)	产品构成	均价(元/m^2)
世茂・蝶湖湾	昆山市柏庐南路和沪宁高速交叉处	占地面积：717800 建筑面积：1076580	12 栋高层公寓、6 栋别墅、2 幢SOHO	4500~10000
吉田国际广场	玉山柏庐南路与中华园路交汇处	占地面积：155947 建筑面积：700000	小高层、酒店式公寓	5200
圣地亚哥	昆山市长江北路399 号	占地面积：67000 建筑面积：105000	22 幢多层、3 幢小高层、1 幢高层	3300
新城・翡翠湾	昆山市柏庐路197－199 号	占地面积：166000 建筑面积：242000	花园洋房多层及小高层	3000
国际上湖	巴城镇湖滨路与锦丰路	占地面积：27000 建筑面积：45000	4 星级酒店式公寓、10 多套别墅	11000
蓝岸晶舍	城北花园路与张家港河交界	占地面积：45933 建筑面积：35601	创新联排别墅	5600
泰泓花园	昆山区马鞍山路、湖滨南路交界处	占地面积：300000	独幢别墅266 幢、双拼别墅26 幢、四拼别墅8 幢	7300

3. 项目总体定位策略

（1）目标客户群定位：有文化品位，收入较高的白领人士

“世茂・蝶湖湾”的目标客户群定位为具有一定素养、文化品位，收入较高的白领人士，主要分为四类：

第一类是上海客户，在整个客户群中所占比例最多。其中，作为投资客所占的比例较少，来此养老的居多。

第二类是海外华侨，如马来西亚、新加坡以及北美等国家的外籍华人，因为他们有着落叶归根的情结，因此选择在“世茂・蝶湖湾”安家。

第三类是昆山市周边台资企业的老板，他们听说过上海"世茂滨江"、上海"世茂湖滨"等楼盘，对项目品牌具有一定的认知度。

第四类是老业主进行二次置业或多次置业以及由老业主推荐的新业主。通过世茂置业会，许多会员都会重复购买、推荐亲朋好友来购买世茂的物业。

（2）产品定位：集居住、休闲、购物于一体的国际生态社区

开发商在结合当地原有自然资源的基础上，以目标客户的喜好、需求特色为产品的设计依据，将"世茂·蝶湖湾"的产品定位为集居住、休闲、娱乐、购物、度假于一体的现代化国际生态社区。

4. 项目规划设计

（1）项目总体规划理念：以"和谐"作为总体规划理念

"世茂·蝶湖湾"由在专业技术及管理服务领域里均为欧洲规模最大的、在国际上领先的大型上市设计顾问英国阿特金斯集团担纲总体规划设计。阿特金斯集团根据国际最前沿的生态理念，以"和谐"作为总体规划理念，结合项目基地呈长方形，地势平坦，地块内有南北方向自然水系支持湖面水体的特点，营造出休闲、生态、环保的世外桃源。

（2）项目总体规划布局：整体布局像展翅的蝴蝶

"世茂·蝶湖湾"社区整体布局像展翅的蝴蝶，东南部是以商业、酒店、办公为核心的商务区；西南部是以5万平方米沿湖风情街为核心的休闲区，共同营造一处和谐、优雅、生态、环保的居住社区。

（3）园林景观规划：以蝴蝶状生态湖景为园林景观规划主题

园林景观规划

园林景观规划	规划内容
园林景观规划原则	坚持“以人为本”的景观规划原则，结合昆山当地自然资源与项目总体规划布局，融合东西方风格，创造出既独特又能满足现代人居要求的园林风光
园林景观规划构思	“世茂·蝶湖湾”以蝴蝶状生态湖景为园林景观规划主题，绿化率高达65%，结合面积近12万m^2的蝶形水系，并巧妙运用三层绿色植被，不仅净化空气，而且构成了怡人的绿色景观，使得家家有湖景，户户景不同，创造了人与自然和谐共生的滨水环境
园林景观规划细节	“世茂·蝶湖湾”在园林景观规划过程中，非常注重细节之处，如在社区内设立步行绿化社区，设立硬景及软景屏障，为住户提高安全度和生活私密度；双“W”动感走廊(Woods & Water)设计，营造自然、舒适的观景空间
别墅区景观规划	“世茂·蝶湖湾”在别墅景观规划设计中，将生态景观结合古典符号的景观风格，与建筑融为一体。在设计精致的私家庭园中，可以观赏湖景，享受阳光与新鲜的户外空气，随性地营造自己的私家花园

5. 项目建筑设计

（1）设计理念：塑造多类型居住户型及小区建筑整体结构

“世茂·蝶湖湾”在建筑空间形态设计中，注重塑造多类型居住户型及小区建筑整体结构，以“蝶舞绿岛”——蝶状水体为本案的设计中心思想。

（2）建筑造型：多元化建筑风格及独特建筑风格

“世茂·蝶湖湾”的住宅楼型设计主要由三种楼房（高层住宅、低层住宅别墅）组合，形成不同形式的住宅建筑组群，构造了多元协调的建筑风格。从整体到造型，以区域环境为出发点，为居住者提供高质量、高品位的生活环境的同时，还在居住形态设计上创造典雅而且具有独特个性的、富有时代感和可识别性的建筑造型。

（3）景观公寓建筑设计：弧形单排的经典流线形排列

"世茂·蝶湖湾"在景观公寓的建筑设计上，充分利用湖景资源，所有住宅单元均以朝南向为主，建筑群高低错落，体量布置井然有序。采用弧形单排的经典流线形排列，前后均无遮挡，100%自然风，有效避免视野阻隔，实现"家家面湖，户户有景"，体现出亲水生态住宅的极品地位。

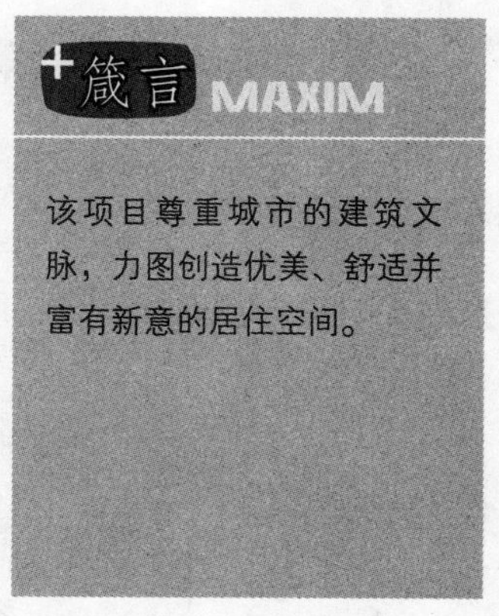

（4）户型设计：坚持舒适性和实用性相结合的原则

"世茂·蝶湖湾"在户型设计上，坚持舒适性和实用性相结合的原则，由现代时尚的高层单元至高贵格调的独立别墅，体现出户户均好的特点，以满足将来客户生活、工作的基本需求。

① 高层公寓

高层公寓采用两梯三户及两梯四户设计，客厅及主卧室朝南面湖，配以大面积落地玻璃窗，采光性好，南北通透，独特的入户花园设计，把园林绿化引入私家花园，让业主感受空中别墅式尊贵生活。

② 蝶湖Townhouse及蝶湖Villa

蝶湖Townhouse楼高4~5层，以联排式布局，以不同叠加复式单元而变化住宅组合，各首层单元均配以前后花园的特色设计。蝶湖Villa分为独立式及双拼式别墅，楼高3层，坐落于四面环水的绿洲之上，每户均拥有湖畔私人花园，可享有浪漫的生活气息。

6. 项目配套设施及服务

项目配套设施及服务

飞碟形水上中央会所	“世茂・蝶湖湾”斥巨资打造出长三角首个13000m^{2}超大规模湖景中央会所。会所设计现代、功能齐全，全面提供各种健身、娱乐、休闲配套设施，包括游泳池、男女SPA、桑拿室、舞蹈室、攀岩室、健身房、乒乓球室、桌球房、羽毛球室、壁球室等
台湾风情商业街	“世茂・蝶湖湾”的商业配套别具特色，其台湾风情商业街，把台北的西门町搬入社区，保持了原汁原味的台湾特色，提高了南部的商业品质，丰富了城南的生活配套
豪华私人游艇码头	独设豪华私人游艇码头，工作之余尽享畅游湖面之悠闲雅意，感受别样生活情趣，体验威尼斯水城生活
人性化“无烟城”设计	独有人车分流“无烟城”的人性化设计，机动车和步行者的流线完全分离，在交通的便利性与住户的居家品质间，取得最完美的平衡点
物业管理	①“世茂・蝶湖湾”由世茂第一太平戴维斯物业管理有限公司担当物业管理，特设一对一管家式特色服务，并开通24小时热线，会所内设置小型诊所，定期体检并建立个人保健和医疗档案，提供紧急医疗服务； ② 保安中心拥有精干团队和智能化的巡逻报警系统及电视监控系统，为业主提供24小时的保安服务

Profound reflection
本节思考

"世茂·蝶湖湾"的产品设计有何特色之处?

The leaders' sayings
管理休闲吧 03

许荣茂为绥-波综合体建赌城事宜辟谣

我们在绥-波综合体俄方境内并没有建赌城(俄罗斯法律并不禁止开设赌场)的打算，这个可能大家说话不一致，或者说，媒体说话有一点不实在。综合体项目主要是旅游度假加贸易，包括物流和精细加工，并将在俄方建设酒店。

现在每个俄罗斯酒店里都有按摩、桑拿、博彩，就以为我们酒店也会有。现在我们酒店还没有盖呢，何来的赌场啊？至于酒店功能，里面配几个餐厅啊，是不是配理发店啊，有没有卡拉OK啊，或者说有没有博彩，这是很小的事，现在还没有到那么细，这都是舆论上的一个说法。

十+8 第八课：地产企业并购六大实战策略

策略一：资债重组

对于被并购的房地产开发公司而言，一般是空房积压太多，或者存在巨大的烂楼盘等。在并购过程中，一方面要充分利用国家关于并购企业的优惠政策：欠息减负本金挂账，从而减轻企业的巨额财务负担，使其轻装上阵。另一方面，应充分利用公司在品牌、管理、资金和房地产开发经验等方面的优势，想方设法通过对积压的空房进行改造或二次装修、配套设施建设、环境绿化、专业化物业管理、广告宣传等措施，利用公司的无形资产提高原有空置房屋的质量和投资价值，再以公司的品牌重新出售或出租，从而盘活现有积压的空房；对于烂尾盘，可通过重新设计、施工等消化措施，转化为公司本身的产品出售。这样，就可以解冻出一部分沉淀资金，使应收款回笼，使企业获得运转所需资金。另外，由公司注入一定量的流动资金，作为被兼并的企业起死回生的“抢救药”，这在并购的前期更为重要。

策略二：管理机制“移植”

将公司的管理经验、管理理论、管理机制、管理者的楷模效应等“移植”到被兼并企业，从而提高其盈利能力是实现兼并的目的，这是资产经营成功的精髓；改造管理层，主要是改变机制和企业游戏规则，这是企业兼并的成功经验。

策略三：专业化经营

无论什么形式的资产经营，最终结果都是要看这个企业能否增值，各公司对外部企业的兼并，其目的也不例外。而提高增值能力的最有效途径就是实行专业化管理。

策略四：人才治理

人才问题是所有企业能否发展的关键，对于被兼并企业来讲更是如此。对被兼并企业中原有的优秀管理人才、专家人才，在通过多方面考核后，应继续委以重任，并通过机制的改造来进一步发挥其作用。

策略五：文化融合

在兼并过程中应处理好这一问题，使兼并企业与被兼并企业双方在文化上得以融合，而不致相互排斥。

策略六：员工持股

员工持股是通过利益机制的重建，它从人力资源管理、质量管理、技术创新、约束机制和企业形象等方面推动企业管理的全方位变革。因此，在企业兼并过程中应以员工持股作为提高管理水平的发展方向，这也是让企业保持蓬勃生机的有效手段。

商业领袖会客厅

Commercial and famous sayings

如何在商业问题中弄清关键点？

在商业问题中，弄清楚一至两个真正关键的数字是很有帮助的。我们没有时间去发现更多的数字。

——雷纳·西格克欧
（美国Forty&Bordercross营销公司）

Chapter Eight

第八章

本章精华回顾

1. 矩阵式高效管理

世茂的公司治理结构是扁平化的，每个项目都有独立的项目公司操作，总公司的人每星期都到项目公司去，有了问题当场解决，运行效率比较高。世茂能够有序地同时进行几个项目的开发和销售，这与集团矩阵式的管理不无关系。

2. 世茂致力于通过管理强大的客户资源

世茂置业会是与其“高端产品制造”相呼应的，世茂致力于通过管理强大的客户资源，而挖掘强势的消费力。

3. 塑造多类型居住户型及小区建筑整体结构

“世茂·蝶湖湾”在建筑空间形态设计中，注重塑造多类型居住户型及小区建筑整体结构，以“蝶舞绿岛”一蝶状水体为本案的设计中心思想。项目尊重城市的建筑文脉，力图创造优美，舒适并富有新意的居住空间。

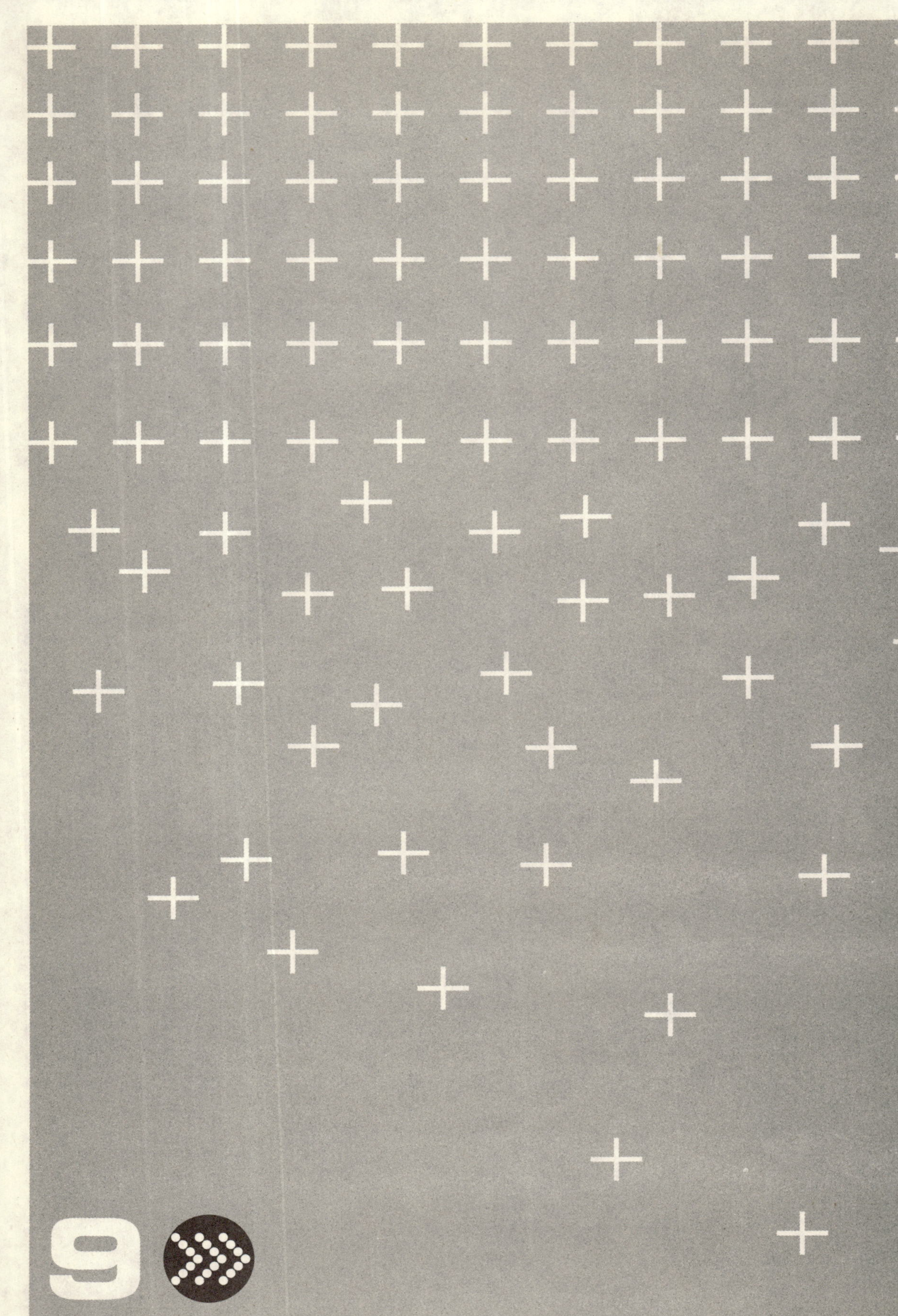
9

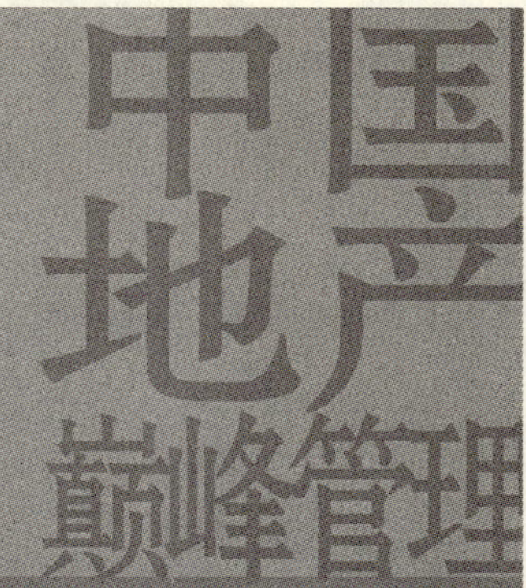

第九章 Chapter Nine

张力和他的能将利润做到极致的富力

第一节　张力：力不到不为财

张力在公司他的工作状态是“白加黑，五加二”，工作很辛苦。勤奋之外，诚信也是张力的一大性格特点。

第二节　富力：将利润做到极致

富力早期的产品以实用率高著称，如“富力半岛”，而现今的产品综合素质整体提升，如北京“富力城”。

第三节　案例：产品特色分析及产品设计

“富力城”曾被业内人士称为北京住宅用地之王，富力人坚持“适销对路、物美价廉”的方针对项目进行销售。

“富力又一城”总建筑面积为100万平方米，一、二、三期商业面积为3万平方米。

富力之辉煌浓缩榜

| 富力领导人：李思廉、张力 |

富力地产拥有两位决策领导者：李思廉和张力。张力的“站位”属于“前锋”位置，负责工程开发及管理方面；而李思廉的“站位”是“后卫”，管着财务和销售。

| 富力综述 |

是中国综合实力最强的房地产企业之一

广州富力地产股份有限公司成立于1994年，是中国综合实力最强的房地产企业之一。公司于2005年7月14日在香港联交所主板上市，公司上市近一年正式被列入由恒指服务有限公司编制及管理的恒生中国企业指数、恒生综合指数系列及恒生流通指数系列成分股，并于2006年5月12日起生效，成为首家获纳入该等指数的内地房地产发展商。另富力地产在2006年6月1日起被列入摩根斯坦利中国指数。

| 富力特色 |

以态度为准，以人性为本

运作思维：独特的眼光、准确的决策、良好的资金运作能力、稳扎稳打的工作态度；

拓展模式：规划与时俱进，紧扣城市化建设；

人居建设理念：以人为本；

企业经营理念：紧扣城市发展脉搏。

| 富力成长业绩 |

全国房地产综合实力第一名

曾获广州市百强民营企业第一名；

曾获广东省百强民营企业第二名，雄踞房地产业第一名；

连续三届荣获广州市房地产类综合实力第一名；

连续三年荣获广州市房地产销售冠军；

连续四年荣获广州民营企业纳税冠军；

2006年，全国房地产综合实力排名第一。

| 富力经典项目 |

富力一城又一城

广州：“广州富力城”、“富力桃园”、“富力天河华庭”、“富力爱丁堡国际公寓”、“富力银禧花园”、“富力盈力史丹尼国际公寓”、“富力院士庭”；

北京：“北京富力城”、“富力又一城”、“信然庭”、“富力爱丁堡公馆”“富力桃园”；

天津：“天津富力城”；

西安：“西安富力城”。

01

第一节 »»

张力

力不到不为财

□ **九尾灵狐**：张力

□ **性别**：男

□ **就职公司**：广州富力地产

□ **职务**：富力集团联席董事长

□ **个性**：机智敏锐，眼光独到

□ **个人简介**：张力于1988年10月辞去公务员工作，下海经商。1993年，张力和李思廉凭着2000万元原始资金携手进军房地产业，成立广州天力地产集团有限公司（富力集团前身）。2005年7月14日，富力地产在香港联交所主板上市，募集资金19.86亿港元

□ **处事形象**：2006胡润百富榜排名第9位，个人财富108亿的大富翁

□ **公众形象**：敢于走钢丝的人

□ **本色性情**：敢为人之不敢为

□ **语言习惯**：不谦虚、不做作、不客气

□ **业内感觉**：哇，这地他又拿走了啊？

□ **公众权力影响**：★★★★

□ **业界权力影响**：★★★★

Chapter Nine 第九章 张力和他的能将利润做到极致的富力

广东人说"力不到不为财"，
张力用勤奋的工作态度
和诚信的工作方针，
创造了富力良好的口碑和形象。

张力·业界形象 THE IMAGE IN FIELD

拥有三张面孔的地产天才

1. 万事亲力亲为

"一个人说了算"是张力重要的管理理念。他认为富力的管理机制更贴近市场经济，是很独立的管理模式，这种管理方式比较细腻，对成本控制以及资金链的运作都好一点。

大到公司的架构、部门的设计以及对公司来讲至关重要的选地拿地，小到人员的调配、新员工的面试，甚至一项2000元资金的支出，已经年过半百的张力都是亲力亲为。

近几年来，这个神秘的房地产富豪在媒体和公众前的露面频率不断增多。一方面是因为其财富几何级数的迅猛增长本身已经成为公众的聚焦点；另一方面，也是张力在有意识地塑造自己和富力集团的社会形象。不知不觉间，一个充满个性的房地产巨头形象在人们的视野中丰满起来。

+关注

管理细腻表现在张力对公司运营极其集权，他对大小业务无不亲力亲为，张力常言"力不到不为财"。

2. 带有赌博意味的商业智慧

“像买地，我一个人说了算。我从不想听别人的意见，别人提了也白提。”张力的商业智慧颇有几分赌博意味。

张力与富力集团财富的飙升速度令人惊叹。2003年，张力位居中国内地百富榜第61位，个人财富估值约12亿元，而在2006胡润百富榜上，张力已经上升到第9位，个人财富108亿。3年时间，排名上升52位，个人财富翻了9倍。

这种超常规速度同时也是富力集团的发展曲线。1993年，富力集团前身广州天力地产集团有限公司成立，总投资2000万，而到了2003年，富力在全国的销售已经达到40亿。2006年，计划销售额将过100亿元人民币。

对于自己和富力的成就，张力毫不谦虚。他总是毫不犹豫地回答：“主要取决于老板的聪明才干。”“走过这十几年，我感触最深的是：一个企业的成功要取决于决策者怎么带好这个团队。因此，一个成功的商人必须是全才。”

富力的合作模式极其特别，
拥有张力和李思廉两个老板，
两人凭借一个“信”字扶持合作。

张力·经营价值观 THE MANAGEMENT OPERATION VALUES

优势互补，诚信共创双老板制

1. 老板就要独揽大权

富力模式是“集权制”，就是“基本上都是老板大权独揽”，张力分析说，“具体来说，我们‘集权制’的风险会比‘诸侯制’少一点，利润要比他们多20%～30%。但同时，我们的扩张速度却没他们那么快。”

2. 分工明确，通力合作

张力爽直而心细，李思廉则儒雅温厚，两人的性格互补是显而易见的。除此之外，张力认为："两个人都要宽容，脾气不能暴躁；双方也不要太斤斤计较，万一有时候意见不统一，先把它放下来，睡醒了明天再谈。"

从职务上看，李思廉是董事长，张力是副董事长兼总经理。在工作分工上，李思廉负责公司的销售和财务，张力则主要负责选地、买地、施工等前期工作以及成本控制，正是由于两个人的工作很少有交叉，才会使摩擦少一点。

张力爱买受争议的地，
本来已成了定式，
别人想都想不到的地他也敢拿。

张力 · 领导智慧 THE LEADERS'WISDOM

下手狠，拿地准

1994年张力盖的第一个小区——"富力新居"，就在一个煤厂的原位置上，这块地挨着铁路，没人敢买，张力却敢。

张力爱买受争议的地，本来已成了定式，甚至殡仪馆的地他也要拿，这是别人想都想不到的。张力对自己的任何选择都很自信，用殡仪馆的地盖楼，名字叫"御龙庭"，他保证一定好卖。

杀到北京也一鸣惊人，以32亿天价拿得广渠门的土地，实现当年拿地、当年开工、当年销售全线飘红的记录。

+关注

张力具有良好的社会形象，于是，一个充满个性的房地产巨头形象也在人们的视野中丰满起来。

张力不常在媒体面前说话，
但是一出口却是“语不惊人死不休”。
如今，他开始入乡随俗地包装自己和他的企业。

张力·个人营销艺术 THE MARKETING METHOD OF INDIVIDUALS

不接受采访不等于不会说话

靠实力打天下，为张力赢得了罕见的自信，尽管他不常出来说话，但是一出口就是“语不惊人死不休”，张力的名言是“如果我们是甲级队，北京的地产商就是丙级队”，这句话确实令让媒体咂舌。

张力说：“我觉得北京地产界应该脚踏实地更多地做出一些好的项目出来，要精益求精一点，建筑细腻一点，他说你要入乡随俗，我们广东是讲富力这个品牌，北京是讲某某人的代表作，你不玩概念就会被人踢出去。我不是很赞成这种做法。我觉得如果北京市场比较良性化和比较规范化的话，如果大家拿土地都是很公平的情况下，今后大家拼的就是工程质量，拼成本低，拼小区的环境，拼物业管理，老是行政干预是不行的。像我们南方人做生意都比较低调一点，跟北京人刚好相反，北京人是想出名，我们是怕出名。”

“企业要讲工程管理、成本控制、工程进度，还有设计的理念，这是很重要的，不能说光靠跟传媒多一点接触、宣传自己。应该说我90%的时间是用在怎么做好产品上。我们公司整个的房子，包括平面布局，包括绿化设计，甚至有一些砖都是我来负责的。所以，大家的风格不同。我们不接受采访不等于我们不会说话。”

张力比较广东和北京房地产开发商

记者：你认为北京的房地产企业与广东开发商有何不同？

张力：2001年底到2002年初我就开始来北京买地了。我在北京呆了几天，拿了资料研究北京房产的价钱，我觉得普遍比广东高，觉得北京的市场比较好。但看了北京的楼盘，觉得大多项目比较粗糙，跟我们南方所要求的精益求精相差比较远，所以我就觉得北京市场好做，于是就放弃了上海，首选了北京作为扩张的地区。

北京地产跟广州不同，广州竞争到现在，剩下十来家比较强劲的对手。我觉得北京的开发公司多得不得了，但很难看到一两家是特别好的，而且房地产市场没有广州那么健康，不管做什么的，都划一块地来做地产，很乱。从北京的工程质量讲，我觉得凤凰城从设计、质量上比较好一点。现在如果说竞争的话，北京市场很难从工程质量上竞争，还是取决于土地的问题。

我觉得相对来讲，广东人做事比较勤奋一点、实在一点。如果我们是甲A，北京的开发商就是丙级队。

张力为工薪阶层盖房，
他的“五分钟城市”符合了广大消费者的心理，
得到了广泛的认可。

张力 · 地产领先概念 THE LEADING CONCEPTS IN REAL ESTATE

“五分钟城市”

熟悉富力产品风格的人都知道，他们的一个原则：用金字塔最大的一块给工薪阶层盖房。多年来，张力一直坚持这种“产品主义”，逐渐又引进了“五分钟城市”概念。

富力的业主大都是买屋自住的。他们选择的房子一定要在市区，不能花一个小时去上班。所以富力选择的地头也大都在城区边缘，一来是非中心地段，价钱便宜，二来是交通便利。“五分钟城市”符合了广大消费者的心理，所以得到广泛的认同。

Profound reflection

本节思考

富力具有怎样的适合于双老板制的土壤?

The leaders' sayings

管理休闲吧

张力谈富力上市的原因

我跟搭档一直都不是特别想上市，有两个原因：第一个是我们的资金链一直比较好；第二个原因是现在我们是用自己的钱，如果上市的话，每花一笔钱其中都有股民的钱，责任太大。特别是我，我一直比较对抗上市，所以我们公司一直没有打算上市。

但是，被商业的潮流推着，公司发展到今天，等于是现在大学毕业了，由于成绩比较好，非要去读硕士一样。我们上市的辅导期已经过了，没有往上报，因为我们辅导期合格，如果报到证监会的话就马上上市，但是我们没报。后来，摩根斯坦利还有其他一些世界上较大的咨询公司找我们，地区总裁亲自跟我们谈，我们觉得摩根斯坦利和波士顿都很好，两家公司都是世界上顶级的，不如让两家共同来做，所以现在我们是两家做承包。

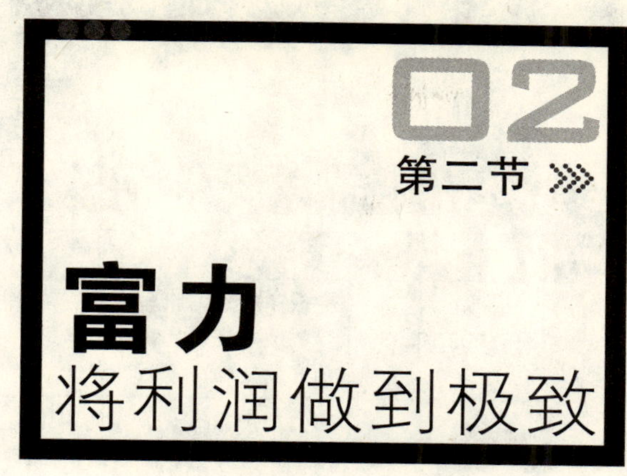

02

第二节

富力 将利润做到极致

一、战略规划：用战术赢得战争

1. 三年发展项目为先

战术特点：循序渐进

2004年8月，李思廉表示，“争做全国第一”只是鼓舞公司奋斗的一个目标，他个人最大的理想是把富力发展成为一家受尊敬的公司，一个一流的民营企业。他强调指出，富力一直是非常稳健的，它对媒体宣布的销售目标，即使不上市，宏观调控继续收紧，也是十拿九稳能实现的。

而富力这十几年的发展史，也印证了这一点，富力的发展不是一蹴而就的，而是在经历了三个阶段积累后成长起来的。

发展历程

时间段	关键性事件
第一阶段：1995年	完成了“富力新居”项目，该项目是富力地产发展史上的转折点，项目的成功开发使富力地产进入了迅猛发展的快车道，随着一系列楼盘的开发成功，富力连续三年成为广州市房地产销售冠军
第二阶段：2002年3月	富力地产以32亿元投得中国有史以来最大的公开招标地块项目——北京“富力城”，随后进军西安、天津、重庆、海南，从而开始了向全国迈进的步伐
第三阶段：2005年	富力的上市更是使它登上了一个新的台阶，可以在这个平台上与国际公司进行竞争

2. 南征北战重点攻略

战术特点：以点带面

2002年，富力正式启动全国发展战略。2002年以近32亿元拍下北京广渠门外地块、成为全国“标王”。富力现在北京同时销售四个大型项目，在天津销售一个项目。如今，北京业务对富力的贡献举足轻重，正呈现超越广州之势。

2005年10月，富力以4亿多元人民币收购西安市面积44.1万平方米的南郊土地，宣布进军西安，这也宣示富力已经正式把发展版图辐射到西北部。

在开拓全国市场方面，目前富力已经形成了华南华北的双中心格局，在华北以北京为中心，华南则以广州为中心，以点来带动面，同时在公司的财力、人力以及对当地市场了解的前提下量力而为，坚持开发重点城市，在充分了解当地市场的情况下，再进一步向区域深度发展。

+关注

平稳是富力最大的特色，公司一直以来都是把稳健发展放在优先位置考虑。富力之所以能够一直不断向前发展，就是因为坚持有多少资源做多少事的方针。

3. 紧扣城市化发展核心

战术特点：规划同步

"生地不碰，郊地不拿"是富力做房地产的原则。在广州各大房地产商都热衷于搞郊区大盘时，富力仍然把眼光盯在市区内，一方面是找准了工薪阶层这一市场定位，另一方面，也是由于深谙城市发展的主流方向，把握住了中国城市化不同于国外的特点，即大规模的郊区化在地少人多、交通不太理想的中国不大现实。而现在郊区化的弊端显现以及富力的巨大成功无疑证明了富力的睿智之处。

而在房地产发展到今天，富力已发展成为全国房地产业知名企业的阶段，向"价值型企业"转化成为了富力新的目标。伴随着一个又一个富力楼盘拔地而起，富力也开始了向价值型企业转化的步伐。逐渐从性价比高的产品转向高价值、高附加值的产品——从原来楼盘产品主要以价格吸引买家，逐渐转化为在保持高性价比的同时，提升产品档次，增强楼盘的附加值。

4. 融合南北居住模式

战术特点：中庸之道

富力企业和项目一贯低调谦逊，除了必要的楼盘销售广告外，很少在公众前张扬。但他们低调谦逊的背后却是对南北居住之道的透彻理解和对融合模式的无比虔诚。

北京"富力城"成功的本质，除了对"北风"的把握，更多的还是基于在"南赋"上的运作。在拿地之时，其"南赋"功夫就表现得很充分。一方面，是源于广州的大盘思路，在北京众多地产商认为广渠门的地太大不好运作时，富力却认为越大越好。另一方面，是广州开发商那种看准方向后的果断做法，就在北京诸多发展商在现场论证此地地价过高时，富力一举拍出32亿，着实吓退了一批竞争对手。

富力在产品质量、园林设计、社区配套、内外园区规划及物业管理等方面既有南方园林的精致，又深合广州人喜欢享受但不喜铺张的性格，使富力开发的项目深受消费者喜欢。

富力的房子，有钱人看了不会喜欢，但是工薪阶层却很喜欢。

5. 需求决定专一发展

战术特点：二八定律

产品是企业的灵魂，是富力走到今天这一步的根本原因。而准确的市场定位则为富力截取到金字塔下面面积最大的部分。富力从一开始就锁定了工薪阶层。经过计算，广州的工薪阶层可以承担30万~50万元的房屋总价，6万~10万元的首期款，富力就按照这个数字，通过逆运算去买地、找材料。

富力造的楼不是最漂亮的，但是性价比却是最好的。除了在拿地和房屋设计上讲求实用外，绿化上，也以实用绿化为主。

6. "迎接顾客"到"走向顾客"

战术特点：品牌制造

富力地产集团在销售蒸蒸日上的基础上，更加注重其质量诚信的建设。2003年，富力率先提出"请业主代表参与交楼前的质量验收"，让业主参与意见，更直接地反映业主需求，充分体现了富力"以人为本"的服务意识。在注重产品的同时，富力也没有忽略品牌建设的另外两大法宝：营销和服务。

（1）在营销方面，挖掘和开拓自身的特色

从"富力广场"开始，富力旗下的每个楼盘在维护品牌核心价值的同时，都不断挖掘和开拓自身的特色。从传统的西关风情到现代园林社区再到时代精英豪宅，鲜明的市场定位，个性化的社区营造，文化品位的精心酝酿，不仅极大地促进了销售，也丰富了富力的品牌内涵，为富力地产多元化的品牌发展模式奠定了基础。

（2）在服务方面，富力注重人性化的关怀和沟通

一条龙的售前、售中、售后服务体系，使消费者买楼如同看楼一般舒适惬意。同时，富力很早就成立了集团下属的物业管理公司，独立对10多个楼盘进行管理，良好的居住氛围和温馨的社区环境为富力带来了为数众多的回头客，销售统计数据显示，旧业主重复购买或成功介绍亲友购买率达到60%。

二、营销策略：用最大实惠吸引客户

1. 以高性价比和高附加值为产品策略

从富力早期以实用率高著称的产品如"富力半岛"到现今综合素质整体提升的产品，如北京"富力城"，富力地产一直深谙"以人为本"的人居建设理念。

产品策略

产品策略	具体内容
高性价比	从户型设计、园林绿化、配套设施等方面体现了其高性价比的特质
高产品附加值	从社区交通、教育配套、生活配套等方面提高产品的附加值
先进社区管理	在社区居住文化和物业服务管理上更融合了现代的居住理念与传统的人文精华，实现了人性与个性的统一

2. 以大型联展为营销战略

大型联展是富力地产集团首创并最为成功的营销举措，富力一直坚持此种营销手段。联展的内容很丰富，在整合各种优势资源上运作的楼盘联展最容易创新。单个楼盘再怎样包装也只是单盘促销，而联展却整合了多个楼盘的优势资源，对消费者而言，可以做更多直观的比较与考量，而对开发商而言，则能集中力量进行重点宣传，集中优势资源打好"歼灭战"，缩短时间提高效率。

（1）联合展销推广策略效果良好

联展营销策略中广告推广的主要特点是可以联合推广，或在统一的企业品牌下推广多个项目产品。前者可以较具规模地投放广告，获取一定的震撼效果，而分摊到单个项目和单位产品的费用却并不多；后者则可以充分运用企业品牌的广告积累效应，给予每个项目额外的强有力支持，同时在各个项目分别推广时也能够产生共振效应。在实践中富力采用过诸如联合广告、联合展销、企业统一品牌推广等各种形式，都收到了很好的效果。

（2）联展营销节约营销成本，给消费者购买信心

通过大集团联展方式进行优惠促销，不仅可以形成强大的宣传攻势，更能有效地节约营销成本，给消费者更强的购买信心。

三、人力资源：员工成长=企业成长

1. 选拔青年才干

富力选人一般选择品牌大学的本科毕业生，并且，富力近几年大量用年轻人，很多重要部门甚至区域负责人不到30岁，工作才六七年。总裁张力说：“我本人读书不多，而且是自学成才，所以很注重文化水平。”

富力的员工证实了张力的说法：管理层的员工不但都经过他的亲自面试，而且他对每个人都有印象，都能叫出名字来。张力和他的手下都把这归结为"记性好"。

2. 以内部提拔为主

富力集团一直把吸引人才、培育人才、最大限度地发挥人才的作用，作为企业的一项战略任务。定期对员工进行技术和管理培训，不断提高员工的专业技能和团队协作能力。为鼓励先进，集团每年举行优秀员工评选，在年终总结大会上举行隆重的颁奖仪式。对管理层人才的选用，公司一直坚持以内部提拔为主，将更多的机会留给公司的优秀人才。

3. 给能人一个空间

"给能人一个空间"，意味着将能人放在最适合发挥其才干的位置上去，这是富力又一个鲜明的企业文化特点，是富力长期坚持的人事管理准则，并且在公司的发展中不断得到强化。

"给能人一个空间"，就是要让能人留下来。公司里很多奋斗了10多年的老员工，如今都已成为公司的骨干，在各个岗位上发挥着关键作用。同时也有很多新员工，凭借着专业技能和开阔视野逐步成为公司发展的中流砥柱。正是这种企业文化和富力的高速成长，为能人们提供了广阔的空间和舞台，也吸引更多能人加入到富力这个大家庭。

4. 公平、公正、合理的激励和考核制度

公司鼓励员工进修，除公司提供的内部培训课程之外，对于员工在业余时间进修课程，公司报销一定额度的费用，使员工能够在公司发展的同时也得到自身的提高。公司给予员工必要的工作工具和资源，同时有透明、公开、明确的管理制度，让每位员工在其拥有的授权范围内充分发挥创造力。除此之外，公司还为员工提供了带薪假期、年假、节日聚会、生日聚会等福利措施。这一切就是要使员工始终感觉到，在富力这个大家庭里，生活快乐，工作快乐。所以，富力人才的流失率一直是整个地产行业里最低的。

5. 建设精英团队

富力拥有甲级资质的设计团队，其中一级注册建筑师和一级注册结构师数十人，专业配备齐全，设备先进，富力在积极拓展业务的同时不断提升设计水平，致力于创造新时代一流的建筑与环境艺术。创作出包括大型居住区、五星级酒店、高级写字楼等综合型高品质的作品。

富力还非常注重团队协作精神，开发、设计、工程、销售、财务、后勤等部门的工作都是创造成功的环节。其中甲级资质的设计团队及技术力量雄厚的工程人员，使公司产品品质及成本控制达到最佳水平，训练有素的职业销售队伍更确保了专业快捷的操盘速度。同时富力还致力于打造团结、务实、向上的企业文化，通过各种培训和内部活动，充分调动起每一位员工的积极性和创造性。

富力注重团队精神，在管理过程中公司对每一流程、每一员工都提出高标准要求，富力近乎严厉的管理方法让每个员工的潜力得以最大限度地释放，形成了一支能打硬仗、富有凝聚力、战斗力和生命力的“铁军”。

四、盈利模式：采用一体化的地产运营之道

1. 一体化的地产运营之道

“规划与时俱进，紧扣城市化建设”是富力多年来的拓展模式，成功的发展策略使富力的每一个项目都成为城市发展的坐标。富力地产在不断扩大企业实体的同时，更形成了一条完整的产业链。而经营整个产业链是控制成本、确保速度的一个重要因素。

富力地产通过对现有资源进行整合，对选址、购地、策划、设计、工程、销售、售后服务环节都制定出一套严格的程序，真正地实现了一体化的地产运营之道，为客户提供完美周到的产品和服务，创造出真正的和谐人居。

重点把控环节

把控环节	具体内容
拿地	眼光独到的开发队伍负责选址、购地工作，富力在购入土地之前均会做出一系列可行性研究，每年都会根据资金情况储备足够3~5年之用的土地，并保证每年有足够项目运作
规划设计	富力拥有甲级资质的设计团队，在积极拓展业务的同时不断提升设计水平，创作出综合型高品质的作品
施工	富力地产技术力量雄厚的工程部始终把工程质量放在第一位，该部门建立科学管理架构，确保责任到人，在确保质量的前提下还注重控制施工进度及施工安全
销售策划	富力拥有超过100人的训练有素的职业销售策划队伍，他们用忠诚的态度和专业的精神为客户服务
物业管理	富力在物业管理方面也投入了大量精力，一级管理资质的团队为客户提供了优质的售后服务，积极进行社区文化的建设和培育

一体化的地产运营模式使得富力地产能有效地进行成本控制及全程监控，达到质量过硬、价格合理。在此基础上，富力地产开发的每一个项目都深受市场欢迎，住宅项目预售率高达90%以上。

2. 进军商业地产寻求持续发展后劲

2006年，宏观调控继续加强，地产界风起云涌。在市场变革中，竞争在悄然加剧，每个地产企业都在谋求新的突破发展，已经站在地产第一梯队的富力地产同样无法回避。与大多数企业选择的纵深发展住宅产业不同的是，富力地产选择了商业地产，以实现产品综合优势的成功转型。

作为上市公司，出于对盈利的考虑，公司也需要一些持有型物业带来长期而稳定的收入。2006年年内，富力在北京启动三个项目，均为写字楼、商业和公寓的商住综合体，分别位于南纬路、白家庄和宋家庄。后又在广州珠江新城购入两幅地块，也将分别建设为商业办公综合项目和金融办公项目。

持有型物业计划将在商业地产中占大部分。在北京，富力的重点是东三环商务综合体项目。富力希望通过这个项目，和现有的“富力城”、“富力双子座”、“富力星光大道”等项目形成“富力城商圈”。

五、融资策略：上市—纳入恒指—再融资

1. 海外上市，建立国际化商业平台

富力地产的成功上市意味着企业的发展进入一个崭新的阶段。对于富力地产逆风上市，业界颇感意外。自2004年3月份以来，随着国家宏观调控政策接连出台，全国房地产市场出现明显波动，引起海外投资者的关注。富力地产上市之举并不被外界看好，但这一切都没能阻挡富力地产坚定的上市之路。

富力联席董事长兼总裁张力认为：宏观调控的对象主要是房地产泡沫严重的上海、杭州等长三角地区，并以高档住宅物业为主，而富力地产开发项目均集中在广州及北京，且大多为中高档普通住宅物业，不太担心受到政策收紧的影响。对一个年销售百亿的公司来讲，上市的目的并不是出于缓解资金压力。在港上市对富力地产来讲，融资并不是最主要的，重要的是通过上市，可以为企业搭建一个与世界接轨的平台，使富力的管理更为规范，发展更为迅速。

2. 实力为鉴，公司股价持续上扬

富力地产上市后，以充足的资金实力为后盾，一口气买下了价值数十亿元的土地，进

行大规模的土地储备。同时，股价表现也相当良好，持续成为市场上备受追捧的热门股，股价一路攀升。

富力地产（HK.2777）在上市之初，相当多的市场人士认为它的发行价过高，不看好其未来走势，但富力地产在以后几年的强劲股价表现，让市场认识到了优质公司的内涵。

2005年9月9日，富力地产公布的2005年度中期业绩报告显示：2005年前6个月，该公司营业额为人民币近20亿元、利润约6.5亿元、每股盈利约1.2元，分别比2004年同期狂增97%、673%和673%。富力地产在H股的强势表现，反映了富力强大的盈利能力，这种良好的财务表现又进一步支撑了股价的高位上扬。

3. 备受青睐，跻身首家内地恒指

2006年5月9日，上市近一年的富力地产正式被列入由恒生服务有限公司编制及管理的恒生中国企业指数、恒生综合指数系列及恒生流通指数系列成分股，并于2006年5月12日起生效，成为首家获纳入该等指数的房地产发展商。

富力地产被纳入恒指体系，影响很大，目前香港金融市场上金融产品都是以恒指体系为运作基础，富力地产入选恒指意味着公司将获得更多的市场关注度，公司影响力也将进一步扩大。

4. 富力上市后首次再融资

2006年9月22日，富力地产发布公告称，已于21日分别与摩根斯坦利和摩根大通订立配售协议，由后两者以全数包销方式配售富力面值0.25元人民币的境外上市外资股(已分拆H股)共计169200000股，配售价格9.55港元/股，筹资达15.86亿港元。而在此之前的16日，证监会已批准了其有关分拆内资股及H股的计划。

（1）拆股配售两步棋

2006年7月29日，富力地产董事会发布公告称，此次配售的169200000股已分拆H股新股，相当于拆股前的42300000股H股，占发行新股后该公司已发行H股的16.67%，配售股份大幅度增加；而9.55港元的配售价格则相当于拆股前的38.20港元，价格也大幅度下降。证券分析师均表示，分拆行为除了能增加股本数量，降低股价吸引更多中小投资者购买外，亦能对抑制炒作、反收购有积极作用，增大集中持股的难度。

因分拆股份而导致已拆H股的每手买卖单位投资额减少，有助改善H股流通量及扩大投资者基数，并认为分拆股份符合股东的整体利益，有利富力公司长远的发展。

（2）配股集资降低负债率

富力选择配股，相对而言融资成本较小，上市几年大举圈地的扩张战略给富力资金链带来很大压力，而国家紧缩银根又收窄了富力的融资渠道。

富力完成配股集资后，可支配现金有35.6亿元，土地储备量将增加11%～13%。同时，富力地产负债比率也会有所下降。

5. 富力回归A股市场

2007年4月20日，富力地产向外界宣布了回归A股市场的计划。富力地产公告称，公司有意发行不超过4.5亿股A股。如以富力H股2007年4月20日收市价19.62港元计算，4.5亿股A股集资额折合约人民币90亿元。

ATTENTION

+关注

富力地产成为了为数不多的成功分拆股份的公司，而这也是其上市以来首次实现再融资。

若富力顺利回归，它将成为内地股市规模最大的房企IPO（股票首次上市公开发行），也是内地地产股市值上惟一能够与房企龙头万科相抗衡者。

不言而喻，回归A股，富力在募资及品牌方面都将明显受益。发行A股将成为富力地产的新融资平台。

Profound reflection

本节思考

富力的一体化地产运营策略是否适用于贵公司的企业运营?

The leaders' sayings

管理休闲吧

与合生对比，张力谈富力的运作模式

我们跟合生的管理是完全不同的，合生的管理模式更加趋向于诸侯制，每个地方都分总经理、董事长，各自都很独立，它有一个核算部、审核部、财会部，而且它利用老乡、家族人员的力量。我们比较倾向于中央集权制，从定人、招人、批钱，现在在广州全部都要我批。我认为这样不会使效率降低。相对来说,我们的经营没有他们的散，我们就是在北京、广州运作，而且主要是以地产为主。我宁愿在当地把蛋糕做大一些，也不愿意做散，所以暂时没有拓展到其他地区的计划。

第三节 »»

案例 产品特色分析及产品设计

一、产品特色分析：北京“富力城”空降北京

具有北京特色的“富力城”是富力空降北京的第一个项目，但是出手接近32亿的天价，使得北京业界普遍都不看好这个项目，认为富力这一次出远门要摔跟斗了。但是事实上，“富力城”却给北京演绎了一场完美的地产风暴。

“富力城”用短短的两年就震惊了整个北京业界，使得北京对这个南方大鳄刮目相看。“北京富力城”在保持富力风格的同时，又能根据北京地区实际在户型设计上顺应当地市场需求。

一方面，参与开发北京“富力城”的战将，以广州富力的班底为主，在工程质量、设计、监理、成本控制等方面一直是按照原有的原则实施。

另一方面，又考虑到北京市场不同于广州市场，尤其是销售环境、销售模式、市场推广方面，因此邀请了北京的房地产行家作参谋。“富力城”的产品理念是：结合南北方做地产项目的优势经验，以务实的经营作风与北京的固有文化概念相结合，靠回归自然的设计理念，用生态构筑高品位的生活环境，赢得市场和客户。作为CBD区域内的“富力城”，在面对周边同档次楼盘在产品定位、渠道策略、促销活动都严重同质化的重重压力下，寻求到了一种更能为消费者所接受的经营之路。

箴言 MAXIM

在不少开发商还依然停留于传统的产品生产销售阶段，大肆炒作概念、盲目跟从的时候，“富力城”已经有志于倾情打造一个为CBD配套服务的高品质生活居住区。

1. 赋予建筑人文关怀

富力认为，现代社会中，崇尚个性发展的消费者，把能否满足个性张扬作为衡量和选择房子的一个重要标准。在他们的购买行为中，不再仅考虑房子的简单居住功能，而是更注重“建筑与建筑倾诉的谐音”。事实上，冲动型的购买者现在已不是楼市的主流。“富力城”的打造充满了人文的关怀，更能打动理智型购买者。

一、在项目规划设计上，“富力城”整区以喷泉广场、水梯及特式喷泉至中央湖区为主轴，两旁建造宽阔而又气派的传统式柱廊及雕塑，令喷泉广场更显庄严、雄伟。

二、环境绿化规划理念以富于人情味的西班牙式庭园为构思主题，在整体绿化规划中注入平衡与比例的重要性及几何设计风格，遵从项目的建筑风格与自然景观的相融，让业主体验到独特的设计风格。

三、在楼盘附加值的设计上，“富力城”深入挖掘该地段的人脉、地脉、文脉资源，并将这些元素浓缩到项目的内涵中，独特的建筑风格与配对的营销策略将消费者的需求、欲望贯穿于整个项目开发的全过程。

2. 准确把握消费者支付底线

富力认为，只有创造过硬的产品品质，以人为本，务实雕琢每个细节，才能深深契合人的生命本质、家庭的天然本质、环境的自然本质、建筑的生活本质。只有这样有生命力的建筑才能使消费者产生购买行为，销售人员才能准确地把握消费者在购买过程中愿意支付的底线。

“富力城”曾被业内人士称为北京住宅用地之王，富力坚持“适销对路、物美价廉”的方针进行销售。“富力城”在对消费者支付底线的探索上一反常态，比如“富力城”一期以6880元/平方米的开盘价格回报社会体现了富力的厚爱，不到两个月时间内，A1~A3号楼全部售罄，而这样的价格在当时比“建外SOHO”的住宅公寓低了将近8000元，比商住项目“优士阁”低2000多元，这样的性价比增强了项目的后续销售势能，后期的价格对比开盘价涨幅已达30%。通过价格的反差对消费者愿意付出的成本做了深入的探索与研究后，“富力城”准确地把握了购房者的心理底价，最终引发了主动提价后一波接一波的购房热潮。

3.“大彩蛋”的销售之道

购房行为是一个程序复杂、涉及面较广、时间跨度大、投入资金量大，又耗费大量时间和精力的过程。在这个过程中，销售业绩来自于销售渠道的建立。

“富力城”的主要销售渠道缘于：老客户带动新客户和通过各种活动收集有效的客户群信息。而营销制胜的一大法宝则是在这个传播的过程中更多地考虑如何给消费者提供方便购买的有利条件。

“富力城”的开发规模达到140万平方米，操作这样一个庞然大物，更要注重营销策划环节与销售环节上的细节。“富力城”的竞争对手其实很多，如以高档住宅社区著称的“本家润园”、已经热销的“后现代城”与“苹果社区”，还有以第五代酒店式公寓披靡市场的“富顿中心”等都对“富力城”的销售形成了压力。不过，随着中央电视台与北京电视台入迁CBD后，“富力城”已是先声夺人，在其“鸡蛋壳”一样的售楼处极尽推销之能事。

“富力城”的售楼部外观为一彩色椭圆半球体，日间从三环路上望去，令人赏心悦目；夜间销售中心灯火通明，给东三环增添了一抹靓丽色彩。“大彩蛋”无异于担任了地标性建筑的重任。“富力城”的“彩蛋”销售中心在京城无疑是绝无仅有的，它将最广泛的目标客户吸引到了“彩蛋”售楼处。

——以“儿童、园林、艺术”为主题，举办了一系列以儿童、园林为主的活动，塑造“富力城”及北京富力的亲和形象；

——邀请国内顶级交响乐团——北京爱乐乐团在售楼处，现场举行了“富力春之声”交响乐赏析活动，优美高雅的音乐令客户流连忘返，与“富力城”高雅社区的形象相吻合；

——举行新老客户“仲夏夜”联欢晚会，一方面与这些家庭建立起良好关系，另一方面则烘托了卖场的气氛；

——独家赞助“北京市第三届青少年钢琴大赛”

——在一期园林现场举行了盛大的开园典礼，并邀请著名演员孙海英、吕丽萍夫妇，著名歌唱家王洁石、谢丽丝与两千多名业主共同见证了“富力城”一期园林盛大开放；

——举办“第二届儿童绘画墙”活动，邀请北京芳草地小学近100名学生在“富力城”千米围墙上现场作画，展现了他们对园林、奥运的想法。

“富力城”的销售统计数据表明，已购买的与登记过的客户大多来自CBD区域内的商务人士、媒体人士和近几个城区的拆迁户，而所有活动与交易手续都是在这个极具现代气息的蛋壳内进行的。在这里，富力人不仅与前来咨询或购买的人成为朋友，还给予了他们最大的购房优惠与方便的购买途径。

4. 不做概念文章

业界有“北京卖概念，广州卖产品”之说，但是在接受了多年房地产广告等促销方式的教育后，北京消费者的消费心理已日趋理性，对楼宇综合素质有着自己的评判标准，富有创意的广告说辞与概念设计都难以再让他们产生购买冲动，而从“富力城”门前络绎不绝的看房人与案场的火爆销售背后发现，“平凡的广告诉说+面对面的沟通”更能打动消费者的心。

平凡而出色，简单而有力，是最难为之事。营销也一样，富力认为其最高的境界就是通过平凡、通俗的诉说，将产品的优好性与实际情况传递给受众，再通过频繁的、礼貌的沟通让受众接受。富力进军京城，秉承的旗号依然是“诚信、务实、平等”。在宣传推广的思路上，“富力城”一举打破概念说辞的销售模式，通过媒介传递朴实的情感诉说。这种诉说是对“家”这概念的升级，在升级的过程中品味“富力城”在传统区位的优势与高

ATTENTION

与消费者建立有效的沟通渠道并维持平等交流的良好关系便成了营销成功的关键。

性价比凸显出来的投资价值优势。富力通过对未来生活细节的塑造，大大地加深了受众的记忆与有效的沟通。

从"富力城"的快速成长，从富力"北京攻略"的效果来看，其实成功之道就是：踏踏实实走好每一步。踏实做好产品，踏实做好服务，踏实做好宣传，踏实做好品牌，紧紧围绕产品质量和流程精细化的完美主义展开。

二、产品设计："富力又一城"商业街分解

1."富力又一城"项目概况

"富力又一城"项目位于北京市东南，紧邻京沈高速与东五环，距国贸不过20分钟车程。

周边环境：项目所处地势平坦开阔，远山近水。项目三面环水，南侧萧太后河是古永定河故道，萧太后河与项目之间为北京罕见的森林滨河公园、绵延千米的水滨走廊、30年原生树木环抱的森林慢跑径、多功能运动主题公园；

园林设计：社区内园林由国际知名园林设计事务所ACLA担纲，北京首个真正东南亚主题风情园林；

完备配套：百万平方米超大社区包含：幼稚园到中学的一条龙式教育配套、2000平方米社区卫生站、30万平方米超大商业面积；

建筑设计：项目整体建筑设计凸显了东南亚建筑风格，白色外墙立面，褐色坡屋尖顶，色调明快鲜亮。在北方开创性地运用东南亚主题进行建筑造型、立面包装。

2. “富力又一城”项目分析

（1）商铺和商业街的规划设计

“富力又一城”总建筑面积为100万平方米，一、二、三期商业面积为3万平方米，项目最后一期，在黄广路一侧的综合用地，目前尚没有规划。一、二、三期的商业主要是住宅项目的底商和裙楼，它被设计成两条主要的商业街，分别位于一、二期住宅和二、三期住宅之间，毗邻马路。

两条商业街的规划和设计，与目前推出的商铺结构和户型类似。商铺采取先招商后出售的方式，先期招商的均价为3元/平方米/天，定位为社区日常生活消费的商业，如便利店、干洗店等，大多为小型自营店家，开发商与商家签约年限一般为3年，一、二层户型的店铺要求同时租用。

（2）周边配套设施

项目周边人气不足，商业氛围也非常的匮乏。临街多为低矮的平房改建成的商铺。

“富力又一城”商业除3万平方米住宅底商和综合用地外，面积为6500平方米的会所被设计成娱乐休闲方面的配套设施，有游泳池、健身和棋牌等。会所在2007年年底前投入使用。项目南侧规划有一大型绿化带，将新建篮球场和足球场等运动会馆。

3. 综合评分

（1）地段(★★)

项目地段处于城乡结合部，在本项目开发之前还未形成有效治理，市场培育需要一定的时间来实现。尽管项目地块四向临路，但目前只能依托项目自身消费客群作支撑。

（2）硬件(★★★)

本项目一、二期商业多数属于临路建筑底商，而且地上两层垂直相通，这样的结构形式对于实现店铺独立功能方面具有普遍性，但硬件方面还必须考虑它的实际使用效果以及它对不同业态带来的限制性条件。

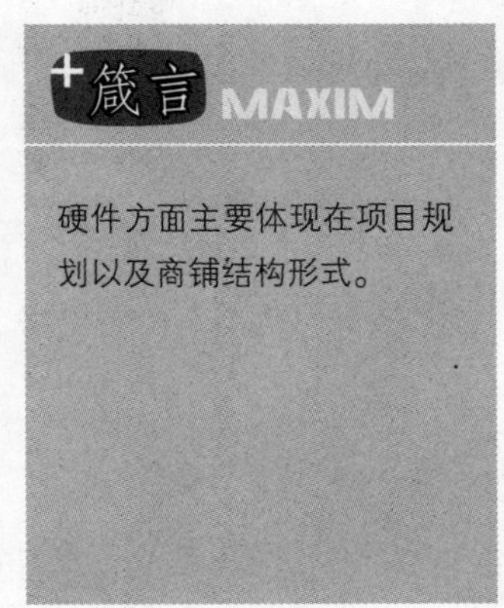

（3）环境(★★★)

本项目外部环境方面品质较低，但通过项目自身环境的营造，社区内部仍能保证舒适的感觉，但目前项目的商业环境相对封闭。

（4）交通(★★★★)

项目外部大交通条件以及自身内部交通动线规划方面算是便捷，但本项目仍然需要等待项目周边成熟后，进一步改善项目与五环高速路连接道路的状况。

（5）租价(★★)

按照本项目租金报价来看(大约人民币3~4元/平方米/天左右)，部分业态实际成交价格可能会低于此价格。而且最主要的是前期入住的商家必定会考虑前期成本投入与消费支撑水平，所以租金报价接受程度仍然处于商家对本项目当前市场条件是否认可的前提下。

（6）投资前景(★★)

该项目商业的投资前景需要考虑项目入住相对成熟期和成熟发展水平。社区类商业物业具有一定的投资价值，并且该类商业更多情况必须借助项目本身或项目周边的消费客群。但社区商业的另一个特点就是租金上涨空间相对有限，而且承租户替换相对频繁。

(7)回报(★★)

回报方面可分为短期和长期回报，显然本项目前期投资回报一定低于项目成熟后的投资回报，而就资金投资利润率而言，郊区型社区配套商业投资回报率平均水平通常都低于商务地段商铺回报水平。

(8)适合商家(★★★)

本项目建筑底商对于本社区住户来说，具有较强的匹配度。所以贴近日常生活方面的业态都会成为适合型商家，例如：餐厅、干洗店、药店、美容美发与超市等。但相对于需要借助区域消费市场来支撑的业态，目前还无法实现。

Profound reflection

本节思考

总结一下北京“富力城”成功销售的原因?

The leaders' sayings

管理休闲吧

张力谈企业管理

记者：作为一个私人企业，怎么样能使管理和亲和力不冲突?

张力：其实富力精神的精髓就是大家在一个家庭里生活，我也是其中的家庭成员，是家长，作为家长一个是要关心每一个成员的工作、生活，希望每个成员每做一件事情都是为家里做的，而不是为老板做，我们知道中国人为自己家做事情是最卖力、最紧张的。我们作为家长对每个员工的要求是一碗水端平，而不是感情用事对哪个人特别好。我们提出四个要求：第一，要团结；第二，讲责任；第三，互相学习，提高自己；第四，提倡勤奋，必须要勤奋工作。

9 第九课：优秀企业的两个自我完善机制

1. 全面透视企业决策运行机制短板状况

短板一：科学决策的机制尚未健全

领导拍板定案、缺乏充分论证的现象依旧普遍。具体反映在：

——各公司普遍缺乏既具高等学历、又有丰富经验的高级经营策划人员，领导层缺乏适宜的参谋；

——多数可行性研究报告做得粗浅，可操作性不强，有些项目甚至没有做可行性分析，就仓促上马；

——决策中计划性不强，造成前后脱节。如某公司在2004年仓促决策将两幅地转让出去，而在2006年，因本身储备地块告罄，被迫又与别的开发商寻求合作。这就是盲目决策造成的经济损失。

短板二：信息的汇集、统计、反馈、分析工作深度不够

当前房地产企业面临的主要问题是未能更深入地做好市场信息、工程信息、宏观及微观经济信息等的分析和研究工作，直接可供使用的资料不多。这将会影响企业作出高水平的、前瞻性的决策。普遍缺乏一个统一协调做好此项工作的部门，对于房地产企业正确决策相当不利。

短板三：决策过程眼光狭隘，急功近利

有的住宅楼宇过多地设计商场，片面追求高利润，反而导致楼房滞销。

短板四：经营方式单调，风险意识不强

有的公司，写字楼占其开发量的50%以上。这种单调的经营方式，对抗风险的能力是脆弱的。

2. 改善企业决策运行机制

要点一：不能仅借助“外脑”

企业制定发展规划不能完全找专家出点子，一定要自己做。因为战略规划是来自脑袋的东西，用别人脑袋做出来的东西，自己不一定能完全接受，只会依赖。依赖和接受是不同的，没有融入自己的思想，就无法真正有效地实行。

现在企业遇到的不是一两个问题，而是对于经营观念的全方位挑战，企业应该建立起一个能不断自我完善的机制。中国企业在发展方向和战略上比较模糊，很多时候是领导走马上任时，在发展方向上跟着政府走，短期行为比较多，对如何做企业并没有明确举措。以市场竞争机制来看，政府对企业太多的干扰和指导致使企业依赖性过强，发展战略大同小异。全世界经济发展没有一个绝对好的模式，过分采用一种模式，就会导致重复建设、重复投资，反过来政府还要解决这些难题。所以每个企业都应该有不同的经营方式，根据不同业务专长、市场动态、人员素质制定不同的发展方向。

要点二：管理要集成化

很多企业都有几千字的战略发展规划文件，但很多时候并没有提出进一步落实的具体行动方案，这就无法告诉上级或下级怎么执行、为什么这么执行。在衔接环节上相互沟通不够，即使企业有很好的发展方向，但在企业内部没有很好的控制、很好的调整也是不能使企业快速发展的。

现在，企业的问题不是设备问题，也不是硬件问题，而是没有适合的企业制度和运转流程来支持各部门的工作，没有好的机制评估企业风险。

从结构上来说，缺乏具体的运作程序，短期行为严重，决策者就会像救火队长一样身不由己。所以管理者必须考虑内部管理体制能否支持战略发展方向，能否降低企业的风险，并采用信息技术加强流程的规范化，用信息技术协助考核每个部门、项目、环节到底做得好不好，协助提供真实的决策依据，避免企业的财务报表上数据添加水分、掩盖问题。

组织架构是果，而不是因，企业从战略、业务流程、信息技术、业绩考核四个环节调整之后，组织架构自然就出来了，它与其他几个环节是相关的。如果在不清楚做什么和怎么做之前就确定组织架构，权利划分是很空的。

要点三：制度重于技术

创新的制度安排更重于技术自身的演进。数十年来，我国制定的高新技术、新兴产业及知识经济的规划，有不少存在着就技术谈技术的偏差。当出现科技成果转移过慢、企业缺乏技术创新等问题时，企业不从克服制度缺陷角度解决，而试图通过加快技术创新去解决，这是不可取的。落实各项改革措施、制度安排才是推进技术进步与高新技术产业发展的最强大动力。

要点四：加强与员工的沟通

员工同样是合作伙伴，作为企业管理者，要有“员工为我，我为员工”的概念。

要站在平等的角度上来理解沟通工作的范围和对象。为你工作的是人而不是机器，人是有理智有感情的动物。所以不应该仅仅只看到公司眼前的利益，同时也应该重视员工的感情和需求，这才是企业快速运营的解决之道，也是适应新时期“以人为本”的新的沟通理念。

——要了解员工的利益、员工遇到的难题，注重员工能力的培训；

——要提高员工发表意见的热情，应对每个员工提出的意见表现出乐于倾听的态度，无论这个意见是否有益，都表示至少在这件事上员工是站在公司的角度看问题，在为公司着想；

——老总们应熟练地完成身份转换，在公司里是上司，在公司外则是与员工无拘无束的朋友。在更为自然的环境中与员工沟通，往往能达到在公司里难以达到的效果。

您是怎样培养公司内的社区归属感？

在我们全都聚集在一起的时候，我会力图为大家争取更多的自由时间，让他们能够互相了解，这样他们就会建立互相之间的非正式联系，让他们体会到自己是整体的一部分。我要做的就是强化这种情感，而不是让他们在这些会议上努力工作。

——简·伦纳·福图（伦宏·波伦克公司首席执行官）

Chapter Nine

第九章

本章精华回顾

1. 万事亲力亲为

“一个人说了算”是张力重要的管理理念。他认为，这种方式对于公司的管理就比较细腻一些，对成本控制以及资金链的运作都好一点。

2. 以大型联展为营销战略

大型联展是富力地产集团首创并最为成功的营销举措，富力一直坚持此种营销手段。联展的内容很丰富，在整合各种优势资源基础上运作的楼盘联展最容易创新。

3. 一体化的地产运营之道

“规划与时俱进，紧扣城市化建设”是富力多年来的拓展模式，成功的发展策略使富力的每一个项目都成为城市发展的坐标。富力地产在不断扩大企业实体的同时，更形成了一条完整的产业链。而占领产业链是控制成本、确保速度的一个重要因素。

10

第十章 Chapter Ten

张玉良和他的遵循市场规则的绿地

绿地之辉煌浓缩榜

绿地领导人：张玉良

有着多年政府工作经历的张玉良，一直保持着对国家政策的高度敏感性。把公司的发展战略同国家大政方针紧密结合起来，是张玉良一贯的经营思路。

绿地综述

上海绿地是上海市百强企业

上海绿地是中国500强企业和上海市百强企业，国家建设部批准的房地产开发一级资质企业，成立于1992年7月18日，1997年3月改制为多元投资的企业集团，目前集团资产规模达110亿元。绿地集团以绿化为宗旨，以房地产开发为主导产业，并依托主业积极发展资产管理、建筑、汽车服务、石油经营、物业管理等综合产业。作为绿地集团主业的房地产业，十余年来累计建成房产400多万平方米。

绿地特色

立足上海，绿遍全国

企业战略：立足上海、发展全国；
总体战略：一业特强，四大金刚；
企业宗旨：为百姓营造美好生活；
经营主线：以房养绿，以绿促房。

绿地成长业绩

绿地集团热心于社会公益事业

绿地集团在取得优异经济效益的同时，十分注重社会效益，热心于社会公益事业，十几年来，绿地集团先后获得“全国五一劳动奖章先进集体 ”、“上海市房地产开发企业50强榜首”、“上海市著名商标”、“上海房地产九大关注品牌”等荣誉称号。绿地集团以实现跻身中国百强企业，铸就中国著名品牌为战略目标。

绿地经典项目

住宅项目与公共绿化齐头并进

自1996年以来，绿地集团始终位于上海房地产销售百强前三位，先后成功开发了“虹桥新城”、“圣约翰名邸”、“虹桥大仕馆”、“绿地名人坊”等热销楼盘。自2001年，绿地集团先后在南昌、合肥、长春、昆山等地进行房地产开发，累计无偿投资近3亿元，建筑城市公共绿化265万平方米，建成了陆家嘴中心绿地、外滩滨江绿带、上海科技馆外环境绿化等一系列城市标志性绿地，还累计出资5000多万元赞助社会公益事业。

01

第一节

张玉良一个不像上海人的上海人

- □ **良金美玉** 张玉良
- □ **性别** 男
- □ **就职公司** 上海绿地集团
- □ **职务** 董事长、总裁
- □ **个人简介** 张玉良，上海绿地（集团）有限公司董事长、总裁。1992年领衔组建上海市绿地开发总公司，并于1997年将其改制为多元投资的集团企业。公司成立十余年来，他带领企业团队把绿地集团打造成中国企业500强和上海市百强企业。他坚持“为百姓营造美好生活”的企业宗旨，以房养绿，以绿促房
- □ **个性** 雷厉风行
- □ **处事形象** 不计小节，放远眼光
- □ **公众形象** 政府的企业家
- □ **本色性情** 高明但不精明的生意人
- □ **语言习惯** 一般人连他的语速都跟不上，更别提跟他合作了
- □ **业界感觉** 他玩的就是心跳
- □ **座右铭** 企业要做政府想做的事情
- □ **公众权力影响** ★★★★
- □ **业界权力影响** ★★★

Chapter Ten
第十章 张玉良和他的遵循市场规则的绿地

张玉良在现今越来越大的压力面前越发兴奋，
因为他看准了未来地产的机遇，
也看准了绿地未来的大好前景。

张玉良 · 业界形象 THE IMAGE IN FIELD

会花钱更会赚钱的开明商人

1. 政府的企业家

在业界，他被称为“政府的企业家”。在张玉良看来，评价一个企业家的最高境界不是他如何赚钱，而是如何花钱。因此，当大多数企业在为赚取利润而绞尽脑汁时，张玉良已经在社会福利和践诺企业责任感方面饮誉商海。

2. 带有北方人豪爽性格的上海人

张玉良这个上海人总是不太像上海人，他为人很豪爽，做事很迅速，执行力很强。跟他接触过的人都有这种感觉：如果脑子不够用，根本跟不上他的语速，更别提跟他做生意了。而一旦开始合作，那种不像上海人的感觉更明显了，上海人精于计算，却不一定能将眼光放得开，而张玉良不计小节，眼光能够看得很远。

在中原，很少人知道绿地集团成立之初主要是为了解决上海市政府绿化资金缺乏问题的。那时，上海有句话：宁要浦西一张床，不要浦东一间房。1992年，上海市开始第一轮大规模的市区旧城改造，需要大量的动迁房。张玉良拿到3个开发面积共计7万平方米的小项目，两年之后，3000多万元的第一桶金入账。在当时，这个数字被认为是一笔罕见巨款。

3. 爱搞玩心跳的大手笔

不管是在住宅开发，还是在商业建设方面，张玉良的每一次决策在外人看来都是“玩的就是心跳”的大手笔。在集团多元化战略实施方面，张玉良的手笔更是令业界咂舌，令对手胆寒，有胆有识、有勇有谋、有仁有义成为大家对张玉良的一致认知。

张玉良有着远大的野心，
他要将绿地打造成世界500强，
同时他也有着强烈的社会责任感，
为政府办事，为工薪阶层建房。

张玉良·经营价值观 THE MANAGEMENT OPERATION VALUES

张玉良的“三字经”

1. 扩“张”

2004年，绿地成功进驻全国16个城市；同年，绿地正式公布全年销售收入突破100亿元；也是同一年，绿地确立宏伟目标：2011年成为世界500强。对于绿地全国化的突然加速，张玉良说：“当前是中国企业最好的发展机会。这种机会是百年难遇、千年难遇、甚至全球罕见的。”在机遇面前，以张玉良为首的绿地人从来就不会轻易放过。

绿地的扩张，与万科、顺驰大相径庭，从三线城市到二线再到一线，这无疑极大地降低了扩张风险，边扩张边积累，张玉良认为这是明智的。在产品线上，“当万科做减法时，绿地开始做乘法。”张玉良说：“只要有利于主业，不一定只做住宅，只做房地产，可以做乘法，整合资源形成合力。”在他的脑海里，“绿地几年之内要拥有100万平方米的商业地产，全部用来出租”，此举将极大地丰富绿地的现金流。

+箴言 MAXIM

绿地为什么可以在极短的时间内异地拓展势如破竹，张玉良还是感谢“责任”二字。张说：“绿地是个极度重视责任感的公司，说一就是一，说干马上干。

2. 璞“玉”

在很多人看来，张玉良像个北方人。或许这种印象源于他的性格特征、话语特征以及一贯的大手笔运作。但“绿地作为一个土生土长的本地企业，在产品细节上，却无疑代表着上海地产的水平”，张玉良表示：一个企业的核心竞争力不是技术、不是资金，而是人。绿地人的专业精神，确保绿地产品的优秀品质。

曾经有人这样评价绿地：“绿地的产品很大气，少了点形形色色，没有矫揉造作之感，真正的功底体现在产品细节上，就像一块璞玉。”张玉良认为这归功于绿地的海派文化。

3.“良”知

张玉良一直强调“责任”二字。对于绿地的产品定位，张玉良很直接：“绿地在上海、在全国做得最多的是中低价位的商品房，主要面对老百姓、面对中产阶层。”他认为这是绿地的第一责任：“作为一个企业，你只有心里装着大众，你才可能赢得尊敬，而且同样也能做到很大的市场份额。”

张玉良谈政府宏观调控政策

记者：作为发展商，而且是上海最大的发展商，您希望调控政策能向哪个方向发展，产生什么样的效果？

张玉良：宏观政策对投机性炒房是遏制，对投资性购房是控制，对普通商品住宅是鼓励。宏观调控目的是保持房地产业健康发展，防止房价大起大落，并努力调整结构，这就要求有保有压。

对普通商品住宅，上海的实施细则也出台了，积极贯彻七部委《意见》的精神，持续鼓励消费，应该是正确的举措。有一些正在实施和马上要实施的优惠政策，应该大力宣传，努力帮助普通消费者树立市场信心。

记者：对目前上海房地产市场的情况，绿地集团作为负责任的发展商，希望政府能发挥什么样的作用？

张玉良：首先，希望后续政策应该清晰明朗，给消费者一个正确的市场预期。房价的恐慌性下跌，不是所有的人愿意看到的，它的危害性是显而易见的。

其次，增加中低档商品房和商务楼供应，以改善市场供应结构。继续加快市政府明确的“两个1000万平方米”建设力度和适当发展商务楼的建设。健康的市场要积极培育，从供给角度讲，应该认真执行城市规划和土地规划，着重增加中低价位、中小户型普通商品住房建设的用地供给。

再者，更重要的是坚持舆论导向的科学理性。这个很重要，对政府的声音消费者听不清晰，理解不全。健康的市场迫切需要加强舆论导向，至少在主要宣传阵地，应该把政府的政策和用意讲全了，讲透了，而不仅仅是为了吸引眼球而刻意的裁剪。

Chapter Ten 第十章 张玉良和他的遵循市场规则的绿地

张玉良善于拓展人脉，
善于巩固人脉，
也善于整合人脉。

张玉良·领导智慧 THE LEADERS'WISDOM

善于交际，善于整合资源

张玉良，1956年出生于上海郊区。高中毕业之后，有过回家务农的经历，回乡两年，张玉良就做了村支部书记，当时他只有25岁。张玉良运气不错，两年之后，正赶上乡镇搞改革，提倡干部要年轻化、知识化，于是张玉良凭着在当地已经算不错的高中学历，被提拔到乡党委当组织委员、党委委员，成了乡领导班子的成员之一。

其后，领导又派他到上海农学院干部专修班读经济管理，张玉良由此开始了城市生活。两年书读完，张玉良被上海市政府的农委看中，告别了乡间田野，成了市政府的机关干部。这一呆就是8年，张玉良在这8年中成熟长大，不仅对整个政府工作运行方式了然于胸，而且建立了各个方面的关系。这对他以后下海帮助很大。之后，2000万元的投资和一张任命书，张玉良实现了从上海市农委住宅办副主任到“上海绿地开发总公司”一把手的转变。上海绿地集团的前身由此而生。

张玉良在地产圈子里的人脉资源极其丰富，上海绿地能够迅速在两三年时间进入多个城市，也离不开他背后深厚的人脉积累。他是一个极善于整合资源的人，会整合各种资源为己所用。

绿地提出“老街”和“新里”的概念，
注重精神文化追求和产品打造的有效结合。
满足了购房者多方面需求。

张玉良·地产领先概念 THE LEADING CONCEPTS IN REAL ESTATE

推出具有浓郁海派风格的住宅品牌

绿地人认为，一个房地产项目应该有它的个性和文化，应该为其注入灵魂与生命力。绿地抓住人们历来对上海文化和上海品牌的信赖，大打上海牌，它不仅把各地楼盘纷纷冠以“上海城”的名头，还结合上海石库门里弄的建筑特色，推出了“老街”和“新里”两个具有浓郁海派风格的住宅品牌。“新里”品牌文化中一个非常重要的特点，就是“老弱守望相助，邻里和谐共处”，绿地打造“新里”品牌，十分关注精神文化追求和产品打造的有效结合，尤其注重对私人空间和开放空间的融合，在购房者居所功能的心理感受上都提出了更高的要求。

Profound reflection

本节思考

为什么说张玉良是个“会赚钱的开明开发商”？

The leaders' sayings

管理休闲吧

张玉良谈绿地商业地产未来发展

绿地集团大举进军商业地产领域，是紧扣城市功能提升、现代服务业比重加大这一时代趋势迈出的一大步，也是绿地集团针对眼下的市场环境进行战略转型、扩大产品线、增强抗风险能力、保障持续稳定、快速发展的一大步。但绿地今后就只做商业地产了，我们为百姓营造美好生活的企业宗旨不会改变。

发展商业地产资金主要来自两个渠道：银行贷款，目前国内三家银行总行都与绿地签署了大笔授信额度，仅农业银行一家就有30多个亿；德国著名房地产投资机构国际房地产投资银行（HI）向绿地集团提供高达7亿元人民币贷款，这是目前国内地产企业和海外金融机构合作的单项金额最高的案例之一。

第二节 »»

绿地 循市场原则 替政府干事

一、经营理念：企业要做政府想做的事情

1. 经营思路：为政府分忧，企业能得到超常发展

张玉良常挂嘴边的一句话是“企业要做政府想做的事情”。他认为，为政府分忧，企业能得到超常发展。与那些投资几亿、十几亿的房地产企业相比，张玉良成功创造的发展速度无疑是个奇迹，他以低于别人的基础获得高于别人的成功，紧贴政府政策导向是其关键因素。

例证一：为第一个“一百万”出大力

20世纪90年代初，上海改革进入快车道，那时市政府的大动作有“两个一百万”，一个是市中心百万户居民大动迁，把市中心的空间腾出来发展第三产业；一个是产业结构调整，百万员工大调整。张玉良正是为第一个“一百万”出了大力。政府要实施大动迁和危棚区改造，绿地集团在外围地区建筑了大量微利的动迁房，安置了140万户人家，在为政府分忧的过程中实现自我发展，实现房地产业的原始积累。从1993年以来，绿地集团的销售收入、房地产预收款、总资产、净资产每年保持了30%左右的较快增长速度。

例证二：适应政府产业导向，建造大量商品房

百万居民动迁后，政府急于开发市中心，特别是解决拆除房子以后的储备绿化，政府就给出优惠政策，绿地公司主动承接，适应政府产业导向，建造了大量商品房。两只手肯定比一只手力量大，绿地既解决了企业资本的原始积累，又一次为政府分忧。

例证三：开展“以房养绿、以绿促绿”的绿地建设

1992年以前，上海的绿化工程并不是其他城市羡慕的对象，当时上海的森林覆盖率只有12%，在一项关于上海向国际化发展的规划中，环境绿化存在的缺陷被认为是最大的障碍。绿地集团又一次迎着政府之需而上，张玉良的思路是“以房养绿、以绿促房”。在很多地块，绿地集团先进行大规模的公共绿地建设，绿化的结果会使当地房价因为环境改善而提升，公司就可能通过运作房地产项目取得收益。

可是如果把利润全部用于绿化，企业自身的发展将无法避免地陷入停滞，同时机制问题也会成为一个瓶颈。1996年，绿地集团被列入上海现代企业制度试点单位之后，新的绿地集团注册资金1.6亿元，其中9000万元作为绿化基金股，4000万元作为企业发展股，职工参股3000万元。张玉良说，明晰的股权关系使公司发展与公共职能统一了起来，多少利润用于绿化，多少利润用于积累，可以通过股本比例的结构看得清清楚楚。政府部门固定的市政投入资金，通过企业化运作产生增值，并被投回到市政建设中，得到的是一个两全其美的结果。而政府也认为，这种“以房养绿，以绿促房”的模式开辟了城市绿化的第二财政渠道。

在不到十年的时间里，绿地集团的资产规模膨胀了19倍，累计投入绿化资金近3亿元，共建城市绿地260万平方米。

例证四：绿地捷足先登，黄浦江边建住宅

上海政府提出21世纪的一项仅政府投资就高达3000亿元的“一江两岸”工程，绿地集团再一次捷足先登，在黄浦江边立起绿地开发的高档住宅。

张玉良的高明也向沪外延伸，台湾当局不久前才开放大陆企业赴台投资房地产，绿地集团旗下上海绿地新龙基置业公司与台湾治富国际合作，在台北市设立长期销售据点，促

销上海“绿地世家”第三期的半精装修房，此举创下大陆国有企业第一家“登台”设立长期据点的范例。

2. 产品定位：做老百姓买得起、住得起的房子

（1）自住型的中低价普通商品房，是绿地住宅开发的重点

1992年，上海开始城市的第一轮大规模市区旧城改造，需要大量的动迁房。张玉良拿到了3个开发面积共计7万平方米的小项目，两年之后，3000多万的第一桶金入账。在当时，这个数字被认为是一笔罕见巨款。

十几年以来，绿地集团所开发建设的500多万平方米住宅中，中低价房占总量的85%。其中分别在长宁淞虹、嘉定丰庄、浦东六里和北蔡等四大区域，实施了大规模造镇计划，建成了“淞虹公寓”、“淞虹苑”、“协和苑”、“明日新苑”、“绿川新苑”、“绿川家园”等一大批中低价位、注重环境配套的居住小区。

“自住型的中低价普通商品房，是我们住宅开发的重点”张玉良如是说。

（2）增加中低价商品房和重大工程配套商品房的开发比重

近几年按照政府政策导向和市场变化的状况，绿地集团在房地产方面主动进行了适度调整，增加了中低价商品房和重大工程配套商品房的开发比重，为最广大的中低收入的工薪阶层改善居住条件服务。

绿地集团在上海建设的重大工程配套房有闵行区的“银都新苑”、“金山老街”、“临港新城”配套商品住宅等项目，总面积达到80万平方米；在建的中低价房有规划面积

曾有过务农经历的绿地集团公司董事长张玉良情系普通百姓，始终将企业主流产品定位在“老百姓买得起、住得起的房子”上。

达60万平方米的“南桥老街”、建筑面积达40万平方米的“绿地崴廉公寓”等。

“得民心者得天下”说的是历史上各朝代的君王为统治天下，必须满足百姓的需要，赢得百姓的好口碑，如此才能稳固江山。这句话虽不能用来形容一个企业的自治之道，但换一个角度而言，按照客户的需要打造产品，这也是赢得客户好口碑的渠道之一。绿地集团从普通老百姓的角度出发，做老百姓买得起、住得起的房子，这是一个鲜活的案例。一来赚取了利润，二来又为百姓谋得利益，赢得大众的认可，此举既是博得市场认可之道，更是企业长存之道，张玉良深谙其中道理。

3. 发展理念：心有多大舞台就有多大

作为一个发轫于上海，不断刷新全国房地产企业新坐标的企业，在辉煌的成绩面前，绿地集团锁定了更为高远的目标。2004年，张玉良金石一诺：“绿地集团要在2011年冲刺世界500强。”

绿地发展步骤

发展步骤	具体内容
实施集团多元化战略	2004年11月24日，绿地集团以3.5亿元击败香港TOM集团获得了上海新华发行集团49%的股权，此举标志着绿地在多元化发展和拓展商业渠道方面迈出了一大步
产业链条扩张	2004年，绿地集团又收购了上海宝钢建设60%股份，并大举在商业领域拓展，与其他全国知名房地产商相比，绿地集团已经拥有了较为完整的产业链条
产业整合与提升	2005年10月18日，绿地集团所属的五大综合产业集团：绿地商业集团、绿地建设集团、绿地汽车服务集团、新华发行集团和绿地能源集团正式挂牌。新组建的五大集团经营目标是确保2011年每家集团的年销售收入均达到100亿元以上

二、战略规划：企业要适时转型、转战、冲刺

1. 以住宅开发为主向商务地产转型

（1）绿地有意识地向商务地产倾斜

有着多年政府工作经历的张玉良，一直保持着对国家政策的高度敏锐性。把公司的发展战略同国家大政方针紧密结合起来，是张玉良一贯的经营思路。大力发展现代服务业，似乎是与房地产业没有多大关联性的产业政策。但张玉良解读起来却有自己独到见解：房地产中很多就是现代服务业，像商务地产就属于这个范畴。近年来，绿地集团在张玉良的带领下开始有意识地向商务地产倾斜。“中央第一次调控后，绿地就逐步转向商务地产和现代服务业，逐步向办公楼、现代物流、商业、酒店倾斜。”绿地集团斥资数十亿元在上海青浦区打造吉盛伟邦绿地国际家具城，此外还在昆山花桥投资数亿元建立一个综合性的购物中心。

张玉良进一步依据市场需求解释向商务地产倾斜的原因：“城市级别提升，城市经济结构调整，就要有大量的商务楼要出现。” 在产业政策和市场需求这些良好的外部环境都具备的情况下，要想在行业竞争日益激烈的情况下抢占企业发展先机“必须具备自身内部条件，这就是我们企业自身的发展能力，因为以长期投资回报为主的商务地产不可能马上卖掉，小企业的经营能力承受不了。”

（2）商务地产也存在投资风险

在住宅市场鏖战十余年的绿地集团试图尽快开辟商务地产这片新蓝海，但也面临着同行的竞争。

转变沿袭多年的行业盈利模式正在成为房地产企业的集体行动。从以前快速盖房、快速出售、资金快速回笼的住宅开发商业模式向自己拥有产权、自己寻求商业运营商的商务地产盈利模式转型正在成为业界共识。

当在各方资本表现出对商务地产越来越浓厚的兴趣时，张玉良也表示，这个领域也不

是没有风险。商务地产相对于住宅投资来说，虽然收益更高，但投资回报周期长，而且还需要商业运营伙伴的合作，风险控制难度加大。

2. 转战一线城市：北京、广州

资金与土地是地产企业生存发展的根本，这次宏观调控由于采取了收紧银根、紧缩土地的政策，地产企业缺钱少地的压力开始在中小地产商身上凸显，但这正是张玉良的机会。绿地集团在上海十几年来的苦心经营为其快速发展创造了雄厚的资金基础，“在上海，5亿元只能做到10亿元的规模，但在外地却能做到50亿元的规模，向外地扩张可以凸显绿地的资金优势。”

绿地通过招投标在全国取得大量土地，同时通过收购、兼并扩充了自身实力。张玉良再让绿地在向二线城市扩张的同时，还要向一线城市发展，近几年，他们把目标瞄准北京、广州等地。

3. 冲刺世界500强，公司必须上市

尽管公司资金充足，但做强、做大需要非常大的资金支持，于是公司还是希望拓宽融资渠道，张玉良在2007年仍在酝酿公司上市。

绿地集团一直以来是各大银行放款的重点对象。但上市能提高企业的整体管理水平，使得企业的融资面会更宽，渠道会更广，更有利于实现金地2011年冲刺世界500强的战略目标。

通过资本市场进行直接融资一直是张玉良多年的梦想。数年前，张玉良曾经聘请几家国际投资行准备让集团下属的子公司到香港IPO融资上市，“后来考虑到各种成本大、时机不成熟而作罢。”但张玉良的上市梦一直没有停止，2005年，绿地再次计划到香港发行基金进行融资，并聘请了好几家机构到香港进行了投资调查。精于计算是商人的本色，为公司上市卖个好价钱是张玉良选择上市与否的第一标准。

碧桂园在香港上市被热捧让张玉良觉得这才是绿地应该学习的榜样。面对这种业界集体上市的亢奋盛况，张玉良表示，房地产是新兴行业，下一步再要做大做强，就要上市融资了，以建立一个可持续发展的机制。

三、人力资源：精选、培养、稳定人才

1. 人才比资金更重要

企业发展到一定程度后，企业对人的可控力是最重要的。有了这个可控力，企业才能更好地发展。在张玉良看来，企业竞争力的核心是人，没有高素质人才，就没有企业的发展。

张玉良在企业管理上颇有心得。绿地成立十余年来，他以一套独特的、充满智慧的管理哲学，悉心地经营着企业，打理着绿地健康、积极的社会形象。

2. 用两项原则稳定人才

张玉良对人才尤为重视。他有个颇有创举的做法：在绿地集团进行全国化扩张的过程中，源源不断吸纳了各地人才加入各地子公司，但这些干部人才稳定性差、归属感差，如何驾驭这部分远离公司总部的员工，如何获得他们的信服并最大程度地发挥人才的能量？张玉良坚持两点原则，一是将外地子公司中层以上的干部户口都调到上海，征得他们同意，然后再派去当地工作。二是将外地的干部也归入公司体系，干部享受集团总部相应的工资标准。张玉良说："这样一来，全部外地中层以上的干部都会归心于我。"

3. 用人原则：想做事的人，能做事的人

张玉良经常用"想做事的人，能做事的人，能做好事的人"这句话告诫下属，这句话其实是以人为核心的企业发展观，在绿地，员工有多大的本事，企业就给他多大的舞台。正是因为张玉良制定了这样的企业用人标准，团队才形成了一个带有绿地风格的明显特征：吃苦耐劳、连续作战，并且呈现年轻化、专业化和职业化的特点。

?

Profound reflection

本节思考

绿地“替政府分忧，为政府办事”的策略为自身赢得了怎样的收益?

The leaders' sayings

管理休闲吧 +02

张玉良注重人才培养

“想做事的人，能做事的人，能做好事的人”这是在绿地企业内部流传最为广泛的一句话。

“这是绿地判断一个员工的价值衡量标准”张玉良曾多次用这句话告诫自己的部属。在绿地员工有多大的本事，企业就可以给你多大的舞台。正是这样的企业用人标准，团队形成了一个带有绿地风格的明显特征：吃苦耐劳、连续作战，并且呈现出年轻化、职业化和专业化。

张玉良说，在企业的发展过程中，人是最重要的，这就是绿地最根本的企业文化。正是因为有了这样一支团队，绿地的快速扩张战略才能得以坚决的贯彻和实施。

从2001年开始，绿地以奔跑的速度进行全国扩张，绿地的员工也不断地输送到全国各地的房地产战场。短短的几年时间，绿地团队就将绿地品牌连续扩张到了全国的16个城市，其中省级城市8个，其他城市8个。“绿地扩张的势头还没有停止，它随时准备进入更多的城市”总裁张玉良看着不断扩张的市场如是说。

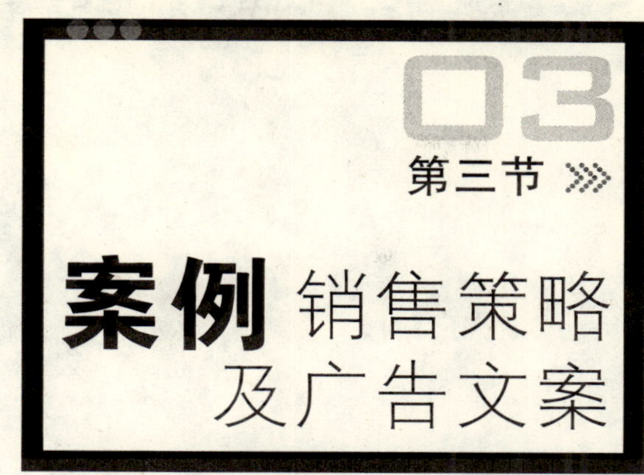

一、销售策划："绿地国际山庄"销售策略报告

1. 项目推广思路

（1）项目概括

项目概括

总面积	规划总用地
150684.3m^2	115835.2m^2
住宅建筑面积	住宅套数
57724.9m^2	221套
容积率	总建筑密度
0.498	21.9%
绿化率	停车位（个）
48.2	292

本项目共有户型9种，分别为：联排别墅2种（A型、B型）；双拼别墅1种（B1型）；独

栋别墅6种（C1型、C2型、D1型、D2型、E1型、E2型）。面积从联排别墅的199.6平方米到独栋别墅的367.6平方米不等。

（2）推广阶段

根据项目建设周期和资金回笼要求，本项目分三期销售：

——一期销售中心区域共19栋：其中联排别墅有7栋，双拼别墅有2栋，独立别墅有10栋，扣除其中的样板房2栋，售楼处和开发商办公室2栋，实际销售联排别墅5栋，双拼别墅2栋，独立别墅8栋；

——二期销售剩余全部联排别墅及双拼别墅；

——三期销售项目全部为独立别墅。

（3）房型配比

房型配比

户型	设计房型	面积（m^2）	户数（个）	面积总计（m^2）	面积比（%）	房型比（%）
联排别墅	A型	199.60	64	12774.40	22.9	29.0
	B型	225.20	68	15313.60	27.5	30.8
	小计	—	132	28088.00	50.4	59.7
双拼	B1型	231.20	18	4161.60	7.5	8.1
	小计	—	18	4161.60	7.5	8.1
独立别墅	C1	310.00	21	6510.00	11.7	9.5
	C2	302.80	18	5450.40	9.8	8.1
	D1	356.50	9	3208.50	5.8	4.1
	D2	350.80	8	2806.40	5.0	3.6
	E1	364.80	5	1824.00	3.3	2.3
	E2	367.60	10	3676.00	6.6	4.5
	小计	—	71	23475.30	42.1	32.1
总计		—	221	55724.90	100.0	100.0

2. SWOT分析

（1）具体分析

具体分析

SWOT	具体分析
优势（S）	① 房型面积配比、总价控制相对合理，易于投资和居住购买； ② 本案开发商为绿地集团，在市场上有很高的知名度和美誉度； ③ 本案联排别墅的物业形态与周边竞品楼盘具有差异化； ④ 本案产品送地下室，给客户更大优惠
劣势（W）	① 项目容积率偏高，造成别墅住宅私密性差； ② 由于容积率偏高，项目景观设计难以施展，缺乏特色； ③ 靠嘉松公路侧住宅单元噪声污染严重； ④ 本项目产品（A、B型）设计不合理，布局不合适，同时由于是砖混结构，难以在装修上弥补产品的缺陷； ⑤ 产品地下室未设置上下排水系统，在使用上实际利用率不高； ⑥ 对于防潮工艺上有较高要求，开发商难以达到； ⑦ 对访客车位估计不足； ⑧ 私家花园面积较小，与别墅客户在花园面积上的心理预期有较大落差； ⑨ 会所面积过小，设施设备过少，难以符合别墅社区生活需要
机会（O）	① 本案所处区位——赵巷国际别墅社区，整体性规划宏大，目前正处于初步实施阶段； ② 规划中的大型邻里中心就在小区隔壁，能够满足业主生活休闲娱乐等方面的需求； ③ 佘山旅游度假区相距本别墅社区仅5km，高尔夫球场给业主提供了休闲运动的便利； ④ 本项目位于沪青平别墅区延伸段，具有上海别墅市场最早最成熟的一批客户
威胁（T）	① 赵巷国际别墅社区现已有多家开发商在运作，将来会增加到20家，竞争十分激烈； ② 个人贷款条件偏紧，利率的上调对别墅市场有一定的影响

（2）策略分析

——针对产品与周边竞品个案形态上的差异化，楼盘在销售中可以考虑从客户需求角度出发，寻找差异化需求客户，针对性的销售联排住宅；

——由于本项目在产品、环境和配套上与周边竞品个案不在同一水平线上，因此在自身定位上可略低于周边其他个案，适当定位于中端别墅；

——由于本项目产品面积较小，总价控制好于周边产品。同时，产品所在区位又正处于政府重点开发中枢，可考虑引进投资概念，针对市场上一批投资客户进行推广。

3. 推广策略

（1）户外活动的推广轴线

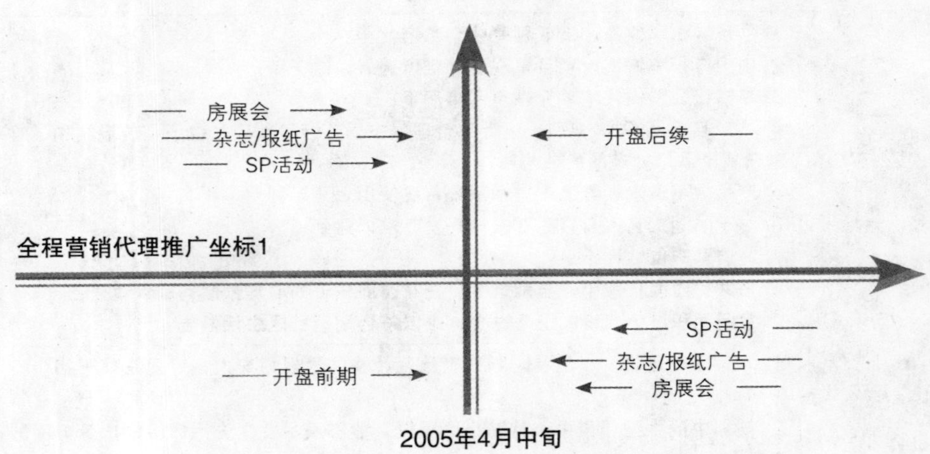

（2）内部营造的推广轴线

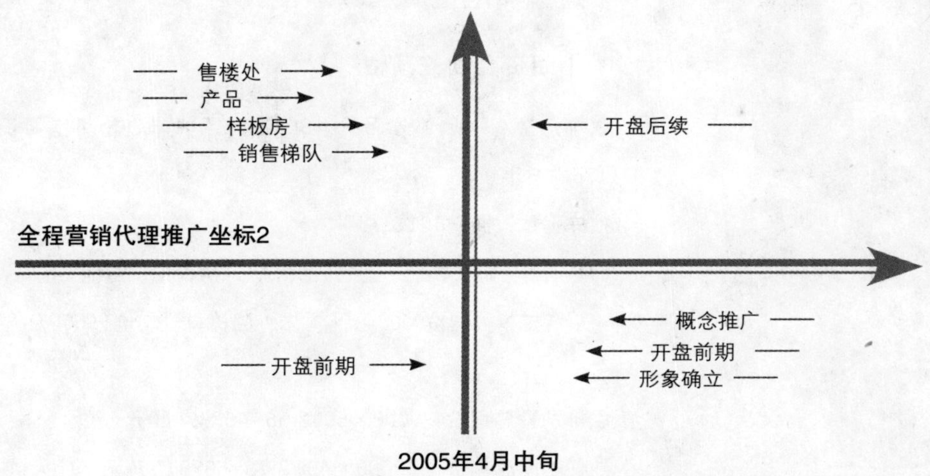

4. 价格策略

2005年上旬，赵巷区域可销售别墅的产品形态基本为独栋别墅，单价在12000~17000元/平方米之间，总价在500万~1100万元之间。而上海同等级区域的联排或双拼别墅，如位于松江九亭的"上海公馆"，双拼售价在7000~9000元/平方米之间。

根据上述因素本别墅一期开盘基价价格：联排别墅价格区间为7500~8800元/平方米；双拼别墅价格区间为8800~9000元/平方米；独立别墅价格区间为13500~14500元/平方米。

5. 销售策略

（1）推案策略

根据项目一期的年度工作计划：在2005年4月10日完成一期外墙粉刷，4月下旬拆除外墙脚手架，于是安排在2005年4月中旬开始发售位于集中绿化地段的34套联排别墅及10幢独栋别墅。

销售是房地产项目的一个重要环节，要尽量使销售计划、销售资金与项目整体的资金计划和现金流量协调，并能进行周密的财务处理。

（2）销售资金回笼预估

根据上述销售计划，测算本项目资金回笼如下：

①Ⅰ期资金回笼预估

联排别墅：地上部分面积：5042.56平方米，地下室面积1813.76平方米

独栋别墅：面积4018.75平方米

一期销售中，联排地下室的面积不计入房价中，赠地下室。

一期联排单位均价9000元/平方米；独栋单位均价15000元/平方米

联排别墅总销价：9000×5042.56=45383040元；

独栋别墅总销价：15000×4018.75=60281250元；

按70%的比例资金回笼：（45383040+60281250）×70%=73965003元。

至2005年9月间完成一期上述资金回笼要求。

②Ⅱ期资金回笼预估

联排别墅：总面积9056.96平方米，单位均价9000元/平方米

联排别墅总销价：9056.96×9000=81512640元，按70%比例回笼资金计算，81512640×70%=57058848元；

独栋别墅：总面积12193.4平方米，单位均价13000元/平方米；

独栋别墅总销价：12193.4×13000=158514200元，按60%回笼资金计算，158514200×60%=95108520元

二、广告文案："绿地崴廉公寓·水中央"楼书

案名：水中央

广告语：3英里水岸生活

1. 卷首

"交响曲是世界，它包容一切。"—— 古斯塔夫·马勒

2. 卷二

谨以5栋ART DECO艺术珍品

贝多芬座

巴赫座

舒曼座

韦伯座

瓦格纳座

献予140位时代精英珍藏！

3. 卷三

序曲

慢板，引子

音乐能使人类的精神迸出火花。——贝多芬

陶醉吧！在这建筑与水的浪漫交响曲中。

如果有一种生活能够具有交响乐般的迷人魔力，那一定是在这里！

"绿地崴廉公寓·水中央"，经典ART DECO建筑艺术与3英里水岸生活的完美交融。

依德国“海德堡”规划理念为基础，将德式音乐文化精髓融入到各个设计细节中，富有节奏感和流畅感的景观基调，或写实或抽象的设计手法，使整个组团犹如一部焕发夺目光彩的传世经典交响曲，它必将成为现代高尚家园社区的光辉典范！

在这里，无限美妙的音乐社区魅力，将让您的生活尽情沉醉于每一天！

4. 卷四

第一乐章

快板、奏鸣曲式、富有戏剧性。

它是一切音乐中最惊人的奇迹。—— 瓦格纳评巴赫的音乐价值

比巴洛克轻松随意，比洛可可朴素高洁，给人的最大感受就是繁复而不纷乱，刚柔并济。——Art Deco

Art Deco的本质特征是：一个民族的艺术意志在装饰艺术中得到了最纯真的表现。——沃林格《抽象与移情》

建筑与音乐的关系向来亲密无间。严谨的结构、清晰的构思、宏伟的气势，你总能在二者之间发现诸多相通之处。最重要的是，建筑与音乐都是一种庇护所，建筑庇护身体，而音乐则庇护心灵。

Art Deco建筑艺术富有戏剧性的发展历程，也如同交响曲般魅力恒久，对于上海这个中国最具国际化特征的大都市来说更是如此。当我们伫立于上海街头，上海金茂大厦、和平饭店、衡山饭店、武康大厦、国泰电影院、新天地，你总能发现一批批上海的Art Deco建筑正呈现在你的眼前。而纽约帝国大厦、康诗丹顿系列腕表，Art Deco的每一个代表作

品，无不已成为永远的经典。

如果建筑是凝固的音乐，那么Art Deco建筑就是不朽的交响曲，其艺术魅力将恒久流传!

5. 卷五

一曲Art Deco建筑的美妙旋律，已为您奏响。

当你面对Art Deco建筑时，一种充满幻想而又富有情调的独特韵律感将油然而生。

Art Deco，已经不仅是从秩序、线条、形式、色彩等方面带给人们以审美愉悦，它更从文化、理想、象征、历史等方面满足人们更深层次音乐性的需要。

“打造一种最地道的上海生活。”——作为一个40万平方米德国音乐艺术生活社区，这是“绿地崴廉公寓”自诞生之初便执着追求的人文理想。而Art Deco的建筑形态既具有海派文化的精髓，又能包容当前的国际生活，无疑是最佳之选。

“绿地崴廉公寓·水中央”，在传承Art Deco 精神内涵的同时，充分考虑建筑与自然的融合，建筑斐然华贵的格调与3英里水岸浑然天成，带来舒居环境与高雅音乐艺术的极致体验。建筑的审美姿态，在Art Deco的优雅与自然中至臻永恒。

6. 卷六

第二乐章

慢板，三部曲式、变奏曲式，富有抒情性和歌唱性。

没有热情，就不可能创造出任何真正的艺术作品。—— 舒曼

我愿化作水中的天鹅，在音乐中飞去。——莎士比亚《奥赛罗》

水，永远是音乐颂扬的主题

综观整部音乐史，水，几乎无处不在。在任何时候，任何地方，水都是音乐创作者永不枯竭的灵感源泉。

在中国，“高山流水”早已被公认为高雅音乐的代名词。

7. 卷七

流淌吧！那一曲对美的多情赞歌。

在热爱音乐的人眼中，水的魅力永远是无穷的。

因为3英里的水岸生活，“绿地崴廉公寓·水中央”散发着令人不可抗拒的心动之美，那是一种音乐般妙不可言的魔力。

推开窗，碧波荡漾的敞阔河面，叮咚流淌的潺潺小溪，姿态曼妙的喷泉……交织鸣唱着的，是对美好生活的多情赞歌！

在“绿地崴廉公寓”，罕见的奢侈风景成就着一种交响曲式的高尚栖居境界：7000平方米莱茵河、3700平方米黑森林、6万平方米中央花园、15万平方米赵家沟河滨公园、面积相当于3个世纪公园的5.74平方公里绿地、社区内及环周3英里水岸线……当心灵被天地之大美深深震撼，收藏一生奢侈风景便成了难以抗拒的选择。

“绿地崴廉公寓·水中央”推出的建筑群落，大都依临莱茵河中央水景体系而立，位于开阔尊贵的中央景观带，水系蜿蜒，翠岭起伏，无处不彰显出现代高尚社区的优雅怡然。

8. 卷八

第三乐章

由带对比性三声中部的三部曲式写成，速度轻快，节奏清晰，具有舞曲性的小步舞曲或谐谑曲。

他创作了德国第一部浪漫主义歌剧。——韦伯

让尊贵者的生活，在音乐中快步凯旋

“绿地崴廉公寓·水中央”，将音乐精神渗透到社区生活的每一个细节中，用上海罕有的尊贵配套，来谱写您如歌的美好家园生活！

三重大堂，每天三部曲式的回家礼遇

社区大堂、组团生态大堂、电梯大堂，三重大堂层层提升回家的心情。层高最高达11米的豪华社区大堂，更是生活品质的体现，三重院落入口皆设有豪华舒适的入户大堂，采用高级石材精心打造，拥有休闲、会客、候车等多重功能，与居者的高雅生活相得益彰。

国际品牌物管，大师级的专业演出

上海知名物管品牌圣维仕物业与美国50强酒店管理集团Howard Johnson强强联手，引进最新酒店式服务理念，提供全方位国际化星级物业服务，充分体贴现代居家细节。

人性化的居住，升华在每一个音符中

零车行地面，完全看不到汽车，景观视野不被破坏。"绿地崴廉公寓"耗费高成本达到彻底的人车分流，小高层区域全生态的地下车库设计，地面皆谢绝车行。无可挑剔的空间处理让交通更为便捷的同时，扩增了绿化和活动空间，使公共场所更为人性化。

先进外墙保温，双层中空玻璃

双层中空玻璃，隔绝室外噪声，静享高尚生活；先进外墙保温系统，EPS保温板、玻纤网和胶粘剂经由专业施工工艺完成，实现防晒、防风、防潮、防热、防冷、防火功能的同时，较传统保温系统节能效率大大提升。

七重智能化设施系统

社区智能化系统以国家三级标准（国家最高标准）为基础，"七重"安全防范系统，全方位安保，隔离外界纷扰，享受24小时精雅生活。

"七重"安全防范系统："周界防范管理系统"、"CCTV监控系统"、"楼宇访客对讲系统"（彩色可视）、"门禁管理"、"电梯监控系统"、"家庭安全防范报警系统"、"离线式智能巡更管理系统"。

"绿地崴廉公寓·水中央"为专注品质生活的每一位精英呈上最新佳作，以细节制胜，在细节中提升生活品质。

9. 卷九

第四乐章

回旋曲式或奏鸣曲式。情绪乐观、愉快、光明、为全曲的高潮。

我们要从最后一个乐章开始。—— 瓦格纳

享受宽HOUSE，奏响生活乐曲的最强音

“绿地崴廉公寓·水中央”以“宽HOUSE”概念来处理内部空间。宽宽的宽HOUSE，带来更宽广的美景视野，它似乎是一次猛烈的号角声，引领着这部生活交响曲的全奏达至高潮。而只有一次又一次的幸福生活主题，将永远重复下去。

宽宽的阳光

超大面宽达11~15米，日常生活区全部南向，每户两个以上的朝南卧室把空间横向拉宽，南向客厅更增设观景阳台，在最大程度上发挥了充足的采光作用。阳光要多宽阔有多宽阔。

宽宽的感受

270度开阔视野；层高3米的大空间，看得见气势的凝聚，看得见豪华尊贵。感受要多宽阔有多宽阔。

宽宽的情趣

超尺度主卧，看得见风景的卫浴、观景露台，让情趣溜到房间的任意角落。情趣要多宽阔有多宽阔。

宽宽的细节

主要房型2梯2户的人性化配置，每部电梯日常仅接待10多户熟客。通过个人的私密空间打造宽HOUSE的尊贵尺度，让您在上下间享受专属私密生活。细节要多宽阔有多宽阔。

Profound reflection
本节思考

“绿地国际山庄”的推广策略有哪些借鉴点和不足?

张玉良谈企业品牌攻略

张玉良说，绿地在十余年的发展中创造了一系列的品牌，从“圣约翰名邸”到“柏仕晶舍”的产品品牌，从“莫奈印象”到目前的“老街”、“新里”系列产品品牌，绿地始终把“为百姓创造美好生活”作为企业品牌的核心。

张玉良认为，首先要从理念上，从指导思想上把绿地办成一个受公众欢迎的企业，把自己的利益跟社会利益、群众利益、股东利益紧密联系在一起思考问题。其次，要努力塑造不断追求卓越，追求超越自我，永不满足，让这个企业永远有活力，永远有生命力的形象。也就是常说的要尊重百年老店这样一种企业品牌的追求。

十10 第十课：造就优秀企业的三大法宝

企业的发展需要一种氛围来共同提升企业的工作绩效，改革和创新是造就优秀企业的一个法宝，它从宏观上把握了企业发展的方向；组建学习型组织作为第二大法宝则将内部员工培养成适合企业发展的组织类型；作为第三大法宝的优质企业文化则能给企业形成一个良好的工作氛围，加快企业和内部员工的成长。

法宝一：改革与创新

优秀企业改革的七个阶段

各阶段任务	相关举措
形成紧迫感	研究有关市场和竞争激烈程度的真实状况，发现已有的危机、潜在的危机或重大的机遇，并商讨对策
建立联合指导委员会	建立一个强大的致力于改革的领导委员会，使委员会同心协力
努力构思设想，制定相应战略	提出设想，帮助指导改革的方向，确立实现这一目标的战略
传播改革设想	利用所能获得的传播媒介不断传播新的设想和战略，使联合指导委员会以自己的言行告诉员工该怎么做
授权各级员工采取行动	① 消除障碍； ② 改变破坏改革设想的体制和结构； ③ 鼓励冒险和提出反传统的观念，采取不符合传统观念的行动
创造短期的收益	① 制定旨在使经营状况有明显改善、或者说能取得收益的计划； ② 创造短期收益； ③ 大张旗鼓地奖励那些给企业带来收益的人

续表

各阶段任务	相关举措
巩固成果和深化改革	① 利用已得到加强的信誉，改变互不相容和不符合改革设想的制度、结构和政策； ② 雇用、提拔和培养能实施改革设想的人； ③ 以新计划、新观念和革新人物给这一进程注入活力

法宝二：组建学习型组织

在这个新的世界秩序中，管理的责任是创造组织的学习能力。在许多行业中，比竞争对手拥有学习和变化得更快的能力或许是惟一有力的竞争优势。

在学习型组织中，每个人都要参与识别和解决问题，使组织能够进行不断的尝试，改善和提高它的能力。学习型组织的基本价值在于解决问题，与之相对的传统组织设计的着眼点是效率。

（1）学习的能力

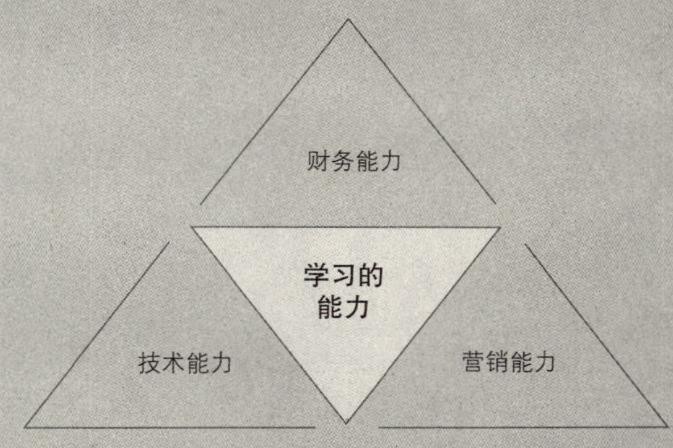

考虑一下如上图所示的通过财务、营销和技术能力来获得竞争优势的三个传统方法。几乎在所有的工商管理学院都讲授这些获取竞争优势的来源。财务能力在财务效率上表现为高明的投资决策和对投资者的利益返还。营销能力是生产对路的产品、与顾客建立密切的联系，并且有效地销售产品和服务。技术能力指的是技术创新、开发研究新产品和最新的生产技术。

但是如今，在由机器向头脑转向的世界里，这些传统能力要求组织具备学习能力。竞争优势中的学习要素指的是能够将前面的财务、营销和技术能力推向更高水平的能力，它通过使雇员从传统的效率观念转移到主动解决问题来达到帮助组织变革的目的。学习的能力越强，组织的适应性和成功性就越强。

（2）有头脑的领导

学习型组织是从组织领导人的头脑中开始的。学习型组织需要有头脑的领导，要能理解学习型组织，并能够帮助其他人获得成功。学习型组织的领导有两个明显的作用：

① 设计社会建筑

社会建筑是看不见的行为和态度。组织设计的第一个任务就是培养目的、使命和核心价值观的治理思想，它将用来指导雇员。有头脑的领导要确定目标和核心价值观的基础。第二个任务是设计支持学习型组织的新政策、战略和结构，并进行安排。这些结构促进新的行为。第三个任务是领导并设计有效的学习程序。

② 创造共同的愿景

共同的愿景是对组织理想未来的设想。没有一个强烈的愿景，雇员就可能会支离破碎、方向不一。

法宝三：铸造企业文化价值

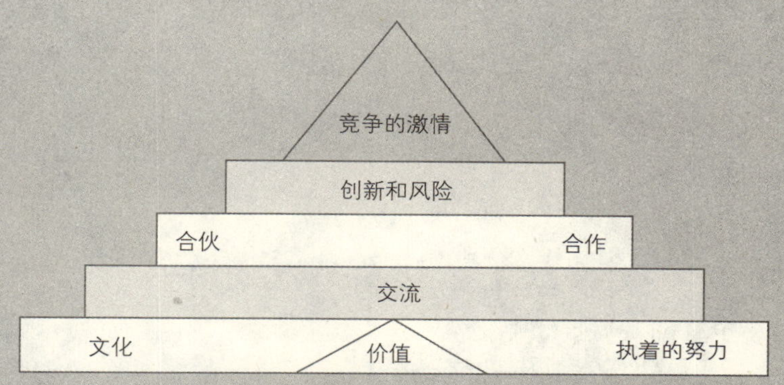

价值、文化和对一个核心策略的长期执着的努力，构成了一个拥有雄厚实力的公司的文化结构。在这三个因素中，价值是最重要的，因为它推动着文化模式和核心策略的形成。价值、文化和执著的努力是基础，在此上面构筑的是交流系统平台、再上面则是合伙和合作、创新和风险以及不断竞争的激情。

Commercial and famous sayings

商业领袖会客厅

您能如何在持久而艰难的环境中激励大家将注意力集中到创新上？

最重要的因素是个人表彰，这比薪水、奖金或升迁更重要。很多员工认为最大的奖励是为其的确做了某些有意义的贡献而得到认可，所以我们要做的最重要的事情就是建立一个组织、一种文化去鼓励协力合作。

——保罗·古克

（雷凯姆公司德创建者）

Chapter Ten

第十章

本章精华回顾

1. 政府的企业家

在业界张玉良被称为“政府的企业家”。在他看来，评价一个企业家的最高境界不是他如何赚钱，而是如何花钱。因此，当大多数企业在为赚取利润而绞尽脑汁时，张玉良已经在社会福利和践诺企业责任感方面饮誉商海。

2. 增加中低价商品房和重大工程配套商品房的开发比重

近几年按照政府政策导向和市场变化的状况，绿地集团在房地产方面主动进行了适度调整，增加了中低价商品房和重大工程配套商品房的开发比重，为最广大的中低收入的工薪阶层改善居住条件服务。

3. 心有多大舞台就有多大

作为一个发轫于上海，不断刷新全国房地产企业新坐标的企业，在辉煌的成绩面前，绿地集团锁定了更为高远的目标。2004年，张玉良金石一诺：“绿地集团要在2011年冲刺世界500强。”

回执单

只要您填写以下内容，回传给我们，

惊喜等您拿

立即成为
职业地产人俱乐部成员

✚

地产资讯《**地产信息官**》一年免费赠送

✚

《地产书友会》当月赠品

✚

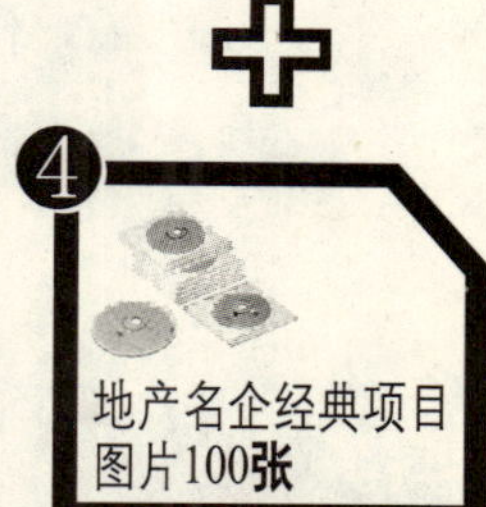

地产名企经典项目图片100**张**

您的姓名：________________

您的公司名称：________________

您的公司地址：________________

所在地邮编：________________

您的公司电话：________________

您的E－mail：________________

填写 *朋友* **的以下内容，他可与您免费共享本书4大惊喜**

您朋友的姓名：________________

您朋友的公司名称：________________

您朋友的公司地址：________________

您朋友的公司电话：________________

您朋友的E-mail：________________

房地产图书征稿热线
020-61073213

地　址：广州市天河区员村一横路3号华颖轩2层全层　　邮　编：510655

联系人：蓝小姐　　电　话：020-38698916　　传　真：020-61073299

客服QQ：420490004